決定版

例解 これでよくわかる
不動産の鑑定評価

不動産鑑定士 津村 孝 著

清文社

はじめに

　本書は，5版を重ねた「例解・新基準による不動産の鑑定評価」に，その後の評価理論の実務面での成果を加えた解説書である。今回は①アスベストの除去費用の算定例，②特定価格の早期売却価格修正率，③証券化不動産の適正な実施の国土交通省の通達，④限定価格の寄与率配分法，⑤老朽化マンションの評価までをとりあげて解説し，さらに実務の指針として役立てていただけるよう改訂を行った。

　また，土壌汚染対策費用から埋蔵文化財の算定費用の方法，借地権，各種賃料，区分所有権の評価と民事再生法，DCF法等，現時点における最高の不動産鑑定理論を，実例と数式でわかりやすく解説した。これまで難解とされていた評価理論を平易な表現や簡便な数式を用いて解説することで，実務書としてはもちろん，入門者にも理解していただけるよう工夫を加えてある。

　幸いにも旧書は，多くの実務家や実務習練の途上にある補助者から，よくわかる実務の手引書として高い評価をいただいた。この改訂版もご愛読いただければ幸甚である。

　さて，不動産鑑定士の新試験が平成18年に実施された。その論文試験等では，これまでになく実務色の濃い設問が出題され，従来のように暗記だけに頼っていてはとても合格水準には到達できない試験へと変貌した。確認と確定，評価の手順や鑑定評価手法の適用及び試算価格の調整等についての深い実務的洞察力が試される試験へと変化したのである。

　本書は受験参考書ではない。実務のための解説書である。しかし，不動産鑑定士試験の理論の深い森に迷い，方向を見失った未来の不動産鑑定士に，進むべき道を示すことのできる良き案内書であると自負している。このような目的から，私見を排して，国土交通省等の通説的見解により解説することを心がけた。

　本書が，若き未来の不動産鑑定士にとって，人生を決定する良書となることを望む。

今，困難な時期にある未来の不動産鑑定士に申し上げたい。

　努力は必ず報われる日が来る。試験の結果は思わしくなくとも，その努力は力となり残るのである。自暴自棄になってはいけない。熱意と誠意のある不動産鑑定書を必要とする多くの人が，諸君の人生の途上で待っているのだ。

　不動産鑑定評価理論はいまだに未完である。それを補うのは正義の価格を求めようとする熱意と汗である。

　私は今，こうして多くの人に支えられて不動産鑑定士の業務に専任できることを幸せに思っている。

　末筆ではあるが，本書の発刊にあたり，清文社の小泉定裕社長，編集部長の冨士尾栄一郎氏及び編集部の中野暢幸氏にお世話になった。心よりお礼申し上げる。

　なお，本書及び不動産鑑定評価についてのご質問は，弊社ホームページ（http://www010.upp.so-net.ne.jp/tsumura/）から直接筆者までお寄せいただきたい。

平成18年10月

津村　孝

目　次

〈不動産鑑定評価書例示〉 ……………………………………………………7

第1章　不動産の鑑定評価に関する基本的考察 ……………………28
1　不動産とその価格 ……………………………………………………32
2　不動産とその価格の特徴 ……………………………………………36
3　不動産の鑑定評価 ……………………………………………………41
4　不動産鑑定士等の責務 ………………………………………………43

第2章　不動産の種別及び類型 ………………………………………46
1　不動産の種別 …………………………………………………………46
　(1)　地域の種別 ………………………………………………………48
　(2)　土地の種別 ………………………………………………………53
2　不動産の類型 …………………………………………………………54
　(1)　宅地の類型 ………………………………………………………55
　(2)　建物及びその敷地 ………………………………………………55

第3章　不動産の価格を形成する要因 ………………………………57
1　一般的要因 ……………………………………………………………59
2　地域要因 ………………………………………………………………61
　(1)　宅地地域 …………………………………………………………62
　(2)　農地地域 …………………………………………………………64
　(3)　林地地域 …………………………………………………………65
3　個別的要因 ……………………………………………………………65
　(1)　土地に関する個別的要因 ………………………………………66
　(2)　建物に関する個別的要因 ………………………………………75
　(3)　建物及びその敷地に関する個別的要因 ………………………79

第 4 章　不動産の価格に関する諸原則 …………………………………81
1　需要と供給の原則 …………………………………………………82
2　変動の原則 …………………………………………………………85
3　代替の原則 …………………………………………………………85
4　最有効使用の原則 …………………………………………………86
5　均衡の原則 …………………………………………………………87
6　収益逓増及び逓減の原則 …………………………………………88
7　収益配分の原則 ……………………………………………………88
8　寄与の原則 …………………………………………………………89
9　適合の原則 …………………………………………………………90
10　競争の原則 …………………………………………………………91
11　予測の原則 …………………………………………………………91

第 5 章　鑑定評価の基本的事項 …………………………………………94
1　対象不動産の確定 …………………………………………………95
2　価格時点の確定 ……………………………………………………102
3　鑑定評価によって求める価格又は賃料の種類の確定 …………103

第 6 章　地域分析及び個別分析 …………………………………………113
1　地域分析 ……………………………………………………………113
　(1)　地域分析の意義 ………………………………………………113
　(2)　用途的地域 ……………………………………………………114
　(3)　同一需給圏 ……………………………………………………118
　(4)　対象不動産に係る市場の特性 ………………………………121
2　個別分析 ……………………………………………………………122
　(1)　個別分析の意義 ………………………………………………122
　(2)　個別分析の適用 ………………………………………………122

目　　次

第7章　鑑定評価の方式 ………………………………………………126
1　価格を求める鑑定評価の手法 ………………………………………127
　(1)　試算価格を求める場合の一般的留意事項 ……………………127
　(2)　原価法 …………………………………………………………133
　(3)　取引事例比較法 ………………………………………………144
　(4)　収益還元法 ……………………………………………………153
2　賃料を求める鑑定評価の手法 ………………………………………185
　(1)　賃料を求める場合の一般的留意事項 …………………………185
　(2)　新規賃料を求める鑑定評価の手法 ……………………………189
　(3)　継続賃料を求める鑑定評価の手法 ……………………………199

第8章　鑑定評価の手順 ………………………………………………245
1　鑑定評価の基本的事項の確定 ………………………………………245
2　処理計画の策定 ………………………………………………………246
3　対象不動産の確認 ……………………………………………………247
　(1)　対象不動産の物的確認 …………………………………………247
　(2)　権利の態様の確認 ………………………………………………248
4　資料の収集及び整理 …………………………………………………248
　(1)　確認資料 …………………………………………………………248
　(2)　要因資料 …………………………………………………………249
　(3)　事例資料 …………………………………………………………250
5　資料の検討及び価格形成要因の分析 ………………………………250
6　鑑定評価方式の適用 …………………………………………………251
7　試算価格又は試算賃料の調整 ………………………………………252
8　鑑定評価額の決定 ……………………………………………………258
9　鑑定評価報告書の作成 ………………………………………………259

第9章　鑑定評価報告書 ………………………………………………260
1　鑑定評価報告書の作成指針 …………………………………………260

5

2　記載事項 ……………………………………………………………261
　　3　附属資料 ……………………………………………………………267

各論としての不動産の種類別鑑定評価

第1章　価格に関する鑑定評価 ……………………………………………271
　　1　土地 …………………………………………………………………271
　　2　建物及びその敷地 …………………………………………………309
　　3　建物 …………………………………………………………………337

第2章　賃料に関する鑑定評価 ……………………………………………341
　　1　宅地 …………………………………………………………………341
　　2　建物及びその敷地 …………………………………………………344

第3章　担保不動産の鑑定評価 ……………………………………………345
　　1　現況評価の原則 ……………………………………………………345
　　2　鑑定評価と担保評価 ………………………………………………345
　　3　競売不動産の評価 …………………………………………………346
　　4　担保不動産の適格性 ………………………………………………346
　　5　鑑定評価の留意点 …………………………………………………348
　　6　評価にあたり収集する資料 ………………………………………349
　　7　評価実務の留意点 …………………………………………………349

　資料　不動産鑑定評価基準（平成14年7月3日全部改正）………355
　　　　不動産鑑定評価基準運用上の留意事項（平成14年7月3日全部改正）…413
　　　〈新基準による不動産の種類別の鑑定評価一覧〉……………………443

カバーデザイン＝東　雅之

不動産鑑定評価書例示

代表的な戸建住宅についての不動産鑑定評価書を例示した。本文解説とあわせて鑑定評価理論がどのように成果物として表現されているかを検討されたい。

鑑定評価書の例示	本文参照ページ
○○○御中　　　　　　　　発行番号　　○○号 　　　　　　　　　　　　　発行日付 　　　　　　　　　　　　　平成○年○月○日 　　　　　　不動産鑑定評価書 鑑定評価額及び価格の種類 　　鑑定評価額（　　　　　　　　）円 　　　　〔正　常　価　格〕 本件表示の不動産につき，専門職業家としての良心にしたがい，上記鑑定評価額を決定いたしました。 　　　　大阪府○○市○○○ 　　　　社団法人日本不動産鑑定協会会員 　　　　不動産鑑定業者　○○○○ 　　　　不動産鑑定士　氏　　　名　　　㊞ 一　不動産の表示 （土地） 　所在地　　○○市○○２丁目 | 地　番 | 地　目 | 地　積(m²) | 所　有　者 | |---|---|---|---| | 73番3 | 宅地 | 297.52 | ○○株式会社 |	・鑑定評価の基本的考察（28ページ） ・鑑定評価の手順，鑑定評価額の決定(245, 258ページ) ・対象不動産の確定（95ページ）

（建物）

　　所在地　　　73番地3

　　家屋番号　　75番

　　種　類　　　居宅

　　構　造　　　木造，スレート葺，2階建

　　床面積　　　〇〇㎡

　　建築年月日　〇年〇月〇日

　　所有者　　　〇〇株式会社

　　　　　（以上，不動産登記簿登記事項による。）

　賃貸借契約により賃借人が占有する。

　契約内容別記。

　権利の内容

二　鑑定評価の対象となった権利

　　上記不動産の所有権

三　依頼目的

　　売却

四　価格の種類

　　正常価格

五　鑑定評価の条件

　1　対象不動産の所在，範囲，数量は，上記「一　不動産の表示」のとおり確定する。

　2　同一の所有者に属する建物及びその敷地について，その所有者による使用収益を制約する権利の付着していない建物及びその敷地，すなわち自用の建物及びその敷地としての評価を行う。

　　　所在，地番，数量，所有者等は，依頼者の提示した資料による。

　　御依頼のあった

・鑑定評価の基本的事項（94ページ）
・不動産の種別及び類型（46ページ）

3　土壌汚染調査と室内臭気検査を実施して，この結果を鑑定の手順において反映させる。	
六　鑑定評価の依頼目的及び条件と価格の種類との関連 　　本件鑑定評価の依頼目的は売買の際の指標とするためであり，前記「五　鑑定評価の条件」との関連においても市場を限定すべき条件は存せず，したがって，求めるべき価格の種類は正常価格である。このため，収益還元法のDCF法は適用しない。	・鑑定評価の基本的事項（94ページ） ・DCF法 　（154ページ）
七　鑑定評価の価格時点 　　〇年〇月〇日	・価格時点の確定（102ページ）
八　実査日 　　〇年〇月〇日	
九　鑑定評価を行った年月日 　　〇年〇月〇日	・鑑定評価報告書（259ページ）
一〇　鑑定評価額決定の理由 　　　別紙「鑑定評価額決定の理由の要旨」のとおりである。	
一一　当該鑑定評価に関与した不動産鑑定士の対象不動産に関する利害関係又は対象不動産に関し利害関係を有するものとの縁故若しくは特別の利害関係 　　　いずれもなし。	・不動産鑑定士等の責務（43, 260ページ）
一二　付属資料 　　1　位置図 　　2　付近地図 　　3　公図写し 　　4　関係写真 　　5　土壌汚染等測定調査結果報告書 　　6　臭気検査（濃度計量証明書）	・鑑定評価の手順（245ページ）

鑑定評価書の例示	本文参照ページ
（別　紙） 　　　　鑑定評価額決定の理由の要旨 一　対象不動産の確認 　1　実査日 　　　　　○年○月○日 　　　　立会者　　なし 　2　対象不動産の物的確認 　　(1)　確認資料 　　　　登記簿謄本，地積測量図，建物図面等 　　(2)　確認事項 　　　　所在，地番，地目，形状，数量，用途，構造等 　3　対象不動産の権利態様の確認 　　(1)　確認資料 　　　　登記簿謄本 　4　対象不動産の表示と異同 　　　　実査の結果，前記表示のとおりであると確認した。 二　基本方針 　1　種類の判定に関する事項 　　　　本件対象不動産の種別は「住宅地」に，その類型は鑑定評価書「五　鑑定評価の条件」との関連により「自用の建物及びその敷地」，すなわち建物及びその敷地が同一所有者に属し，その所有者による使用収益を制約する権利の付着していない建物及びその敷地に該当する。 　2　方式の適用に関する事項	・鑑定評価報告書 　（260ページ） ・鑑定評価の手順 　（245ページ） ・不動産の種別と 　類型（46ページ） ・価格に関する鑑 　定評価（271ペー 　ジ）

本件は，既成市街地における自用の建物及びその敷地の鑑定評価であるため，原価法による積算価格，取引事例比較法による比準価格及び収益還元法による収益価格を関連づけて決定すべきである。自用の建物及びその敷地の規範性を有する取引事例は，近隣地域及び同一需給圏内の類似地域内で収集することができなかった。このため，取引事例比較法の適用はこれを行わない。	・鑑定評価の方式 　(126，133，153ページ)
したがって，この場合の鑑定評価額は，更地価格に建物再調達原価を加算した自用の建物及びその敷地の再調達原価から，物理的・経済的減価相当額を控除して求められる積算価格及び収益価格を関連づけて決定した。	
なお，比較的小規模の画地であるので，開発法は適用しない。	・開発法 　(282ページ)
更地価格の認定にあたっては，地価公示法に基づく地価公示価格等を規準した。	
三　価格形成要因の分析	
1　一般的要因の分析	・不動産の価格を形成する要因 　(57ページ)
（景気の動向）	
わが国の景気は円高の影響を吸収し，消費及び設備投資等の増加による内需拡大を主要因として〇年半ばから拡大局面に入り，〇年度の実質経済成長率は〇％と好調であった。	
しかし，このように堅調に推移してきた景気は，〇年よりの経済全体の減速に伴って，生産・出荷の停滞，利益の減少など厳しいものとなってきている。	
住宅建設は貸家建設の低迷により減少基調にあるが，	

○年の新設住宅着工総戸数は○○戸，○年○月は○○戸（年率○○戸）と，高い水準で推移している。

　　物価は消費者，卸売物価とも安定………

2　○○市の概況

　　○○市は○○県の西部に位置し，○年○月現在，人口○○万人，世帯数○○万世帯の○○県の衛星都市，ベッドタウンとして位置づけられる。　・不動産の価格を形成する要因（59ページ）

　　交通施設としてはJR○○線が市域を東西に貫通し，「○駅」「○○駅」を最寄駅として，○○県都心部「○○駅」方面等へ連絡している。

　　街路の整備状態としては，南北に国道○号線，東西には国道○○号線が配置され，市域の市道等一般道路の整備状態は普通程度である。

　　土地の利用状態としては……

3　地域分析

　(1)　対象不動産の位置及び近隣地域の範囲　・地域分析及び個別分析（113ページ）

　　　本件対象不動産は，○○市の南東部にあって，JR○○線「○駅」の西方約500mに位置し，○○市立会館の南方約100mに所在する。

　　　対象不動産の属する近隣地域は，当該不動産を起点とし，北方約○m，南方○m，東方約○m，西方約○mの範囲である。

　　　当該近隣地域は，低層・戸建・一般住宅を主体とする普通住宅地域を形成しており，その地域的特性は以下のとおりである。

　(2)　近隣地域の特性

　（街路条件）

　　　当該近隣地域は，その東方に配されている南北

の都市計画街路〇〇線及び東西の〇〇線を幹線街路とし，地域内には幅員3～6mの市道等が配置されている。また，……

(交通接近条件)

〈交通施設への接近性〉

当該近隣地域から前記「〇駅」へは，徒歩約〇分にて至るか，バス停「〇」及び最寄バス停である「〇〇」によるバス便の利用が可能であり，利便で……

(商業施設への接近性)

商業施設は，〇駅前を中心に狭い範囲ではあるが，日常買回りの充足を目的とする近隣商業施設の連担が見られ，日常生活上支障はない。徒歩により当該商業施設が利用できるため……

(公益施設への接近性)

郵便局，銀行等の施設は，上記〇駅付近に整備されているが，市役所等の公益施設は，西方約〇kmにあり，その接近性に劣る。ただし……

(教育施設への接近性)

〇〇小学校……南方約500m

〇〇中学校……西方約750m

(環境条件及び将来の動向)

当該近隣地域が所在する〇〇は，前記のとおり交通接近条件に優れ，普通住宅地域としての熟成度を深めつつ推移している。その中にあって，当該近隣地域は地積250～300m²程度を標準的画地とし，低層・戸建・一般住宅を主体とする閑静な普通住宅地域を形成しており，将来的には一部現況

13

家屋の建替え等が進行するが，急激に変化を及ぼす要因は存せず，周辺地域とともに当分現状程度で推移するものと考えられる。

　なお，上水道，下水道，都市ガス等の供給施設は整備済であり……

　都市計画法上，住居地域（建ぺい率60％，容積率200％，建築基準法22条規制（屋根不燃化））の指定を受けている。

（価格水準）

　上記諸要因及び後添諸資料等を検討した結果，価格水準は1㎡あたり○○○円前後と判断される。

4　個別分析

　対象不動産の個別的要因については，以下のとおりである。

・地域分析及び個別分析（122ページ）

（土　地）

①　個別的要因

（位置）　前記近隣地域内のほぼ南東部に位置する。

（街路条件）　北方で幅員約○mの○市市有の路地状部分に接面し，西方で幅員約○mの○市市有道路に接面する。

（画地条件）　○街路との接面状態……角地
　　　　　　○北側……路地状部分（幅員約○m，未舗装）に約○mにわたりほぼ等高に接面。

（土地の状態）　従来は畑地であった土地が，1970年頃宅地として使用されたものであり，土壌汚染物質の懸念はない土地と判定する（別紙測定結果報告書）。

……

② 個別分析

　対象土地の個別的要因は上記のとおりであり，近隣地域内の標準的画地と比較して，角地としての増価要因を有し……

（建物）

　建築時期　〇年〇月〇日

　用　　途　居宅

　構　　造　木造，スレート葺，2階建

　床　面　積　〇〇m²

　建物の品等　中級程度

　保守・管理の状態　普通程度

　敷地との適合状態　普通程度

　近隣地域との適合状態　普通程度

　減価の程度　対象建物は，新築後約〇年を経過した木造・2階建・居宅で，使用資材及び施工の質・量ともに中級の建物である。経年により，物理的な減価が生じており，更に建物とその敷地との不適合状態による機能的，経済的減価要因も認められる。

③　最有効使用の判定

　対象不動産の最有効使用は戸建一般住宅の敷地と判定した。

四　鑑定評価方式の適用及び価格の認定

　本件は既成市街地における自用の建物及びその敷地の鑑定評価であるため，原価法による積算価格，取引事例比較法による比準価格及び収益還元法による収益

・鑑定評価の方式（126ページ）
・減価修正（140ページ）

・地域分析及び個別分析（113ページ）

15

価格を関連づけて決定すべきである。自用の建物及びその敷地の規範性のある取引事例を近隣地域及び同一需給圏内の類似地域で収集することができなかったので，取引事例比較法は適用しない。

（原価法による積算価格）

価格時点における再調達原価を求め，この再調達原価について減価修正を行って積算価格を求める。

1　更地（土地価格）

比準価格及び土地残余法による収益価格を関連づけて求める。なお，敷地についてはやや小規模であるため，開発方式は適用しない。

標準画地価格の認定

前記「二　基本方針」に従い，「三　価格形成要因の分析」を十分検討のうえ，後添表（省略）のとおり，類似地域内において収集した取引事例，収益事例，地価公示標準地等を採用し，試算を行った結果，近隣地域内の標準画地に対し，以下の試算価格を求めた。

　　比準価格　　　　○○○円／m²
　　（直接還元法，直接法）
　　収益価格　　　　○○○円／m²
　　公示地基準価格　○○○円／m²

上記価格について再検討するに，比準価格は直接採用しなかった取引事例を含め，近距離内に存する多数の取引事例を基礎に試算したものであり，市場性を十分反映した価格と認められ規範性は高い。一方，収益価格は，直接法による想定建物の標準的な賃料より，土地に帰属する純収益を資本還元した理

・鑑定評価の方式（原価法）（133ページ）

・価格に関する鑑定評価（更地）（271ページ）

・地域分析及び個別分析（113ページ）

論的な価格であり，想定によるため，比準価格に比し規範性に劣る。

　したがって，本件の場合，各方式の特性及び資料の信頼度等を再度検討のうえ地価公示標準地価格との均衡にも留意して，比準価格を標準に標準画地の価格を1㎡あたり〇〇〇円（公示地基準価格との開差約6％）と認定する。

2　対象土地（更地）価格の認定

　先に求めた標準画地の価格に個別的要因格差補正を施し，対象土地（更地）の価格を以下のとおり認定する。

$$〇〇〇円 \times \frac{98^*}{100} = 〇〇〇円$$

　　＊　個別的要因格差補正率

　前記「三　4　個別分析」のとおり，対象土地は交通接近条件，環境条件及び行政的条件等各条件については近隣地域内における標準的画地と同品等と認められるが，画地条件については，角地要因として＋3％の増価要因を有するものの，敷地前面道路による建築基準法上の後退義務等による減価及び南側の接面不等高と水路の介在等による減価△5％が認められる。このため，総合で△2％の個別格差補正を行った。

　　（1.03×0.95≒0.98）相乗積

　以上により，対象土地の1㎡あたり価格を〇〇〇円と認定する。

　よって，対象土地（更地）の総額は以下のとおりである。

　　　〇〇〇円×〇〇㎡≒〇〇〇〇円…a

3　建物価格
〈建物再調達原価の認定〉

・不動産価格を形成する要因(個別的要因，住宅地)(66ページ)

・原価法（再調達原価）(135ページ)

17

当該建物と類似の建設事例等を参考に対象建物の再調達原価を1㎡あたり149,150円と認定した。

工　　種	工事費（1㎡あたり）
架設・基礎工事	10,970円
外　壁　工　事	5,450円
屋　根　工　事	7,090円
主　体　工　事	60,400円
床　　工　　事	6,020円
内　壁　工　事	10,000円
天　井　工　事	5,620円
建　具　工　事	9,310円
雑　　工　　事	4,590円
設　備　工　事	16,100円
純工事費小計	135,550円
諸経費10％	13,600円
再調達原価	149,150円

よって、建物再調達原価総額は以下のとおりである。

149,200円×〇〇㎡≒〇〇〇〇円……b

4　建物及びその敷地の再調達原価

a＋b＝〇〇〇〇円……c

5　減価修正　　　　　　　　　　　　　・減価修正（140ページ）

耐用年数による方法及び観察減価法を併用し、減価相当額を以下のとおり求めた。

物理的・機能的減価相当額

①耐用年数による方法　　　　　　　・減価の要因（140ページ）

耐用年数N、経過年数n、残価率R

$b × (1 - R) × \dfrac{n}{N} = 〇〇〇〇$円……d

②観察減価法　　　　　　　　　　　・減価修正の方法（142ページ）

観察減価法による減価については、下水管と外

壁の一部に損傷が見られる。この観察減価法による減価を〇〇〇円と判定した。

　なお，土地及び建物一体としての減価は認められない。

　そこで，①+②＝〇〇〇円（減価相当額）

6　建物及びその敷地の価格（積算価格）の決定

　建物及びその敷地の再調達減価から減価相当額を控除し，積算価格を以下のとおり決定する。

　　　c′−（d）≒〇〇〇円

〔収益還元法による収益価格〕　・収益還元法（153ページ）

　対象不動産は自用の建物及びその敷地である。これを賃貸に供することを想定し，収益価格を求める。

（純収益）　・純収益（155ページ）

　年額支払賃料（注）〇〇〇円×12か月＝〇〇〇円

　敷金運用益　　〇〇〇円×2か月×0.06＝〇〇〇円

　礼金運用益及び償却額

　　　〇〇〇円×2か月×（年賦償還率）0.5454 ≒〇〇〇円

(注)支払賃料の査定にあたっては，近隣地域において下記の賃貸事例を収集できた。

　　（所　　在）　　〇〇5丁目
　　（月額支払賃料）　〇〇〇円
　　（敷　　金）　　2か月
　　（礼　　金）　　2か月
　　（間 取 り）　　〇DK
　　（延床面積）　　〇〇m²
　　（敷地面積）　　〇〇m²
　　（備　　考）　　JR〇駅の東約〇mの位置にあって幅員〇mの道路に東面するほぼ正形の画地である。建物は築〇年経過木造2階建住宅である。

〔総費用〕

　　総費用は次のとおりである。

　　　　減価償却　　　　○○○円×$\frac{1}{10}$＝○○○円

　　　　修繕費　　　　　○○○円×0.02＝○○○円

　　　　維持管理費　　　○○○円×0.03＝○○○円

　　　　公租公課　土地　○○○円

　　　　　　　　　建物　○○○円

　　　　損害保険料　　　○○○円×0.001＝○○○円

　貸倒準備費及び空室等による損失相当額は計上不要と判断した。

　　　　　　　　　　　　　　　計　○○○円

〔純収益の査定〕

　　以上により，総収益○○○○円，総費用○○○円が求められたので，純収益は次のとおりである。

　　　　総収益○○○○円－総費用○○○円＝○○○円

〈総合還元利回り〉

　　土地の還元利回り3.5％，建物のそれを5％とし，元本価格については既に求められているので，これを採用すると総合還元利回りは次のとおりである。

$$\frac{○○○円×0.035＋○○○円×0.05}{○○○円} ≒ ○\%$$

〈収益価格の決定〉

　　以上により純収益○○○円，総合還元利回り○％が求められたので，収益価格は次のとおりである。

　　　　○○○円÷○％≒○○○円

〔試算価格の調整と鑑定評価額の決定〕

　　以上により，

・還元利回り（163ページ）

原価法による積算価格	54,700,000円
収益還元法による収益価格	53,800,000円

と，それぞれ求められたが，開差が生じたので検討する。

〔試算価格の調整〕

（市場の特性）

同一需給圏は，JR線○○駅及び○○駅沿線周辺の中級住宅地である。

同一需給圏は，都心の通勤の利便性に関して，代替競争不動産が所在する概ね○○市の北部周辺地域である。

同一需給圏内には新規の大規模開発の動きはない。市場参加者である需要者の中心は，同一需給圏内の代替競争不動産が所在する○市であり，30歳代の勤労者層の戸建住宅の一次取得者である。

同一需給圏の類似地域と近隣地域は古くから閑静な住宅地として比較的人気のある住宅地である。このところ，地価が全般的に下落傾向にあるものの，根強い需要があるため，需給は安定しており，地価の下落率も少ない地域である。

同一需給圏の類似地域以外及びその他地方からの転入という，都心回帰の傾向が見られる。

土地の総額では，4,000万円程度，新築の土地付住宅では6,000万円程度が需要の中心価格帯である。敷地規模は約150㎡が標準である。

〔鑑定評価額の決定〕

各試算価格について，その試算価格が有する説得力

に係る判断は以下のとおりである。まず，原価法による積算価格は市場性を反映した試算価格であり，土地と建物両価格の査定にあたっての試算過程に問題はなく，実証性，信頼性の高いものである。

また，収益価格は賃料徴収権に着目した価格であり，賃料の遅行性，粘着性等の理由により積算価格より低く得られる傾向にある。

しかし，収益価格は取引価格に対する有力な検証手段となるものである。

本件収益価格は賃貸を想定して求められたもので，近隣地域の同類型の賃貸事例より求められたものであり，その規範性は高い。

特に収益価格については，賃料水準を適正に反映している。

以上のように試算した各試算価格については，対象不動産の価格形成を理論的かつ実証的に説明できるものである。このため，鑑定評価の手順の各段階について客観的，批判的に再吟味した。その結果を踏まえた各試算価格が有する説得力の違いを適切に反映できるよう留意した。

さらに，以下の検討を加えて，各試算価格を再吟味する。

1　資料の選択，検討及び活用の適否
2　不動産の価格に関する諸原則の当該案件の即応した活用の適否
3　一般的要因の分析並びに地域分析及び個別分析の適否
4　各手法の適用において行った各種補正，修正等に

係る判断の適否
5　各手法に共通する価格形成要因に係る判断の整合性
6　単価と総額との関連の適否

　また，再度，対象不動産に係る地域分析及び個別分析の結果と各手法の適合性及び各手法の適用において採用した資料の特性及び限界からくる相対的信頼性を十分に検討して，各試算価格を相互に関連づけ，積算価格を標準に，各試算価格の特徴，一般的要因，地域分析，個別分析の適否，不動産の価格に関する諸原則の当該案件に即応した活用の適否，単価と総額との関連等を再度にわたり留意しながら，鑑定評価の手順の各段階につき，客観的，批判的に再吟味し，専門職業家の良心に従って対象不動産の鑑定評価を行った。

　本件においては積算価格を重視するのを相当と判断するが，積算価格には農家集落も散見される農地のなかにある環境条件は加味されていない。ところが，収益価格は環境条件が考慮されて，積算価格よりも低い価格に試算された。よって，農地のなかの小規模のミニ開発による住宅の選考性及びその想定需要を考慮するとき，上限価格を指向する傾向のある積算価格をそのまま認めることはできない。積算価格を重視しながら，収益価格をも関連づけて，積算価格と収益価格を9対1のウエイトづけにより，本件対象不動産の鑑定評価額を次のとおり決定した。

　　　土地と建物　鑑定評価額金　54,500,000円

　積算価格比により，土地と建物部分を分けて算定す

れば，以下のとおりである。

 土地部分　　　40,000,000円
 建物部分　　　14,500,000円
 　　54,500,000円（土地と建物）

以上

〈注記〉

　鑑定評価の条件のとおり，対象不動産の売買にあたり下記に留意願いたい。

　現状は，賃貸借に供されており，この部分には借家権が付着しているものと推定される。当評価の自用の建物及びその敷地の評価は，賃貸人の責任において即時空室の状態で明渡しが可能な状態での評価である。

　このため，①対象地の現状での売買価格は，借家権価格等を考慮した貸家及びその敷地としての評価となることに留意されたい。

　また，②近時の判例により，賃貸借に供されている部分の買受け人は，その敷金の返還債務を承継するため，現状が，賃貸借に供されている対象不動産は，新たな買主はこれら敷金を承継するため，これも考慮しなければならない。

　当鑑定評価は，上記①及び②を考慮しない自用の建物及びその敷地の評価であることに留意されたい。

　つまり，貸家及びその敷地としての評価ではない。

以上

・**新規の住宅団地の場合**

〔試算価格の調整〕

　（市場の特性）

　同一需給圏は，JR線〇〇駅及び〇〇駅沿線周辺であ

り、概ね○市の圏域である普通住宅地である。

　同一需給圏は、都心の通勤の利便性に関して、代替競争不動産が所在する。

　概ね○○市の北部周辺地域であり、市場参加者である需要者の中心は、同一需給圏内の代替競争不動産が所在する○市である。この○市に居住する、30歳代の勤労者層が市場参加者である需要者の中心であり、ほぼ70％を占めており、同一需給圏外からの転入者は多くはない。10年前から、JR線○○駅の北部において大規模な土地区画整理事業が施行されており、安定した戸建住宅が供給されている。

　ただ、近時の雇用不安と景気の低迷から住宅販売は低迷しており、値引き販売やキャンセルの諸問題が話題になっている。需要者の中心は一次取得者である。

　このところ、地価が全般的に下落傾向にあるものの、JR線○○駅周辺地は、利便性に優れることから、根強い需要がある。

　しかし、既成住宅地の画地のその規模が約400㎡と大きく、総額では1億円を超えるため、地価の下落が著しい。

　新規造成の住宅団地である対象不動産は、その画地規模が150㎡であり、土地は2,500万円、新築の戸建住宅は3,800万円程度が需要の中心価格帯である。

　　　　　　　　　　　　　　　〔以下省略〕

・普通商業地の場合
〔試算価格の調整〕
　（市場の特性）
　　同一需給圏は、JR線○○駅及び○○駅沿線周辺の主

要駅前商店街であり，概ね〇市の圏域である。同一需給圏は，商業収益性に関して代替競争不動産が所在する概ね〇〇市の駅ターミナル地域であり，市場参加者である需要者の中心は，同一需給圏内の代替競争不動産が所在する〇市の大規模な資本力をもつ法人である。

　この〇市の各駅前の店舗の商業収益性に着目する商業店舗チェーン店の経営者及び店舗の統合と閉鎖によるリストラの新規店舗として，従来の大型床面積の店舗から，経費負担の少ない小規模床面積の店舗を希望する大規模な資本力をもつ法人が市場参加者である需要者の中心であり，一部には同一需給圏外からの転入者が多く見られる。土地と商業ビル全体では約15億円程度が需要の中心価格帯である。

　近時の景気の低迷から，商業収益はやや低迷しており，出店後2年で閉鎖する店舗や，テナントがつかず空室率が50％であるなどのビルが一部では話題になっている。

　このところ，商業地の地価が年率10％と下落傾向にあった。JR線〇〇駅周辺地は店舗経営者の創意工夫により，中高年向き商品の豊富な品揃えと集客力向上のための若者広場の造成等により近時やや売上が増加する店舗も多くなった。

　今後，商業店舗の収益力の回復傾向から商業地の地価はやや下げ止まるものと予測する。　〔以下省略〕

・工業地の場合

〔試算価格の調整〕

（市場の特性）

　同一需給圏は，JR線〇〇駅以北及び空港沿道の小工

業の集積した○市の圏域である。同一需給圏は，工場の交通の利便及び収益性に関して，代替競争不動産が所在する概ね○○市の準工業地域の用途地域に所在する工場の地域である。

　市場参加者である需要者の中心は，同一需給圏内の代替競争不動産が所在する○市の工場経営者である。この○市以外の工場の閉鎖によるリストラの対策として，従来は中国にあった海外工場の閉鎖と移転を決意して，当○市の創業の地に再び立ちかえる工場経営者である。これは，数年後の1ドル＝150円の円安の展開を考慮した長期の展望からの判断である。ベルトコンベヤーの生産方式ではなく，マイスター制を導入して，製品を一人で組付けて完成させるという新企画の生産方式が採用される。これにより，日本独自の終身雇用を守り，従来，苦痛であった労働を喜びに変え，これを商品に反映させたいと願う新鋭の工場経営者である。

　取引価格はまちまちであり，需要の中心価格帯が把握できないが，概ね土地と工場社屋の総額では2億円である。対象地及び同一需給圏内の類似地域は航空の騒音が激しい。また，特別法である，航空法による規制があり，高さ2.39m以下の建物しか建築が許されない地域が多くある。

　この騒音が激しいため，マンションの需要がない地域である。　　　　　　　　　　　〔以下省略〕

第1章　不動産の鑑定評価に関する基本的考察

　近代の不動産の鑑定評価は，明治30年代に金融機関を中心に行われてきた。日本の不動産の評価の歴史を見よう。8世紀の菅原道真の時代の従来の人頭税から土地課税の改革にまでさかのぼる。

　当時，男子にのみ課税されていた。戸籍上は，女子ばかりが増えるという不都合が発生していた。この不備に気づいた菅原道真は，税を土地そのものに課すという税制に改革しようとする。これは，その後の藤原氏のもとで実施される。

　16世紀の後半に，豊臣秀吉が検地を行ったとき，土地の評価を行っている。1反を360歩として歩測で測定した。現在の約300坪について，1石（2.5俵）以上，米が産出できる土地を「上田」とした。1石相当であれば「中田」。1石以下であれば「下田」と3段階に評価した。この検地後，農民の税は，近畿内では2倍となった。

　近代的税制の第一歩は，明治6年の地租改正である。戦後は，シャウプ勧告に基づいて固定資産税が創設された。

　アメリカ，イギリス，ドイツ，フランスをはじめ，およそ近代的国家は，不動産の鑑定評価制度がある。さて，わが国の不動産鑑定評価基準における基本的考察の部分は，不動産鑑定評価理論の基本となる「鑑定評価の本質」について論述している。

　それは，①不動産の鑑定評価とはどのようなことであるか，②不動産の鑑定評価の必要性，③不動産の鑑定評価の役割と社会的，公共的意義，④不動産鑑定士等（不動産鑑定士及び不動産鑑定士補）の責務について規定している。

　不動産鑑定評価基準は，不動産の鑑定評価に関する法律第36条により，不動産の鑑定評価における専門職業家として，業務上の地位が与えられている不動産鑑定士等の「実践理論」である。不動産鑑定評価基準は，不動産鑑定士等が

第 1 章　不動産の鑑定評価に関する基本的考察

不動産の鑑定評価に関する理論の経過 (答申等)

昭和39年	不動産鑑定評価基準 宅地見込地〔昭和40年〕 賃料〔昭和41年〕
昭和44年	不動産鑑定評価基準〔旧基準〕
昭和49年	国土利用計画の施行に際し不動産の鑑定評価上とくに留意すべき事項について〔建議〕
平成 2 年	1　不動産鑑定評価基準〔新基準〕 2　不動産鑑定評価基準運用上の留意事項（留意事項）
平成 3 年	不動産鑑定評価基準の運用に当たって実務上留意すべき事項等について〔通達〕
平成14年	不動産鑑定評価基準及び運用上の留意事項全部改正（下表参照）

主な改正点

項　　目	改正施行前（〜H14.12.31）	改正施行後（H15.1.1〜）
1．収益還元法の手法	○直接還元法のみであった。	○直接還元法とDCF法の2本立てとする。 ○証券化のための評価は，原則としてDCF法を適用する。
2．物件調査	○土地についての調査項目が中心（建物等については調査項目が抽象的なものとなっていた）	○価格形成要因に係る調査事項として建物や地中の状態についての項目を具体的に明記 ・設備(情報通信対応，空調等)の機能性 ・修繕計画や管理の良否 ・土壌汚染等の地中の状態等
	○不動産鑑定士の調査能力を超える場合の取扱いについての記載がなかった。	○不動産鑑定士の調査能力を超える場合にも原則として専門家の調査を活用すること，どうしても明らかにすることができない事項について条件設定や推定を行うことが認められる場合を明確化した。

3．市場分析	○対象不動産の存する近隣地域の特性（都心との距離，街路の状況，周辺の土地利用状況等）の分析が中心であった。	○代替競争関係にある不動産との比較分析を充実するために，対象不動産の存する地域ばかりではなく，より広域的な市場の特性の分析を重視する。
4．試算価格（積算価格，比準価格，収益価格）の調整	○複数の手法によって求めた試算価格を等しく妥当性があるものとして尊重して鑑定評価額を決定（単純に平均するといった誤解を招くおそれがあった）	○対象不動産（一戸建て，オフィスビル等）の特性等に応じて，複数の手法によって求めた試算価格が有する説得力の違いを適切に反映させて鑑定評価額を決定する。
5．鑑定評価報告書への記載	○鑑定評価額の決定理由の記載内容について抽象的な記載事項のみが列記されているため，結果や算定過程を中心に記載する等説明力に欠ける面があった。	○説明責任を強化する観点から，決定した鑑定評価額の算定過程に加え判断の理由，分析内容，前提条件等について具体的に記載することを明記する。

　不動産の鑑定評価を行うにあたって，①その拠り所となる，②合理的であって，③かつ実行可能な基準を設定して，これを提供することにより不動産鑑定評価制度の適切な運用に寄与し，不動産の適正な価格の形成に資することを目的としている（昭和39年3月25日答申に係る不動産鑑定評価基準）。

　この基本的考察の部分は，鑑定評価の哲学ともいえる。また，不動産鑑定評価基準の中心ともなる。この構成は，不動産とその価格とが有する特徴，鑑定評価の必要性，不動産の鑑定評価の社会的公共的意義，倫理的な不動産鑑定士等の責務からなっている。特に，不動産とその価格についての考察の部分は，この基準の基本理論部といえる。これの十分な理解が，基準全体の体系的把握と適正な鑑定評価への認識となりうるものである。不動産の鑑定評価理論は，単なる理論ではなく，その実践が要請される。不動産鑑定評価の実践は，基準の後半部に述べられている。不動産鑑定士等が不動産鑑定評価の「手順」に沿って鑑定評価を行う際，その「実践」を支え，裏づけるものが「理論」である。不動産鑑定評価の理論の実践は，その鑑定評価の「手順」であるが，何人にも論証できる理論でなければ実践が不可能になる。また，実践が理論の裏づけな

くして行われたときには,「推論」に終わる。したがって,基本的考察の後半部は,実践における技術的練達の完成のみでなく,不動産鑑定評価活動への社会一般の信頼と期待に報いるため,社会的公共的意義を理解し,誠実な鑑定評価活動の実践が要請される。

不動産鑑定士等が行う鑑定評価が「合理的な市場で形成されるであろう市場価値を表示する適正な価格を,鑑定評価の主体が的確に把握することを中心とする作業」として,客観的に公正妥当で信頼性が高いものとして社会に受けいれられることが必要である。このためには,評価精度の向上のみでなく,自己の能力の限りを尽して公正で的確な鑑定評価を行うことが要請されている。

不動産の鑑定評価の理念ともいえる部分が,この基本的考察である。

不動産鑑定評価基準では,土地基本法(平成元年12月22日)の理念が反映されている。土地基本法第2条は,「土地は,現在及び将来における国民のための限られた貴重な資源であること,国民の諸活動にとって不可欠の基盤であること,その利用が他の土地の利用と密接な関係を有するものであること,その価値が主として人口及び産業の動向,土地利用の動向,社会資本の整備状況その他の社会的経済的条件により変動するものであること等公共の利害に関係する特性を有していることにかんがみ,土地については,公共の福祉を優先させるものとする」として,土地の特性と公共の福祉について規定している。また,同法第4条では,土地は,「投機的取引の対象とされてはならない」と規定し,同第7条では,「事業者は,土地の利用及び取引(これを支援する行為を含む。)に当たっては,土地についての基本理念に従わなければならない」として,事業者の責務を規定している。同第8条では,「国民は,……土地についての基本理念を尊重しなければならない」として,公共財としての土地の利用における国民の責務についても要請している。同第16条では,「国は,適正な地価の形成及び課税の適正化に資するため,土地の正常な価格を公示するとともに,公的土地評価について相互の均衡と適正化が図られるように努めるものとする」として,正常な価格が適正な地価形成に資することに言及して,公的土地評価の適正化への義務が規定されている。この土地基本法の理念は,不動産の鑑定評

価に関する基本的考察の理念に通ずるものである。ここでの理念は，①不動産とくに土地は，国土そのものを形成し，すべての国民の生活と活動に欠くことのできない基盤である，②土地は国民全体の限りある資産であり，土地に価格が生ずるのは，国民にとって土地が有用であること，すなわち有限の資源として活用されることによる価値に基づくものである，③土地を転売利益獲得の手段としたり，投機の対象とする考え方や行動はこれを厳しく排除すること，④土地のもつ社会的，公共的意義より，不動産とくに土地の価格を適正に把握し，指摘することにより，適正な地価の形成を誘導するという不動産の鑑定評価の役割は，極めて重大であるとしている。これらがこの理念の概要である。

かつて，地価は14年を超えて全国的な下落を継続していた。都心部を中心に再び地価の上昇傾向が見られる。不良債権の処理が進み，経済が一部において活性化してはいるが，今だ苦しい経済環境は中小企業において継続している。

不動産の鑑定評価においても，このような要請に応じるべく，早期売却価格としての「特定価格」の概念をより明確化した。DCF法が基準に新しく追加されることになった。特定価格を求める評価手法においても，必ず正常価格をその適用の前に決定しなければならない。

「合理的な市場で形成されるであろう市場価値を表示する適正な価格」を的確に把握することが可能となるのである。この具体的な担当者である鑑定評価の主体はまず，これらの理解がなければならない。

1 不動産とその価格

不動産とは，土地及びその定着物をいう（民法第86条）。特別法により，工場財団等についても不動産とされるが，不動産鑑定評価基準では，不動産を民法の規定どおり，土地及びその定着物としている。不動産の鑑定評価に関する法律第2条1項で，不動産の鑑定評価は，土地・建物の所有権，所有権以外の権利の経済価値を判定し，その結果を価額に表示することと規定している。

この場合，不動産の鑑定評価の対象となるのは，土地は1筆の土地でなくてもよい。また，建物は，それが独立の不動産として登記することができないも

のでも鑑定評価の対象としてよい。また，建物の一部についても対象とできる。建物は，建築基準法第2条1号の建築物と同義である。

　それらは，土地に定着する工作物のうち，屋根及び柱若しくは壁を有するもの，これに附属する門若しくはへい，観覧のための工作物又は地下若しくは高架の工作物内に設ける事務所，店舗，興行場，倉庫その他これらに類する施設（鉄道及び軌道の線路敷地内の運転保安に関する施設並びに跨線橋，プラットホームの上家，貯蔵槽その他これらに類する施設を除く）をいい，建築設備を含むものである。

　所有権以外の権利とは，地上権，永小作権，地役権，質権，賃借権，使用貸借による権利，採石権や入会権，漁業権，財産的価値を有する河川区域内の土

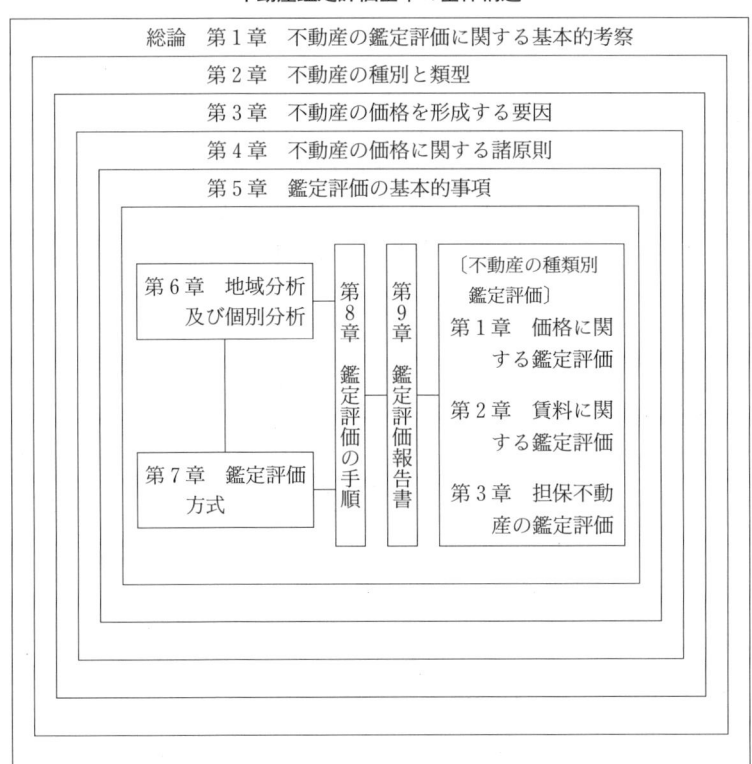

不動産鑑定評価基準の全体構造

総論　第1章　不動産の鑑定評価に関する基本的考察
第2章　不動産の種別と類型
第3章　不動産の価格を形成する要因
第4章　不動産の価格に関する諸原則
第5章　鑑定評価の基本的事項

第6章　地域分析及び個別分析	第8章　鑑定評価の手順	第9章　鑑定評価報告書	〔不動産の種類別鑑定評価〕 第1章　価格に関する鑑定評価 第2章　賃料に関する鑑定評価 第3章　担保不動産の鑑定評価
第7章　鑑定評価方式			

地の占有権等の公物使用権も含まれる。ただ，鉱業権，温泉を利用する権利等は土地から独立しているため，この法律には含まれていない。

　不動産とその価格は，不動産のあり方に関係してくる。土地は有用性をもつが，これは，家を建て，作物を育成するという土地のもつ本来的な力である。この土地を人々の生活に供するためには，何のために，それをいかに利用するかということにより，土地と人間との関係がとらえられる。不動産のあり方とは，不動産がどのように構成され，どのように貢献しているかということに現われる。不動産のあり方は，土地と人間の関係を有用性の面から表現しているものといえる。土地は，居住，商業活動等各般の活動の用途に供されており，宅地は住宅地や商業地等として利用される。また，住宅地の上には，戸建住宅やマンション等が建築され建築の態様や利用のいかんによって快適性や収益性が異なるものである。

　この不動産のあり方は，自然的，社会的，経済的及び行政的な要因の相互作用によって決定されるとともに経済価値の本質を決定づけている。一方，この不動産のあり方は，その不動産の経済価値を具体的に表している価格を選択の主要な指標として決定されている。

　不動産のあり方は，有用性の表現であるが，その不動産を利用して得られる快適性や収益性そのものが経済価値を有している。土地をマンションのために利用する方が収益性が上がるのか，他にいかなる有効利用があるのかを考慮するとき，その不動産の価格はいくらであるかという評価がなされていることからも理解できるであろう。

　不動産の価格は，不動産の経済価値を貨幣額で表示したものである。

　また，不動産の価格は，一般に

(1)　その不動産に対してわれわれが認める効用

(2)　その不動産の相対的稀少性

(3)　その不動産に対する有効需要

の三者の相関結合によって生ずる。

　このように不動産の価格は，三者の相関結合により決定されるが，これら三

者に働きかけるものは，不動産のあり方を決定する一般的要因である。すなわち自然的，社会的，経済的，行政的要因の相互作用により不動産の経済価値が決定されている。

不動産の価格とこれらの要因との関係は，不動産の価格が，これら要因の影響の下にあることを意味している。しかし，同時に，不動産の価格そのものが，有用性についての選択指標としてこれらの要因に影響を与えるという二面性をもつことになる。

不動産の鑑定評価は，不動産のあり方を分析する作業であるといえる。

不動産のあり方の分析により，その経済価値の本質にせまることが，不動産の鑑定評価であるといえる。不動産の鑑定評価理論は，このあり方の分析を明確化するために，実務にあたって，具体的な手順という作業がある。

不動産の経済価値の本質にせまり，これを求める作業が正常価格等を求める鑑定評価の作業である。不動産の鑑定評価にあたり，不動産が「どのように構成され」「どのように貢献しているか」というあり方分析では，種別と類型の区分という分析が行われる。種別はどのように構成されているかという用途についての分析であり，類型はその不動産の有用性がどのような貢献をしているかを利用面から分析するものである。

不動産のあり方分析の方法として，種別と類型の分析が可能となれば，次に種別の分析から地域分析が可能となり，その地域の不動産の価格の水準を把握できることになる。類型の分析は，個別分析を可能とする。すなわち，その不動産がどのように貢献しているかという有用性の側面をその地域での最有効使用の判定として個別分析を可能とするのである。

これらのあり方分析を可能とするためには，三者に働きかける自然的，社会的，経済的及び行政的な要因である一般的要因の把握分析が重要である。

不動産とその価格を考察するとき，不動産の価格は要因の影響下にあると同時に，不動産の価格そのものが選択指標として，これらの要因に影響を与える。これは，不動産の適正な価格を指摘する作業である鑑定評価が，社会一般に大きな影響を与えることでもある。すなわち，鑑定先例価格等がいかに大きな影

響を与えるかという認識が必要である。不動産の鑑定評価の社会的公共的意義は，このような不動産の価格の二面性によるところが大きい。投機的取引を排除して，土地という有限の資源について，適正な価格が与えられ，求められるならば，最適配分実現の可能性を志向することができるのである。不動産の適正な鑑定評価活動が，ひいては適正な地価の形成に資することが期待できるのである。

旧基準では，「個人の幸福も，社会の成長，発展及び福祉も，この不動産のあり方がどのようであるかということに，依存しているといえる」と論述していた。この理念は新基準でも変わるところはない。

2　不動産とその価格の特徴

以上に述べた不動産のあり方により，不動産の価格は，国民の生活と活動に組み込まれている。不動産がどのように貢献しているかは，具体的な価格として現われるものである。しかし，土地は他の諸財と異なって，固有の特性である自然的特性と人文的特性をもっている。

自然的な特性としての地理的位置の固定性，不動性（非移動性）は，その不動産の所在そのものを人の手で変更できない特性である。したがって，不動産の所在地及び所在する地域がどのような地域なのかが不動産のあり方を決定づける。これは，不動産の地域性及び不動産の鑑定評価における地域分析と深くかかわりあいを有する。不動性（非移動性）は，不動産の取引市場そのものが，移転できないゆえに局地的に限られた市場となることを意味する。永続性（不変性）は，土地が摩滅等により消滅しないことをいう。そのため，永続的な将来にわたる収益が考えられるのである（後述する還元利回り等）。不増性は，供給に限りがあることをいう。したがって，供給が非弾力的であるがゆえに需要が増大した際には，価格が急上昇する傾向を有する。

一般諸財 / 不動産

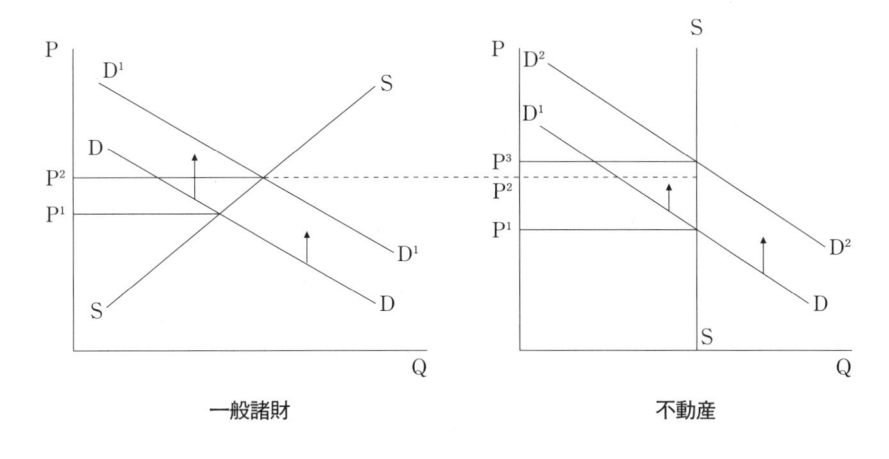

　上図のように需要曲線Dが同一にシフトした場合，不動産は不増性により，一般財に比較して，P^3P^2分だけ価格が高くなる傾向がある。土地の個別性（非同質性，非代替性）は，土地に不増性があり，同じ種類のものを大量に供給できない個別的取引にならざるをえないことを意味している。この個別性により，同種同質の大きな市場をもちえないこととなる。これらの自然的特性は，土地の根本的な制約ととらえることができる。

　人文的特性としての用途の多様性（用途の競合，転換及び併存の可能性）とは，本来土地の制約条件であった自然的特性に対して，土地の利用面から種々の有効利用が可能であることをいう。この有効利用の選択は，自然的特性である地理的位置の固定性等により不動産の属する地域の制約を受けるものである。用途の競合，転換及び併存とは，ある用途に供されていながら，地域の変化により用途が変化し，快適性と収益性において用途が変化することをいう。地域の変化のいかんによっては，用途を転換することもできる。併存は，土地の立体的利用の可能性である。これら用途の多様性から，不動産について，その最有効使用は何であるかという最有効使用の判定がこの人文的特性の十分な理解からなされなければならない。併合及び分割の可能性とは，土地は固定的であっても，最適規模の画地へ変更し，併合，分割できることをいう。社会的及び経済的位置の可変性は，交通手段，産業の発達，生活様式の変化に伴って，い

わゆる立地条件が変化することをいう。

　このように，土地は自然的特性と人文的特性を有するが，人々の創意工夫により，制約条件であった自然的特性が他の人文的特性により土地の有効利用と最有効使用を可能とするものである。

　不動産は，この土地のもつ諸特性に照応する特定の自然的条件及び人文的条件を与件として利用され，その社会的及び経済的な有用性を発揮するものである。そして，これらの諸条件の変化に伴って，その利用形態並びにその社会的及び経済的な有用性は変化する。

　次に，不動産はそのあり方の一面として，ある地域に属して存在する（不動産の地域性）。

　不動産は，また，その自然的条件及び人文的条件の全部又は一部を共通することによって，他の不動産とともにある地域を構成する。そして，不動産は，単に地域を構成するだけではなく，その地域の構成分子としてその地域との間に依存，補完等の関係にたつ。ここでの依存，補完の関係は，不動産が地域の制約を受けながらも，地域と相互依存して，地域としてのあるまとまりを補うという意味である。また，不動産は，その地域内の他の構成分子である不動産との間に協働，代替，競争等の関係にたち，これらの関係を通じてその社会的及び経済的な有用性を発揮するものである。地域内の不動産は，その収益性と快適性が最大となるような用法がそのあり方として最適である。これらは，不動産の地域性であるが，代替，競争等の関係にたち，有用性を発揮しているため，地域を固定的にとらえるのではなく，流動的・動態的にいかなる地域に変化しつつあるかを的確にとらえるべきである。

　次に地域の特性として，その規模，構成の内容，機能等に従って各種のものが認められるが，そのいずれもが，不動産の集合という意味において，個別の不動産の場合と同様に，特定の自然的条件及び人文的条件との関係を前提とする利用のあり方の同一性を基準として理解されるものである。

　地域は不動産の集合であり，利用のあり方の同一性を基準とする。利用のあり方は，特定の自然的条件及び人文的条件の関係を前提とする。これら地域は，

第1章　不動産の鑑定評価に関する基本的考察

他の地域と区別されるべき特性をそれぞれ有するとともに，他の地域との間に相互関係にたち，この相互関係を通じて，その社会的及び経済的位置を占めるものである。これら基本的考察における地域の概念は，後述する近隣地域，類似地域，同一需給圏の概念の基本となる。

このような不動産の特徴から，不動産の価格についても，他の一般の諸財の価格と異なって，評価基準では，次のような特徴が指摘されている。

(1) 不動産の経済価値は，一般に，交換の対価である価格として表示されるとともに，その用益の対価である賃料として表示される。そして，この価格と賃料の間には，いわゆる元本と果実との間に認められる相関関係を認めることができる。

　不動産の価格は，その不動産が消滅するまでの全期間にわたって使用収益できる対価である市場価値を表示したものである。他方，賃料は，契約に基づき，一部の期間につき，不動産を使用，収益することにより生ずる経済価値（純賃料）を表示したものである。この価格と賃料の相関関係は，不動産鑑定評価の方式である収益還元法の根拠である。

(2) 不動産の価格（又は賃料）は，その不動産に関する所有権，賃借権等の権利の対価又は経済的利益の対価であり，また，2つ以上の権利利益が同一の不動産の上に存する場合には，それぞれの権利利益について，その価格（又は賃料）が形成され得る。

　不動産に存立する権利は，所有権，地上権，地役権，賃借権等があるが，これらの権利及び使用収益できる利益について，価格や賃料が成立する。不動産の鑑定評価の対象は，不動産に関する権利利益の経済価値として表示されるものとなる。したがって，不動産の価格はどのような権利利益の価格なのかを明確にしなければならない。後述する対象不動産についての鑑定評価の手順において，鑑定評価の基本的事項の確定では，依頼目的及び条件が明瞭にされていなければ，価格又は賃料の種類が異なることが指摘されている。

(3) 不動産の属する地域は固定的なものではなくて，常に拡大縮小，集中拡

39

散，発展衰退等の変化の過程にあるものであるから，不動産の利用形態が最適なものであるかどうか，仮に現在最適なものであっても，時の経過に伴ってこれを持続できるかどうか，これらは常に検討されなければならない。したがって，不動産の価格（又は賃料）は，通常，過去と将来にわたる長期的な考慮の下に形成される。今日の価格（又は賃料）は，昨日の展開であり，明日を反映するものであって常に変化の過程にあるものである。

　不動産の価格（又は賃料）は，現時点の不動産のあり方のみを基礎として形成されていない。不動産の価格を形成する要因は，不動産の効用及び相対的稀少性並びに不動産に対する有効需要の三者に影響を与える要因をいう。不動産の価格は，多数の要因の相互作用の結果として形成されるものであるが，要因それ自体も常に変動する傾向をもっている。現在の不動産の価格は，過去の変化の過程と将来における変化のきざしを同時に内包するものである。したがって，不動産の鑑定評価の基本的事項の確定において，価格時点の確定が明瞭にされていなければならない。

(4)　不動産の現実の取引価格等は，取引等の必要に応じて個別的に形成されるのが通常であり，しかもそれは個別的な事情に左右されがちのものであって，不動産は適正な価格を形成する市場をもつことが困難である。したがって，不動産の適正な価格については専門家としての不動産鑑定士等の鑑定評価が必要となる。

　不動産の価格は個別の事情により形成されている。個別の事情には，投機的取引及び購入者が市場の情報不足により取引される場合，営業上の場所的限定等特殊な使用方法を前提として取引が行われたとき，極端な供給不足，先行きに対する過度の楽観的見通し等特異な市場条件の下に取引が行われたとき，また，売主が不動産に関し明らかに知識や情報が不足している状態において取引が行われたとき，相続，転勤等により売り急いで取引が行われたとき，金融逼迫，倒産時における法人間の恩恵的な取引又は知人，親族間等人間関係による恩恵的な取引，不相応な造成費，修繕費等を考慮して取引が行われたとき，調停，清算，競売，公売等において価格

が成立したときなどがあげられる。特定物である不動産それ自体が個性を有し，現実の市場が合理的な市場と直ちに認めることはできないと同様，現実の取引に基づく価格は，不動産市場の特性及び売手，買手双方の能力と価値観の多様性により，動機も各々異なり，個別的な事情を包含するのが通常である。したがって，一般人にとって，不動産の適正な価格について，取引価格等によりその価格を判断することは困難であり，専門職業家としての不動産鑑定士等による公正，かつ適正な鑑定評価活動により，合理的な市場で形成されるであろう市場価値を表示する適正な価格を把握するという作業が必要となる。

3　不動産の鑑定評価

　一般の諸財と異なる不動産についてその適正な価格を求めるためには，鑑定評価の活動に依存せざるを得ないこととなる。

　不動産の鑑定評価は，その対象である不動産の経済価値を判定し，これを貨幣額をもって表示することである。それは，この社会における一連の価格秩序の中で，その不動産の価格及び賃料がどのような所に位するかを指摘することである。不動産はそのあり方により，人々の生活の基盤に深いかかわりあいをもつのであるから，不動産の価格は，そのあり方を決定づける重要な因子の1つである。不動産の価格は価格の基礎となる市場価格を形成する場をもっていない。このため，練達堪能な専門家としての不動産鑑定士等による鑑定評価が必要となる。それらの鑑定評価は，十分に合理的であり，客観的に論証できるものでなければならない。

　このためには，

(1)　鑑定評価の対象となる不動産の的確な認識の上に，

(2)　必要とする関連資料を十分に収集して，これを整理し，

(3)　不動産の価格を形成する要因及び不動産の価格に関する諸原則についての十分な理解のもとに，

(4)　鑑定評価の手法を駆使して，その間に，

(5) 既に収集し，整理されている関連諸資料を具体的に分析し，対象不動産に及ぼす自然的，社会的，経済的及び行政的な要因の影響を判断し，
(6) 対象不動産の経済価値に関する最終判断に到達し，これを貨幣額をもって表示するものである。

これらは，適正な価格に到達するために必要な作業について，基本的考察としてその概念を論述したものである。

鑑定評価の実務面での具体的手順は次のとおりである。
(1) 鑑定評価の基本的事項の確定
(2) 処理計画の策定
(3) 対象不動産の確認
(4) 資料の収集及び整理
(5) 資料の検討及び価格形成要因の分析
(6) 鑑定評価方式の適用
(7) 試算価格又は試算賃料の調整
(8) 鑑定評価額の決定
(9) 鑑定評価報告書の作成

鑑定評価の手順を十分に尽せば，市場に代って正常価格を形成し，かつ，それを証明することができるものである。手順の各段階における諸判断のいずれもが適切なものであることが必要であり，各段階においてどのような判断が下されれば適切であるといえるかが吟味され，明らかにされて鑑定評価の可能性が立証されるものである。これら手順は，鑑定評価の可能性に関する形式的要件といわれる。しかし，各段階における判断が的確であるということが，鑑定評価の可能性に関する実質的要件である（櫛田光男著「不動産の鑑定評価に関する基本的考察」）。

この判断の当否は，これら各段階のそれぞれについての鑑定評価の主体の能力の如何及びその能力の行使の誠実さの如何に係るものであり，また，必要な関連諸資料の収集整理の適否及びこれら諸資料の分析解釈の練達の程度に依存するものである。したがって，鑑定評価は，高度な知識と豊富な経験及び的確な

判断力をもち，さらに，これらが有機的かつ総合的に発揮できる練達堪能な専門家によってなされるとき，初めて合理的であって，客観的に論証できるものとなるのである。

また，不動産の鑑定評価とは，現実の社会経済情勢の下で合理的と考えられる市場で形成されるであろう市場価値を表示する適正な価格を，不動産鑑定士等が的確に把握する作業に代表されるように，練達堪能な専門家によって初めて可能な仕事である。これは，不動産の価格に関する専門家の判断であり，意見である。それが合理的で，かつ客観的に論証できるものが手順であり，その手順の各段階の判断である。不動産の鑑定評価は，合理的な市場の代行として，社会の一連の価格秩序の中で，対象不動産の価格の占める適正な拠り所を指摘することである。これは先に述べた不動産の価格と要因の二面性にみられるとおり，不動産の価格がこの社会における一連の価格秩序の中で，どのような所に位するかを指摘する不動産の鑑定評価のもつ社会的公共的意義は重大である。

4　不動産鑑定士等の責務

不動産の鑑定評価に関する法律第37条には，「不動産鑑定業者の業務に従事する不動産鑑定士及び不動産鑑定士補は，良心に従い，誠実に不動産の鑑定評価を行なうとともに，不動産鑑定士及び不動産鑑定士補の信用を傷つけてはならない」として，不動産鑑定士等の責務が規定されている。さらに同法第38条には，秘密を守る義務として「不動産鑑定業者並びにその業務に従事する不動産鑑定士及び不動産鑑定士補は，正当な理由なく，その業務上取り扱ったことについて知り得た秘密を他に漏らしてはならない。不動産鑑定業者がその不動産鑑定業を廃止し，又は不動産鑑定士若しくは不動産鑑定士補がその不動産鑑定業者の業務に従事しなくなった後においても，同様とする」と規定されている。基準では，さらに，不動産鑑定士等は，土地基本法に定める土地についての基本理念に即して，不動産の鑑定評価を行わなければならないとし，特に，土地は投機的取引の対象とされてはならないとしている。このことは，実務において，後述する取引事例比較法等の的確な適用のためには，投機的事例について

は，取引事例等の収集及び選択の段階で排除すべきことが要請されている。

　不動産鑑定士等は，不動産の鑑定評価を担当する者として，十分に能力のある専門家としての地位を不動産鑑定評価に関する法律によって認められ，付与されるものである。したがって，不動産鑑定士等は，不動産の鑑定評価の社会的公共的意義を理解し，その責務を自覚し，的確かつ誠実な鑑定評価の活動の実践をもって，社会一般の信頼と期待に報いなければならない。このためには，不断の勉強と研鑽によって，実践活動において，自己の能力と誠実の限りを尽してはじめてその責務を達成することができる。

(1)　高度の知識と豊富な経験と的確な判断力とが有機的に統一されて，初めて的確な鑑定評価が可能となるのであるから，不断の勉強と研鑽によってこれを体得し，鑑定評価の進歩改善に努力すること。

(2)　依頼者に対して鑑定評価の結果をわかりやすく誠実に説明を行い得るようにするとともに，社会一般に対して，実践活動をもって，不動産の鑑定評価及びその制度に関する理解を深めることにより，不動産の鑑定評価に対する信頼を高めるよう努めること。

(3)　不動産の鑑定評価に当たっては，自己又は関係人の利害の有無その他いかなる理由にかかわらず，公平妥当な態度を保持すること。

(4)　不動産の鑑定評価に当たっては，専門職業家としての注意を払わなければならないこと。

(5)　自己の能力の限度を超えていると思われる不動産の鑑定評価を引き受け，又は縁故若しくは特別の利害関係を有する場合等，公平な鑑定評価を害する恐れのあるときは，原則として不動産の鑑定評価を引き受けてはならないこと。

　以上の基準における倫理的要請等から明らかなように，不動産鑑定士等の責務を理解することができる。これらは，不動産の鑑定評価の本質及び不動産の鑑定評価の可能性における実質的要件の1つとして理解すべきである。

　不動産の鑑定評価が，たとえ客観的に論証できるものであり，手順の各段階における主体の能力がいかに優れていようとも，その能力の行使において，倫

理的責務としての能力の行使の誠実さがなければ，鑑定評価は可能ではないことを意味している。

なお，不動産の鑑定評価に関する法律第42条では，不当な鑑定評価に対する措置の要求が規定されており，利害関係者でなくても，その措置の要求ができる。ドイツでは，ドイツ民法に基づいて不当鑑定には30年間，不動産鑑定士に対して責任の追及ができる。

イギリスでは，評価額は正しい評価額のプラス・マイナス10～15％の間にあるべきとされた。

日本国内においても，情報公開の制度により，都道府県等の公的機関への不動産鑑定評価書の開示請求が多くなっている。このため，十分な説明責任が尽くせるように，不動産鑑定士は注意義務を果たさなければならない。

不動産鑑定評価については，1億円近くの損害賠償請求の事件もある。鑑定評価は，能力の限りと誠実の限りを尽くしてはじめて可能となる。

第2章　不動産の種別及び類型

　不動産の鑑定評価においては，不動産の地域性並びに有形的利用及び権利関係の態様に応じた分析を行う必要がある。そして，その地域の特性等に基づく不動産の種類ごとに検討することが，具体的な案件にのぞんで的確な鑑定を期するためには重要である。不動産の種類とは，不動産の種別及び類型の二面から成る複合的な不動産の概念を示すものであり，この不動産の種別及び類型が不動産の経済価値を本質的に決定づける。このため，この種別と類型の両面の分析をまって初めて精度の高い不動産の鑑定評価が可能となる。

　不動産の種類とは，種別と類型を総称している。種別は不動産の地域性の分析，すなわち，地域分析にとって，その対象不動産と対象不動産の属する地域を明確に認識するために重要である。類型は，有形的利用及び権利関係の態様に応じた分析である個別分析にとって重要である。地域分析は，その地域の標準的使用を明らかにして，価格の水準を明らかにすることである。また，個別分析は，地域的特性の制約下にある個々の不動産の最有効使用を明らかにすることである。不動産の種別と類型が不動産の経済価値を決定づけるため，種別と類型についての両面からの分析は，地域分析と個別分析にとって不可欠のものとなる。また，種別と類型の細分化により，より精密な不動産の鑑定評価が可能となる。不動産の種別とは，不動産の用途に関して区分される不動産の分類をいう。不動産の類型とは，その有形的利用及び権利関係の態様に応じて区分される不動産の分類である。

1　不動産の種別

　不動産の種別の分類は，不動産がいかに構成されているかという不動産の用途的貢献である。不動産の鑑定における地域分析，個別分析，鑑定評価の方式の適用及び事例収集の範囲等各手順の重要な事項である。

第 2 章　不動産の種別及び類型

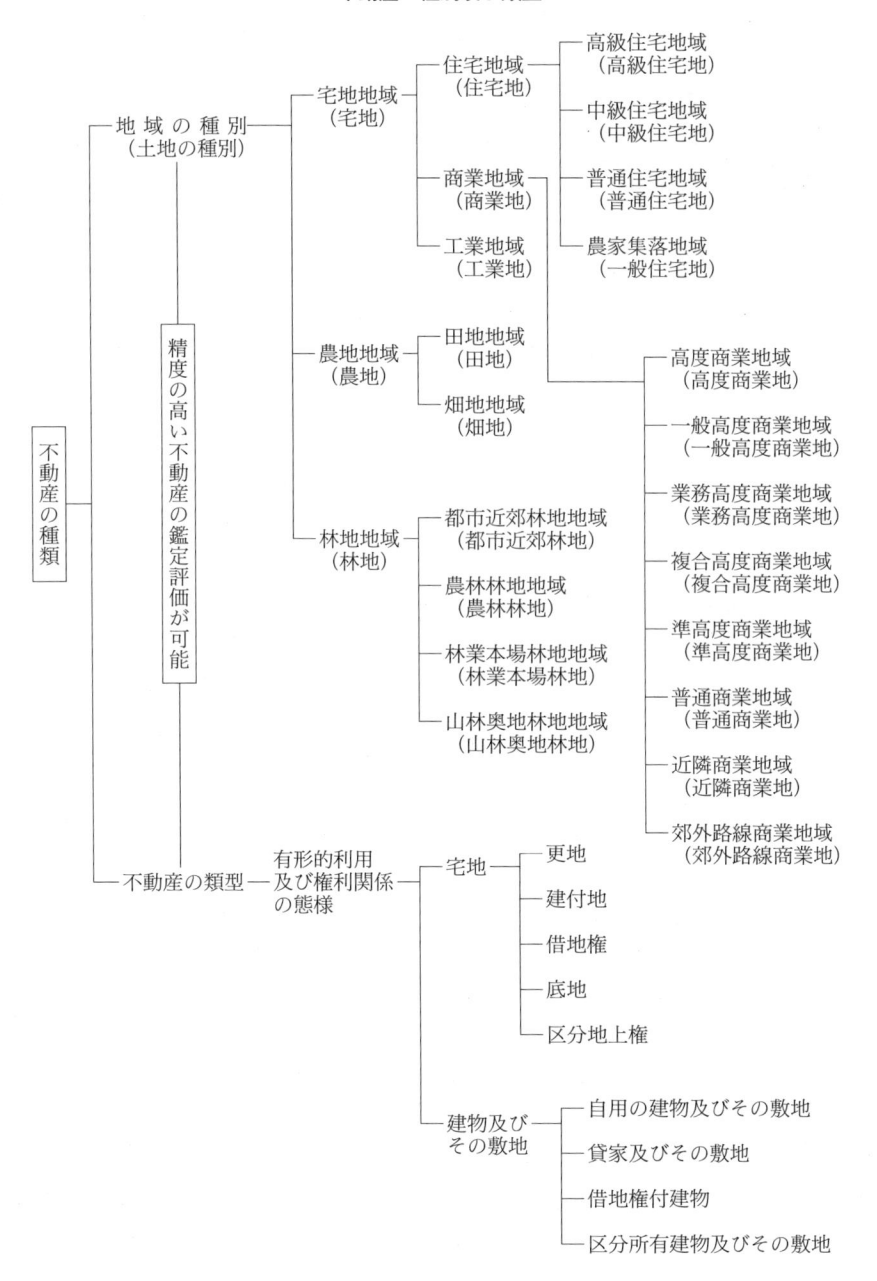

不動産の種別及び類型

```
不動産の種類
├─ 地域の種別（土地の種別）
│   ├─ 宅地地域（宅地）
│   │   ├─ 住宅地域（住宅地）
│   │   │   ├─ 高級住宅地域（高級住宅地）
│   │   │   ├─ 中級住宅地域（中級住宅地）
│   │   │   ├─ 普通住宅地域（普通住宅地）
│   │   │   └─ 農家集落地域（一般住宅地）
│   │   ├─ 商業地域（商業地）
│   │   │   ├─ 高度商業地域（高度商業地）
│   │   │   ├─ 一般高度商業地域（一般高度商業地）
│   │   │   ├─ 業務高度商業地域（業務高度商業地）
│   │   │   ├─ 複合高度商業地域（複合高度商業地）
│   │   │   ├─ 準高度商業地域（準高度商業地）
│   │   │   ├─ 普通商業地域（普通商業地）
│   │   │   ├─ 近隣商業地域（近隣商業地）
│   │   │   └─ 郊外路線商業地域（郊外路線商業地）
│   │   └─ 工業地域（工業地）
│   ├─ 農地地域（農地）
│   │   ├─ 田地地域（田地）
│   │   └─ 畑地地域（畑地）
│   └─ 林地地域（林地）
│       ├─ 都市近郊林地地域（都市近郊林地）
│       ├─ 農林林地地域（農林林地）
│       ├─ 林業本場林地地域（林業本場林地）
│       └─ 山林奥地林地地域（山林奥地林地）
│
│  〔精度の高い不動産の鑑定評価が可能〕
│
└─ 不動産の類型 ─ 有形的利用及び権利関係の態様
    ├─ 宅地
    │   ├─ 更地
    │   ├─ 建付地
    │   ├─ 借地権
    │   ├─ 底地
    │   └─ 区分地上権
    └─ 建物及びその敷地
        ├─ 自用の建物及びその敷地
        ├─ 貸家及びその敷地
        ├─ 借地権付建物
        └─ 区分所有建物及びその敷地
```

不動産の種別は，地域の種別と土地の種別に大別される。
(1) 地域の種別
地域の種別は，宅地地域，農地地域，林地地域等にその用途別に分けられる。
① 宅地地域
宅地地域とは，居住，商業活動，工業生産活動等の用に供される建物，構築物等の敷地の用に供されることが，自然的，社会的，経済的及び行政的観点からみて合理的と判断される地域をいい，住宅地域，商業地域，工業地域等に細分される。さらに住宅地域については，次のように分類ができる（「運用上の留意事項」及び「土地価格比準表の手引き」より）。

住宅地域
イ 高級住宅地域
敷地が広く，街区及び画地が整然とし，植生と眺望，景観等が優れ，建築の施工の質の高い建物が連たんし，良好な近隣環境を形成する等居住環境の極めて良好な地域であり，従来から名声の高い住宅地域
〔その具体的判定要素〕
(イ) 画地の標準的面積がおおむね300㎡以上である地域であること
(ロ) ほとんどすべての土地が一戸建専用住宅の敷地として現に利用されている地域であること
(ハ) 用途地域は第1種低層住居専用地域又は第2種低層住居専用地域である場合が多いこと
(ニ) 従来から名声のある地域（町名又は地域の名称が高級住宅地の呼称として使用されている場合における当該地域）であること
(ホ) 著名人等の住宅が比較的に多い地域であること
(ヘ) 各々の画地が囲障，門，塀，庭園等で囲まれ，緑樹が多い閑静な地域であること
(ト) 建物等の建築の施工の質が優れている地域であること
(チ) アパートや店舗等は見当たらない地域であること
以上の事項を総合的に検討して判定する。東京，大阪，名古屋の三大圏にお

いては，鉄道沿線別に行う。これら以外の地域では，県別又は人口20万人前後の地方中核都市等について行う。

　ロ　中級住宅地域

敷地の規模及び建築の施工の質が標準的な住宅を中心として形成される居住環境の良好な住宅地域

〔その具体的判定要素〕

市街地的形態を形成している地域において，高級住宅地域及び普通住宅地域に該当しない住宅地域をいう。一般住宅で形成され，住宅環境は中庸の地域である。市街化住宅地域のうちほとんどの住宅地域が中級住宅地域に区分されうる。

　ハ　普通住宅地域

比較的狭小な戸建住宅及び共同住宅が密集する住宅地域又は住宅を主として店舗，事務所，小工場等が混在する住宅地域

〔その具体的判定要素〕

(イ)　画地の標準的面積が100㎡を超え200㎡未満の地域である場合が多いこと

(ロ)　アパート，店舗，事務所，小工場等が相当数混在する地域であること

(ハ)　行き止まり路やT字路などの街路が目立つ地域であること

(ニ)　用途地域は，第1種住居地域及び第2種住居地域，準住居地域，近隣商業地域，準工業地域である場合が多いこと

(ホ)　駅，工業地域，商店街又は幹線街路の周辺の住宅地域に多いこと

　ニ　農家集落地域

都市の通勤圏の内外にかかわらず，在来の農家住宅等を主とする集落地域及び市街地的形態を形成するに至らない住宅地域

〔その具体的判定要素〕

比較的小規模な町村にあることが多く，市街化調整区域又は都市計画区域の定めのない地域にある場合が多い。

なお，一般的な居住機能を有する住宅地域ではないが，別荘地域は，自然環境の良好な場所にあって，1年のうち夏季，冬季，週末等に利用するために建てられた住宅が存し，また住宅を建てることが予定されている地域がある。こ

49

の地域は，飲料水，電気等の居住の用に供するために必要な最小限の基盤の整備がなされている地域である。これら最小限の基盤が整備されていない地域は，林地地域と判定するのが妥当であり，別荘地域として取り扱うことができないことに留意すべきである。

商業地域

イ　高度商業地域

高度商業地域は，例えば，大都市（東京23区，政令指定都市等）の都心又は副都心にあって，広域的商圏を有し，比較的大規模な中高層の店舗，事務所等が高密度に集積している地域である。

〔その具体的判定要素〕

(イ)　これら地域は，高度利用が進み，建築基準法による容積率がおおむね700％以上であり，地域の現実の利用状態も高度利用が図られている地域

(ロ)　高度商業地域と考えられる地域としては，東京都（銀座，新宿，丸の内等），大阪市（梅田，心斎橋），名古屋市（栄，名古屋駅前），横浜市（横浜駅前），京都市（四条河原町），神戸市（三宮），札幌市（南一条西四丁目十字街），仙台市（仙台駅前），広島市（本通り），福岡市（天神）があげられる。

高度商業地域の性格に応じて，さらに，次のような細分類が考えられる。

(イ)　一般高度商業地域

　　主として繁華性，収益性等が極めて高い店舗が高度に集積している地域

(ロ)　業務高度商業地域

　　主として行政機関，企業，金融機関等の事務所が高度に集積している地域

(ハ)　複合高度商業地域

　　店舗と事務所が複合して高度に集積している地域であり，一般高度商業機能と業務高度商業機能が混在した地域

ロ　準高度商業地域

高度商業地域に次ぐ商業地域であって，広域的な商圏を有し，店舗，事務所等が連たんし，商業地としての集積の程度が高い地域

〔その具体的判定要素〕
(イ) 都市規模については，県都又はこれに準ずる都市であること
(ロ) 商圏については，県内全般にわたる範囲又はこれに準ずる規模の背後地を対象とした範囲であること
(ハ) 建築基準法による容積率がおおむね600％前後であり，地域の現実の利用状態も高度利用が図られている地域

ハ　普通商業地域

高度商業地域，準高度商業地域，近隣商業地域及び郊外路線商業地域以外の商業地域であって，都市の中心商業地域及びこれに準ずる商業地域で，店舗，事務所等が連たんし，多様な用途に供されている地域

〔その具体的判定要素〕

地方中小都市の中心商業地域又はこれに準ずる規模の商業地域でいわゆる日用品雑貨等の販売を主とする多様性のある中間的な商業地域

ニ　近隣商業地域

主として近隣の居住者に対する日用品等の販売を行う店舗等が連たんしている地域

〔その具体的判定要素〕

都市計画の用途地域である近隣商業地域と必ずしも符号していない。このため，現地の実査により地域を十分に把握する必要がある。

ホ　郊外路線商業地域

都市の郊外の幹線道路（国道，都道府県道等）沿いにおいて，店舗，営業所等が連たんしている地域

〔その具体的判定要素〕

(イ) 幹線道路沿いに，食堂，クルマ販売店舗，パチンコ店，ホテル，家電販売店，書店，スポーツ用品店が一体となって集積する地域
(ロ) 従来空地や農地であったが，店舗の進出に伴い周辺農地等に比較して，地価水準が高い。敷地1000㎡，建物（平屋建が多い）300㎡の面積の規模が標準である場合が多い。地主が店舗建物を建て，それらを一括してテナン

トに賃貸するオーダーリース方式も多くみられる。

② 農地地域

農地地域とは,農業生産活動のうち耕作の用に供されることが,自然的,社会的,経済的及び行政的観点からみて合理的と判断される地域をいう。この地域は,水田として利用されている田地地域と畑地として利用されている畑地地域等に分かれる。農地地域は,宅地地域と異なり,自然的条件が地域特性に大きな影響を与える。田地地域,畑地地域等の細区分は自然的条件により区分されることとなる。

③ 林地地域

林地地域とは,林業生産活動のうち木竹又は特用林産物の生育の用に供されることが,自然的,社会的,経済的及び行政的観点からみて合理的と判断される地域をいう。林地地域の地域区分をその地域的特性により区分すれば次のようになる。

イ 都市近郊林地地域

市街化している地域の近郊にあり,宅地化の影響を受けながら,宅地見込地としての性格をも有する地域である。

ロ 農村林地地域

農村集落の周辺に位置して,一般に農業を主に林業を兼業としている農家の点在する地域である。

ハ 林業本場林地地域

有名林業地,有名銘柄の用材の生産地にある林地地域である。

ニ 山林奥地林地地域

上記イ,ロ,ハ以外の地域であり,交通は不便で,奥地に所在する林地地域である。

林地地域は,農地地域と同様に,その地域的特性は,特定の自然的条件の影響を強く受けることとなる。

なお,宅地地域,農地地域,林地地域等のうちにあって,細分されたある種別の地域から,その地域の他の細分された地域へと移行しつつある地域がある

ことに留意しなければならない。それは，用途的な地域の分類にあたって，現在の状況のみでは判断できず，不動産の用途性について，自然的，社会的，経済的及び行政的観点からみて合理的と判断される地域を基準とする。住宅地域であるならば，中級住宅地域から高級住宅地域へ，地域の種別のうち，細分された地域へ用途性の変化しつつある地域，高級住宅地域の移行地地域がある。また，宅地地域において，住宅地域から商業地域へ移行する地域がある。これら移行しつつある地域については，移行すると見込まれる移行後の地域の地域要因をより重視すべきである。しかし，移行しつつある地域が，その移行の程度が低い場合においては，移行前の地域の地域要因をより重視すべきである。

⑵ **土地の種別**

土地の種別は，地域の種別に応じて分類される土地の区分であり，宅地，農地，林地，見込地，移行地等に分けられ，さらに地域の種別の細分に応じて細分される。宅地とは，宅地地域のうちにある土地をいい，それらは，住宅地，商業地，工業地等に細分される。住宅地とは住宅地域のうちにある土地をいう。商業地，工業地は，それぞれ商業地域，工業地域のうちにある土地をいい，農地，林地は，それぞれ農地地域，林地地域のうちにある土地をいう（林地は立木竹を除く）。地域の細分化は既に述べたとおり，住宅地域は高級住宅地域等に細分化される。住宅地についても，高級住宅地，中級住宅地，普通住宅地，農家住宅地等に細分される。

商業地については，高度商業地（一般高度商業地，業務高度商業地，複合高度商業地），準高度商業地，普通商業地，近隣商業地，郊外路線商業地に細分化することができる。

これらの細分化の意義としては，次にあげるような事項がある。

① 不動産の種別の分類の細分化は，地域分析にあたって，これら分類に応じた一段と精密な分析が可能となること

② 取引事例等の選択にあたって，より細分化された事例の収集，選択が可能となること。例えば，単なる商業地の事例を収集し選択するのではなく，対象地が普通商業地であれば，事例としては，普通商業地としての事例が

より重視されることになり，近隣商業地の事例は適格性を欠くものとして，事例のウェイトづけが可能となる。このため，事例収集の過程において，より的確に経済価値の本質にせまることが可能となる。
③ 取引事例の選択にあたっては，従来，近隣地域又は同一需給圏内の類似地域に存する不動産の取引事例等が適格性を有するものとされていたが，新基準では，必要やむを得ない場合は，近隣地域の周辺の地域に係るもののうちから選択できることとなった。これは，種別の分類の細分化が適切に行えてこそ可能となるものであろう。

見込地とは，宅地地域，農地地域，林地地域等の相互間において，ある種別の地域から他の種別の地域へと転換しつつある地域のうちにある土地をいい，宅地見込地，農地見込地等に分けられる。

移行地とは，宅地地域，農地地域等のうちにあって，細分されたある種別の地域から他の種別の地域へと移行しつつある地域のうちにある土地をいう。見込地及び移行地は鑑定評価上の分類である。宅地見込地は，宅地地域以外の他の種別の地域から宅地地域へと転換しつつある地域のうちにある土地をいう。転換しつつある地域のうちの土地とは，価格時点において宅地造成工事中という意味ではない。現在の利用の状況は農地等であるが，自然的，社会的，経済的，行政的観点からみて将来は宅地地域としての用途が有用であると認められる地域内の土地をいう。

見込地，移行地は，転換後，移行後の種別を称する。土地は，その自然的特性のうち，永続性を有しており，将来の経済価値についての予測によっても価格形成されるものである。したがって，このような土地については，用途性が変化した後に定着するであろう用途性に重要な影響を与える要因について着目すべきである。しかし，転換の程度，移行の程度が低い場合には，転換前，移行前の地域要因等をより重視すべきである。

2 不動産の類型

不動産の類型とは，不動産の分類として，その不動産の有形的利用及び権利

関係の態様に応じて区分され，いかに有用性が発揮されているかを分析するために設けられた概念である。この概念は，最有効使用の判定，鑑定評価方式の適用において考慮されなければならない不動産鑑定評価上の分類である。宅地並びに建物及びその敷地の類型を例示すれば，次のとおりである。

(1) 宅地の類型

宅地の類型は，その有形的利用及び権利関係の態様に応じて，更地，建付地，借地権，底地，区分地上権等に分けられる。

更地とは，建物等の定着物がなく，かつ使用収益を制約する権利の付着していない宅地をいう。更地は，最有効使用に基づく経済価値を享受することが期待できる。都市計画法，建築基準法等の公法上の規制は受けるものの，建物等の定着物，賃借権等の権利が付着していないためである。地価公示法第4条の標準地の鑑定評価を行う場合には，この更地を求めることになる。

建付地とは，建物等の用に供されている敷地で建物等及びその敷地が同一の所有者に属し，かつ当該所有者により使用され，その敷地の使用収益を制約する権利の付着していない宅地をいう。建付地は，建物と敷地とが一体として使用収益されている場合において，その状態を所与として，その敷地について部分鑑定評価するものである。

借地権とは，借地借家法（廃止前の借地法を含む）に基づく借地権（建物の所有を目的とする地上権又は土地の賃借権）をいい，これに対して，底地とは，宅地について借地権の付着している場合における当該宅地の所有権をいう。借地権及び底地は密接に関連しあっているので，不動産の鑑定評価にあたって，基準は後段（価格に関する鑑定評価）で留意点を示し，十分に考慮して相互に比較検討すべきであることを指摘している。

区分地上権とは，工作物を所有するため，地下又は空間に上下の範囲を定めて設定された地上権をいう。宅地の類型は，改正でも変ってはいない。

(2) 建物及びその敷地

建物及びその敷地の類型は，その有形的利用及び権利関係の態様に応じて，自用の建物及びその敷地，貸家及びその敷地，借地権付建物，区分所有建物及

びその敷地等に分けられる。

　自用の建物及びその敷地とは，建物所有者とその敷地の所有者とが同一人であり，その所有者による使用収益を制約する権利の付着していない場合における当該建物及びその敷地をいう。最有効使用の観点から建物を取りこわすことが妥当と認められる場合や建物の用途を転換し又は建物の構造等を改造して使用することが妥当と認められることがある。この場合，自用の建物及びその敷地の価格は，当該敷地の更地としての価格を下回ることもある。

　貸家及びその敷地とは，建物所有者とその敷地の所有者とが同一人であるが，建物が賃貸借に供されている場合における当該建物及びその敷地をいう。この類型は，後述する借家権の鑑定評価と関連性を有する。

　借地権付建物とは，借地権を権原とする建物が存する場合における当該建物及び借地権をいう。建物が自用の場合と建物が賃貸されている場合があり，借地権の鑑定評価に掲げる事項を勘案するなど，借地権と関連性を有している。

　区分所有建物及びその敷地とは，建物の区分所有等に関する法律第2条3項に規定する専有部分並びに当該専有部分に係る同条4項に規定する共用部分の共有持分及び同条6項に規定する敷地利用権をいう。

　建物の区分所有等に関する法律第2条3項は「この法律において「専有部分」とは，区分所有権の目的たる建物の部分をいう」と規定している。同4項は，「この法律において「共用部分」とは，専有部分以外の建物の部分，専有部分に属しない建物の附属物及び第4条2項の規定により共用部分とされた附属の建物をいう」と規定している。敷地利用権については，同条6項に，「この法律において「敷地利用権」とは，専有部分を所有するための建物の敷地に関する権利」とある。

　区分所有建物及びその敷地の類型では，専有部分，共用部分，敷地利用権の経済価値の判定ということができる。この類型は，旧基準において採用された。共用部分等の利用関係は，管理規約等によって規定されているため，その確認は重要である。特に区分所有建物及びその敷地には，建物，敷地，専有部分と価格形成要因が固有であるので，それら固有の個別的要因の把握が必要である。

第3章　不動産の価格を形成する要因

　不動産の価格を形成する要因（以下「価格形成要因」という）とは，不動産の効用及び相対的稀少性並びに不動産に対する有効需要の三者に影響を与える要因をいう。不動産の価格は，多数の要因の相互作用の結果として形成されるものであるが，要因それ自体も常に変動する傾向をもっている。したがって，不動産の鑑定評価を行うにあたっては，価格形成要因を市場参加者の観点から明確に把握し，かつ，その推移及び動向並びに諸要因間の相互関係を十分に分析して，前記三者に及ぼすその影響を判定することが必要である。

　不動産の価格は，①効用，②相対的稀少性，③有効需要に影響を与える要因で形成されている。この章では，不動産の価格を形成する要因を取り扱うが，不動産の価格は，多数の価格を形成する要因の結果として形成されている。不動産の鑑定評価は，その不動産の経済価値の本質について追求することであるから，価格形成要因を把握して，これを分析することにより，その作用が判定できれば，適正な価格の形成過程が論証できるであろう。

　一般に経済価値は，①収益性，②費用性，③市場性の三面性により判定することができる。不動産の価格を形成する要因のうち，不動産の効用は，不動産を利用することによる快適性，収益性，機能性が価格に影響を与える。費用性は，どれほどの費用により造られたものであるかということである。空気，水に価格が成立しないように，無限に存するものには，費用性が考慮されない。相対的に稀少であるがゆえに，費用が投ぜられるのである。

　市場性は，そのモノが市場でいくらの価格で取引されているかということである。この市場では，供給があり，かつ有効需要が存在していなくてはならない。不動産の価格を形成する要因のうち，①効用，②相対的稀少性，③有効需要の三者は，一般に財の経済価値を判定する価格の三面性である①収益性，②費用性，③市場性と相似する。価格の三面性のうち，①収益性から，鑑定評価

不動産の価格を形成する要因

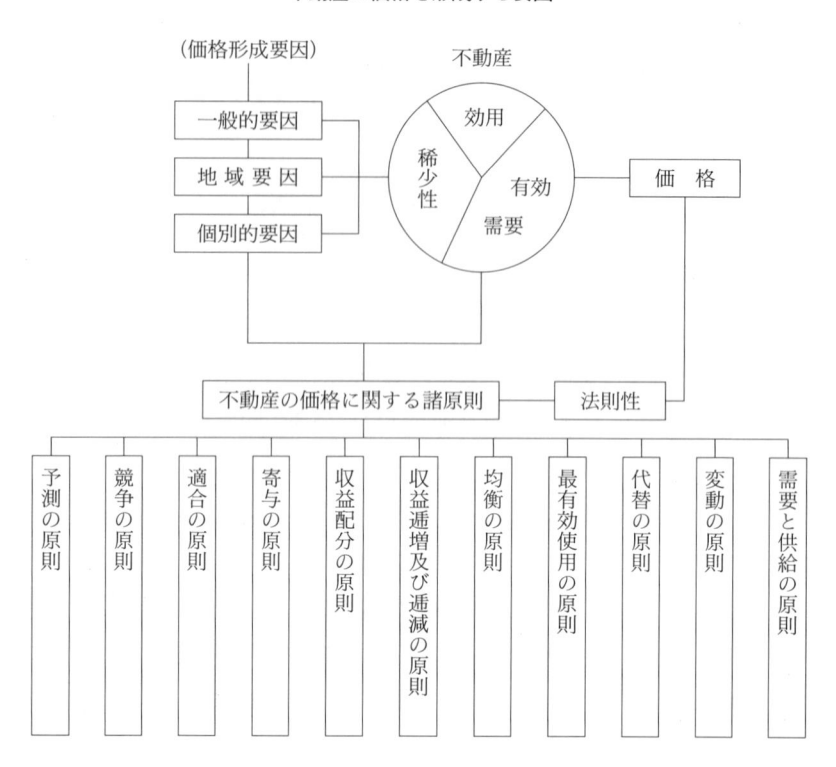

```
（価格形成要因）              不動産
    ┌─ 一般的要因 ─┐      ┌─効用─┐
    ├─ 地域要因 ──┤──── 稀少性 ┼─────── 価　格
    └─ 個別的要因 ┘      └─有効需要┘

              ↓
    不動産の価格に関する諸原則 ──── 法則性
              ↓
┌──┬──┬──┬──┬──┬──┬──┬──┬──┬──┬──┐
予 競 適 寄 収 収 均 最 代 変 需
測 争 合 与 益 益 衡 有 替 動 要
の の の の 配 逓 の 効 の の と
原 原 原 原 分 増 原 使 原 原 供
則 則 則 則 の 及 則 用 則 則 給
              原 び   の           の
              則 逓   原           原
                 減   則           則
                 の
                 原
                 則
```

の方式である収益方式が成り立つ。また、②費用性から原価方式が成り立ち、③市場性から比較方式が成り立つ。

　価格形成要因は、一般的要因、地域要因及び個別的要因に分けられる。

　後述する不動産の鑑定評価の方式は、価格形成要因が三者に与える影響を鑑定評価理論の実践手法により、要因分析することといえる。また、価格形成要因の分析は、地域分析や、個別分析それに続く手順の全過程において考慮されるべきものである。このため、価格形成要因は、価格判定の妥当性を検証する有力な基準として活用されなければならない。

1 一般的要因

　一般的要因とは，一般経済社会における不動産のあり方及びその価格の水準に影響を与える要因をいい，自然的要因，社会的要因，経済的要因及び行政的要因に大別される。

　一般的要因のうち，社会的，経済的及び行政的要因は不動産に働きかける外部的要因として理解されるものであり，これらの働きかけを受ける客体としての不動産（土地）について，自然的要因は一般的要因の内部的要因としてとらえることができる。自然的要因は，新基準で例示事項に加えられたものである。

　一般的要因は，その内部的要因である自然的要因により，同種の地域に対しては同じような影響を与える傾向を有する。例えば，住宅建築のための居住用住宅の融資金利が低下すれば，宅地地域のうち住宅地域は，その影響を受けて住宅建設が増加し，土地に対する需要を増大することになる。しかし，商業地域では，これらの影響を受けることは少ない。このように，価格形成要因のうち，外部的要因は，地域偏向性というべき性格を有している。このため価格形成要因は，まず地域分析において，不動産の標準的使用の現状と予測の分析，個別分析における最有効使用の判定，鑑定評価の手法の適用において活用されるものである。とくに，所得水準，国民所得の動向等経済的要因は，価格を分析し，追求する全過程において常に考慮されなければならない。また，行政的要因は，土地利用に関する計画及び規制等土地の経済価値の判定にあたり，制約条件となる場合が多い。したがって，行政的要因は，正常な価格を求めるための制約条件となるものであるから最有効使用の原則及び適合の原則を適用するため行政的要因に照応する要因資料の収集整理に努めなければならない。

　また，価格形成要因の分析にあたっては，現地の踏査に基づく的確な近隣地域の把握が必要である。地域分析における近隣地域の把握，分析は，個別分析のあり方を規定すると同時に，対象不動産の価格の水準を第1次的に決定づけることになる。それは，近隣地域の把握いかんが，鑑定評価の手順に影響を与え，価格形成要因に照応する資料の収集，鑑定評価方式の適用についても制約

を与えるものだからである。したがって，価格形成要因に照応する要因資料，確認資料，事例資料の収集整理の手順の各作業において，常に近隣地域の設定が正しいものか否かの検討がされてこそ，的確な価格形成要因の分析が可能となる。

一般的要因の主なものを例示すれば，次のとおりである。

I 自然的要因
 1．地質・地盤等の状態
 2．土壌及び土層の状態
 3．地勢の状態
 4．地理的位置関係
 5．気象の状態

II 社会的要因
 1．人口の状態
 2．家族構成及び世帯分離の状態
 3．都市形成及び公共施設の整備の状態
 4．教育及び社会福祉の状態
 5．不動産の取引及び使用収益の慣行
 6．建築様式等の状態
 7．情報化の進展の状態
 8．生活様式等の状態

III 経済的要因
 1．貯蓄，消費，投資及び国際収支の状態
 2．財政及び金融の状態
 3．物価，賃金，雇用及び企業活動の状態
 4．税負担の状態
 5．企業会計制度の状態
 6．技術革新及び産業構造の状態
 7．交通体系の状態

8．国際化の状態

Ⅳ　行政的要因

1．土地利用に関する計画及び規制の状態

2．土地及び建築物の構造，防災等に関する規制の状態

3．宅地及び住宅に関する施策の状態

4．不動産に関する税制の状態

5．不動産の取引に関する規制の状態

2　地域要因

地域要因とは，一般的要因の相関結合によって，規模，構成の内容，機能等にわたる各地域の特性を形成し，その地域に属する不動産の価格の形成に全般的な影響を与える要因をいう。すなわち，地域要因は地域の特性を形成する一般的要因と自然的条件の結合したものということができる。したがって，地域の特性を形成する要因を明確にすることにより，近隣地域の設定及び地域分析の適否及び同一需給圏内の類似地域における相対的な地域の格差について判定することができる。このためには，対象不動産の存する近隣地域に係る地域要因に照応する要因資料（地域資料）及び価格形成要因に照応する要因資料（一般資料，個別資料）についての分析を行うこととなる。この分析の前提として，近隣地域の設定が正しいものであるか否かの検討がなされなければならない。したがって，現地の踏査に基づく適切な近隣地域の把握を行い，確認資料，要因資料及び事例資料を十分に収集整理して，価格形成要因を分析しなければならない。

地域要因は，宅地地域，農地地域及び林地地域等に区別され，宅地地域については，住宅地域，商業地域及び工業地域に細分化される。これら地域要因については，固定的にとらえるのではなく，その地域がいかなる変化を遂げつつあるか，その変化の速度はいかなるものかという予測と変動について考慮すべきである。地域要因は，地域の特性を形成し，その地域の不動産の価格の形成に全般的な影響を与える要因であり，不動産の標準的使用として具現される価格

の水準にも影響を与える要因である。
 (1) 宅地地域
 １．住宅地域
住宅地域の地域要因の主なものを例示すれば，次のとおりである。
① 日照，温度，湿度，風向等の気象の状態
② 街路の幅員，構造等の状態
③ 都心との距離及び交通施設の状態
④ 商業施設の配置の状態
⑤ 上下水道，ガス等の供給，処理施設の状態
⑥ 情報通信基盤の整備の状態
⑦ 公共施設，公益的施設等の配置の状態
⑧ 汚水処理場等の嫌悪施設等の有無
⑨ 洪水，地すべり等の災害の発生の危険性
⑩ 騒音，大気の汚染，土壌汚染等の公害の発生の程度
⑪ 各画地の面積，配置及び利用の状態
⑫ 住宅，生垣，街路修景等の街並みの状態
⑬ 眺望，景観等の自然的環境の良否
⑭ 土地利用に関する計画及び規制の状態

住宅地域は居住の用に供される建物の敷地によって構成される地域であるため，快適性と利便性が選好される。⑥が改正で追加された。自然的環境，社会的環境が良好であるか，また通勤に便利であるか等が価格を形成する要因となる。

これらの地域要因のうち，高級住宅地域は，環境条件としての住宅，生垣，街路修景等の街並みの状態，眺望，景観等の自然的環境の良否及び旧基準にあった居住者の職域，階層等社会環境の良否，変電所等危険施設が居住の快適性とその品位を左右する。中級住宅地域は都心との距離及び交通施設の状態，普通住宅地域は商店街の配置の状態等特に生活の利便性を左右する要因を重視する。

2．商業地域

前記1．住宅地域に掲げる地域要因のほか，商業地域特有の地域要因の主なものを例示すれば，次のとおりである。

① 商業施設又は業務施設の種類，規模，集積度等の状態
② 商業背後地及び顧客の質と量
③ 顧客及び従業員の交通手段の状態
④ 商品の搬入及び搬出の利便性
⑤ 街路の回遊性，アーケード等の状態
⑥ 営業の種別及び競争の状態
⑦ 当該地域の経営者の創意と資力
⑧ 繁華性の程度及び盛衰の動向
⑨ 駐車施設の整備の状態
⑩ 行政上の助成及び規制の程度

これら商業地域についての地域要因は，不動産の収益性を左右する要因である。⑩が改正により追加された。収益が安定して確実に得られるかどうか，将来の動向に十分留意することが重要である。高度商業地域では，上記に加えて，デパート，大型店の数，延面積，容積率制限に留意する。普通商業地域では，顧客及び従業員の交通手段の状態に関して，さらに最寄駅の乗降客の数，最寄駅の接近性，容積率制限等について重要視される。

3．工業地域

前記1．住宅地域に掲げる地域要因のほか，工業地域特有の地域要因の主なものを例示すれば，次のとおりである。

① 幹線道路，鉄道，港湾，空港等の輸送施設の整備の状況
② 労働力確保の難易
③ 製品販売市場及び原材料仕入市場との位置関係
④ 動力資源及び用排水に関する費用
⑤ 関連産業との位置関係
⑥ 水質の汚濁，大気の汚染等の公害の発生の危険性

⑦　行政上の助成及び規制の程度

　工業地域は，工業生産の用に供されることを目的としている地域であるため，製品の生産と販売に関する採算を左右する要因である。

　大工業地域においては①の項目のうち，特に港湾において公共岸壁を有する場合，製品及び原材料の搬出入に関して海運の利便性が高い。

　中小工業の場合には，内陸の幹線道路の整備が重視される。中小工業の地域では，水質の汚濁，大気の汚染等公害の発生の危険性が大工業地域より重視される。これは，大工業地域に比較して，周辺住宅地域の住民の苦情等がより強くなるためで，これらが操業の採算に影響を与えることを考慮しなければならない。

(2) **農地地域**

　農地地域の地域要因の主なものを例示すれば，次のとおりである。

① 日照，温度，湿度，風雨等の気象の状態
② 起伏，高低等の地勢の状態
③ 土壌及び土層の状態
④ 水利及び水質の状態
⑤ 洪水，地すべり等の災害の発生の危険性
⑥ 道路等の整備の状態
⑦ 集落との位置関係
⑧ 集荷地又は産地市場との位置関係
⑨ 消費地との距離及び輸送施設の状態
⑩ 行政上の助成及び規制の程度

　農地地域の地域要因は，農業生産性を左右する要因である。作物の収穫高に影響を与える要因と農業生産活動の費用に影響を与える要因である。水田を主とする田地地域では，洪水の危険性に留意すべきである。一般に，田地地域は畑地地域に比較して河川流域に存することが多く，水害の危険性が大きいためである。農地地域では，土壌の良否が大きく収穫高に影響を与えるなど，一般に自然的条件が占める比重が大きい。

(3) 林地地域

林地地域の地域要因の主なものを例示すれば，次のとおりである。
① 日照，温度，湿度，風雨等の気象の状態
② 標高，地勢等の状態
③ 土壌及び土層の状態
④ 林道等の整備の状態
⑤ 労働力確保の難易
⑥ 行政上の助成及び規制の程度

林地地域の地域要因は，林業生産性を左右する要因である。

林地地域のうち，都市近郊林地地域では，宅地化等の影響を考慮して，宅地化の条件について検討を加え行政上の助成及び規制の程度について留意する。その他の林地地域では，生産活動に係る交通，木竹の生育状態に係る気象等自然的条件が大きな比重を占める。

なお，ある種別の地域から他の種別の地域へと転換し，又は移行しつつある地域については，転換し，又は移行すると見込まれる転換後又は移行後の種別の地域要因をより重視すべきであるが，転換又は移行の程度の低い場合においては，転換前又は移行前の種別の地域の地域要因をより重視すべきである。

林地地域から宅地地域へと転換しつつある宅地見込地について着目すべき地域要因は，用途が変化した後に定着する用途性に関して影響を与える要因である。この場合，宅地地域の地域要因が重視される。しかし，宅地にするためには，造成の難易及びその必要の程度，宅地としての有効利用面積及び宅地化するために必要な地域要因の変化に必要とする時間（熟成度）等，見込地等については，特有の要因が作用することに留意すべきである。見込地，移行地については，地域要因の変化の予測によって，価格の水準が左右されるため，より的確な地域要因の把握分析が重要となる。

3 個別的要因

個別的要因とは，不動産に個別性を生じさせ，その価格を個別的に形成する

要因をいう。個別的要因には，既に地域要因としてあげられた要因がある。これは，価格形成要因が，土地の地域的な価格形成に作用するとともに，個別の土地の価格形成にも作用するためである。不動産の価格は，その最有効使用を前提として把握される価格を標準として形成される。この場合，個々の不動産は，その属する地域の地域特性の制約を受けるとともに，個別的要因を所与として不動産の最有効使用を判断することとなる。この地域の特性は，地域の標準的使用として現われるので，最有効使用の判断は，標準的使用を明確にする必要がある。

　このように個別的要因は，対象地域における標準的使用との相互関係を通じて検討されることになる。個別的要因は，土地，建物等の区分に応じて次のように分けられる。

(1)　土地に関する個別的要因

1．宅地

ⅰ　住宅地

住宅地の個別的要因の主なものを例示すれば，次のとおりである。

① 　地勢，地質，地盤等
② 　日照，通風及び乾湿
③ 　間口，奥行，地積，形状等
④ 　高低，角地その他の接面街路との関係
⑤ 　接面街路の幅員，構造等の状態
⑥ 　接面街路の系統及び連続性
⑦ 　交通施設との距離
⑧ 　商業施設との接近の程度
⑨ 　公共施設，公益的施設等との接近の程度
⑩ 　汚水処理場等の嫌悪施設等との接近の程度
⑪ 　隣接不動産等周囲の状態
⑫ 　上下水道，ガス等の供給・処理施設の有無及びその利用の難易
⑬ 　情報通信基盤の利用の難易

⑭　埋蔵文化財及び地下埋設物の有無並びにその状態

⑮　土壌汚染の有無及びその状態

⑯　公法上及び私法上の規制・制約等

　これらの個別的要因については，今回の改正で⑬～⑮が追加された。実務においては，対象地域における標準的な画地として比較することになる。標準的使用に供されている画地と個別的要因とを比較することにより，対象地との格差について判定する。これら格差が最終的には，対象地についての減価要因又は増価要因として把握されることになる。実務では，これらの補正を個別格差補正という。標準的な画地を実務では「標準画地」又は「想定標準画地」という。標準画地は，近隣地域内の対象不動産に近い同一路線上に設定される中間画地である。このように，個別的要因が個別格差補正の具体的数値として把握される。

　なお，「標準画地」や「個別格差補正」という用語は，基準にはない。

　例えば，「隣接不動産周囲の状態」が工場，倉庫によって取り囲まれている場合，住宅地の価格については，減価の要因として作用する。環境上の悪化が住宅地の快適性に悪影響を与えるためである。また，日照を受ける南側等に危険施設が存していれば，さらに減価の要因となるであろう。

　住宅の個別的要因について，実務では以下のように取り扱う。

　次ページの図Aが地域の標準的な画地である。これを標準画地という。この標準的な画地はいわば地域の代表のような標準的使用の形状である。これは，地価公示制度における標準地（公示価格）である。この標準地は，おおむね実務での「標準画地」でもある。

　図Bは，不整形である。このため，利便性，市場性が劣ることになる。地価の水準が150,000円／㎡の地域であれば，図Bは，不整形の減価要因として，路地状部分の30㎡が，減価要因△30％と査定できる。また，その奥にある170㎡の有効宅地部分は，減価要因△5％と査定できる。

　これにより，

（路地状部分）

個別的要因(図A・B)

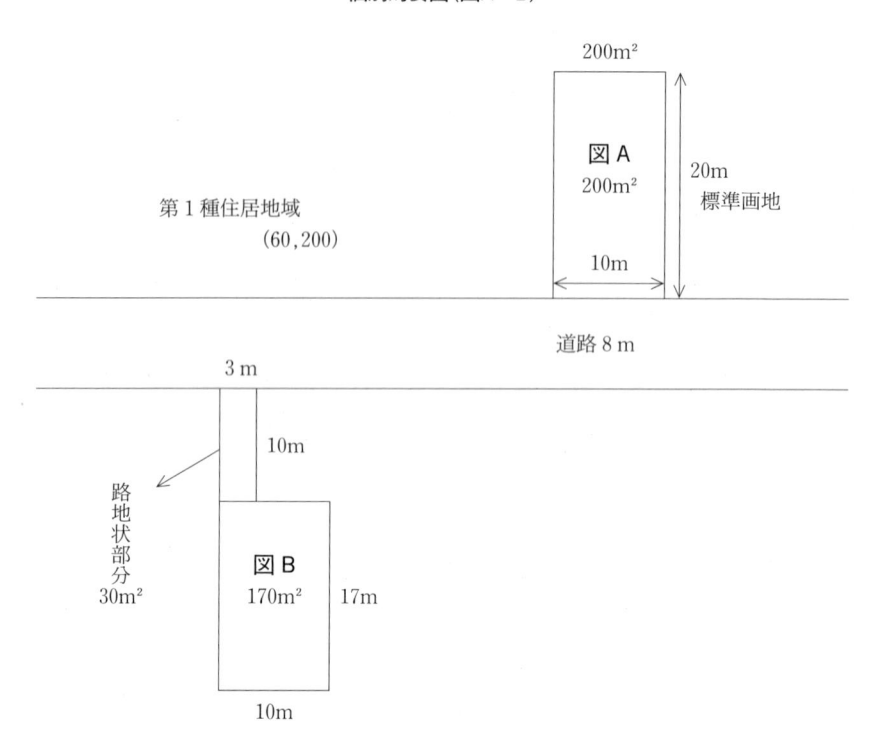

```
                                      200m²
                                    ┌──────┐  ↑
                                    │      │  │
                      第1種住居地域    │ 図A  │  │ 20m
                         (60,200)    │ 200m²│  │ 標準画地
                                    │      │  │
                                    └──────┘  ↓
                                     ← 10m →
─────────────────────────────────────────────────────
                          道路 8 m
─────────────────────────────────────────────────────
         3 m
        ┌──┐
        │  │ 10m
   路    │  │
   地    └──┼──────┐
   状       │      │
   部       │ 図B  │ 17m
   分       │ 170m²│
   30m²     │      │
            └──────┘
             ← 10m →
```

150,000円／㎡×（1－0.3）×30㎡＝3,150,000円

（奥の有効宅地部分）

150,000円／㎡×（1－0.05）×170㎡＝24,225,000円

<u>合計　27,375,000円</u>

標準画地

150,000円／㎡×200㎡＝30,000,000円

27,375,000円÷30,000,000円≒0.913

　つまり，図Bの画地の不整形による減価率は全体では△8.7％の減価率となる。これは同じ価格水準にある近隣地域であっても，画地の形状が変わればこのように価格がかわるのである。

　また，減価率は多数の取引事例から得られる経験則を数値化したものである。

68

この減価率は一定ではない。

　標準画地の価格等が不動産価格の全般が下落して，何も無理して不整形の不動産を購入する必要がない場合には，不整形の需要は落ち込み，さらに，減価率は大きくなるであろう。この意味において，不動産の鑑定評価は練達堪能な専門家の仕事である。

　また，敷地の間口の方位も接面街路との関連において，住宅地としての快適性を左右する。このため，上記の標準画地が南向きにあるため，日当たりと風通し等がよい。

　不整形の対象地は北向きであるため，日当たりと風通し等に劣る。このため，全体として△3％～△4％，さらに快適性を阻害する要因が認められる。

　しかし，これが商業地であれば住宅地とは異なり，減価の必要はない。むしろ南向きにあることが，減価の要因になる場合がある。高級服の店舗の場合，1着が70万円程度する。これを真夏に展示すれば日焼けして商品価値は下がる。

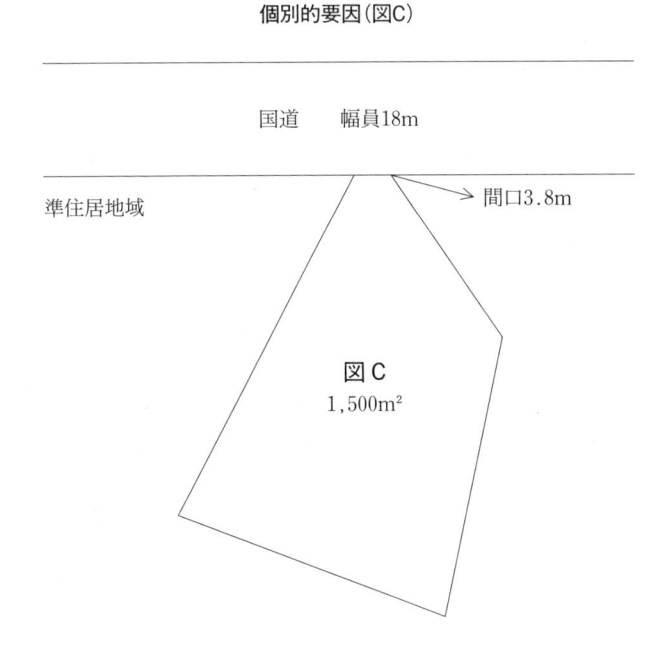

個別的要因（図C）

国道　幅員18m

準住居地域　　　　　　　　　　　　→ 間口3.8m

図C
1,500m²

また，強い日差し避けるため，客足が少なくなる。南向きが常に優れているのではない。

このように，不動産の用途別にその個別的要因があり，価格を形成する作用も異なる。不動産の価格が実に難解であるのは，不動産は実に同じものがないことに起因する。

図Bの路地状部分が1間間口（1.82m）であれば，建築基準法の43条に抵触する。つまり，2m以上の幅員がなれれば，建物の建築ができない。こうなれば，減価率は△30％を超えることになる。また，仮に路地状部分に他人地が介在していれば，奥の170㎡の有効宅地部分に水道やガス管の埋設導入すらできない。私道の介在を軽視してはいけない。都会の中にありながら，水が供給できないのである。

図Cでは，間口が3.8mである国道沿いの，準住居地域の路線商業移行地域であるから，店舗を建築したいと思う人がいるかも知れない。また，1,500㎡を分割して150㎡程度の住宅を販売できる素地として不動産業者が購入したいと思うかも知れない。

間口の狭小な画地に対して，地方公共団体（大阪府等）の条例がある。4m以下の場合には，店舗の建築には厳しい規制がある。また，地方公共団体の条例により，分割が認められない。原則として住宅が，1,500㎡のなかに1戸の住宅しか建築できない。このため，このような画地は標準画地に対して，△50％の減価の場合もある。

上記の2事例のような不整形の土地が評価依頼されている場合，何らかの問題がある。このように，個別的要因の作用を考察することは，不動産の鑑定評価の基本である。

⑤の接面道路の幅員は，住宅地にとっては6m程度までが最適である。あまり幅員の広い12m以上ともなれば，大型車両の通行が多くなり，快適性を阻害する要因ともなる。

⑥の接面街路の連続性は，市の開発指導要綱により，開発できるか否かの判断の基本ともなる。

2.5mと狭い道路が連続する場合には，たとえ対象不動産の敷地にセットバックして，6mの幅員をつくり出したとしても，多くの市の開発指導要綱では，マンションの開発は許可されない。連続性の判断を誤り，「マンションの敷地として利用することが最有効使用である」と判断すれば，それは誤りである。低層の戸建住宅は建築できるであろう。

　日本では，高級住宅地でも比較的幹線道路に近く交通量の多い区画が好まれる。しかし，これは，治安が良好な日本だけの傾向である。アメリカでは，カルデサック（フランス語）区画として，行き止まりの袋路が最も高い価格をつける。幹線道路の接面街路は，治安が悪い。ピストルを持つ者，逃亡者，無国籍者が通行する国である。夜間「車が停止した」と偽り，強盗に変身する事件は，幹線道路の住宅地で発生する。住宅地は快適性や安全性が決定される個別的要因が重視される。

　このように価格形成要因は，特に近隣地域の不動産との標準的使用との相互関係を明らかにして，個別的要因の各要因について格差を判定することとなる。

　ⅱ　商業地

　商業地の個別的要因の主なものを例示すれば，次のとおりである。

① 地勢，地質，地盤等
② 間口，奥行，地積，形状等
③ 高低，角地その他の接面街路との関係
④ 接面街路の幅員，構造等の状態
⑤ 接面街路の系統及び連続性
⑥ 商業地域の中心への接近性
⑦ 主要交通機関との接近性
⑧ 顧客の流動の状態との適合性
⑨ 隣接不動産等周囲の状態
⑩ 上下水道，ガス等の供給・処理施設の有無及びその利用の難易
⑪ 情報通信基盤の利用の難易
⑫ 埋蔵文化財及び地下埋設物の有無並びにその状態

⑬　土壌汚染の有無及びその状態

⑭　公法上及び私法上の規制，制約等

　商業地の個別的要因は，商業地についての収益性を左右する要因である。改正で⑦及び⑪～⑬が追加された。実務においては，これら個別的要因を分析して対象地の最有効使用を判定し，相互の格差を求めるという作業が行われる。商業地は，接面街路，間口，奥行等の画地の状況によって顧客の流入，宣伝効果など収益に特に直接的な影響を与える。間口，高低，角地等の要因は商業の収益性に大きな差異を生じさせる要因となる。そのためこれら要因は，住宅地等他の種別の土地に比較して価格に与える要因がより大きくなる傾向がある。収益性に直接の影響を与える商業地域の中心への接近性，顧客の流動の状態との適合性，公法上の規制等の要因がより重視される。

　iii　工業地

　工業地の個別的要因の主なものを例示すれば，次のとおりである。

①　地勢，地質，地盤等

②　間口，奥行，地積，形状等

③　高低，角地その他の接面街路との関係

④　接面街路の幅員，構造等の状態

⑤　接面街路の系統及び連続性

⑥　従業員の通勤等のための主要交通機関との接近性

⑦　幹線道路，鉄道，港湾，空港等の輸送施設との位置関係

⑧　電力等の動力資源の状態及び引込の難易

⑨　用排水等の供給・処理施設の整備の必要性

⑩　上下水道，ガス等の供給・処理施設の有無及びその利用の難易

⑪　情報通信基盤の利用の難易

⑫　埋蔵文化財及び地下埋設物の有無並びにその状態

⑬　土壌汚染の有無及びその状態

⑭　公法上及び私法上の規制，制約等

　大工場地については，改正により⑪～⑬が追加された。特に工場跡地の土壌

汚染は深刻な問題である。幹線道路，鉄道，港湾，空港等の輸送施設との位置関係のうち，鉄道専用引込線や専用岸壁を有することは増価要因となる。大工場地及び中小工場地ともに，工業用水が確保されることが必要である。特に中小工場地は，造成中の場合，規模，画地条件よりみて，工業用水の確保等その施設の整備についての費用性，経済性が大きく価格に与える要因となる。

　以上，住宅地，商業地，工業地について，とくに留意しなければならない個別的要因は，埋蔵文化財と土壌汚染の有無である。

〔重要改正点〕

I　埋蔵文化財の有無及びその状態について

　文化財保護法で規定された埋蔵文化財については，同法に基づく発掘調査，現状を変更することとなるような行為の停止又は禁止，設計変更に伴う費用負担，土地利用上の制約等により，価格形成に重大な影響を与える場合がある。

　埋蔵文化財の有無及びその状態に関しては，対象不動産の状況と文化財保護法に基づく手続きに応じて次に掲げる事項に特に留意する必要がある。

①　対象不動産が文化財保護法に規定する周知の埋蔵文化財包蔵地に含まれるか否か。

②　埋蔵文化財の記録作成のための発掘調査，試掘調査等の措置が指示されているか否か。

③　埋蔵文化財が現に存することが既に判明しているか否か（過去に発掘調査等が行われている場合にはその履歴及び措置の状況）。

④　重要な遺跡が発見され，保護のための調査が行われる場合には，土木工事等の停止又は禁止の期間，設計変更の要否等。

II　土壌汚染の有無及びその状態について

　土壌汚染が存する場合には，汚染物質に係る除去等の費用の発生や土地利用上の制約により，価格形成に重大な影響を与える場合がある。

　土壌汚染対策法で規定された土壌汚染の有無及びその状態に関しては，対象不動産の状況と土壌汚染対策法に基づく手続きに応じて，次に掲げる事項に特

に留意する必要がある。

① 対象不動産が、土壌汚染対策法第3条に規定する有害物質使用特定施設に係る工場又は事業場の敷地を含むか否か、又は同法の施行の前に有害物質使用特定施設に相当する工場又は事業場の敷地であった履歴を有する土地を含むか否か。

② 対象不動産について有害物質使用特定施設の使用の廃止に伴い、土壌汚染対策法第3条に規定する土壌の汚染の状況についての調査義務が発生しているか否か、又は同法第4条の規定により都道府県知事から土壌の汚染の状況についての調査を実施することを命ぜられているか否か。

③ 対象不動産について土壌汚染対策法第5条に規定する指定区域の指定がなされているか否か、又は過去において指定区域指定の解除がなされた履歴があるか否か。

④ 対象不動産について土壌汚染対策法第7条の規定により都道府県知事から汚染の除去等の措置を講ずべきことを命ぜられているか否か。

これらの要因を確認、確定のうえ、具体的には、269ページの作業を行うことになる。

2．農地

農地の個別的要因の主なものを例示すれば、次のとおりである。

① 日照、乾湿、雨量等の状態
② 土壌及び土層の状態
③ 農道の状態
④ 灌漑排水の状態
⑤ 耕うんの難易
⑥ 集落との接近の程度
⑦ 集荷地との接近の程度
⑧ 災害の危険性の程度
⑨ 公法上及び私法上の規制、制約等

農地の個別的要因のうち、畑地における土壌及び土層の状態については、傾

斜の角度を考慮すべきである。田地については，一般に平坦であるので，これを考慮しなくてよい。

3．林地

林地の個別的要因の主なものを例示すれば，次のとおりである。

① 日照，乾湿，雨量等の状態
② 標高，地勢等の状態
③ 土壌及び土層の状態
④ 木材の搬出，運搬等の難易
⑤ 管理の難易
⑥ 公法上及び私法上の規制，制約等

林地の個別的要因における木材の搬出，運搬等の難易は，交通接近条件としての搬出地点までの距離を考慮する。また搬出にあたる費用性については，斜面の地質を考慮する。杉は山麓部の土層の厚い北向傾斜地に良質の材を産し，松，広葉樹は陽光を好むため，南向又は西向傾斜地が適するように，林地における方位は木材の品質を決定づける。

4．見込地及び移行地

見込地及び移行地については，転換し，又は移行すると見込まれる転換後又は移行後の種別の地域内の土地の個別的要因をより重視すべきであるが，転換又は移行の程度の低い場合においては，転換前又は移行前の種別の地域内の土地の個別的要因をより重視すべきである。

(2) 建物に関する個別的要因

建物に関する個別的要因の主なものを例示すれば，次のとおりである。

① 建築（新築，増改築又は移転）の年次
② 面積，高さ，構造，材質等
③ 設計，設備等の機能性
④ 施工の質と量
⑤ 耐震性，耐火性等建物の性能
⑥ 維持管理の状態

⑦　有害な物質の使用の有無及びその状態
⑧　建物とその環境との適合の状態
⑨　公法上及び私法上の規制，制約等

　⑤の耐震性については，古い戸建住宅で安全上問題があると判定された場合，建物及びその敷地であっても，取壊しが妥当である。住宅における安全性は，快適性より優先される。

　①及び⑤～⑦が改正により追加された。特に⑦の有害物質使用の有無及びその状態は「シックハウス症候群」と言われるもので，特に新築の内装から出る化学物質の有無である。「ホルムアルデヒド」は合板，フローリング材から出る。「トルエン」は接着剤，「クロルピリホス」はシロアリ駆除剤，「キシレン」はアクリル樹脂塗料から出る。

　多くは新築後1年以内の室内空気から検出測定される。室内のこの測定には，有資格者による法的測定手順がある。6種の化学物質測定費用は，およそ30万円程度である。1年経過した建物からの検出は困難であることが多い。中古の戸建住宅から異臭がするという苦情のため，原因を特定したことがある。汚水配管の破損による「ホルムアルデヒド」が原因であった（測定例265～267頁を参照）。

〔アスベストの特色とその使用状況〕

　アスベストは天然に産出する繊維状の鉱物である。これまで①青石綿（クロシドライト），②茶石綿（アモサイト），③白石綿（クリソタイル）の3種が生産工場等で使用されていた。

　断熱性に優れるため，ビルの屋上直下階の断熱材として使用されていた。また，吸音性に優れており，酸やアルカリにも強いため，製鉄所やエンジン騒音のする機械室にも使用されていた。

　日本では，1950年（昭和25年）のジェーン台風の被害から，アスベストを含む波板スレートが屋根材として普及した。

　1973年（昭和48年）には，輸入量が35万トンとなり，全国各地で吹付けが行われた。1981年アメリカのジョン・マンビル社が訴えられ，アスベスト被害者

への高額の賠償金の支払が命じられた。

日本では2004年（平成16年）10月に一部製品を除き，全面製造が中止となった。

〔アスベストの調査方法と対策費用〕

また，アスベストを使用する建物にも十分な調査が必要である。

吹付けアスベストは1975年（昭和50年）に禁止された。しかし，アスベストを含有するのは，①吹付けロックウール(岩綿)，②蛭石吹付け，③パーライト吹付け，④発泡珪酸ソーダ吹付け石綿や砂壁状吹付け材等がある。これらは，アスベストを重量比で約1％程度含有する。健康上問題となる，飛散性アスベストの含有の判定である。

〔アスベストを含む可能性があると判定できる建物〕

①　3階建て以上の建物
②　1981年（昭和56年）までに新築された建物
③　S造　　　耐火被覆材，断熱材，吸音材
　　SRC造　耐火被覆材，断熱材，吸音材
　　RC造　　耐火被覆材，断熱材，吸音材
④　1981年（昭和56年）までに竣工した建物の地下駐車場や，地下機械室には，建物の階数関係なく吹付け材が使用されている。

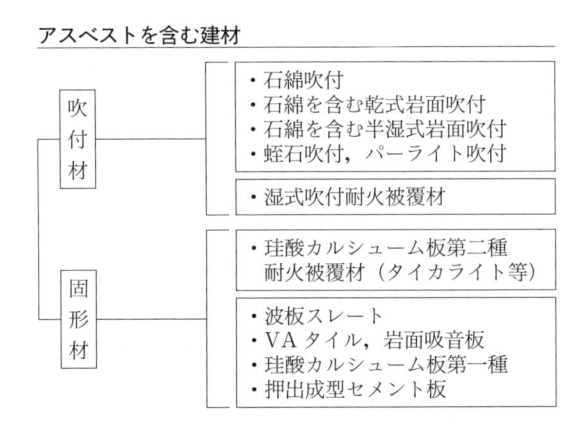

アスベストを含む建材

吹付材	・石綿吹付 ・石綿を含む乾式岩面吹付 ・石綿を含む半湿式岩面吹付 ・蛭石吹付，パーライト吹付
	・湿式吹付耐火被覆材
固形材	・珪酸カルシューム板第二種 　耐火被覆材（タイカライト等）
	・波板スレート ・VAタイル，岩面吸音板 ・珪酸カルシューム板第一種 ・押出成型セメント板

〔現地でのサンプル採取時の注意〕

まず水により湿らせたうえで，粉が飛散しないようにして採取する。これを専門分析機関で分析する。

設計図面からは「石綿吹付け」となっていても，「石綿」を含むわけではない。設計時期により，プロベストR（無石綿）であるのに，図面ではプロベスト（石綿含む）と慣習的に作成記述されていることもある。

〔気中濃度について——石綿気中浮遊濃度の基準〕

○WHO（世界保健機構）　10本／リットル

○大気汚染防止法　アスベストを生産加工する事業所の敷地境界で10本／リットル

なお，アスベスト撤去工事には，石綿等が吹き付けられた建物では，計画届出が必要であり，その廃棄物は，「特別管理産業廃棄物」となる。

〔撤去費用の見積り〕

300㎡未満	2万円／㎡～7万円／㎡
300㎡～1,000㎡	2万円／㎡～5万円／㎡
1,000㎡以上	2万円／㎡～3万円／㎡
2,000㎡以上	1万円／㎡～1.5万円／㎡

〔アスベスト対策撤去費用算定例〕

> （例解）昭和45年建築の5階建てビルの地下階の機械室に，100㎡の石綿等が吹き付けられていることが判明した。この費用を求める。
>
> 撤去方法　　隔離された環境において，専用防護服着用。
>
> 作業計画と計画届出が必要。
>
> 廃棄物は，特別管理産業廃棄物となる。
>
> 　6万円／㎡×100㎡＝600万円

この場合，配管の修復工事費と関連工事費が，個別格差補正の要因となる。

〔留意点〕

① 設計，設備等の機能性

　基準階面積，階高，床荷重，情報通信対応設備の状況，空調設備の状況，電気容量等に特に留意する必要がある。

② 建物の性能

　建物の耐震性については，建築基準法に基づく耐震基準との関係について特に留意する必要がある。

　1980年代前半の建築に係る家屋等は，基準改正前の建物であり，耐震性に劣る。阪神大震災で被災した約6,000人の死亡者のうち，8割が家屋の倒壊による。東海大地震に対応して，200万円程度追加工事で戸建住宅の耐震災工事ができる。施工済か否か，また建築年月日も耐久性を左右する。

　また，建物の構造の安定，火災時の安全，劣化の軽減，維持管理への配慮，温熱環境，空気環境，光・視環境，音環境，高齢者等への配慮に関する事項については，住宅の場合，住宅の品質確保の促進等に関する法律に基づく日本住宅性能表示基準による性能表示を踏まえることに留意する必要がある。

③ 維持管理の状態

　屋根，外壁，床，内装，電気設備，給排水設備，衛生設備等に関する破損・老朽化等の状況及び保全の状態について特に留意する必要がある。

④ 有害な物質の使用の有無及びその状態

　建設資材としてのアスベストの使用の有無及び飛散防止等の措置の実施状況並びにポリ塩化ビフェニル（PCB）の使用状況及び保管状況に特に留意する必要がある。

(3) 建物及びその敷地に関する個別的要因

　前記(1)及び(2)に例示したもののほか，建物及びその敷地に関する個別的要因の主なものを例示すれば，敷地内における建物，駐車場，通路，庭等の配置，建物と敷地の規模の対応関係等建物等と敷地との適応の状態がある。

　さらに，賃貸用不動産に関する個別的要因には，賃貸経営管理の良否があり，その主なものを例示すれば，次のとおりである。

① 借主の状況及び賃貸借契約の内容

賃料の滞納の有無及びその他契約内容の履行状況，借主の属性（業種，企業規模等），総賃貸可能床面積に占める主たる借主の賃貸面積の割合に特に留意する必要がある。
② 　貸室の稼働状況
③ 　修繕計画及び管理計画の良否並びにその実施の状態
　　　大規模修繕に係る修繕計画の有無及び修繕履歴の内容，管理規約の有無，管理委託先，管理サービスの内容等に特に留意する必要がある。

第4章　不動産の価格に関する諸原則

　不動産の価格は，不動産の効用及び相対的稀少性並びに不動産に対する有効需要に影響を与える諸要因の相互作用によって形成されるが，その形成の過程を考察するとき，そこに基本的な法則性を認めることができる。不動産の鑑定評価は，その不動産の価格の形成過程を追究し，分析することを本質とするものであるから，不動産の経済価値に関する適正な最終判断に到達するためには，鑑定評価に必要な指針としてこれらの法則性を認識し，かつ，これらを具体的に現した以下の諸原則を活用すべきである。

　これらの原則は，一般の経済法則に基礎を置くものであるが，鑑定評価の立場からこれを認識し，表現したものである。

　なお，これらの原則は，孤立しているものではなく，直接的又は間接的に相互に関連しているものであることに留意しなければならない。

　不動産の価格に関する諸原則には，次の11原則がある。

1　需要と供給の原則
2　変動の原則
3　代替の原則
4　最有効使用の原則
5　均衡の原則
6　収益逓増及び逓減の原則
7　収益配分の原則
8　寄与の原則
9　適合の原則
10　競争の原則
11　予測の原則

　このうち，最有効使用の原則，均衡の原則，適合の原則は，不動産鑑定評価

理論における独自の理論原則である。最有効使用の原則は，不動産の価格の前提となる不動産の効用が最高度に発揮される可能性の判定に活用される原則である。このため，最有効使用の原則は，不動産の経済価値の判定に重要な法則性を不動産の価格形成面から認識したものである。

均衡の原則は，不動産の内部の構成と組合せの均衡において，最有効使用の状態を判定するために関連を有する。

適合の原則は，対象不動産の属する地域との関係において，外部的な環境との適合の状態を判定するために最有効使用の判定にあたり相互に深い関連を有する原則である。最有効使用の判定において，均衡の原則は内部的分析，適合の原則は外部的分析として活用される原則である。

不動産の価格に関する諸原則は，一般の経済法則に基礎を見出すことができるが，これら価格に関する諸原則のうち，予測の原則と変動の原則は，不動産の価格の動向分析の基礎となる。したがって，最有効使用の判定にあたっては，その市場の需給動向を洞察したうえでこれら原則を活用すべきことになる。これら諸原則は，直接的又は間接的に相互に深い関連性を有しているため，不動産鑑定士等は，これら諸原則を十分に理解して，手順の全過程においてこれら法則性を分析し，検討し活用することにより判断のよりどころとしなければならない。

不動産の鑑定評価が合理的であって，客観的に論証できるものとなるためには，これらの諸原則の十分な理解と豊富な経験及びこれら諸原則に対する価格への働きかけの的確な判断力が有機的かつ総合的に発揮できなければ不動産鑑定評価理論によって経済価値の本質にせまることができない。

1 需要と供給の原則

一般に財の価格は，その財の需要と供給との相互関係によって定まるとともに，その価格は，またその財の需要と供給とに影響を及ぼす。

不動産の価格もまたその需要と供給との相互関係によって定まる。しかし，不動産は他の財と異なる自然的特性及び人文的特性を有するために，その需要

第4章　不動産の価格に関する諸原則

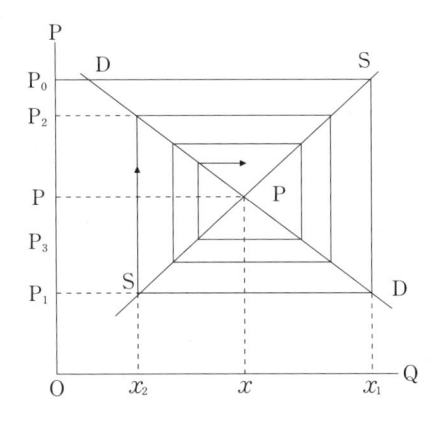

と供給及び価格の形成には，これらの特性の反映が認められる。

　一般に財の価格は，需要と供給の相互関係を通じて，均衡価格として決定される。均衡価格へ収斂する過程においては，価格が均衡をめぐって調整作動すると考えられる。これをくもの巣の定理（cobweb theorm）を使って検討してみよう。

　この定理の前提は，①売手は前期の市場価格をバロメーターとして今期の供給量を定め，②その期の供給量は，その期のうちに売りつくすという2つが想定される。

　Pは均衡価格，xは均衡数量である。最初の期間にP_0の市場価格が成立すると，次の期間においては，P_0に対応するx_1を市場に供給する。しかし，その期間のうちに売りつくすためには，P_0の市場価格では不可能となる。それは，x_1に対応する買手が支払う価格，すなわち，需要価格はP_1である。このため，次の期間では，P_0からP_1へと価格が下落する。さらに次の期間においては，供給者が目安とする価格は前期の価格であったP_1となる。P_1を供給量とする数量はx_2であり，供給者は，市場価格P_1において供給量x_2を供給する。しかし，x_2の数量では，需要価格はP_2であるため，今度は，供給はP_1からP_2へと上昇する。また，次の期間でも同様の過程がくりかえされて，均衡価格Pへと調整されてゆく。

83

このように，価格は，需要と供給にそれぞれ影響を及ぼして，需要と供給を均衡に導く作用を有する。これは，価格のパラメーター機能といわれる。不動産の鑑定評価に関する基本的考察において，不動産の価格は，①効用，②相対的稀少性，③有効需要を動かす自然的，社会的，経済的及び行政的な要因の相互作用によって決定されることを検討した。不動産の価格はこれら要因の影響下にあると同時に選択指標としてこれらの要因に影響を与えるという二面性をもつ。この価格の二面性は，一般の市場経済においては，資源の最適配分等の機能を有するとともに，需給調整機能を有するが，これが十分に発揮されるためには，自由な市場があり，多数の供給者と需要者が存在し，合理的な競争が行われていなければならない。価格の二面性は，不完全な市場となる傾向の強い不動産の現実の取引市場においても，同様の機能が考えられる。

　不動産は，先に検討した諸特性によって，個別的に形成されるため，十分にパラメーター機能が働かないことに留意すべきである。また供給が非弾力的であるため，不動産価格においては，一般財と異なる要因が存する。特に，需要と供給については，将来における快適性，収益性に対する予測によって大きく左右される。取引事例等の選択にあたって，投機的事例等を排除して，適正な取引事例等を選択することが，鑑定評価の作業の手順の中で要請されているのは，現実の取引価格そのものが，決して適正な価格を示すものでないことを意味している。

　不動産の需要と供給及び価格の形成には，一般諸財と異なる次のような特性に留意しなければならない。
　① 不動産の価格と賃料との間に相互関係が認められること。
　② 不動産の価格等は同一不動産に2つ以上の権利利益が存する場合には，そのそれぞれについて価格等が形成される。
　③ 不動産の価格等は，過去と将来とにわたる長期的な考慮の下に形成される。
　④ 不動産の現実の取引価格等は，取引等の必要に応じて個別的に形成され，不動産は適正な価格を形成する市場をもつことが困難である。

2　変動の原則

一般に財の価格は，その価格を形成する要因の変化に伴って変動する。

不動産の価格も多数の価格形成要因の相互因果関係の組合せの流れである変動の過程において形成されるものである。したがって，不動産の鑑定評価にあたっては，価格形成要因が常に変動の過程にあることを認識して，各要因間の相互因果関係を動的に把握すべきである。特に，不動産の最有効使用（4を参照）を判定するためには，この変動の過程を分析することが必要である。

物の存在は EXISTENCE と英文で表示するが，これは，EXIT，出口に向って移動することを表現する。このように，物の存在そのものは，常に変化し移動する。変動の原則は，時の経過とともに価格形成要因と不動産の価格が常に変動することを不動産の鑑定評価にあたって留意すべきこととして要請している。このため，後述する不動産の鑑定評価の基本的事項の1つとして，不動産の価格の判定の基準日である価格時点を確定しなければならないとしている。価格形成要因と不動産の価格は，時の経過により，常に変動しているためである。

特に，不動産の最有効使用を判定するためには，この変動の過程を分析することが必要である。

3　代替の原則

代替性を有する2以上の財が存在する場合には，これらの財の価格は，相互に影響を及ぼして定まる。

不動産の価格も代替可能な他の不動産又は財の価格と相互に関連して形成される。

不動産は，特定物として非代替性を有する。しかし，収益性や快適性を効用として考えるなら，一定の財貨や生産要素を他の財貨や生産要素で置き換えて，より少ない財貨でより高い効用を得ようとする経済行為が代替の原則の基本にある。実際には同等の効用を有する2つ以上の財が存在する場合には，価格の

低いものが選択されることになる。

不動産の価格の形成は，①費用，②効用，③収益の三面性について行われる。例えば，既にある建物について，その再調達原価となる費用を超えると，新築する方法等が選択される。中古マンションより新築マンションが選好されるゆえんである。このように，不動産の価格は，再調達に必要な原価を上限とする。これは，原価方式の根拠となる。

また代替の原則は，比較方式の根拠ともなる。不動産について，代替性があるからこそ，取引事例等において効用面からその市場性を取引事例により検証できるのである。また，不動産の価格は，その不動産の純収益と同等の純収益が期待できる不動産が選択され，また，不動産と賃料との間に相関性が認められるため，投資の対象としての不動産と他の財貨の投資利回り等について代替性が認められる。これら一般財貨の投資の利回りと不動産の収益性を検討する還元利回り等は，この代替の原則が認められるため収益方式と深くかかわる。

このように，代替の原則は，不動産鑑定評価の3方式の成立と深い関連を有する。したがって，代替の原則については3方式の適用における留意事項をいかに的確に活用するかが重要である。不動産について，種別と類型を細分化することは，より的確に代替の原則の活用をすることでもある。また，賃料を求める場合，賃料固有の価格形成要因が存するが，これは代替性を狭くすることであり，より的確に代替の原則の活用が図られるべきである。特に賃料を求める場合，代替の原則の活用の例として，個別的要因の比較にあたっては，①契約内容，②土地及び建物に関する個別的要因である規模，構造，建物と敷地の適合の状態等に留意する。

4　最有効使用の原則

不動産の価格は，その不動産の効用が最高度に発揮される可能性に最も富む使用（最有効使用）を前提として把握される価格を標準として形成される。この場合の最有効使用とは，現実の社会経済情勢の下で客観的にみて，良識と通常の使用能力をもつ人による合理的かつ合法的な最高最善の使用方法に基づく

ものである。

　なお，ある不動産についての現実の使用方法は，必ずしも最有効使用に基づいているものではなく，不合理な又は個人的な事情による使用方法のために，当該不動産が十分な効用を発揮していない場合があることに留意すべきである。

　不動産の用途は多様であり，異なった使用について各種の用途がある。不動産の現実の取得者となれるのは，その不動産を使用収益することによって最大の快適性と収益性を可能にすることのできる使用方法に対して，最も高い価格を提示できる者であろう。このため，不動産の価格は，その最有効使用を前提として把握される価格を上限として決定される。不動産の最有効使用の判定にあたっては，不動産が属する地域の一般的・標準的な使用方法が有力な標準となる。このため，不動産の鑑定評価の手順における価格形成要因の分析として，地域分析と個別分析が行われるが，個別分析である最有効使用の判定にあたっては，まず地域分析として，近隣地域に存する不動産の標準的使用との相互関係を明らかにすることが必要である。このため，最有効使用の判定にあたっては，次の事項に留意すべきである。

① 　良識と通常の使用能力をもつ人が採用するであろうと考えられる使用方法であること。
② 　使用収益が将来相当の期間にわたって持続し得る方法であること。
③ 　効用を十分に発揮し得る時点が予測し得ない将来でないこと。

5　均衡の原則

　不動産の収益性又は快適性が最高度に発揮されるためには，その構成要素の組合せが均衡を得ていることが必要である。したがって，不動産の最有効使用を判定するためには，この均衡を得ているかどうかを分析することが必要である。

　均衡の原則は，建物と敷地の適応の状態及び不動産の構成要素と不動産全体について，収益性と快適性が最高，最大となっているかどうかの判定の指針となる原則である。内部の構成要素に均衡が保たれていない場合には，最有効使

用の状態にはない。建物は，均衡の状態を保って存在する。建築物そのものが均衡を保ちながら，高品位のものは，各構成部分と全体の品位がよく均衡している。したがって，一般の木造建築物を例にとれば，屋根材の品質のいかんが全体の構成部分の品位の判定に役立つ。一般に屋根瓦の品位が高い建築物は，使用材，内部仕上げも良好であることが多い。これは，建築物自体が均衡の産物であることによる。土地についても，間口，奥行，形状等最適な均衡がある。この均衡の原則は，最有効使用の状態を判定するのに重要であるが，最有効使用にない場合には，いかなる追加投資を必要とするかという，追加投資の判定にも活用すべき原則である。後述する適合の原則は，最有効使用の外部からの判定であるのに対して，この均衡の原則は，その内部からの最有効使用の判定に活用される原則である。

6　収益逓増及び逓減の原則

ある単位投資額を継続的に増加させると，これに伴って総収益は増加する。しかし，増加させる単位投資額に対応する収益は，ある点までは増加するが，その後は減少する。

この原則は，不動産に対する追加投資の場合についても同様である。

不動産の価格は，その不動産の収益を還元したものともいえるが，不動産の収益が最大となるときその価格も最高となる。収益が最大となるところは，その不動産の最有効使用の状態である。このため，収益逓増及び逓減の原則は，純収益が最大となる使用方法，そのための必要費用及び追加投資の適否等についてこれらを見出すことが必要となる。純収益が最大となるのは，純収益が逓増から逓減に転換する点である。このときの状態が，最有効使用の状態である。これらの原則は，階層別効用比及び位置別効用についての効用を検討する際及び改築の適否及び総収入と必要諸経費等の把握について活用される原則である。

7　収益配分の原則

土地，資本，労働及び経営（組織）の各要素の結合によって生ずる総収益は，

これらの各要素に配分される。したがって，このような総収益のうち，資本，労働及び経営（組織）に配分される部分以外の部分は，それぞれの配分が正しく行われる限り，土地に帰属するものである。

土地はその自然的特性のために，固定的であり，非移動性があるのに対して，他の生産要素である資本，労働等は，それぞれの市場があり，容易に移動，流動することができるため，土地という生産要素に対しては，総収益のうち，他の生産要素に適切に配分した残余の部分を土地に帰属させることになる。

土地に帰属させる残余の収益は，最有効使用の状態にあることが条件となる。最有効使用の状態になければ，正しい配分が行われないためである。また，各生産要素の構成と均衡の検討が必要となる。このため，収益配分の原則は，いかに適切に総収益のうち，土地に帰属する部分を判定するかという純収益の算定において，収益方式と深い関連がある。

また，土地残余法(後述)，建物残余法において，土地と建物等から構成されている複合不動産が生み出す純収益を土地又は建物等に適正に配分することも，この収益配分の原則の応用面といえる。

8 寄与の原則

不動産のある部分がその不動産全体の収益獲得に寄与する度合いは，その不動産全体の価格に影響を及ぼす。

この原則は，不動産の最有効使用の判定にあたっての不動産の追加投資の適否の判定等に有用である。

寄与の原則は，追加投資について，最有効使用の上昇の程度の判定に有用な原則である。したがって，内部構成部分について，追加的必要費用とその不動産の収益性及び快適性の上昇の程度の関連性を明らかにする原則である。この原則は，内部構成の均衡を上昇させることにより，その費用性と効用の寄与度における適否についての判定の指針となる。最有効使用の原則及び均衡の原則と関連を有している。

9　適合の原則

　不動産の収益性又は快適性が最高度に発揮されるためには，当該不動産がその環境に適合していることが必要である。したがって，不動産が最有効使用にあるかどうかを判定するためには，当該不動産が環境に適合しているかどうかを分析することが必要である。

　この適合の原則は，不動産が最有効使用の状態にあるかどうかを判定するために外部からの判定において活用されるものであり，不動産の鑑定評価独自の原則である。不動産と環境が適合していなければ，不動産そのものが，本来の機能を有しないだけでなく，環境にも悪影響をおよぼすことになる。環境に適合しない不動産について例をあげるならば，第1種低層住居専用地域内にあって，高級住宅地域を形成している地域における床面積150m^{2}を超える店舗等の存在があげられる。また，建築物について例示するならば，所有者の趣味性が高く，環境と適合しない個性的な建築物がある。建築基準法及び地区計画等の規制内容に違反している場合もある。このような建築物は，例え新築で物理的には効用を有していても，建物とその付近の環境との不適合を生じている。機能的及び経済的には，最有効使用の状態においてのみ実現される価値を発揮していないことになる。このため，原価法における減価修正においては，不動産とその付近の環境との不適合については，経済的要因として，新規かつ最有効使用の状態を上限値とした原価よりその不動産の価値の減少を認めることになる。

　不動産の効用が最高度に発揮されるためには，不動産がその属する近隣地域等の環境に適合して，市場性の減退をもたらすことのない構造，規模，外観，仕様，用途等であって最有効使用の状態とならなければならない。

　この原則は，不動産の内部の均衡を検討するうえでの指針となる均衡の原則とともに，最有効使用の判定として活用される原則である。

10　競争の原則

　一般に，超過利潤は競争を惹起し，競争は超過利潤を減少させ，終局的にはこれを消滅させる傾向をもつ。不動産についても，その利用による超過利潤を求めて，不動産相互間及び他の財との間において競争関係が認められ，したがって，不動産の価格は，このような競争の過程において形成される。

　不動産の価格は，その用途に基づいて生ずる収益性や快適性において代替可能な他の不動産又は他の財との競争のうえにおいて形成される。このため，競争の原則は，代替の原則と関連を有している。

　収益還元法の適用における還元利回りの決定にあたっては，最も一般的と思われる投資の利回りである国債，公社債，長期預金等の利回りを標準として，不動産の有する特性として，他の金融資産と比較される。投資対象としての危険性，換金の困難性（非流動性）及び管理の困難性等還元利回りを相対的に高める要素と，滅失等の危険が少ないという意味での安全性等還元利回りを相対的に低くする要素を総合的に比較考量することが要請されるが，これらは，この競争の原則の活用といえる。

　競争は，経済活動の基本であり，最有効使用の実現についても，用途における競争のいきつく最終過程といえる。

11　予測の原則

　財の価格は，その財の将来の収益性等についての予測を反映して定まる。

　不動産の価格も，価格形成要因の変動についての市場参加者による予測によって左右される。

　不動産の価格は，その価格を形成する①不動産の効用，②稀少性，③有効需要の3つの要素がどのように変化するかという予測によって左右される。これら3つの要素の変化についての予測は，これらの要素に影響を与える価格形成要因である一般的要因，地域要因，個別的要因の変化についての予測によって行われる。このため，不動産の鑑定評価にあたっては，価格形成要因そのもの

の把握とともに，その価格形成要因がどのように変化し，変化しつつあるかについて，変化の速度と変化の実現の時期等の予測を的確に把握しなければならない。このためには，不動産鑑定士等は，日常の鑑定評価業務を通じて，たえず，価格形成要因に照応する要因資料の収集分析に努めなければならない。

　価格形成要因の推移とその動向についての予測により，将来の不動産のあり方とその不動産の価格についてこれらを示すことができる。この予測は，合理的な市場人になり代って不動産鑑定士等が行うものであるため，投機的，非合法な使用を想定した予測は排しなければならない。この予測の原則は，地域分析において，対象不動産の存する近隣地域の特性を明確に把握したうえで行う。その不動産の市場特性，市場における取引状況等についても調査分析を行い，これらの結果も十分にふまえて価格形成要因を把握し，予測を行うべきである。

　比較方式における事例の収集等においては，投機的取引であると認められる事例等適正を欠くものはこれを排除することとされた。投機的事例か否かの判断は，主に取引目的が最終的に利用を前提とするか否かによって行う。その判断は，事例に係る取引事情，取引当事者の属性，取引価格の水準の変動の推移等の個別の分析に加えて，日常の鑑定評価業務により収集される事例の分析と検討を通じて把握される価格水準と将来の動向により事例の個別性を吟味する。この将来の動向分析は予測の原則が活用されることになる。

　また，収益方式における純収益の算定にあたっては，純収益の的確な予測と把握がこの原則の活用によって行われる。特に純収益の算定にあたっては，安易に過去の収益の増加傾向が将来も続くものと予測することがないよう，収益増加の見通しをたてる場合には，予測の限界を見極めなければならない。

　イギリスの判例では，不動産鑑定士は鑑定時点から半年ないしは１年先を予見する力をもつべきと判示されたことがある。

　昭和49年の建議（昭和49年１月６日　国土庁土地鑑定委員会委員長　櫛田光男）では，「純収益の把握にあたっては，予則の原則の限界をみきわめるべきであるから，将来の収益増加の見通しは，原則として３年以内とすべきである。」とされた。

なお，不動産の証券化の期間は，3年であることが多い。
　このように，予測の原則は，価格の諸原則のなかでも，理論における重要な指針であるといえる。

第5章　鑑定評価の基本的事項

　不動産の鑑定評価にあたっては，基本的事項として，対象不動産，価格時点及び価格又は賃料の種類を確定しなければならない。

　これら3種類を確定しなければ不動産の鑑定評価自体を行うことができないものである。鑑定評価の基本的事項は，不動産鑑定士等が対象不動産の確定等にあたり基本的に留意すべき事項である。また，これらの3種類の内容が変更されれば，不動産の鑑定評価額に重大な影響をおよぼすものでもある。したがって，不動産の鑑定評価を不動産鑑定士等に依頼する者についても，不動産鑑定評価の目的にあわせて，不動産のどの部分について，どのような価格をいつの日を基準にして評価するのかを広く理解されるよう論述したものといえる。不動産の鑑定評価の依頼目的及び条件等について，すべての依頼者の意向にそえない場合がある。鑑定評価の基本的事項については，多様の不動産取引の実態に即応して実現性と合法性の観点から適正な条件設定手続を行う必要を要請することで，不動産鑑定士等の責任の範囲を明確化するものである。

　なお，対象確定条件により確定された対象不動産について，依頼目的に応じ対象不動産に係る価格形成要因のうち，地域要因又は個別的要因について想定上の条件が付加されることがあるが，この場合には，依頼された付加条件について実現性，合法性，関係当事者及び第三者の利益を害するおそれがないか等の観点から妥当なものでなければならない。

　一般に，地域要因について想定上の条件が付加される場合には，計画及び諸規制の変更，改廃に権能をもつ公的機関の設定する事項に主として限られる。このように，条件を付加した鑑定評価については，十分に妥当性の検討を行い，不動産鑑定士等は，直接，依頼者から依頼内容について確認を行うべきである。

第 5 章　鑑定評価の基本的事項

1　対象不動産の確定

　不動産の確定評価を行うにあたっては，まず，鑑定評価の対象となる土地又は建物等を物的に確定することのみならず，鑑定評価の対象となる所有権及び所有権以外の権利を確定する必要がある。
　対象不動産の確定は，鑑定評価の対象を明確に他の不動産と区別し，特定することであり，それは不動産鑑定士等が鑑定評価の依頼目的及び条件に照応する対象不動産と当該不動産の現実の利用状況とを照合して確認するという実践行為を経て最終的に確定されるべきものである。

【対象確定条件】

　対象不動産の確定にあたって必要となる鑑定評価の条件を対象確定条件という。
　対象確定条件は，対象不動産の所在，範囲等の物的事項及び所有権，賃借権等の対象不動産の権利の態様に関する事項を確定するために必要な条件である。
　不動産の鑑定評価は，土地，建物等の所有権のみではなく，所有権以外の権利についてもその対象となるため何を評価すべきかを確定する必要がある。対象確定条件は，対象不動産を特定できるものでなければならない。対象確定条件は，物的事項と権利の態様に関する事項がある。
　対象確定条件の所在，範囲を特定できる物的事項として，土地に関しては所在，地番，地目，地積，類型があり，建物に関しては所在，地番，家屋番号，面積（建築面積及び延面積），構造，用途がある。
　これらの事項は，必ず確定の後，確認できる内容であることが必要である。このため，土地については，権利証（又は登記簿謄本），実測図（昭和40年以降については，地積測量図），公図，周辺隣接所有者との境界確認書，固定資産税・都市計画税納税通知書等により確認が必要となる。建物については，権利証（又は登記簿謄本），建物表示登記済証（建物図面），建築確認通知書，間取り図面，固定資産税・都市計画税納税通知書，設計図書等が確認資料となる。マンションにあっては，全部事項登記簿抄本（又は権利証），分譲パンフレット，広告図

95

面，管理規約，管理費支払明細，修繕積立金の支払明細，固定資産税・都市計画税納税通知書等が確認資料となる。

権利の態様に関する事項として，土地に関しては，所有権，地上権，区分地上権，地役権，賃借権等，建物等については，所有権，賃借権等がある。

これら権利の態様に関する事項は，物的事項とは異なり実査の結果として目視して確認できるものではない。権利の反面には，必ず義務を伴うものである。したがって，権利の態様については十分に証明できるにたる資料となる契約書等の確認資料により照合しなければならない。基準においては，各論の価格に関する鑑定評価では，更地，建付地，借地権，底地，区分地上権，自用の建物及びその敷地，貸家及びその敷地，借地権付建物，区分所有建物及びその敷地，借家権等に種別と類型に応じて分析の手法を分類している。

この手法において，借地権の態様は，①創設されたものか継承されたものか，②地上権か賃借権か，③転借か否か，④堅固の建物の所有を目的とするか，非堅固の建物の所有を目的とするか，⑤主として居住用建物のためのものか，営業用建物か，⑥契約期間の定めの有無，⑦特約条項の有無，⑧契約は書面か口頭か，⑨登記の有無があげられている。これらは，借地権の個別的要因であると同時に，対象不動産の内容を確定する事項であるともいえる。

対象確定条件については，対象不動産に係る諸事項についての調査，確認を行った上で，依頼目的に照らしてその条件の妥当性を検討しなければならない。特に，対象不動産が土地及び建物の結合により構成される場合又はその使用収益を制約する権利が付着している場合において，例えば抵当権の設定のための鑑定評価，設定された抵当権をもとに証券を発行するための鑑定評価等関係当事者及び第三者の利益に当該鑑定評価が重大な影響を及ぼす可能性のあるときは，独立鑑定評価を行うべきでなく，その状態を所与として鑑定評価を行うべきである。

依頼内容により以下の4つを対象不動産の内容を確定する条件としてあげている。

(1) 不動産が土地のみの場合又は土地及び建物等の結合により構成されてい

る場合において，その状態を所与として鑑定評価の対象とすること……現状をあるがままに，その状態を所与とする鑑定評価である。対象不動産の内容を確定するため現在の状態をもって，対象不動産の内容確定の鑑定評価条件とする。依頼者より特別の条件を付加されない場合には，現在の状態を所与として鑑定評価の対象とする。

(2) 不動産が土地及び建物等の結合により構成されている場合において，その土地のみを建物等が存しない独立のもの（更地）として鑑定評価の対象とすること（この場合の鑑定評価を独立鑑定評価という）……現状は建物等の敷地となっている土地について，建物が存しない土地として想定することにより，その土地を更地として鑑定評価する場合の条件である。この独立鑑定評価は，地価公示法による標準地の公示価格及び国土利用計画法施行令に基づく基準地の標準価格，公共用地の取得に伴う損失補償基準要綱における損失補償について求めるべき価格の条件となる。独立鑑定評価は，日本的な土地評価方法の手法である。欧米等においては，土地が価値を有するという土地の潜在的な価値については，積極的な評価を控える傾向がある。その土地について，どのような建物等が可能でどのような収益性が考慮されるのかをより重視するため，一般に土地だけの価格についての形成がなされていない。地価公示法における標準地の公示価格には，更地としての価格とともに標準地の利用の現況が公示されている。一般に独立鑑定評価が求められるのは，対象不動産となる土地のうえに有効利用が妨げられている老朽化した建物等の撤去を前提とした場合である。したがって，不動産鑑定評価報告書及び不動産鑑定評価書には，現況としての建物の構造，規模，本来の用途等について記載し，これらがないものとしての評価条件であることを明記しなければならない。

(3) 不動産が土地及び建物等の結合により構成されている場合において，その状態を所与として，その不動産の構成部分を鑑定評価の対象とすること（この場合の鑑定評価を部分鑑定という）……この部分鑑定評価は，土地及び建物等の結合を前提として，他方の構成部分のみを評価の対象とする

条件である。建物の存在を前提として、土地の部分のみを鑑定評価の対象とする建付地の鑑定評価が該当する。

(4) 不動産の併合又は分割を前提として、併合後又は分割後の不動産を単独のものとして鑑定評価の対象とすること（この場合の鑑定評価を、併合鑑定評価又は分割鑑定評価という）……この併合鑑定評価又は分割鑑定評価は、対象不動産と隣接する不動産について併合後一体となって評価する場合、又は対象不動産の一部を分割により売却した残部について、現実の併合と分割が行われる以前に鑑定評価する場合の条件である。一般にこのような依頼が行われるのは、隣地買収や土地の一部の分割をした場合に、その価格が現状とどのように変化するかという価格の変化について深い関心が依頼者にあるためで、このような要請にこたえるための条件である。しかし、併合される対象地が社会的、行政的観点からみて、併合の可能性と実現性に欠け、合法性の観点に照らして妥当性に欠ける場合には、併合鑑定評価を行うことができないことを依頼者に十分説明しなければならない。

このように鑑定評価の条件は、依頼目的に応じて対象不動産の内容を確定する対象確定条件がある。また、条件の設定は、それによって付加された想定上の地域要因若しくは個別的要因を明確にするものである。これら条件は、鑑定評価の妥当する範囲を明確にすることで、同時に鑑定評価を行った不動産鑑定士等の責任の範囲を明確にするものである。

鑑定評価の条件設定の手順については、次のことに留意すべきである。

鑑定評価の条件は、依頼者が依頼内容に応じて設定するものである。不動産鑑定士等は、不動産鑑定業者の受付という行為を通じてこれら条件については間接的に確認することが一般的である。同一不動産であっても設定された対象確定条件の如何又は付加された想定上の条件である地域要因若しくは個別的要因の如何によっては鑑定評価額に差異が生ずる。このため不動産鑑定士等は、受付の段階から依頼者と直接面談し、依頼内容の確認を行うべきである。

不動産鑑定士等は、対象不動産に係る諸事項についての調査、確認を行い、対象確定条件については、依頼目的に照らしてその条件の妥当性を検討しなけ

ればならない。例えば，対象不動産のうち，土地について盛土を行った場合とか，建物について屋根を修理してあるものと想定することは，対象確定条件になるであろうが，100m^{2}の土地について500m^{2}あるものとして想定するような非現実的な条件は，もはや対象確定条件ではない。

このように，想定上の対象確定条件は，想定を行うことの合理性が依頼目的よりみてありうる場合のみ行うべきである。特に，付加された条件である地域要因又は個別的要因については，実現性，合法性等の観点に照らしその妥当性を慎重に吟味しなければならない。このため，鑑定評価報告書には，鑑定評価の条件として現状を所与とした鑑定評価，独立鑑定評価，部分鑑定評価，併合鑑定評価又は分割鑑定評価といった条件，地域要因又は個別的要因に関する想定上の条件等を記載しなければならない。

鑑定評価にあたっての条件設定は，依頼目的に照らして合理性が認められる場合にのみ可能であり，実現性，合法性等の観点に照らし，その妥当性を慎重に検討すべきである。このため，非現実的な想定や不合理な想定上の条件は設定し得ないことに留意すべきである。

---

(1) 「保安林の指定があるが，当該指定はないものとして（売買目的）」
　保安林は防災目的から指定がなされ，伐採等に制限がなされ，土地利用上の制約は大きい。指定目的から容易に解除されることはなく，売買目的でかかる条件設定で，鑑定評価することは依頼目的からみて合理性に欠け，非現実的な想定条件として認められない。
(2) 独立鑑定評価，部分鑑定評価及び併合（分割）鑑定評価など
　対象確定条件は依頼目的からみて合理性が認められる場合は，条件設定が可能である。
(3) 建物が賃貸されているが「自用の建物及びその敷地」として
　「依頼目的が抵当証券発行に使用する為」であれば条件設定はできない（この場合は現況評価が原則である）。対象土地・建物を買い受けする人からの依頼で，買い受けする時点では空き家になることが確実である場合は，

条件設定できる。

(4) 「鉄道新駅の開設を見込んで鑑定評価する（担保徴求目的）」

　新駅の設置場所，開設年月日などが公示されており，確実に実現するという保証がある場合には，かかる想定上の条件設定は可能であるが，要望があるのみとか，いずれはできる可能性が大きいが時期はまったく不明というような場合は条件設定はできない。

　想定（要因）条件設定に，①合法性，②合理性，③実現可能性を求めたのは社会における一連の価格秩序を乱させない配慮からで，鑑定評価の社会的・公共的責任の重大性に起因している。

〔地域要因又は個別的要因の想定上の条件の付加〕

① 実現性について

　実現性とは，依頼者との間で条件付加に係る鑑定評価依頼契約上の合意があり，当該条件を実現するための行為を行う者の事業遂行能力等を勘案した上で当該条件が実現する確実性が認められることをいう。

　鑑定評価の条件は，社会的，経済的，物理的又は技術的に実現可能なものでなくてはならない。社会通念に照らし，対象不動産の性格，所在地の実情，依頼者その他関係当事者の実情等を考慮したうえで，実現の可能性の低い条件は，一般的妥当性をもつものとは認められない。

　なお，地域要因についての想定上の条件を付加する場合には，その実現に係る権能をもつ公的機関の担当部局から当該条件が実現する確実性について直接確認すべきことに留意すべきである。

② 合法性について

　合法性とは，公法上及び私法上の諸規制に反しないことをいう。

　鑑定評価の条件は，法的に妥当性を有するものでなくてはならない。公法上の諸規制，私法上の権利，義務を根拠なく無視した条件は，社会的な妥当性を有するものとは認められない。

　公法上の規制の変更，廃止，権利の放棄，義務の免除等を想定した条件の

設定については，その根拠が法秩序を乱し，関係当事者及び第三者の利益を害する恐れのないものであるかどうか検討する必要がある。

　関係当事者及び第三者とは，依頼者及び鑑定評価の結果について依頼者と密接な利害関係を有する者のほか，法律に義務づけられた不動産鑑定士による鑑定評価を踏まえ不動産の生み出す収益を原資として発行される証券の購入者，鑑定評価を踏まえ設定された抵当権をもとに発行される証券の購入者等をいう。

不動産の鑑定評価は，対象となる不動産の現況を所与として行われることが一般的である。しかし，鑑定評価の条件には，対象不動産をあるがままのものとして把握することが困難な場合又は依頼目的からみて不適当な場合に付される条件がある。このような条件については，上記の実現性と合法性の観点から十分に検討されなければならない。例えば，山林の鑑定評価において，保安林の解除があったものとしてとの条件が付加されるとしよう。保安林の解除は，法的にはかなりの調整と時間を必要としており困難であることも多い。

不動産鑑定士等は，こうした検討を行うため，あらかじめ依頼者から依頼内容について詳細に聴取するよう努めるべきである。

　一般に，地域要因について，想定上の条件は，計画及び諸規制の変更，改廃に機能をもつ公的機関の設定する事項に主として限られる。

　なお，これらの検討の結果，条件自体が妥当と認められた場合でも，資料収集の困難性等の理由から条件の設定そのものが受け入れられない場合もある。このため，不動産鑑定評価報告書には，設定された条件を明確に記載するとともに，当該条件の設定が妥当性を有すると判断した根拠及び当該条件が設定されない場合の価格等の参考事項を必要に応じて別途記載することにより無用の混乱と誤解の防止に努めるべきであろう。また，条件設定により，正常価格を求めることができる不動産について，限定価格又は特定価格を求めたときは，必ず不動産鑑定評価報告書に正常価格を併記しなければならないものと考える。

　想定上の条件が妥当性を欠くと認められる場合には依頼者に説明の上，妥当な条件へ改定することが必要である。

2　価格時点の確定

　価格形成要因は，時の経過により変動するものであるから，不動産の価格はその判定の基準となった日においてのみ妥当するものである。したがって，不動産の鑑定評価を行うにあたっては，不動産の価格の判定の基準日を確定する必要があり，この日を価格時点という。また，賃料の価格時点は，賃料の算定期間の収益性を反映するものとしてその期間の期首となる。

　価格時点は，鑑定評価を行った年月日を基準として現在の場合（現在時点），過去の場合（過去時点）及び将来の場合（将来時点）に分けられる。

　価格時点の確定は，時の経過に伴って変動する対象不動産の状態及びその対象不動産に係る価格形成要因を固定することである。これは，不動産鑑定士等が対象不動産とその価格形成要因の作用を判断するうえでの基準となる日である。不動産鑑定士等は，必要な関連諸資料について作業期間内に収集しなければならないが，この価格時点は，収集資料の時期及び作業の範囲，質，量を左右する。価格時点と鑑定評価の作業を行う期間が著しく離れている場合には，資料の収集が困難となる。このため，過去の時点の鑑定評価は，①対象不動産の確認が可能であり，②鑑定評価に必要な要因資料と，③事例資料の収集が可能な場合に行うことができる。

　この場合，採用する事例資料は，原則として価格時点以前のものである。時の経過により対象不動産及びその近隣地域等が価格時点から鑑定評価を行う時点までの間に変化している場合もあるので，このような事情変更のある場合の価格時点における対象不動産の確認等については，価格時点に近い時点の確認資料等をできる限り収集し，それを基礎に判断すべきである。

　将来時点の鑑定評価は，対象不動産の確定，価格形成要因の把握，分析及び最有効使用の判定についてすべて想定し，又は予測することとなる。このため，収集する資料は，鑑定評価を行う時点までのものに限られる。このような将来時点の鑑定評価は不確実にならざるを得ないので行うべきではない。ただし，公的設備である空港等の完成用地及び土地区画整理事業が全部完成した後に行

われる換地処分における換地の評価は，事業完成後の宅地を想定した将来時点となる。

このように，特に必要がある場合において，鑑定評価上妥当性を欠かないと認められるときは将来の価格時点を設定することもできる。この場合，予測の原則の限界を見極めて将来の価格時点が適切と認められるかどうかの検討が必要である。

3 鑑定評価によって求める価格又は賃料の種類の確定

不動産鑑定士等による不動産の鑑定評価は，不動産の適正な価格を求め，その適正な価格の形成に資するものでなければならない。

不動産の適正な価格を求めることがいかに社会的公共的意義を有するかは既に基本的考察において検討した。不動産の鑑定評価によって求めるべき適正な価格とは，合理的な市場で形成されるであろう市場価値を表示する適正な価格であり，鑑定評価の主体が的確に把握することを中心とする作業によって行う。しかしながら，合理的な理由に基づき，価格等について，正常価格又は限定価格を求めることになる。

【価　格】

不動産の鑑定評価によって求める価格は，基本的には正常価格であるが，鑑定評価の依頼目的及び条件に応じて限定価格又は特定価格又は特殊価格を求める場合があるので，依頼目的及び条件に即して価格の種類を適切に判断し，明確にすべきである。

なお，評価目的に応じ，特定価格として求めなければならない場合があることに留意しなければならない。

(1) 正常価格

正常価格とは，市場性を有する不動産について，現実の社会経済情勢の下で合理的と考えられる条件を満たす市場で形成されるであろう市場価値を表示する適正な価格をいう。この場合において，現実の社会経済情勢の下で合理的と考えられる条件を満たす市場とは，以下の条件を満たす市場をいう。

ⅰ 市場参加者が自由意思に基づいて市場に参加し，参入，退出が自由であること。

なお，ここでいう市場参加者は，自己の利益を最大化するため次のような要件を満たすとともに，慎重かつ賢明に予測し，行動するものとする。
① 売り急ぎ，買い進み等をもたらす特別な動機のないこと。
② 対象不動産及び対象不動産が属する市場について取引を成立させるために必要となる通常の知識や情報を得ていること。
③ 取引を成立させるために通常必要と認められる労力，費用を費やしていること。
④ 対象不動産の最有効使用を前提とした価値判断を行うこと。
⑤ 買主が通常の資金調達能力を有していること。

通常の資金調達能力とは，買主が対象不動産の取得にあたって，市場における標準的な借入条件（借入比率，金利，借入期間等）の下での借り入れと，自己資金とによって資金調達を行うことができる能力をいう。

ⅱ 取引形態が，市場参加者が制約されたり，売り急ぎ，買い進み等を誘引したりするような特別なものではないこと。

ⅲ 対象不動産が相当の期間，市場に公開されていること。

相当の期間とは，対象不動産の取得に際し必要となる情報が公開され，需要者層に十分浸透するまでの期間をいう。なお，相当の期間とは，価格時点における不動産市場の需給動向，対象不動産の種類，性格等によって異なることに留意すべきである。

また，公開されていることとは，価格時点において既に市場で公開されていた状況を想定することをいう（価格時点以降売買成立時まで公開されることではないことに留意すべきである）。

正常価格は，土地利用計画等との適合の下に通常最も一般的と認められる使用状態である最有効使用の状態において実現する不動産の経済価値を価格に表わしたものであり，社会一般が最も妥当と認める価格である。この正常価格は，不動産鑑定評価の方式である原価方式，比較方式，収益方式の3方式の適用調

整により求められる。

また，正常価格は市場性ある不動産について成立するものであり，不動産の性格，依頼目的，条件等により市場性のない不動産又は市場性を考慮しない不動産の鑑定評価については正常価格は成立しない。

(2) 限定価格

限定価格とは，市場性を有する不動産について，不動産を取得する他の不動産との併合又は不動産の一部を取得する際の分割等に基づき正常価格と同一の市場概念の下において形成されるであろう市場価値と乖離することにより，市場が相対的に限定される場合における取得部分の当該市場限定に基づく市場価値を適正に表示する価格をいう。

限定価格は，市場限定における特定の当事者間においてのみ妥当する価格である。この限定価格は，対象不動産単独での最有効使用に基づく使用方法を前提とはしていない。すなわち，①対象不動産及び対象不動産と取得する不動産の併合後の不動産，②対象不動産を分割し，分割後に想定される残余の不動産等，対象不動産等の一部を含みながら，一体利用に供される不動産の最有効使用の状態を前提とする対象不動産の市場価格を表示する適正な価格であるといえる。対象不動産の市場価値を判定するにあたっては，寄与の原則により，対象不動産の市場価値形成も考慮することになる。

限定価格を求めることができる場合を例示すれば，次のとおりである。

① 借地権者が底地の併合を目的とする売買に関連する場合……借地権者が底地を買い，これを併合する場合には，従来制限付の土地について完全所有権となる。このため，買主である借地権者は底地の市場価格より乖離した高い価格で買うことに不合理はない。この乖離した価格には，第三者が借地権者同等の価格を提示できる余地はないであろう。この市場が限定される場合の価格を限定価格として求めることができる。

　例えば，借地人が底地を取得するとき，まず借地権価格を第三者へ売却する場合の正常価格を求める。これをP_1とする。他方，土地所有者の底地価格を第三者へ売却する正常価格を求める。これをL_1とする。完全所有権

に復帰する経済価値の増分があれば，底地部分に適正に配分して限定価格を求めることになる。

　　併合による経済価値の増分（N）＝対象地の更地価格 －（$P_1＋L_1$）
　　したがって，底地の限定価格＝$L_1＋N×a$＊

　　　　＊　aはNのうち底地部分に分割される価値の割合

② 隣接不動産の併合を目的とする売買に関連する場合……隣地の買収によって隣接地の併合を目的とする売買では，併合前の土地より併合後の土地の方が最有効使用の上昇の程度が大きく，ここに経済価値の増加分が生ずる。併合される土地が併合後の土地の効用に寄与する割合を標準として適正に配分することになる。

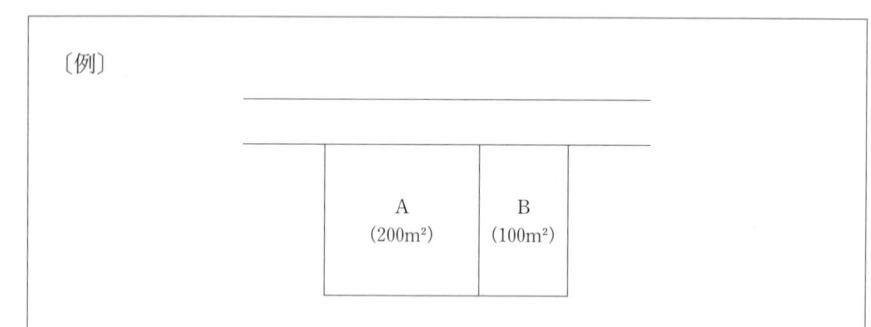

〔例〕

A (200m²)　B (100m²)

A　200m²（m²当り＝20万円）……総額4,000万円
B　100m²（m²当り＝18万円）……総額1,800万円
A＋B＝C　300m²（m²当り＝24万円）……総額7,200万円

　この例において，併合による経済価値の増加分は，1,400万円である。7,200万円(C)－4,000万円(A)－1,800万円(B)＝1,400万円

　AがBを併合しようとする場合，Bは3,200万円（C－A＝7,200万円－4,000万円）の価値を有している。BがAを併合しようとする場合には，Aは5,400万円（C－B＝7,200万円－1,800万円）の価値を有している。

　併合による経済価値の増加分1,400万円をこの比率で配分すれば，AがBを併合する場合のBの限定価格は次のようになる。

$$1{,}800万円 + 1{,}400万円 \times \frac{3{,}200万円}{3{,}200万円 + 5{,}400万円} = 約2{,}321万円$$

BがAを併合する場合は次のようになる。

$$4{,}000万円 + 1{,}400万円 \times \frac{5{,}400万円}{3{,}200万円 + 5{,}400万円} = 約4{,}879万円$$

　上記増分価値の配分方法（限度額配分法）は，国土利用計画法による価格審査の実務において行われる一方法である。

　さらに，併合による増分価値を対象不動産の寄与に応じて配分する手法は，実務では約20手法ある。前記したⓐ限度額配分法のほかに，以下の手法が適用されている。

ⓑ　折半法による配分

　　　増分価値総額／2（隣接関係者の数）＝寄与率

　これは，寄与が均等とされる場合に適用される。隣接者双方の主張が強く争いがある場合には有効な配分手法である。また，専用通路の開設の寄与率を求める場合など，関係者が数名ある場合などは，隣接関係者の数により均等に配分できる利点がある。

ⓒ　総価格配分法

　　　対象地価格総額÷（対象地価格総額＋隣接地価格総額*）＝寄与率

　　　　＊　併合地価格総額とされる場合もある。

　計算が簡便であるため，対象地価格総額÷（対象地価格総額＋隣接地価格総額）＝寄与率として，市町村の用地課等で採用されることが多くある。

ⓓ　単価配分法

　　　対象地価格単価÷（対象地価格単価＋隣接地価格単価*）＝寄与率

　　　　＊　併合地価格単価とされる場合もある。

ⓔ　面積配分法

　　　対象地面積÷（対象地面積＋隣接地面積*）＝寄与率

　　　　＊　併合地面積とされる場合もある。

その他に，⨍増分価値の単価比と面積比の合計の2分の1比とする方法や，⨎増分価値を求めないで，併合後の総額を併合前の面積比により配分して併合前価格との差を求める手法もある。

これらの配分は，ⓐ限度額配分法～ⓔ面積配分法の寄与率の平均値を寄与率とすることも，比較的多くの評価先例において見られる。

上記の手法は，いずれも鑑定評価基準には明記されていない。やがて精査検討されて，有効な手法として確立されるであろう。

増分価値の配分方法は各種あり，それぞれ特徴を有している。このため鑑定評価の主体は，対象不動産の状況，個別性に最も適正と思われる手法により配分することになる。

③ 経済合理性に反する不動産の分割を前提とする売買に関連する場合……

ある土地について分割を行う場合には，残地部分の効用が低下し，一般的には減価の要因となりうる。一般の民間における取引では，この経済合理性に反する不動産の分割を前提とする売買そのものは，合理的市場から考慮して成立しないと考えられる。また，経済合理性に反する不動産の分割は，有効な土地利用の側面からも避けるべきであろう。しかし，このような分割による取得がその経済合理性に反してでも，効用増が認められるのは，隣地買収に伴う効用増の範囲において例外的に認められる場合である。

土地を分割して取得する場合，残地の減価分の補償を上乗せした価格で取得することになる。この分割された土地の価格は，市場価値を乖離して，残地の減価分を上乗せした補償分だけ高くなる。残地の減価分を補償できる者が一般の第三者を排除することとなり市場が相対的に限定される。

(3) 特定価格

特定価格とは，市場性を有する不動産について，法令等による社会的要請を背景とする評価目的の下で，正常価格の前提となる諸条件を満たさない場合における不動産の経済価値を適正に表示する価格をいう。

法令等とは，法律，政令，内閣府令，省令，その他国の行政機関の規則，告示，訓令，通達等のほか，最高裁判所規則，条例，地方公共団体の規則，企業

会計の基準，監査基準をいう。

　特定価格を求める場合を例示すれば，次のとおりである。

① 資産の流動化に関する法律又は投資信託及び投資法人に関する法律に基づく評価目的の下で，投資家に示すための投資採算価値を表す価格を求める場合

　　この場合は，投資法人，投資信託又は特定目的会社（以下「投資法人等」という）に係る特定資産としての不動産の取得時又は保有期間中の価格として投資家に開示されることを目的に，投資家保護の観点から対象不動産の収益力を適切に反映する収益価格に基づいた投資採算価値を求める必要がある。

　　特定資産の取得時又は保有期間中の価格としての鑑定評価に際しては，資産流動化計画等により投資家に開示される対象不動産の運用方法を所与とする必要があることから，必ずしも対象不動産の最有効使用を前提とするものではないため，特定価格として求めなければならない。なお，投資法人等が特定資産を譲渡するときに依頼される鑑定評価で求める価格は正常価格として求めることに留意する必要がある。

　　鑑定評価の方法は，基本的に収益還元法のうちDCF法により求めた試算価格を標準とし，直接還元法による検証を行って求めた収益価格に基づき，比準価格及び積算価格による検証を行い，鑑定評価額を決定する。

② 民事再生法に基づく評価目的の下で，早期売却を前提とした価格を求める場合

　　この場合は，民事再生法に基づく鑑定評価目的の下で，財産を処分するものとしての価格を求めるものであり，対象不動産の種類，性格，所在地域の実情に応じ，早期の処分可能性を考慮した適正な処分価格として求める必要がある。

　　鑑定評価に際しては，通常の市場公開期間より短い期間で売却されることを前提とするものであるため，特定価格として求めなければならない。

　　鑑定評価の方法は，この前提を所与とした上で，原則として，比準価格

と収益価格を関連づけ，積算価格による検証を行って鑑定評価額を決定する。なお，比較可能な事例資料が少ない場合は，通常の方法で正常価格を求めた上で，早期売却に伴う減価を行って鑑定評価額を求めることもできる。

〔早期売却価格修正率について〕

　この早期売却は，実務では，正常価格に「早期売却価格修正率」により修正を加えるものである。つまり，ある期間内で債権と債務関係を清算してしまう場合の手法である。3か月間とか6か月間以内の短期に売却できる不動産価格を求めるのである。これは，統計的集計により，売れ残り率を求めて，この割合相当を価格減とするものである。

　マンションの売れ残り率が12か月後に31%であるとする。

　よって，早期売却価格修正率は，

　　1－0.31＝0.69

である。

　　3億円（正常価格）×0.69（早期売却価格修正率）

　　＝1億8,300万円（特定価格）

となる。

---

③　会社更生法又は民事再生法に基づく評価目的の下で，事業の継続を前提とした価格を求める場合

　この場合は，会社更生法又は民事再生法に基づく鑑定評価目的の下で，現状の事業が継続されるものとして当該事業の拘束下にあることを前提とする価格を求めるものである。

　鑑定評価に際しては，対象不動産の利用現況を所与とするため，必ずしも対象不動産の最有効使用を前提とするものではないことから特定価格として求めなければならない。

　鑑定評価の方法は，原則として事業経営に基づく純収益のうち不動産に

帰属する純収益に基づく収益価格を標準とし，比準価格を比較考量の上，積算価格による検証を行って鑑定評価額を決定する。

会社更生法による更生目的のための鑑定評価及び担保として安全性を考慮する場合の鑑定評価とも客観的に合理的と認められる特定の条件の範囲においてのみ特定価格が求められる。この特定価格の名のもとに，決して不動産鑑定士等の信用を傷つけてはならない。不動産鑑定評価報告書においては，正常価格を求めることができる不動産について依頼目的及び条件により特定価格を求めたときは，かっこ書きで正常価格である旨を付記して特定価格の額を併記しなければならないものと考える。

(4) 特殊価格

特殊価格とは，文化財等の一般的に市場性を有しない不動産について，その利用現況等を前提とした不動産の経済価値を適正に表示する価格をいう。

特殊価格を求める場合を例示すれば，文化財の指定を受けた建造物，宗教建築物又は現況による管理を継続する公共公益施設の用に供されている不動産について，その保存等に主眼をおいた鑑定評価を行う場合である。

宗教建築物等には，文化財及び公共用の建築物等があり，これらの鑑定評価は一般に市場における取引を前提としないものである。これらは一般の流通市場を考えることはできない。これらが特殊価格である。

【賃　料】

不動の鑑定評価によって求める賃料は，一般的には正常賃料又は継続賃料であるが，鑑定評価の依頼目的及び条件に応じて限定賃料を求めることができる場合があるので，依頼目的及び条件に即してこれを適切に判断し，明確にすべきである。

賃料の種類は，新規賃料と継続賃料とに区分される。新規賃料はさらに正常賃料と限定賃料とに区分される。

(1) 正常賃料

正常賃料とは，正常価格と同一の市場概念の下において新たな賃貸借等（賃借権若しくは地上権又は地役権に基づき，不動産を使用し，又は収益すること

111

をいう）の契約において成立するであろう経済価値を表示する適正な賃料（新規賃料）をいう。

新規賃料の鑑定評価にあたっては，この正常賃料を求めることとなる。

(2) 限定賃料

限定賃料とは，限定価格と同一の市場概念の下において新たな賃貸借等の契約において成立するであろう経済価値を適正に表示する賃料（新規賃料）をいう。

限定賃料を求めることができる場合を例示すれば，次のとおりである。

① 隣接不動産の併合使用を前提とする賃貸借等に関連する場合
② 経済合理性に反する不動産の分割使用を前提とする賃貸借等に関連する場合

限定賃料は，新規賃料に限られる。旧基準では，継続賃料についても，限定賃料とされていた。

不動産鑑定評価報告書には，正常賃料を求めることができる不動産について，依頼目的及び条件により限定賃料を求めた場合にはかっこ書きで正常賃料である旨を付記して，限定賃料の額を併記しなければならない。

(3) 継続賃料

継続賃料とは，不動産の賃貸借等の継続に係る特定の当事者間において成立するであろう経済価値を適正に表示する賃料をいう。

この継続賃料は，賃貸借等の契約の更改にあたり鑑定評価により求める賃料である。当事者は限定されており，市場が限定されていることにより正常賃料と異なる。

第6章　地域分析及び個別分析

1　地域分析

　不動産の鑑定評価は，先に基本的考察において検討したように，対象不動産の価格形成要因の作用について分析し，これを把握して対象不動産の地域との相互関係より最有効使用を判定する。この最有効使用を前提として対象不動産の価格を求める。

　対象不動産の地域分析及び個別分析を行うにあたっては，まず，それらの基礎となる一般的要因がどのような具体的な影響力をもっているかを的確に把握しておくことが必要である。

　地域分析と個別分析は，対象不動産の有する経済的価値の本質にせまるため，不動産鑑定評価において，2つの経済的価値の分析手法を規定したものである。地域分析は，対象不動産の属する地域について，その地域の有する経済的価値である価格の水準を把握するものである。また，個別分析は，地域の制約下にある対象不動産について，その対象不動産の最有効使用を判定することにより経済価値の本質を把握しようとするものである。これらは，種別と類型の細分化にあわせて，事例資料の収集の範囲を明確にすると同時に，最も適切な不動産鑑定評価方式の適用及び価格形成要因の把握を可能とする分析手法である。

　このために，対象不動産の価格形成要因を分析するにあたっては，まず，対象不動産の存する地域について分析することが必要である。

(1)　地域分析の意義

　地域分析とは，その対象不動産がどのような地域に存するか，その地域はどのような特性を有するか，また，対象不動産に係る市場はどのような特性を有するか，及びそれらの特性はその地域内の不動産の利用形態と価格形成について全般的にどのような影響力をもっているかを分析し，判定することをいう。

一般に地域そのものは，地理的範囲としてとらえられるが，その地域の土地の利用状態にしたがって各種の地域に区分できる。

　この地域の区分は，対象不動産の最有効使用を判定するために，対象不動産の属する地域の標準的な利用形態を広域的に把握するために行われる。この地域の区分は，自然的条件及び人文的条件の共通性に基づいて，利用形態における同一性と価格形成要因の類似性を有する地域である。

(2)　用途的地域

①　近隣地域

　近隣地域とは，対象不動産の属する用途的地域であって，より大きな規模と内容とをもつ地域である都市あるいは農村等の内部にあって，居住，商業活動，工業生産活動等人の生活と活動とに関して，ある特定の用途に供されることを中心として地域的にまとまりを示している地域をいい，対象不動産の価格の形成に関して直接に影響を与えるような特性をもつものである。

　近隣地域は，その地域の特性を形成する地域要因の推移，動向の如何によって，変化していくものである。

　この地域分析にあたって特に重要な地域は，用途的観点から区分される地域（用途的地域という），すなわち近隣地域及びその類似地域と，近隣地域及びこれと相関関係にある類似地域を含むより広域的な地域すなわち同一需給圏である。

　不動産は，他の不動産とともに，用途的に同質性を有する一定の地域を構成してこれに属することを通常とし，地域は，その規模，構成の内容，機能等にわたってそれぞれ他の地域と区別されるべき特性を有している。

　この近隣地域の特性は，通常，その地域に属する不動産の一般的な標準的使用に具体的に現れるが，この標準的使用は，利用形態からみた地域相互間の相対的位置関係及び価格形成を明らかにする手掛りとなるとともに，その地域に属する不動産のそれぞれについての最有効使用を判定する有力な標準となるものである。

　地域分析にあたっては，対象不動産を中心に外延的に広がる地理的範囲につ

第6章 地域分析及び個別分析

いて、自然的条件及び人文的条件を調査、分析して、同質的であると認められる範囲を近隣地域として区分しなければならない。この近隣地域及びその周辺地域について地域要因を調査分析して、地域の特性と一般的な標準的使用の態様について把握する。この地域分析においては、価格形成要因が常に変動するものであることを認識して、動態的に考察する必要がある。

また、地域分析にあたっては、その不動産に係る市場がどのような特性を有し、そこにおける通常人の取引慣行等がどのようなものであるかを調査分析し、的確に把握することが必要である。

なお、不動産の属する地域は固定的なものではなく、地域の特性を形成する地域要因も常に変動するものであることから、地域分析にあたっては、対象不動産に係る市場の特性の把握の結果を踏まえて地域要因及び標準的使用の現状と将来の動向とを併せて分析し、標準的使用を判定しなければならない。

近隣地域の地域分析について留意すべき事項は、次のとおりである。

i　近隣地域の地域分析は、まず対象不動産の存する近隣地域を明確化し、次いでその近隣地域がどのような特性を有するかを把握することである。

　この対象不動産の存する近隣地域の明確化及びその近隣地域の特性の把握にあたっては、対象不動産を中心に外延的に広がる地域について、対象不動産に係る市場の特性をふまえて地域要因をくり返し調査分析し、その異同を明らかにしなければならない。これはまた、地域の構成分子である不動産について、最終的に地域要因を共通にする地域を抽出することとなるため、近隣地域となる地域及びその周辺の他の地域を併せて広域的に分析することが必要である。

ii　近隣地域の相対的位置の把握にあたっては、対象不動産に係る市場の特性をふまえて同一需給圏内の類似地域の地域要因と近隣地域の地域要因を比較して相対的な地域格差の判定を行う。

　さらに、近隣地域の地域要因とその周辺の他の地域の地域要因との比較検討も有用である。

iii　近隣地域の地域分析においては、対象不動産の存する近隣地域に係る要

115

因資料についての分析を行うこととなるが，この分析の前提として，対象不動産に係る市場の特性や近隣地域を含むより広域的な地域に係る地域要因を把握し，分析しなければならない。このためには，日常から広域的な地域に係る要因資料の収集，分析に努めなければならない。
iv 近隣地域の地域分析における地域要因の分析にあたっては，近隣地域の地域要因等についてその変化の過程における推移，動向を時系列的に分析するとともに，近隣地域の周辺の他の地域の地域要因の推移，動向及びそれらの近隣地域への波及の程度等について分析することが必要である。

　この場合において，対象不動産に係る市場の特性が近隣地域内の土地の利用形態及び価格形成に与える影響の程度を的確に把握することが必要である。

　なお，見込地及び移行地については，特に周辺地域の地域要因の変化の推移，動向がそれらの土地の変化の動向予測にあたって有効な資料となる。
このように地域分析における近隣地域の分析把握そのものが一次的に価格の水準を決定づける重要な作業である。不当な鑑定評価の多くは近隣地域等の判断の誤りに起因している。近隣地域の範囲の判定にあたっては，基本的な土地利用形態や土地利用上の利便性等に影響を及ぼす次に掲げるような事項に留意することが必要である。
　i　自然的状態に係るもの
　　イ　河川
　　　川幅が広い河川等は，土地，建物等の連たん性及び地域の一体性を分断する場合があること。
　　ロ　山岳及び丘陵
　　　山岳及び丘陵は，河川と同様，土地，建物等の連たん性及び地域の一体性を分断するほか，日照，通風，乾湿等に影響を及ぼす場合があること。
　　ハ　地勢，地質，地盤等
　　　地勢，地質，地盤等は，日照，通風，乾湿等に影響を及ぼすとともに，

居住，商業活動等の土地利用形態に影響を及ぼすこと。
ⅱ　人文的状態に係るもの
　イ　行政区域
　　　行政区域の違いによる道路，水道その他の公共施設及び学校その他の公益的施設の整備水準並びに公租公課等の負担の差異が土地利用上の利便性等に影響を及ぼすこと。
　ロ　公法上の規制等
　　　都市計画法等による土地利用の規制内容が土地利用形態に影響を及ぼすこと。
　ハ　鉄道，公園等
　　　鉄道，公園等は，土地，建物等の連たん性及び地域の一体性を分断する場合があること。
　ニ　道路
　　　広幅員の道路等は，土地，建物等の連たん性及び地域の一体性を分断する場合があること。

　このように地域分析にあたっては，対象不動産の存する近隣地域の特性を的確に把握することが重要である。近隣地域に係る要因資料についての分析に加え，その分析の前提として，当該不動産に係る市場特性，市場における取引慣行等についても調査分析を行わなければならない。これらの結果も十分にふまえて価格形成要因を的確に把握してこそ地域分析が可能となる。具体的には，地域内の不動産の利用形態に係る時系列的な分析等を行うほか，取引件数の推移，取引当事者の属性，取引当事者の市場行動等について必要に応じて近隣地域を含むより広域的な地域を対象として調査分析を行わなければならない。

　このように，確認資料，要因資料及び事例資料の収集整理と並行して価格形成要因の具体的な分析が必要である。したがって，現地の踏査に基づく的確な近隣地域の把握を行い，かつ，以後の手順の過程を通じて，常に近隣地域の設定が正しいものであるか否かの検討を行わなければならない。特に対象不動産が遠隔地に所在している場合における実地調査にあたっては，机上の調査では

必ずしも明確にならない近隣地域の状況，価格水準等十分な調査が必要であることに留意しなければならない。

② 類似地域

類似地域とは，近隣地域の地域の特性と類似する特性を有する地域であり，その地域に属する不動産は，特定の用途に供されることを中心として地域的にまとまりをもつものである。この地域のまとまりは，近隣地域の特性との類似性を前提として判定されるものである。

(3) 同一需給圏

同一需給圏とは，一般に対象不動産と代替関係が成立して，その価格の形成について相互に影響を及ぼすような関係にある他の対象不動産の存する圏域をいう。それは，近隣地域を含んでより広域的であり，近隣地域と相関関係にある類似地域等の存する範囲を規定するものである。

一般に，近隣地域と同一需給圏内に存する類似地域とは，隣接すると否とにかかわらず，その地域要因の類似性に基づいて，それぞれの地域の構成分子である不動産相互の間に代替，競争等の関係が成立し，その結果，両地域は相互に影響を及ぼすものである。

また，近隣地域の外かつ同一需給圏内の類似地域の外に存する不動産であっても，同一需給圏内に存し対象不動産とその用途，規模，品等等の類似性に基づいて，これら相互の間に代替，競争等の関係が成立する場合がある。

同一需給圏は，不動産の種類，性格及び規模に応じた需要者の選好性によってその地域的範囲を異にするものであるから，その種類，性格及び規模に応じて需要者の選好性を的確に把握した上で適切に判定する必要がある。

同一需給圏の判定にあたって特に留意すべき基本的な事項は，次のとおりである。

① 宅地

ⅰ 住宅地

同一需給圏は，一般に都心への通勤可能な地域の範囲に一致する傾向がある。ただし，地縁的選好性により地域的範囲が狭められる傾向がある。

なお，地域の名声，品位等による選好性の強さが同一需給圏の地域的範囲に特に影響を与える場合があることに留意すべきである。

ii 商業地

同一需給圏は，高度商業地については，一般に広域的な商業背後地を基礎に成り立つ商業収益に関して代替性の及ぶ地域の範囲に一致する傾向があり，したがって，その範囲は高度商業地の性格に応じて広域的に形成される傾向がある。

また，普通商業地については，一般に狭い商業背後地を基礎に成り立つ商業収益に関して代替性の及ぶ地域の範囲に一致する傾向がある。ただし，地縁的選好性により地域的範囲が狭められる傾向がある。

iii 工業地

同一需給圏は，港湾，高速交通網等の利便性を指向する産業基盤指向型工業地等の大工場地については，一般に原材料，製品等の大規模な移動を可能にする高度の輸送機関に関して代替性を有する地域の範囲に一致する傾向があり，したがって，その地域的範囲は，全国的な規模となる傾向がある。

また，製品の消費地への距離，消費規模等の市場接近性を指向する消費地指向型工業地等の中小工業地については，一般に製品の生産及び販売に関する費用の経済性に関して代替性を有する地域の範囲に一致する傾向がある。

iv 移行地

同一需給圏は，一般に当該土地が移行すると見込まれる土地の種別の同一需給圏と一致する傾向がある。ただし，熟成度の低い場合には，移行前の土地の種別の同一需給圏と同一のものとなる傾向がある。

② 農地

同一需給圏は，一般に当該農地を中心とする通常の農業生産活動の可能な地域の範囲内に立地する農業経営主体を中心とするそれぞれの農業生産活動の可能な地域の範囲に一致する傾向がある。

③ 林地

同一需給圏は，一般に当該林地を中心とする通常の林業生産活動の可能な地

域の範囲内に立地する林業経営主体を中心とするそれぞれの林業生産活動の可能な地域の範囲に一致する傾向がある。

④　見込地

同一需給圏は，一般に当該土地が転換すると見込まれる土地の種別の同一需給圏と一致する傾向がある。ただし，熟成度の低い場合には，転換前の土地の種別の同一需給圏と同一のものとなる傾向がある。

⑤　建物及びその敷地

同一需給圏は，一般に当該敷地の用途に応じた同一需給圏と一致する傾向があるが，当該建物及びその敷地一体としての用途，規模，品等等によっては代替関係にある不動産の存する範囲が異なるために当該敷地の用途に応じた同一需給圏の範囲と一致しない場合がある。

これら同一需給圏は，取引事例等の選択にあたって，同一需給圏の類似地域に存するものは，類似の価格形成要因の作用が認められる。このため，事例としての規範性が認められる。同一需給圏の把握にあたっては，不動産の種別の細分化を行い的確な範囲の判定が必要である。同一需給圏は，不動産の種類，性格及び規模によってその地域的範囲を異にするとともに，一般的要因のうち不動産の需給に影響を及ぼす要因の変動によってもその地域的範囲が変化する。このため，その把握にあたっては，種別と類型の細分化に加えて，特に代替の原則及び競争の原則を考慮する。また，不動産の種類，性格，規模及び一般的要因の動向等を適切に判断して的確に把握する。

同一需給圏の判定は，同時に近隣地域の相対的位置の把握である。同一需給圏内にある類似地域の特性の把握は，対象不動産と代替関係が成立し，価格牽連性が認められる不動産の存する圏域の中から，近隣地域の特性と類似する特性を有する地域を区分することにより行う。これにより比較の対象となりうる類似地域が判定できる。この類似地域の地域要因の分析が近隣地域の相対的位置の把握となりうる。

このように，同一需給圏内にある類似地域の特性との比較検討を通じて用途的地域ごとの地域要因の質的，量的検討が可能となるとともに，価格形成要因

についての分析検討が可能となる。さらに，類似地域の地域要因と近隣地域の地域要因を比較して，その地域の価値の格差判定ができることになる。このため，近隣地域の周辺地域の特性の比較検討も，地域要因の格差判定に有益である。

⑷ **対象不動産に係る市場の特性**

　地域分析における対象不動産に係る市場の特性の把握にあたっては，同一需給圏における市場参加者がどのような属性を有しており，どのような観点から不動産の利用形態を選択し，価格形成要因についての判断を行っているかを的確に把握することが重要である。あわせて同一需給圏における市場の需給動向を的確に把握する必要がある。

　ⅰ　把握の観点
　イ　同一需給圏における市場参加者の属性及び行動
　　同一需給圏における市場参加者の属性及び行動を把握するにあたっては，特に次の事項に留意すべきである。
　　ａ．市場参加者の属性については，業務用不動産の場合，主たる需要者層及び供給者層の業種，業態，法人か個人かの別並びに需要者の存する地域的な範囲。
　　　また，居住用不動産の場合，主たる需要者層及び供給者層の年齢，家族構成，所得水準並びに需要者の存する地域的な範囲。
　　ｂ．ａ．で把握した属性をもつ市場参加者が取引の可否，取引価格，取引条件等について意思決定する際に重視する価格形成要因の内容。
　ロ　同一需給圏における市場の需給動向
　　同一需給圏における市場の需給動向を把握するにあたっては，特に次に掲げる事項に留意すべきである。
　　ａ．同一需給圏内に存し，用途，規模，品等が対象不動産と類似する不動産に係る需給の推移及び動向
　　ｂ．ａ．で把握した需給の推移及び動向が対象不動産の価格形成に与える影響の内容及びその程度

ⅱ 把握のための資料

対象不動産に係る市場の特性の把握にあたっては，平素から，不動産業者，建設業者及び金融機関等からの聴聞等によって取引等の情報（取引件数，取引価格，売り希望価格，買い希望価格等）を収集しておく必要がある。あわせて公的機関，不動産業者，金融機関，商工団体等による地域経済や不動産市場の推移及び動向に関する公表資料を幅広く収集し，分析することが重要である。

また，把握した市場の特性については，近隣地域における標準的使用の判定に反映させるとともに鑑定評価の手法の適用，試算価格又は試算賃料の調整等における各種の判断においても反映すべきである。

2　個別分析

(1)　個別分析の意義

不動産の価格は，その不動産の最有効使用を前提として把握される価格を標準として形成されるものであるから，不動産の鑑定評価にあたっては，対象不動産の最有効使用を判定する必要がある。個別分析とは，対象不動産の個別的要因が対象不動産の利用形態と価格形成について，どのような影響力をもっているかを分析してその最有効使用を判定することをいうものであるが，個々の不動産の最有効使用は，近隣地域の地域の特性の制約下にあるので，個別分析にあたっては，特に近隣地域に存する不動産の標準的使用との相互関係を明らかにすることが必要である。

(2)　個別分析の適用

ⅰ　個別的要因の分析上の留意点

個別的要因は，対象不動産の市場価値を個別的に形成しているものであるため，個別的要因の分析においては，対象不動産に係る典型的な需要者がどのような個別的要因に着目して行動し，対象不動産と代替，競争等の関係にある不動産と比べた優劣及び競争力の程度をどのように評価しているかを的確に把握することが重要である。

対象不動産と代替，競争等の関係にある不動産と比べた優劣及び競争力の程

度を把握するにあたっては，次の点に留意すべきである。
　イ　同一用途の不動産の需要の中心となっている価格帯及び主たる需要者の属性
　ロ　対象不動産の立地，規模，機能，周辺環境等に係る需要者の選好
　ハ　対象不動産に係る引き合いの多寡
　また，個別的要因の分析結果は，鑑定評価の手法の適用，試算価格又は試算賃料の調整等における各種の判断においても反映すべきである。
　ⅱ　最有効使用の判定上の留意点
　不動産の最有効使用の判定にあたっては，次の事項に留意すべきである。
① 　良識と通常の使用能力をもつ人が採用するであろうと考えられる使用方法であること。
② 　使用収益が将来相当の期間にわたって持続し得る使用方法であること。
③ 　効用を十分に発揮し得る時点が予測し得ない将来でないこと。
④ 　個々の不動産の最有効使用は，一般に近隣地域の地域の特性の制約下にあるので，個別分析にあたっては，特に近隣地域に存する不動産の標準的使用との相互関係を明らかにし判定することが必要であるが，対象不動産の位置，規模，環境等によっては，標準的使用の用途と異なる用途の可能性が考えられるので，こうした場合には，それぞれの用途に対応した個別的要因の分析を行った上で最有効使用を判定すること。
⑤ 　価格形成要因は常に変動の過程にあることを踏まえ，特に価格形成に影響を与える地域要因の変動が客観的に予測される場合には，当該変動に伴い対象不動産の使用方法が変化する可能性があることを勘案して最有効使用を判定すること。
　　地域要因の変動の予測にあたっては，予測の限界を踏まえ，鑑定評価を行う時点で一般的に収集可能かつ信頼できる情報に基づき，当該変動の時期及び具体的内容についての実現の蓋然性が高いことが認められなければならない。特に，建物及びその敷地の最有効使用の判定にあたっては，次の事項に留意すべきである。

⑥　現実の建物の用途等が更地としての最有効使用に一致していない場合には，更地としての最有効使用を実現するために要する費用等を勘案する必要があるため，建物及びその敷地と更地の最有効使用の内容が必ずしも一致するものではないこと。
⑦　現実の建物の用途等を継続する場合の経済価値と建物の取壊しや用途変更等を行う場合のそれらに要する費用等を適切に勘案した経済価値を十分比較考量すること。

　　最有効使用の観点から現実の建物の取壊しや用途変更等を想定する場合において，それらに要する費用等を勘案した経済価値と当該建物の用途等を継続する場合の経済価値とを比較考量するにあたっては，特に下記の内容に留意すべきである。
　　イ　物理的，法的にみた当該建物の取壊し，用途変更等の実現可能性
　　ロ　建物の取壊し，用途変更後における対象不動産の競争力の程度等を踏まえた収益の変動予測の不確実性及び取壊し，用途変更に要する期間中の逸失利益の程度

　対象不動産の最有効使用の判定は，対象不動産の地域要因のみならず，個別的要因も十分考慮しなければならない。個別的要因のうち，特に公法上，私法上の制約が近隣地域に存する不動産の標準的使用及び最有効使用に影響を与える。移行地及び見込地については，現実の使用方法が将来ともに持続するものではなく，過渡的なものであることに留意しなければならない。現実の使用方法の持続の期間と熟成の程度により，利用転換の確率性と転換時期の期間の長さについて検討を加えなければならない。利用形態がどのように移行し又は転換するか，期間の予測は周辺地域を含む広域的な動向を分析する。また，公共事業等の事業計画の実現性，着工事業の完成の時期について適正な判断が必要である。

　また，高度商業地域等においては，話題性を提供する新規の店舗等が進出することにより需要者層が変化することがある。このため，高度商業地の最有効使用の判定にあたっては，その地域における不動産の需給動向，需要者の構成

についても配慮することが必要である。

第7章　鑑定評価の方式

　不動産の鑑定評価の方法には，原価方式，比較方式及び収益方式の3方式がある。原価方式は不動産の再調達（建築，造成等による新規の調達をいう）に要する原価に着目して，比較方式は不動産の取引事例又は賃貸借等の事例に着目して，収益方式は不動産から生み出される収益に着目して，それぞれ不動産の価格又は賃料を求めようとするものである。

　不動産の鑑定評価の3方式の基本は価格の三面性が考慮されている。一般人が，評価を判定するためには，①費用性，②市場性，③収益性を考慮する。

　不動産の鑑定評価の3方式はこの価格の三面性のうち，費用性について，いくらの費用が投じられたものか，不動産の再調達に要する原価について考察するのが原価方式である。市場でどれほどの価格で取引されているか，その市場性について不動産の取引事例から考慮するのが比較方式である。また不動産の利用によって，どれほどの収益が生み出されるかという収益性について考慮するのが収益方式である。

　不動産の経済価値は，①効用，②相対的稀少性，③有効需要の三者の相関結合によって生ずる。これら三者の相関結合からなる経済価値について，価格形成要因の働きかけを分析する具体的手法が不動産の鑑定評価の3方式である。経済価値の本質である正常な価格は，不動産の原価から求める価格，取引事例から求める価格，収益（効用）から求める価格の3つの価格の把握調整により求められる。

　不動産の鑑定評価は，不動産鑑定士等が合理的な市場の代行として不動産の正常な価格を求めるものである。このため，手順の各段階及び鑑定評価方式の適用において，価格の三面性を十分に考慮することが必要である。鑑定評価方式の適用にあたっては，原則として，3方式を併用すべきであり，対象不動産の種類，所在地の実情，資料の信頼性により，1又は2の手法によらざるを得

ない場合においても，他の手法の考え方を参酌するようにして，価格形成における三面性を考慮しなければならない。これにより，はじめて手法の説得力の違いが適切に反映できることになる。

それぞれの鑑定評価の方式の適用により求められた価格又は賃料を試算価格又は試算賃料という。不動産の鑑定評価の方式は，価格を求める手法と賃料を求める手法に分類される。

1 価格を求める鑑定評価の手法

不動産の価格を求める鑑定評価の基本的な手法は，原価法，取引事例比較法及び収益還元法に大別され，このほか3手法の考え方を活用した開発法等の手法がある。

(1) 試算価格を求める場合の一般的留意事項
① 一般的要因と鑑定評価の各手法の適用との関連

価格形成要因のうち一般的要因は，不動産の価格形成全般に影響を与えるものであり，鑑定評価手法の適用における各手順において常に考慮されるべきものであり，価格判定の妥当性を検討するために活用しなければならない。

一般的要因は，全国的，都道府県的，市町村的次元の各種の観点からの要因がある。適切な取引事例の選択，事情補正，時点修正等を行ううえで一般的要因の考慮が必要である。特に，一般的要因は，地域分析にあたりまず考慮されるものである。次に個別分析及びそれに続く手順の全過程においても考慮される価格判定の妥当性を検証する有力な基準として活用しなければならない。所得水準，国民所得等の経済的要因の動向は，価格を分析し，追求する全過程において常に考慮されるべきである。このため，これらに関する資料を常時収集，分析して，各手法において適切にその活用を図るべきである。経済的要因の動向が還元利回りの決定及び需給における予測の原則の適用等にあたって常に考慮される。

また，一般的要因のうち，行政的要因は，土地利用に関する計画及び規制として土地の経済価値の判定に大きく作用すると同時に，正常な価格を求めるた

めの最有効使用の原則及び適合の原則を適用するにあたっての制約条件ともなる。このため，法制と法令の運用の実態と把握に努め，これらを各手法の適用において活用すべきである。

② 事例の収集及び選択

鑑定評価の各手法の適用にあたって必要とされる事例には，原価法の適用にあたって必要な建設事例，取引事例比較法の適用にあたって必要な取引事例及び収益還元法の適用にあたって必要な収益事例（取引事例等という）がある。これらの取引事例等は，鑑定評価の各手法に即応し，適切にして合理的な計画に基づき，豊富に秩序正しく収集し，選択すべきであり，投機的取引であると認められる事例等適正を欠くものであってはならない。

取引事例等は，次の要件の全部を備えるもののうちから選択する。

イ 近隣地域又は同一需給圏内の類似地域もしくは必要やむを得ない場合には近隣地域の周辺の地域（同一需給圏内の類似地域等という）に存する不動産及び対象不動産の最有効使用が標準的使用と異なる場合等における同一需給圏内に存し対象不動産と代替，競争等の関係が成立していると認められる不動産（以下「同一需給圏内の代替競争不動産」という）に係るものであること。

ロ 取引事例等に係る取引等の事情が正常なものと認められるものであること又は正常なものに補正することができるものであること。

ハ 時点修正することが可能なものであること。

ニ 地域要因の比較及び個別的要因の比較が可能なものであること。

取引事例等として同一需給圏内の代替競争不動産に係るものを選択する場合において，価格形成要因に係る対象不動産との比較を行う際には，個別的要因の比較だけでなく市場の特性に影響を与えている地域要因の比較もあわせて行うべきことに留意すべきである。

ⅰ 必要やむを得ない場合に近隣地域の周辺地域に存する不動産に係るものを選択する場合について

この場合における必要やむを得ない場合とは，近隣地域又は同一需給圏内の

類似地域に存する不動産について収集した取引事例等の大部分が特殊な事情による影響を著しく受けていることその他の特別な事情により当該取引事例等のみによっては鑑定評価を適切に行うことができないと認められる場合をいう。

　ⅱ　対象不動産の最有効使用が標準的使用と異なる場合等において同一需給圏内の代替競争不動産に係るものを選択する場合について

　この場合における対象不動産の最有効使用が標準的使用と異なる場合等とは，次のような場合として例示される対象不動産の個別性のために近隣地域の制約の程度が著しく小さいと認められるものをいう。

　イ　戸建住宅地域において，近辺で大規模なマンションの開発がみられるとともに，立地に優れ高度利用が可能なことから，マンション適地と認められる大規模な画地が存する場合

　ロ　中高層事務所として用途が純化された地域において，交通利便性に優れ，広域的な集客力を有するホテルが存する場合

　ハ　住宅地域において，幹線道路に近接して，広域的な商圏をもつ郊外型の大規模小売店舗が存する場合

　ニ　中小規模の事務所ビルが集積する地域において，敷地の集約化により完成した卓越した競争力を有する大規模事務所ビルが存する場合

　ⅲ　代替，競争等の関係を判定する際の留意点について

　ⅱの場合において選択する同一需給圏内の代替競争不動産に係る取引事例等は，次に掲げる要件に該当するものでなければならない。

　イ　対象不動産との間に用途，規模，品等からみた類似性が明確に認められること。

　ロ　対象不動産の価格形成に関して直接に影響を与えていることが明確に認められること。

　鑑定評価の手法の適用によって求められる試算価格の精度は，取引事例等の選択の適否に依存している。このため，数多くの取引事例のなかから，適切な事例を選択するためには，個別に事例を分析するだけでは困難である。日頃から収集し整理された数多くの事例の観察とその分析検討により十分に価格の水

準を把握することである。それにより，将来の動向等について考察し，それぞれの事例についての個別性が明確になり，投機的取引と認められる事例については適正を欠くものとして排除できることになる。

取引事例は，不動産の利用目的，取引の動機，売主・買主の諸事情等により各々取引について考慮されるべき視点が異なっている。このため，取引事例に係る取引事情を始め，取引当事者の属性（個人，法人，不動産業者等市場参加者の属性）及び取引価格の水準の変動の推移を慎重に分析しなければならない。

③ 事情補正

取引事例等に係る取引等が特殊な事情を含み，これが当該取引事例等に係る価格等に影響を及ぼしているときは適正に補正しなければならない。

　ⅰ 現実に成立した取引事例等には，不動産市場の特性，取引等における当事者双方の能力の多様性と特別の動機により売り急ぎ，買い進み等の特殊な事情が存在する場合もあるので，取引事例等がどのような条件の下で成立したものであるかを資料の分析にあたり十分に調査しなければならない。

　ⅱ 特殊な事情とは，正常価格を求める場合には，正常価格の前提となる現実の社会経済情勢の下で合理的と考えられる諸条件を欠くに至らしめる事情のことである。

事情補正の必要性の有無及び程度の判定にあたっては，多数の取引事例等と総合的に比較対照のうえ検討されるべきものであり，事情補正を要すると判定したときは，取引が行われた市場における客観的な価格水準等を考慮して適正に補正を行わなければならない。

事情補正を要する特殊な事情を例示すれば，次のとおりである。

　イ 補正にあたり減額すべき特殊な事情

　　(イ) 営業上の場所的限定的等特殊な使用方法を前提として取引が行われたとき。

　　(ロ) 極端な供給不足，先行きに対する過度に楽観的な見通し等特異な市場条件の下に取引が行われたとき。

　　(ハ) 業者又は系列会社間における中間利益の取得を目的として取引が行わ

れたとき。
　　㈡　買手が不動産に関し明らかに知識や情報が不足している状態において過大な額で取引が行われたとき。
　　㈹　取引価格に売買代金の割賦払いによる金利相当額，立退料，離作料等の土地の対価以外のものが含まれて取引が行われたとき。
　ロ　補正にあたり増額すべき特殊な事情
　　㈲　売主が不動産に関し明らかに知識や情報が不足している状態において，過少な額で取引が行われたとき。
　　㈲　相続，転勤等により売り急いで取引が行われたとき。
　ハ　補正にあたり減額又は増額すべき特殊な事情
　　㈲　金融逼迫，倒産等における法人間の恩恵的な取引又は知人，親族間等人間関係による恩恵的な取引が行われたとき。
　　㈲　不相応な造成費，修繕費等を考慮して取引が行われたとき。
　　㈲　調停，清算，競売，公売において価格が成立したとき。
　これら事情補正は，取引事例比較法において用いる取引事例に限られるものではなく，収益還元法及び原価法においても事例資料を用いる場合に適用されるものであることに留意しなければならない。
　なお，限定価格，特定価格及び取引において特段の条件が付された事例は原則として採用すべきではない。事例が極めて少なくやむを得ず採用する場合には，上記に準じて補正すべきである。
　④　時点修正
　　取引事例等に係る取引等の時点が価格時点と異なることにより，その間に価格水準に変動があると認められる場合には，当該取引事例等の価格等を価格時点の価格等に修正しなければならない。
　　時点修正率は，価格時点以前に発生した多数の取引事例について時系列的な分析を行い，さらに国民所得の動向，財政事情及び金融情勢，公共投資の動向，建築着工の動向，不動産取引の推移等の社会的及び経済的要因の変化，土地利用の規制，税制等の行政的要因の変化等の一般的要因の動向を総合的に求める

べきである。

　時点修正率は原則として上記により求めるが，地価公示，都道府県地価調査等の資料を活用するとともに，適切な取引事例が乏しい場合には，売り希望価格，買い希望価格等の動向及び市場の需給の動向等に関する諸資料を参考として用いることができるものとする。

　したがって，時点修正のための変動率は，上昇傾向を示す場合もあり，下降傾向を示す場合もある。これは，変動率の激しい地域及び変動率の少ない期間等ある時期，ある地域において常に変動率が異なるからである。また種別と類型の区分により，住宅地と商業地においても変動率は異なる。このため，必ず，国民所得の動向，財政及び金融情勢，建築着工の動向，不動産取引の推移，土地利用規制及び税制等の行政的要因の変化，公共投資の動向等の一般的要因の動向とその見通しにより験証確認を行って求めなければならない。

⑤　地域要因の比較及び個別的要因の比較

　取引事例等の価格等は，その不動産の存する用途的地域に係る地域要因及び当該不動産の個別的要因を反映しているものであるから，取引事例等に係る不動産が同一需給圏内の類似地域に存するもの，又は同一需給圏内の代替競争不動産である場合においては，近隣地域と当該事例に係る不動産の存する類似地域との地域要因の比較及び対象不動産と当該事例に係る不動産との個別的要因の比較を，取引事例等に係る不動産が近隣地域に存するものである場合においては，対象不動産と当該事例に係る不動産との個別的要因の比較をそれぞれ行う必要がある。

　不動産の価格は，地域の価値とそのうちに存在する個々の不動産の価値の相乗積として形成されている。地域要因の比較は，地域の価値の格差の判定であるといえる。個別的要因の比較は，不動産の個別の価値の格差の判定である。対象不動産と事例不動産が同一近隣地域内に存する場合には，近隣地域は用途性，機能性において同一の価値を有する地域であるため，個別的要因の比較のみで個別格差が判定できる。

　取引事例等が同一需給圏内の類似地域に存するものであるときは，近隣地域

と当該事例に係る不動産の存する類似地域との地域要因の比較を行い，地域の価値についてその格差の判定を行わなければならない。それに加えて，対象不動産と当該事例に係る不動産との個別的要因の比較を行い，個別格差の判定をすることになる。

地域要因の比較は，同一需給圏内の類似地域との格差を判定する旨を基準は規定している。この点，近隣地域の相対的位置の把握にあたり，同一需給圏内の類似地域の地域要因と近隣地域と地域要因を比較し，さらに近隣地域とその周辺の他の地域の地域要因を比較検討することが有用である。

このように，地域要因の比較と個別的要因の比較によって，作業の当初に収集した事例が，投機的取引であるということが判定できる場合がある。このような投機的取引等は，類似地域等の広域的な比較，分析，観察によって把握できるものである。

(2) **原価法**

① 意義

原価法は，価格時点における対象不動産の再調達原価を求め，この再調達原価について減価修正を行って対象不動産の試算価格を求める手法である（この手法による試算価格を積算価格という）。

原価法は，対象不動産が建物又は建物及びその敷地である場合において再調達原価の把握及び減価修正を適正に行うことができるときに有効であり，対象不動産が土地のみである場合においても，再調達原価を適正に求めることができるときは，この手法を適用することができる。

この場合において，対象不動産が現に存在するものでないときは，価格時点における再調達原価を的確に求めることができる場合に限り適用することができるものとする。

土地についての原価法の適用は，鑑定評価の対象となっている土地が最近において造成された造成地，埋立地等である場合に適用できる。しかし，既成市街地においては，原価法による再調達原価の把握は困難であるため他の手法の採用が必要となる。造成された一団の土地の一区画の土地の価格を求めるにあ

たって，標準的な画地の面積が団地を形成する全体造成地の面積と比較して著しく差がある場合には，原価法の適用が困難となる場合がある。再調達原価について，その実証が困難となり，十分に論証できるものでないと判断される場合には，原価法の適用は困難である。再調達原価の算定の対象となる不動産は，対象不動産の確定及び確認の時点において存在しない不動産であっても，一定の場合には，再調達原価の算定の対象となる。この場合，不動産取引の対象として，又は不動産の権利の対象として確定と確認ができることが必要である。

〔例〕
- 国，地方公共団体，公社，公団等よりその審査及び調査事務の一部として依頼があったもの（例えば，都市計画道路開通後の造成地の評価）
- 国土利用計画法第23条等の届出に係る工事完了前の土地，建物等の評価等，国又は地方公共団体に提出するために依頼されるもの
- 都市再開発法第72条の権利変換計画によって権利変換期日において与えられる宅地，建築物及びこれらに関する諸権利等で，近い将来不動産に関する権利内容が法律の規定により確定している場合
- 土地区画整理法第6条に基づく事業計画等近い将来における不動産に関する権利の内容が未だ法律等で確定していないが，法律に基づき実施される予定の事業に関する計画内容の一部となるもの
- 宅地建物取引業者等から宅地の造成又は建物の建築に関する工事の完了前において当該工事に関して必要とされる都市計画法第29条の許可，建築基準法第6条1項の確認その他宅地建物取引業法施行令第2条の3に定める許可等の処分があった後に売買若しくは変換のため依頼された場合
- 過去において存在していた不動産の評価について，国，裁判所等から資料を示されて依頼されたもの

② 適用方法

ⅰ 再調達原価の意義

再調達原価とは，対象不動産を価格時点において再調達することを想定した場合において必要とされる適正な原価の総額をいう。

なお，建設資材，工法等の変遷により，対象不動産の再調達原価を求めることが困難な場合には，対象不動産と同等の有用性をもつものに置き換えて求めた原価（置換原価）を再調達原価とみなすものとする。

置換原価は，価格時点において対象不動産の建築資材，工法等と最も類似するものによって再調達され，かつ機能的にも同一性を有する不動産に置き換えて求めた価格を対象不動産の再調達原価とみなすものである。文化財として，また美術的観点からその従来工法と資材に価値がある伝統的建造物等については，置換原価を求めることが適切でない場合が多い。

ⅱ 再調達原価を求める方法

再調達原価は，建設請負により，請負者が発注者に対して直ちに使用可能な状態で引き渡す通常の場合を想定し，発注者が請負者に対して支払う標準的な建設費に発注者が直接負担すべき通常の付帯費用を加算して求めるものとする。

なお，置換原価は，対象不動産と同等の有用性をもつ不動産を新たに調達することを想定した場合に必要とされる原価の総額であり，発注者が請負者に対して支払う標準的な建設費に発注者が直接負担すべき通常の付帯費用を加算して求める。

イ　土地の再調達原価は，その素材となる土地の標準的な取得原価に当該土地の標準的な造成費と発注者が直接負担すべき通常の付帯費用とを加算して求めるものとする。

　素材となる土地の標準的な取得原価は，対象不動産が造成完了後あまり期間が経過していない場合で，かつ，近隣地域の周辺地域等に類似の素地の事例等がある場合に求めることができる。この際，一般に，素材となる土地の標準的な取得原価を有効宅地に換算することにより，有効利用について考慮することになる。この有効宅地化率は次の式により判定する。

$$有効宅地率 = 1 - \frac{造成後の公共用地面積 - 既存の公共用地面積}{開発区域の総面積 - 既存の公共用地面積}$$

　この有効宅地率が40％を切ることになれば，多くの工事の採算性は悪化して，断念される。

　土地の標準的な建設費は，工事原価に一般管理費等を加えた額（工事価格）及び消費税相当額によって構成される。工事原価は，直接工事費と間接工事費によって構成される。

○直接工事費……直接工事費は，工事の種類により各工事部門を工種，種別，細別及び名称に区分する。その区分ごとに材料費，労務費及び直接経費によって構成される。

○間接工事費……間接工事費は，直接工事費以外の工事費及び経費であり，共通仮設費及び現場管理費によって構成される。共通仮設費は，運搬費，準備費，仮設費，事業損失防止施設費，安全費，役務費，技術管理費及び営繕費を計上する。現場管理費は，工事の施工にあたって，工事を管理するために必要な共通仮設費以外の経費を計上して求める。

○一般管理費等……一般管理費等は，工事施工企業の運営にあたり継続的に必要とされる費用である。一般管理費と請負者の適正な利潤とに区分される。一般管理費には，役員報酬，従業員給料手当，退職金，法定福利費，修繕維持費，事務用品費，通信交通費，動力用水道光熱費，調査研究費，広告宣伝費，交際費，寄附金，地代及び家賃，減価償却費，試験研究費償却，開発費償却，租税，保険料，雑費等があげられる。

　工事原価については次の２つの方法がある。

○　造成された対象地について，実際に必要とされた工事費について標準化補正を施して，物価の変動率に応じた修正等を施して求める方法

○　造成された対象地についての同一需給圏内の類似地域における対象地と類似の造成事例を収集して，当該事例に係る工事費について補正，修正を行って求める方法

　いずれの場合も，工事費は，土質，施工機械の構成，施工技術等により個

別性が強いのでその標準化を適正に行うよう留意しなければならない。

発注者が直接負担すべき通常の付帯費用には通常以下のものがあげられる。

(イ) 仲介料，登記料，公租公課，開発申請費，販売費，広告宣伝費等発注者が本来的に負担すべき費用である。

(ロ) 公共公益施設負担金

公共施設には，道路，下水道，河川，水道，排水路及び治水，砂防，防潮施設等がある。公益施設には，義務教育施設，鉄道その他の交通施設等がある。再調達原価を求めるにあたって算入すべきこれらの施設に係る負担金の範囲は，造成地等の効用を直接的又は間接的に増加させるものを標準とする。ただし，効用増につながらなくとも開発の規模，条件等によって当該地域において平均的に賦課されるものを含む。発注者が開発にあたり本来的に負担すべき通常付帯費用として計上する。

宅地造成工事と併せて施工する必要のある開発区域内の公共公益施設の建設費は，工事原価に含めて計上することができる。

なお，土地についての原価法の適用において，宅地造成直後の対象地の地域要因と価格時点における対象地の地域要因とを比較し，公共施設，利便施設等の整備及び住宅等の建設等により，社会的，経済的環境の変化が価格水準に影響を与えていると認められる場合には，地域要因の変化の程度に応じた増加額を熟成度として加算することができる。

熟成度として加算するとは，宅地造成の対象地の地域要因と価格時点における対象地の地域要因とを比較して，公共施設等の追加投資により社会的，経済的な要因等の変化が価格の水準に影響を与えることにより，宅地造成直後の価格（再調達原価）を価格時点の水準に修正するための熟成度加算である。原価法によって求めた土地の再調達原価については，宅地造成完了時点から価格時点までの間における公共的又は私的な追加投資による街並みの完成等により，素地価格に反映されていない増価要因を熟成度加算という。

ロ　建物及びその敷地の再調達原価は，まず，土地の再調達原価（再調達原価が把握できない既成市街地における土地にあっては取引事例比較法及び収益

還元法によって求めた更地の価格）又は借地権の価格を求め，この価格に建物の再調達原価を加算して求めるものとする。

ハ　再調達原価を求める方法には，直接法及び間接法があるが，収集した建設事例等の資料としての信頼度に応じていずれかを適用するものとし，また，必要に応じて併用するものとする。

　対象不動産の実際の建設に要した工事原価等が判明していない場合には，可視部分から全体を判断することになる。このため，建物の全体と各部分別単価について，その関連性を実証できるよう研究，分析に努めなければならない。直接法又は間接法を適用するにあたっては，工事費等の資料の収集に努めるとともに，建設工事原価に関する資料を分析する。また建設物価の動向に留意して，資料に実証的検討を加えて活用しなければならない。

　(ｲ)　直接法は，対象不動産について直接的に再調達原価を求める方法である。

　　直接法は，対象不動産について，使用資材の種別，品等及び数量並びに所要労働の種別，時間等を調査し，対象不動産の存する地域の価格時点における単価を基礎とした直接工事費を積算し，これに間接工事費及び請負者の適正な利益を含む一般管理費等を加えて標準的な建設費を求め，さらに発注者が直接負担すべき通常の付帯費用を加算して再調達原価を求めるものとする。

　　また，対象不動産の素材となった土地（素地）の価格並びに実際の造成又は建設に要した直接工事費，間接工事費，請負者の適正な利益を含む一般管理費及び発注者が直接負担した付帯費用の額並びにこれらの明細（種別，品等，数量，時間，単価等）が判明している場合には，これらの明細を分析して適正に補正し，かつ，必要に応じて時点修正を行って再調達原価を求めることができる。

　　直接法には，総価格積算法，部分別単価適用法及び総価格調査法がある。

　　総価格積算法は，対象不動産全体について使用資材の種別，品等及び

数量並びに所要労働の種別，時間等を調査し，それぞれの単価に資材量，労働量を乗じて得た純工事費である。直接工事費及び共通仮設費の合計額に現場管理費，一般管理費等からなる諸経費を加えて建設費を求める。これに発注者が直接負担した通常の付帯費用を加算して再調達原価を求める。

　部分別単価適用法は，資材費，労働費を含む対象不動産の屋根，壁等構成部分別の単価を求める。これを集計して求めた純工事費に単価数量あたりの諸経費を加えて建設費単価を求める。これに当該不動産の数量を乗じ，建設費に発注者が直接負担した通常の付帯費用を加算して再調達原価を求める。

　なお，部分別単価適用法の適用にあたっては，可視部分から得られる資料を用いて分析することになる。構造，規模，用途等により価格の構成要素が大きく異なる。このため的確なデータ分析が必要である。

　総価格調査法は，対象不動産が建設直後のもので，設計図，仕様書，積算書等の造成，施工の内容を検証できる資料が入手できる場合に活用できる。それら建設費及び付帯費用の明細を検討して，これに補修正を施して標準化し，さらに物価の変動に応じた修正率を乗じて求める。

(ロ)　間接法は，近隣地域もしくは同一需給圏内の類似地域等に存する対象不動産と類似の不動産，又は同一需給圏内の代替競争不動産から間接的に対象不動産の再調達原価を求める方法である。

　間接法は，当該類似の不動産について，素地の価格やその実際の造成又は建設に要した直接工事費，間接工事費，請負者の適正な利益を含む一般管理費等及び発注者が直接負担した付帯費用の額並びにこれらの明細（種別，品等，数量，時間，単価等）を明確に把握できる場合に，これらの明細を分析して適正に補正し，必要に応じて時点修正を行い，かつ，地域要因の比較及び個別的要因の比較を行って，対象不動産の再調達原価を求めるものとする。

間接法には，建設費比較法と変動率適用法がある。

建設費比較法は，対象不動産と類似の不動産の建設費単価を比較して得た価格に対象不動産の総量を乗じて再調達原価を求める。

　変動率適用法は，対象不動産と類似の不動産について過去における再調達原価が求められる場合に，これに物価の変動に応じた修正率を乗じて再調達原価を求める。

　地域要因の比較及び個別的要因の比較にあたって留意すべきことは，使用資料及び所要労働の種別，工法等は施工された年代及び地域によって異なるということである。構造及び付帯設備の状態によって個別性を有しているため，日頃から広域的に建設事例等の資料の収集に努めなければならない。

③　減価修正

　減価修正の目的は，減価の要因に基づき発生した減価額を対象不動産の再調達原価から控除して価格時点における対象不動産の適正な積算価格を求めることである。

　減価修正を行うにあたっては，減価の要因に着目して対象不動産を部分的かつ総合的に分析検討し，減価額を求めなければならない。

　減価修正は，減価の要因を分析して，減価額を対象不動産の再調達原価から控除することである。不動産が完成直後で，最有効使用の状態にある場合には，その再調達原価が積算価格となる。しかし，一般の不動産はこのような状態にはないことが多い。このため，対象不動産の新規かつ最有効使用の状態にある不動産との比較において，対象不動産に生じている減価額を部分的，総合的に分析検討することにより，減価の要因を把握することである。減価修正は，価格時点において，適正な積算価格を求めることを目的としている。

　ⅰ　減価の要因

　減価の要因は，物理的要因，機能的要因及び経済的要因に分けられる。これらの要因は，それぞれ独立しているものではなく，相互に関連し，影響を与え合いながら作用していることに留意しなければならない。

　減価は，対象不動産の再調達原価と積算価格との差額である。それは新規に調達された最有効使用の状態において実現される上限値としての原価から価値

の減少の差額であるといえる。

　イ　物理的要因

　物理的要因としては，不動産を使用することによって生ずる摩滅及び破損，時の経過又は自然作用によって生ずる老朽化並びに偶発的な損傷があげられる。

　物理的要因の検討にあたっては，次の事項を考慮しなければならない。

(イ)　破損部分を直ちに取替え又は維持補修を行う必要があるか否か，それに要する費用及びそれによって回復される経済価値との関連の検討

(ロ)　老朽部分などを直ちに取替える必要がない場合であっても，建築物の対象不動産の経済的な残存耐用年数が満了するまでの間にその取替えを必要とするか否か及びそれに要する費用の検討

(ハ)　擁壁，土留，下水道施設等のように土地に設置された土地の原価を構成している構造物等については，物理的要因に基づく減価の把握に留意し，その補修に要する費用の検討

　ロ　機能的要因

　機能的要因としては，不動産の機能的陳腐化，すなわち，建物と敷地との不適応，設計の不良，型式の旧式化，設備の不足及びその能率の低下等があげられる。

　機能的要因の検討にあたっては，次の事項を検討する。

(イ)　機能上の欠陥を是正することが可能か否か，それに要する費用及びそれによって回復される経済価値との関連の検討

(ロ)　近隣地域の変化等に順応しうるか否か，その機能的な適応性についての検討

　ハ　経済的要因

　経済的要因としては，不動産の経済的不適応，すなわち，近隣地域の衰退，不動産とその付近の環境との不適合，不動産と代替，競争関係にある不動産，又は付近の不動産との比較における市場性の減退等があげられる。

　経済的要因の検討にあたっては，特に外部要因に留意する。

　近隣地域の住環境の劣化，商業繁華性の衰退等による市場性の減退等対象不

動産の外部要因によって生ずる経済価値の減少についての検討を行うものとする。

　ⅱ　減価修正の方法

　減価額を求めるには，次の2つの方法があり，原則としてこれらを併用するものとする。

　イ　耐用年数に基づく方法

　耐用年数に基づく方法には，定額法，定率法等があるが，これらのうちいずれの方法を用いるかは，対象不動産の実情に即して決定すべきである。

　この方法を用いる場合には，経過年数よりも経済的残存耐用年数に重点をおいて判断すべきである。

　なお，対象不動産が2以上の分別可能な組成部分により構成されていて，それぞれの耐用年数又は経済的残存耐用年数が異なる場合には，これらをいかに判断して用いるか，また，耐用年数満了時における残材価額をいかにみるかについても，対象不動産の実情に即して決定すべきである。

　(イ)　定額法

　　定額法は，耐用年数の全期間（経過年数と経済的残存耐用年数との合計耐用年数）にわたって発生する減価額が毎年一定額であるという前提に基づく減価の方法である。

　　この方法は，減価累計額が経過年数に正比例して増加するため，直接法と呼ばれるが，不動産は必ずしも規則正しく一定額ずつ減価するとは限らず，不動産の実際の減価とは一致しない場合があるので，観察減価法を併用し，その適正を期するよう努めるべきである。

　　この定額法を適用するにあたっては「減価償却資産の耐用年数等に関する大蔵省令」による経過年数表を参考として用いることができる。

　　この法定耐用年数については，鑑定評価においては，硬直的にとらえることなく，対象不動産の実情に即して価格時点における市場性を分析し，機能的，陳腐化，維持管理の良否等により，経済的残存耐用年数を考慮しなければならない。このため，ただちに法定耐用年数を採用するものではないこと

減価償却資産耐用年数表（減価償却資産の耐用年数等に関する省令第1条第1項）平成17年財令第53号

① 建物

用途＼構造	SRC造 RC造	S造（肉厚4mm超）	木造
事務所	50年	38年	24年
住宅	47年	34年	22年
店舗	39年	34年	22年
飲食店	41年	31年	20年
ホテル・病院	39年	29年	17年
工場	38年	31年	15年

② 建物附属設備

電気設備		15年
給排水衛生設備 ガス設備		15年
冷房・暖房・通風設備 ボイラー設備		15年
昇降機設備	エレベーター	17年
	エスカレーター	15年

に留意しなければならない。

(ロ) 定率法

　定率法は，毎年の減価が年当初の積算価格に対して毎年一定の割合であるという前提に基づく減価の方法である。

　この方法は，不動産の取得時点からの減価額が初期では大きく発生し，経過期間が長くなるにつれて減価額が少なくなるので，経過年数当初において著しく減価する不動産について適切な方法である。また，定額法と同様，観察減価法を併用し，その適正を期するよう努めるべきである。

ロ　観察減価法

　観察減価法は，対象不動産について，設計・設備等の機能性，維持管理の状

態，補修の状況，付近の環境との適合の状態等，各減価の要因について，その実態を調査することにより，減価額を直接求める方法である。

〔例〕　2年後に補修費が850千円必要があると求められたとき。
850千円× 0.88999（複利現価率）＝756千円

(注) 複利現価率（期間2年，年利6％）

　先の耐用年数に基づく方法により求められた減価額が，3,500千円とすれば，

　3,500千円＋756千円＝4,256千円

となる。耐用年数に基づく方法と観察減価法を原則として併用することにより4,256千円が求められる。

観察減価法は，対象不動産について，屋根瓦の破損の状態，壁の亀裂，配管等機能の劣化，付近との環境の適合の状態等について，外面的な観察が主であるため，発見しにくい減価がある。耐用年数に基づく方法は，全国一律であり，画一的である。不動産は規則正しく減価するものではないため，2方法を併用する。

(3) 取引事例比較法
① 意義

取引事例比較法は，まず多数の取引事例を収集して適切な事例の選択を行い，これらに係る取引価格に必要に応じて事情補正及び時点修正を行い，かつ，地域要因の比較及び個別的要因の比較を行って求められた価格を比較考量し，これによって対象不動産の試算価格を求める手法である（この手法による試算価格を比準価格という）。

　この手法は，取引事例から対象不動産の価格を求めるものである。取引事例は，それぞれ固有の特殊な事情が含まれている場合が多い。現実の取引市場が常に適正な市場であるとは認められないように，取引事例には適正を欠くものがある。現実の市場の追認となることがないよう，比準価格の正常性の判断に

あたっては，常に他の2法により求められた試算価格との験証が必要である。

取引事例比較法は，近隣地域もしくは同一需給圏内の類似地域等において，対象不動産と類似の不動産の取引が行われている場合，又は同一需給圏内の代替競争不動産の取引が行われている場合に有効である。

② 適用方法

ⅰ 事例の収集及び選択

取引事例比較法は，市場において発生した取引事例を価格判定の基礎とするものであるので，多数の取引事例を収集することが必要である。

取引事例は，原則として近隣地域又は同一需給圏内の類似地域に存する不動産に係るもののうちから選択するものとし，必要やむを得ない場合には近隣地域の周辺の地域に存する不動産に係るもののうちから，対象不動産の最有効使用が標準的使用と異なる場合等には，同一需給圏内の代替競争不動産に係るもののうちから選択するものとするほか，次の要件の全部を備えなければならない。

　イ　取引事例が正常なものと認められるものであること又は正常なものに補正することができるものであること。

　ロ　時点修正することが可能なものであること。

　ハ　地域要因の比較及び個別的要因の比較が可能なものであること。

この手法の適用にあたっては，多数の取引事例を収集し，価格の指標となり得る事例の選択を行わなければならないが，その有効性を高めるため，取引事例はもとより，売り希望価格，買い希望価格，精通者意見等の資料を幅広く収集するよう努める。

売り希望価格等は，需給動向の推移を観察する上で重要であり，これらの取引にあたり契約にいたった価格の経過など市場動向を分析するのに必要な資料である。なお，これらの資料は，近隣地域等の価格水準及び地価の動向を知る上で十分活用し得る。

しかし，資料としては，取引事例を補完する性格のものであるため，規範性の高い資料として活用するためには，慎重な選択が必要である。したがって，

より規範性の高い取引事例を収集しなければならない。

　豊富に収集された取引事例の分析検討は，個別の取引に内在する特殊な事情を排除し，時点修正率を把握し，価格形成要因の対象不動産の価格への影響を知る上で欠くことのできないものである。特に，選択された取引事例は，取引事例比較法を適用して比準価格を求める場合の基礎資料となるものであり，収集された取引事例の信頼度は比準価格の精度を左右するものである。

　取引事例は，不動産の利用目的，不動産に関する価値観の多様性，取引の動機による売主及び買主の取引事情等により各々の取引について考慮されるべき視点が異なってくる。したがって，取引事例に係る取引事情を始め取引当事者の属性（個人，法人，不動産業者等）及び取引価格の水準の変動の推移を慎重に分析しなければならない。一定の取引事例についてはその収集，選択にあたって特段の注意を払う必要のあるケースがある。その具体的ケース及び各々の留意事項をあげれば次のとおりである。

(イ)　購入者の市場の情報不足が想定される事例の場合

　　　地元以外の購入者による事例については，その取引の当事者が当該地域の市場の事情に十分通じていたか否かについて適切に調査を行い，的確な事情補正等の措置を講ずる。

(ロ)　地域格差の著しい事例等の場合

　　　価格水準に係る地域格差の著しい事例及び地域要因が著しく変動しつつある地域における事例は，事例としての規範性に欠ける場合が多いので選択しないことが望ましいが，事例の少ない場合等選択することもやむを得ない場合にあっては，価格形成要因の的確な把握を行った上で慎重な分析を行い，対象地との格差の判断を誤らないよう十分注意すべきである。

(ハ)　大規模な画地の事例の場合

　　　一般的に大規模な画地の事例は，総額が大きくなるために市場性が減退して単価は低くなる傾向があるが，高度利用が可能で需給関係のひっ迫している地域にあっては，大規模な画地であっても稀少性の面からむしろ取引価格が高くなる場合がある。したがって，大規模な画地の事例の場合に

は，十分な分析の下にいずれのケースであるかについて判断し，必要に応じて的確な補正を行わなければならない。

㈣ 国土利用計画法に係る事例の場合

　国土利用計画法の規定による届出又は事前確認を経て成立した取引事例は，取引の予定対価が著しく適正を欠くか否かの価格審査を受けているので適切な事例としての規範性が高いと認められるが，価格審査にあたっては，適正を欠く程度が著しいか否かという一定の許容範囲があるので，周辺の他の事例との比較による検討も併せ行う必要がある。

㈤ 標準的画地より極度に小規模な画地の事例の場合

　小規模画地は，総額が低くなるため単価的には高い価格となる傾向が強い。単独利用が劣るものは，隣地併合等の場合を除き，低い価格となる傾向を有する。

㈥ 事例の単価と総額

　収集した取引事例は，単価で聴取する場合が多い。しかし，その事例地の規模と総額についてあわせて資料収集することが必要である。総額が一定の有効需要を上回っている場合には，市場性を考慮し総額を低くして取引される事例がある。建物と土地を一体とした複合不動産の取引事例に，建物の価格等を控除する等の方法により，配分法を適用して求めた土地の単価は，その地域における標準的な価格水準に比べて低くなる傾向がある。

㈦ 限定価格の事例

　事例の検討にあたって，正常価格又は限定価格のどちらで取引されたものかを利用目的等から判定しなければならない。また，限定価格であると認められる事例は，正常なものに補正可能か否かについて検討しなければならない。このため事例地の現地を踏査して，取引当事者双方における利用度と採算性の認識，市場の精通等その認識の程度を検討しなければならない。周辺の取引価格等によりその妥当性を判断し，投機的要素が強く反映しているものは事例として採用できない。このため，事情補正が可能である事例に限り採用することができる。

(チ) 投機的要素を含む事例の判定について

投機的取引である事例は排除することになるが，その際の判定の留意点は次のようなものである。

① 不動産を自己の居住又は事業の用等に供せず，当該不動産を短期間に転売する事例
② 取引当事者の属性（個人，法人，不動産業者等）の過去における不動産取引の経緯，購入不動産の所在地と購入者の居住地又は事業所所在地の位置，自ら利用する予定の時期，及び当該不動産について宅地造成工事の実施済か否かを，又はその予定時期と実現性について検討する。

次に事例の選択にあたっては，近隣地域又は同一需給圏内の類似地域に存する不動産に係るもののうちから選択し，必要やむをえず取引事例の少ない場合には，近隣地域の周辺の地域に係るもののうちから選択する。

このように，取引事例は，用途的，機能的な同一性が必要である。住居系の地域（第1種低層住居専用地域，第2種低層住居専用地域，第1種中高層住居専用地域，第2種中高層住居専用地域，第1種住居地域，第2種住居地域，準住居地域），商業系（近隣商業地域，商業地域），工業系（準工業地域，工業地域，工業専用地域）において同一系統のなかから選択する。建築基準法の用途地域にとらわれることなく同一性について判定することになるが，第2種低層住居専用地域は，床面積150m²以内の店舗に限り建築が認められ，第1種中高層住居専用地域は500m²以内が認められる。第1種住居地域は，3000m²を超える大規模な店舗，事務所を制限する地域である。このため，同一系統の地域であっても，取引事例は法令による将来の規制を反映していることが多いため，規範性を有するものについて選択し，かつ格差率が十分に把握されていなければならない。

異系統の取引事例を必要やむを得ず採用する場合には，その格差について十分に実証できるものでなければならない。このため，用途的地域の類似性が希薄な取引事例を採用する場合は，できるだけ地域相互間の価格水準に差がない地域から事例を選択し，地域要因の比較を慎重に行って，その推移と不動産の

需給動向が類似していなければならない。

　また，取引事例は，取引事情が正当なものと認められるものでなければならない。取引事例の収集は，通常取引当事者等からの事情聴取により行われているが，取引に伴う諸事情を正確に把握しえない場合もある。安易に採用することなく，収集された多数の取引事例を相互に比較検討しなければならない。このためには，聴取面談にあたり，礼を失することのない態度，服装で接するようにする。より信頼の高い事例の収集ができるか否かは，鑑定評価の主体の熱意とその誠実さによる。スポーツシャツ，パーティまがいの服装，不精ヒゲで現地におもむいてはならない。深々と心をこめて礼をつくし，立ち去ろうとするとき，相手から呼びとめられて聴取できる事項が真実により近いものである。

　現実の市場は，合理的な市場と認めることができないように，極端な供給不足，先行きに対する楽観的な見通しが市場を支配する等特異な市場条件によって現実の価格が一時的に形成されることがある。このようにして形成された価格は，それをもって直ちに正常な価格と認めることはできないものである。

　現実の取引事例は，多様な個別的事情を有しているのが通常である。このため，より規範性を有する取引事例の収集にあたっては対象不動産の属する近隣地域及び同一需給圏内の類似地域において収集するだけではなく，より価格時点に近い事例を可能な限り収集しなければならない。また用途的な同一性にも留意する。

　このような数多くの事例を収集して，時系列的な価格水準の推移を把握するように努めることにより，概観的な価格水準が判断できる。この価格水準の一定の推移動向から著しく上下に乖離した事例は選択してはならない。

　地価が相当期間安定している場合は，ある程度過去の時点までさかのぼって事例を求めることができるものの，取引の時点の古い事例をやむをえず選択するときは，地域要因の変動を詳細に調査するようにする。価格形成要因が変化しているため，これによる価格水準の変化を見落してはならない。

　取引事例の総額において，想定需要者に類似性があることに留意する。購入者が選択の対象として検討しうる価格帯の範囲内にある取引事例がより規範性

を有する。

以上のように取引事例の収集，選択を的確に行うことが重要である。

ⅱ　事情補正及び時点修正

取引事例が特殊な事情を含み，これが当該事例に係る取引価格に影響していると認められるときは，適正な補正を行い，取引事例に係る取引の時点が価格時点と異なることにより，その間に価格水準の変動があると認められるときは，当該事例の価格を価格時点の価格に修正しなければならない。

事情補正を要すべき取引であるか否かの客観的な判定は，多数の取引事例を相互に比較対照し検討した上で，相対的な異常性を発見することによりなされる。事情補正を行うべきであると判定できたときは，取引の行われた市場における客観的な価格水準を考慮し，これを適正に補正しなければならない。

時点修正にあたっては，事例に係る不動産の存する用途的地域又は当該地域と相似の価格変動過程を経たと認められる類似の地域における土地又は建物の価格の変動率を求め，これにより取引価格を修正すべきである。

時点修正のための変動率は，まず価格時点以前に発生した取引事例について総合的に比較考量して，価格の変動率を求める。これに，さらに国民所得の変動，財政及び金融情勢，建築着工の動向，不動産取引の推移，土地利用規制及び税制等の行政的要因の変化，公共投資の動向等一般的要因の動向とその見通しを総合的に勘案して求める。

地価公示，都道府県地価調査等の資料は地価の変動率を把握するのに活用できる。地価が高騰から沈静化又は下落の兆しを見せる局面においては，取引事例が減少し，価格時点に近い事例の選択が困難となる場合がある。このような場合には売り希望価格，買い希望価格等の動向及び市場の需給の動向等に関する諸資料を時点修正率の決定の際の参考として用いることができる。

したがって，時点修正のための変動率は，これらの資料の適切な分析と判断により決定される。上昇又は下降の激しい地域と価格時点においては，数か月間でも異なる変動率を採用することになる。このように時点修正の変動率は，下降傾向を示す場合，上昇傾向を示す場合があるので，適時適切な判断が必要

である。
　iii　地域要因の比較及び個別的要因の比較
　取引価格は，取引事例に係る不動産の存する用途的地域の地域要因及び当該不動産の個別的要因を反映しているものであるから，取引事例に係る不動産が同一需給圏内の類似地域等に存するもの，又は同一需給圏内の代替競争不動産である場合においては，近隣地域と当該事例に係る不動産の存する類似地域との地域要因の比較及び対象不動産と当該事例に係る不動産との個別的要因の比較を，取引事例に係る不動産が近隣地域に存するものである場合においては，対象不動産と当該事例に係る不動産との個別的要因の比較をそれぞれ行う。
　また，このほか地域要因及び個別的要因の比較については，それぞれの地域における個別的要因が標準的な土地を設定して行う方法がある。
　「標準的な土地を設定して行う方法」は，実務において一般的に用いられている。
イ　取引事例に係る不動産が同一需給圏内の類似地域に存する場合においては，類似地域における標準的画地を設定し，個別的要因の標準化補正を行って，まずこの価格を求める。次に類似地域における標準的画地と対象不動産の存する近隣地域における標準的画地とに係る地域要因の比較を行い，近隣地域における標準的画地の価格を求め，これにさらに標準的画地と対象不動産との個別的要因の比較を行い，対象不動産の価格を求める。
ロ　取引事例に係る不動産が近隣地域に存する場合においては，近隣地域における標準的画地を設定し，個別的要因の標準化補正を行って，まずこの価格を求める。次に標準的画地と対象不動産との個別的要因の比較を行い，対象不動産の価格を求める。
　この方法の適用で実務上留意すべき点は，標準化補正にあたり，その属する地域内において，土地の利用状況，環境，地積，形状等が中庸のものである標準的使用の土地に合致したものに補正すべきである。地域要因等の比較にあたっては，対象不動産及び取引事例の存する地域のそれぞれの標準的使用のあり方と地域の価格水準とが十分に認識され関連づけられていなければならない。

価格形成要因には，計測できる道路幅員，最寄り駅からの距離等と計測ができない環境の良否等の複合からなる。このため，鑑定評価の主体により，これらを要因の格差として読み替える作業により判定される。この的確な判定のためには，用途的地域別の過去のデータ，経験値を関連づける。とくに，対象不動産の属する地域の実情に即した判断が必要である。

次に，個別的要因の標準化補正は，取引価格が当該地域の個別的要因を反映し，しかも個々の不動産の最有効使用が当該地域の地域的特性の制約下にあるものであるから，その個別的要因をその属する地域内の土地利用状況，地積，間口，奥行等が中庸のものである標準的使用の土地に合致したものにするために補正することである。

直接的に地域要因及び個別的要因を比較する方法は，マンション用地等の面大地，宅地見込地等における価格を求める場合に有効である。「標準的な土地を設定して行う方法」では，困難が伴う場合も考えられる。また，標準的使用が二面的に併存している場合，例えば，集合住宅と戸建住宅の複合している場合等，標準化補正等には十分留意して行うべきである。

 iv 配分法

取引事例が対象不動産と同類型の不動産の部分を内包して複合的に構成されている異類型の不動産（複合不動産という）に係る場合においては，当該取引事例の取引価格から対象不動産と同類型の不動産以外の部分の価格が取引価格等により判明しているときは，その価格を控除し，又は当該取引事例について各構成部分の価格の割合が取引価格，新規投資等により判明しているときは，当該事例の取引価格に対象不動産と同類型の不動産の部分に係る構成割合を乗じて，対象不動産の類型に係る事例資料を求めるものとする（この方法を配分法という）。

配分法は，複合不動産の総額の取引価格が適正に把握できる土地（建物等，林木等）以外の構成要素の価格が適切に把握できる場合に有効な方法である。配分法には「控除法」と「割合法」の2方法がある。控除法は，建物価格等を把握することが実作業において可能である場合，比較的多く用いられている。

割合法は，取引価格，新規による割合を把握することが困難であるため，適用は限られている。配分法の適用にあたっては，事例適格の要件を具備していることが必要である。

複合不動産は，その複合の状態を保って市場が形成されているものである。例えば，戸建住宅は，建物と敷地が有機的に一体化されて取引されているものであり，この一体化した市場における価格形成要因が取引価格に反映されている。したがって建物等の価格を控除した更地の価格については，更地単独の事例に比較して，その規範性は一般に低くなるといえる。このため，複合不動産としての的確な要因分析と更地等単独の不動産との的確な要因分析が必要である。

複合不動産においては，建物等の価格の評価が適正になされなければならない。このため，平素から建築費について，用途，構造，高級なもの，標準的仕様のもの等十分に把握する必要がある。配分法の適用にあたっては，必ず多数の取引事例を収集することにより，建物等の価格の妥当性を相互に検証する。

配分法を適用することにより更地の事例資料を求める場合の自用の建物及びその敷地の取引事例は，敷地が最有効使用の状態にあるものを採用すべきである。

⑷ 収益還元法

① 意　義

収益還元法は，対象不動産が将来生み出すであろうと期待される純収益の現在価値の総和を求めることにより対象不動産の試算価格を求める手法である（この手法による試算価格を収益価格という）。

収益還元法は，賃貸用不動産又は賃貸以外の事業の用に供する不動産の価格を求める場合に特に有効である。

また，不動産の価格は，一般に当該不動産の収益性を反映して形成されるものであり，収益は，不動産の経済価値の本質を形成するものである。したがって，この手法は，文化財の指定を受けた建造物等の一般的に市場性を有しない不動産以外のものにはすべて適用すべきものであり，自用の住宅地といえども

賃貸を想定することにより適用されるものである。

なお，市場における土地の取引価格の上昇が著しいときは，その価格と収益価格との乖離が増大するものであるので，先走りがちな取引価格に対する有力な検証手段として，この手法が活用されるべきである。

② 収益価格を求める方法

収益価格を求める方法には，一期間の純収益を還元利回りによって還元する方法（以下「直接還元法」という）と，連続する複数の期間に発生する純収益及び復帰価格を，その発生時期に応じて現在価値に割り引き，それぞれを合計する方法（Discounted Cash Flow 法（以下「DCF 法」という））がある。

これらの方法は，基本的には次の式により表される。

a．直接還元法

$$P = \frac{a}{R}$$

P：求める不動産の収益価格

a：一期間の純収益

R：還元利回り

b．DCF 法

$$P = \sum_{k=1}^{n} \frac{a_k}{(1+Y)^k} + \frac{P_R}{(1+Y)^n}$$

P：求める不動産の収益価格

a_k：毎期の純収益

Y：割引率

n：保有期間（売却を想定しない場合には分析期間。以下同じ。）

P_R：復帰価格

復帰価格とは，保有期間の満了時点における対象不動産の価格をいい，基本的には次の式により表される。

$$P_R = \frac{a_{n+1}}{R_n}$$

a_{n+1}：n+1期の純収益

R_n：保有期間の満了時点における還元利回り（最終還元利回り）

直接還元法＝対象不動産から得られる特定の期間の純収益を一定率で割り戻して直接現在価値を求める方法
　　　　　基本式　収益価格＝「一期間の純収益」／「還元利回り」

DCF法　＝対象不動産の保有期間中に得られる純収益と期間満了後の売却によって得られると予測される価格を現在価値に割り戻して足し上げる方法
　　　　　基本式　収益価格＝ $\sum_{k=1}^{n} \dfrac{毎期の純収益}{(1+割引率)^k} + \dfrac{売却予測価格}{(1+割引率)^n}$

割り戻す率＝類似資産や国債等の利回り，類似不動産の市場動向，投資家の意識等をもとに総合的に判断

---

i　純収益

イ　純収益の意義

　純収益とは，不動産に帰属する適正な収益をいい，収益目的のために用いられている不動産とこれに関与する資本（不動産に化体されているものを除く），労働及び経営（組織）の諸要素の結合によって生ずる総収益から，資本（不動産に化体されているものを除く），労働及び経営（組織）の総収益に対する貢献度に応じた適正な分配分を控除した残余の部分をいう。

　この純収益は，将来にわたり安定的に生じるものではあるが，将来の動向いかんによって変化するものとして把握されなければならない。

ロ　純収益の算定

　対象不動産の純収益は，一般に1年を単位として総収益から総費用を控除して求めるものとする。また，純収益は，永続的なものと非永続的なもの，償却前のものと償却後のもの等，総収益及び総費用の把握の仕方により異なるものであり，それぞれ収益価格を求める方法及び還元利回り又は割引率を求める方法とも密接な関連があることに留意する必要

155

がある。

　なお，直接還元法における純収益は，対象不動産の初年度の純収益を採用する場合と標準化された純収益を採用する場合があることに留意しなければならない。

　純収益の算定にあたっては，対象不動産からの総収益及びこれに係る総費用を把握し，かつ，それぞれの項目の細部について過去の推移及び将来の動向を慎重に分析して，対象不動産の適正な純収益を求めるべきである。この場合において収益増加の見通しについては，特に予測の限界を見極めなければならない。

　特にDCF法の適用にあたっては，毎期の純収益及び復帰価格並びにその発生時期が明示されることから，純収益の見通しについて十分な調査を行うことが必要である。このため，過去における収益の増加傾向が将来も続くものと安易に過去の推移をもって予測をしてはならない。適切な予測を行うためには，都市形成，公共施設の整備の動向，経済情勢，企業の立地を含む近隣地域の変化等に関する過去からの経緯と将来の見通しについて純収益に及ぼす影響度及び上記事項に加えて，財政及び金融の状態等一般的要因のうち，経済的要因を総合的に勘案する。これにより土地の使用収益に及ぼす影響を十分に分析することが必要である。

　この純収益は，価格時点以降における収益のあげうる期間である経済的残存耐用年数を適切に予測して把握することになる。さらに，毎期の純収益を価格時点における価値にもどす適正な割引率を求めなければならない。

　対象不動産の純収益算定期間の満了時における不動産の残存価格を価格時点における現在価値に割り引いて求めた価格である復帰現価の加算は，純収益を還元する方法と関連している。選択する還元方法により，復帰現価を加算し又は加算しない場合がある。対象不動産が生み出すであろう純収益の把握にあたっては，当該不動産の総収益から，これに対応する総費用を控除して直接的に求める方法が望ましい。これを直接還

元法（直接法）という。この直接法は現在，地価公示の標準地の鑑定評価に原則として適用されている手法である。

しかし，直接還元法（間接法）の適用にあたって，対象不動産の純収益を近隣地域又は同一需給圏内の類似地域等に存する対象不動産と類似の不動産，もしくは同一需給圏内の代替競争不動産の純収益によって間接的に求める場合には，それぞれの地域要因の比較及び個別的要因の比較を行い，当該純収益について適切に補正することが必要である。これは間接法である。従来，不動産の鑑定評価の純収益の算定は，間接法が一般的であったが，現在は直接法がより重視されている。

ハ　総収益の算定及び留意点

(イ)　対象不動産が賃貸用不動産又は賃貸以外の事業の用に供する不動産である場合

総収益は，一般に賃貸用不動産にあっては，支払賃料に預り金的性格を有する保証金等の運用益，賃料の前払的性格を有する権利金等の運用益及び償却額並びに駐車場使用料等のその他収益を加えた額とし，賃貸以外の事業の用に供する不動産にあっては，売上高とする。

なお，賃貸用不動産についてのDCF法の適用にあたっては，特に賃貸借契約の内容並びに賃料及び貸室の稼動率の毎期の変動に留意しなければならない。

賃貸用不動産の総収益は，一般に実現可能総収益と有効総収益に区分される。実現可能総収益は，対象賃貸不動産の完全な稼動の状態における賃料収入と一時金等の運用益等のすべてを含む総収益である。有効総収益は，実現可能総収益から空室，貸倒れ損失を控除した総収益である。このため，実現可能総収益を求めることが，総収益の算定には必要である。

純収益は，一般的要因，地域要因及び個別的要因についての現状と将来の動向を分析し，予測することが重要である。純収益を構成する項目の細分について過去及び将来の推移動向等を十分に分析しなければなら

ない。

　現に稼動している不動産の総収益は，対象不動産が建物及びその敷地の現況を前提とする鑑定評価であるときは，建物及びその敷地の適応等の状態を所与として総収益を把握することとなる。

　賃貸収入等のうち，付加使用料及び共益費等の名目で貸主に支払われているもののうち，標準的な額を超えて実費以上に徴収されているものがある。これらは，実質的な値上げが困難である場合に行われるが，実質的に賃料とみるべきものであり，これらの額を加算しなければならない。

　一般企業用不動産にあっては，営業外収益は計上してはならない。

(ロ)　対象不動産が更地であるものとして，当該土地に最有効使用の賃貸用建物等の建設を想定する場合

　対象不動産に最有効使用の賃貸用建物等の建設を想定し，当該複合不動産が生み出すであろう総収益を適切に求めるものとする。

　この想定建物が生み出すであろう総収益は，賃貸用不動産の賃貸収入等に準じて求める。対象不動産の総収益は，現に建物が存在していても，この建物ではなく，その総収益を賃料を求める手法である賃貸事例比較法に準じて行うこととなる。対象不動産の総収益を間接的に近隣地域又は同一需給圏内の類似地域に存する対象不動産と類似の不動産から求めるため，事情補正，時点修正，地域要因の比較及び個別的要因の比較が必要となる。類似の不動産の総収益を時点修正する場合，収益事例の賃料算定期間の期首から対象不動産の価格時点までの間に総収益の水準に変動があると認められるときは，その間の時点修正率を把握し，価格時点における総収益に修正する。この時点修正率は，一般の元本市場（不動産の取引価格等）の変動率をそのまま通用できない場合があることに留意しなければならない。賃料は一般的に硬直的である。

　総収益の項目別留意事項は次のとおりである。

㋑　実際支払賃料……実際支払賃料の算定にあたっては，年間を単位と

して求める。なお，賃貸を想定して賃料収入を求める場合には，賃貸可能面積を基準として算定する。事務所と住宅とではレンタブル比(賃貸可能比率)が異なることに留意すべきである。

㈣　敷地，保証金等の運用益……賃料の預り金的性格を有する敷金，保証金等の運用益は，敷金，保証金等の額に運用利回りを乗じて求める。ただし，解約時において，一定の割合の額につき返還しない場合は，当該額を控除した残余に運用利回りを乗じて求める。なお，保証金のうち，一定期間据置の上その後一定期間に返済利子付きで償還する性格のものは，保証金に平均利回りを乗じて求めることができる。

〔平均運用利回りを求める計算〕

保証金の残額がある期間を $m+n$，年間の平均運用利回り（年利率）を r とすれば次式のとおりである。

$$\left[1-\frac{1}{r}\times\left\{\frac{1}{(i+r)^m}+\frac{r-i}{n\times r}\times\left(\frac{1}{(1+r)^m}-\frac{1}{(1+r)^{m+n}}\right)\right\}\right]$$
$$\times\frac{r(1+r)^{m+n}}{(1+r)^{m+n}-1}$$

r：運用利回り（年利率）

i：保証金の返済期間中に付す利子（年利率）

m：保証金の据置年数

n：保証金の返済年数

上式の〔　〕内は保証金の借入初期における運用益の現価

簡便法

$$\frac{mr+\frac{n+1}{2}\times(r-i)}{m+n}$$

〔例〕数値表の活用

保証金2,000万円を賃貸借契約時に支払った。据置年数10年，返済年数10年で，返済方法は，返済開始年より各年末，10分の1ず

> つ元金均等償還し，据置期間中は無利息とする。返済期間中は各年期首の残額に対し，日歩5厘（年1.825%）の利息を均等償還額とともに支払う条件とする。この場合の総借入期間20年にわたる各年の保証金の平均運用益は複利法で求める（運用利回り年8%）。
>
> 〔参考〕不動産評価ハンドブック（数値表）〔大成出版社〕平均運用利回り表の10年据置，10年返済の表で $r=8\%$，$i=1.825\%$ の欄のうち，据置期間中に利子を付さない場合の複利法の平均運用利回りを求めると，6.6655である。
>
> $20,000,000円 \times 0.066655 = 1,333,100円$

　運用利回りは，貸主が保証金を建物建築費等の借入金の返済に充当している場合には，金融利子率と密接な関係をもつものであり，借入期間が長期の場合は長期プライムレートが参考となる。短期の場合は，定期預金利子率等を標準として求めることが有用である。なお，地域の実情，用途的地域等により，長期プライムレート等を標準とし難い場合は，地域の実情に即した利回りを求める必要がある。これは，地域によって市場参入の状態が異なり，競争の原則の作用が異なるためである。

　保証金は，地域によって名称が異なり，建築協力金，建設助成金と呼ばれる。一時金は，敷金，権利金（礼金），保証金があるが，敷金は，賃貸借契約終了時に返済する。期間内は無利子据置きである。権利金は，賃貸借契約期間中に償却してしまう返済しない一時金である。これに対して保証金は，一定期間据置きのうえ，一定期間内に元金を一定の条件にしたがって返済する一時金である。保証金という名目であっても，権利金，敷金としての性格を有しているものもあるので，その名称にとらわれることなく，上記に応じて分類しなければならない。

㈥　賃料の前払的性格を有する権利金等の運用益及び償却額……権利金等の運用益及び償却額は，権利金等に運用利回り及び償却期間を基礎とした元利均等償還率を乗じて求める。償却期間は，当該建物について予測される借主の平均賃借期間とする。

> 〔例〕年賦償還率
> 一定金額をn年間にわたって各期末に元金と利子を均等償還する。
> $$\frac{r(1+r)^n}{(1+r)^n-1} \text{ 又は } r + \frac{r}{(1+r)^n-1} \quad \begin{pmatrix} r:年利率 \\ n:年\ \ 数 \end{pmatrix}$$
> 権利金（520,000円）の運用及び償還期間2年，年利6％
> 520,000円×0.545444（年賦償還率）≒284,000円

(三) その他収入……その他収入は，共益費等のうち，実費以上に徴収されている実質的に賃料に相当する額，駐車場収入及びこれの運用益等である。広告収入は，その他収入に算入することができる。広告収入は，国道沿い等に面した場合，比較的高額であるためこれを見落さないよう留意する。広告施設費が建物に帰属する場合は，その費用を維持管理費として計上する。広告施設の負担者を明確にして，適正な純収益を求めなければならない。

ニ 総費用の算定及び留意点

対象不動産の総費用は，賃貸用不動産（複合不動産を想定する場合を含む）にあっては，減価償却費（償却前の純収益を求める場合には，計上しない），維持管理費（維持費，管理費，修繕費等），公租公課（固定資産税，都市計画税等），損害保険料等の諸経費等を，賃貸以外の事業の用に供する不動産にあっては，売上原価，販売費及び一般管理費等をそれぞれ加算して求めるものとする。なお，DCF法の適用にあたっては，特に保有期間中における大規模修繕費等の費用の発生時期に留意しなければならない。

減価償却費は，還元利回りとの関連において，これを費用として控除しない場合がある。また，公租公課に法人税，所得税等を加える場合がある。

総費用の項目別留意事項は次のとおりである。

(イ) 減価償却費……対象不動産が建物及び付帯設備からなる場合，価格時点における建物等の価格を基礎として，経済的残存耐用年数に基づいて算定した額を計上する。このため，主体部分と付帯設備はそれぞれ耐用

年数が異なるため，これの的確な分類が必要である。

　また，適切な減価償却の方法を適用しなければならない。対象不動産の用途等により，それぞれ経済的残存耐用年数は異なり，耐用年数が一律ではないことに留意する。

(ロ)　維持管理費……維持管理費は，維持費，修繕費，管理に要する人件費等を計上する。水道光熱費，清掃費等は，付加使用料又は共益費として処理されるため，賃料に含まれる費用ではない。修繕費は，その継続的な費用と認められない大修繕の費用は，資本的支出として次年度以降の減価償却費に配賦されることになる。このため，修繕費の実態調査により，標準的な修理で維持管理費に含ませるべきものか，資本的支出として減価償却費として取り扱うべきかその区分に留意する。修繕費の目安として，賃貸木造アパートでは，（建築費×1.5%）又は（家賃×6%）が参考となる。

(ハ)　公租公課……固定資産税，都市計画税等であり，土地に係るこれらの実額は，所有者の委任状がなければ市町村役場において調査できない。これらが入手できないときは，査定値による。課税標準額は，地価公示価格を基準とした価格の2割程度が目安となる。税率は地方自治体により異なる。建物の課税標準額は建築費の5割から6割程度である。よって，固定資産税＝（建築費）×0.6×$\frac{1.4}{100}$，都市計画税＝（建築費）×0.6×$\frac{0.3}{100}$が目安となろう。

(ニ)　損害保険料……損害保険料は，火災保険料，機械保険，ボイラー保険等があり，その支払額を計上する。実支払額が把握できないときは，標準的な基本料率（損害保険料率算定会の定める基本料率）により算出する。地域，構造，用途によって異なる。事務所と店舗が混在する建築物では，1階部分が店舗の場合，割増料率が適用される。基礎料率は，地域によって異なるが，割増料率は一定である。小売店舗では，割増料は，1000分の0.5，飲食店で一般食堂1000分の0.5，バー・キャバレーでは1000分の2である。仮に，RC 5階建の建築物の基礎料率を1000分の0.7と

し，建物1階部分の店舗がバーであれば，建物全体について割増料率の1000分の2を加算して，1000分の2.7となる。

(ホ) 貸倒れ準備費……貸倒れ準備費は，敷金，保証金等の一時金の授受により貸倒れ損失の塡補があらかじめ十分に担保されている場合には，これを計上する必要はない。また，総収益を有効総収益で求めている場合も計上する必要はない。

(ヘ) 空室等による損失相当額……対象不動産の地域の需給動向を考慮して適正に算出する。入居者の性格，対象不動産と同種のビルの空室率等を分析する。総収益を有効総収益で求めた場合には，先述したように費用として計上する必要はない。

(ト) その他費用……駐車場収入に対応した経費等賃料以外の収益に対応した費用である。

ⅱ 還元利回り及び割引率

イ 還元利回り及び割引率の意義

還元利回り及び割引率は，共に不動産の収益性を表し，収益価格を求めるために用いるものであるが，基本的には次のような違いがある。

還元利回りは，直接還元法の収益価格及びDCF法の復帰価格の算定において，一期間の純収益から対象不動産の価格を直接求める際に使用される率であり，将来の収益に影響を与える要因の変動予測と予測に伴う不確実性を含むものである。

還元利回りは，健全な投資家による不動産に対する適正な投資を誘引することのできる収益を反映した利回りである。不動産は，健全な投資対象として，他の不動産及び株式，公社債，銀行預金等の金融資産と代替，競争の関係にある。このため，対象不動産の還元利回りは，他の不動産の還元利回り及び金融資産の利回りとも密接な関係をもつとともに，純収益の性格，将来動向並びに還元方法とも密接な関連を有している。

割引率は，DCF法において，ある将来時点の収益を現在時点の価値に割り戻す際に使用される率であり，還元利回りに含まれる変動予測と予

測に伴う不確実性のうち，収益見通しにおいて考慮された連続する複数の期間に発生する純収益や復帰価格の変動予測に係るものを除くものである。

ロ　還元利回り及び割引率の算定

a　還元利回り及び割引率を求める際の留意点

　　還元利回り及び割引率は，共に比較可能な他の資産の収益性や金融市場における運用利回りと密接な関連があるので，その動向に留意しなければならない。

　　さらに，還元利回り及び割引率は，地方別，用途的地域別，品等別等によって異なる傾向を持つため，対象不動産に係る地域要因及び個別的要因の分析を踏まえつつ適切に求めることが必要である。還元利回りは，市場の実勢を反映した利回りとして求める必要があり，還元対象となる純収益の変動予測を含むものであることから，それらの予測を的確に行い，還元利回りに反映させる必要がある。

　　還元利回りを求める方法を例示すれば次のとおりであるが，適用にあたっては，次の方法から1つの方法を採用する場合又は複数の方法を組み合わせて採用する場合がある。また，必要に応じ，投資家等の意見や整備された不動産インデックス等を参考として活用する。

b　還元利回りを求める方法

還元利回りを求める方法を例示すると次のとおりである。

ⓐ　類似の不動産の取引事例との比較から求める方法

　　この方法は，対象不動産と類似の不動産の取引事例から求められる利回りをもとに，取引時点及び取引事情並びに地域要因及び個別的要因の違いに応じた補正を行うことにより求めるものである。取引事例の収集及び選択については，「総論第7章　鑑定評価の方式」に規定する取引事例比較法の適用方法に準ずる。

　　取引事例から得られる利回り（以下「取引利回り」という）については，償却前後のいずれの純収益に対応するものであるかに留意する

必要がある。あわせて純収益について特殊な要因（新築，建替え直後で稼働率が不安定である等）があり，適切に補正ができない取引事例は採用すべきでないことに留意する必要がある。

　この方法は，対象不動産と類似性の高い取引事例に係る取引利回りが豊富に収集可能な場合には特に有効である。

ⓑ　借入金と自己資金に係る還元利回りから求める方法

　この方法は，対象不動産の取得の際の資金調達上の構成要素（借入金及び自己資金）に係る各還元利回りを各々の構成割合により加重平均して求めるものである。

　この方法は，不動産の取得に際し標準的な資金調達能力を有する需要者の資金調達の要素に着目した方法であり，不動産投資に係る利回り及び資金調達に際する金融市場の動向を反映させることに優れている。

　上記による求め方は，基本的に次の式により表される。

$R = R_M \times W_M + R_E \times W_E$

R　：還元利回り

R_M：借入金還元利回り

W_M：借入金割合

R_E：自己資金還元利回り

W_E：自己資金割合

ⓒ　土地と建物等に係る還元利回りから求める方法

　この方法は，対象不動産が土地及び建物等により構成されている場合に，土地及び建物等に係る利回りが異なるものとして把握される市場においてそれらの動向を反映させることに優れている。

　上記による求め方は基本的に次の式により表される。

$R = R_L \times W_L + R_B \times W_B$

R　：還元利回り

R_L：土地の還元利回り

165

W_L：土地の価格割合

R_B：建物等の還元利回り

W_B：建物等の価格割合

この方法は，対象不動産が建物及びその敷地である場合に，その物理的な構成要素（土地及び建物）に係る各還元利回りを各々の価格の構成割合により加重平均して求めるものである。

ⓓ 割引率との関係から求める方法

この方法は，割引率をもとに対象不動産の純収益の変動率を考慮して求めるものである。この方法は，純収益が永続的に得られる場合で，かつ純収益が一定の趨勢を有すると想定される場合に有効である。

還元利回りと割引率との関係を表す式の例は，次のように表される。

$R = Y - g$

R：還元利回り

Y：割引率

g：純収益の変動率

ⓔ 借入金償還余裕率の活用による方法

この方法は，借入金還元利回りと借入金割合をもとに，借入金償還余裕率（ある期間の純収益を同期間の借入金元利返済額で除した値をいう）を用いて対象不動産に係る純収益からみた借入金償還の安全性を加味して還元利回りを求めるものである。

この場合において用いられる借入金償還余裕率は，借入期間の平均純収益をもとに算定すべきことに留意する必要がある。この方法は，不動産の購入者の資金調達に着目し，対象不動産から得られる収益のみを借入金の返済原資とする場合に有効である。

上記による求め方は基本的に次の式により表される。

$R = R_M \times W_M \times DSCR$

R ：還元利回り

R_M：借入金還元利回り

　　　　W_M：借入金割合

　　　　DSCR：借入金償還余裕率（通常は1.0以上であることが必要）
　c　割引率を求める方法
　　割引率を求める方法を例示すると次のとおりである。
　　ⓐ　類似の不動産の取引事例との比較から求める方法
　　　　この方法は，対象不動産と類似の不動産の取引事例から求められる割引率をもとに，取引時点及び取引事情並びに地域要因及び個別的要因の違いに応じた補正を行うことにより求めるものである。
　　ⓑ　借入金と自己資金に係る割引率から求める方法
　　　　この方法は，対象不動産の取得の際の資金調達上の構成要素（借入金及び自己資金）に係る各割引率を各々の構成割合により加重平均して求めるものである。
　　ⓒ　金融資産の利回りに不動産の個別性を加味して求める方法
　　　　この方法は，債券等の金融資産の利回りをもとに，対象不動産の投資対象としての危険性，非流動性，管理の困難性，資産としての安全性等の個別性を加味することにより求めるものである。
　ⅲ　DCF法の適用について
　DCF法は，連続する複数の期間に発生する純収益及び復帰価格を予測しそれらを明示することから，収益価格を求める過程について説明性に優れたものである。
　　a　毎期の純収益の算定について
　　　建物等の純収益の算定においては，基本的には減価償却費を控除しない償却前の純収益を用いるものとし，建物等の償却については復帰価格において考慮される。
　　ⓐ　総収益の算定
　　　　一時金のうち預り金的性格を有する保証金等については，全額を返還準備金として預託することを想定しその運用益を発生時に計上する方法と全額を受渡時の収入又は支出として計上する方法とがある。

ⓑ　総費用の算定

　　　大規模修繕費等の費用については，当該費用を毎期の積み立てとして計上する方法と，実際に支出される時期に計上する方法がある。実際に支出される時期の予測は，対象不動産の実態に応じて適切に行う必要がある。

　b　割引率の求め方について

　　　割引率は，市場の実勢を反映した利回りとして求める必要があり，一般に1年を単位として求める。また，割引率は収益見通しにおいて考慮されなかった収益予測の不確実性の程度に応じて異なることに留意する。

　　　割引率を求める方法を例示すれば次のとおりであるが，適用にあたっては，下記の方法から1つの方法を採用する場合又は複数の方法を組み合わせて採用する場合がある。また，必要に応じ，投資家等の意見や整備された不動産インデックス等を参考として活用する。

　ⓐ　類似の不動産の取引事例との比較から求める方法

　　　取引事例の収集及び選択については，「総論第7章　鑑定評価の方式」に規定する取引事例比較法に係る適用方法に準ずる。

　　　取引事例に係る割引率は，基本的に取引利回りをもとに算定される内部収益率（Internal Rate of Return（IRR）。将来収益の現在価値と当初投資元本とを等しくする割引率をいう）として求める。適用にあたっては，取引事例について毎期の純収益が予測可能であることが必要である。

　　　この方法は，対象不動産と類似性を有する取引事例に係る利回りが豊富に収集可能な場合には特に有効である。

　ⓑ　借入金と自己資金に係る割引率から求める方法

　　　この方法は，不動産購入者の資金調達コストに着目したものであり，不動産投資に係る利回り及び資金調達に際する金融市場の動向を反映させることに優れている。適用にあたっては，不動産投資において典型的な投資家が想定する借入金割合及び自己資金割合を基本とするこ

とが必要である。

　上記による求め方は，基本的に次の式により表される。

　$Y = Y_M \times W_M + Y_E \times W_E$

　Y　：割引率

　Y_M：借入金割引率

　W_M：借入金割合

　Y_E：自己資金割引率

　W_E：自己資金割合

ⓒ　金融資産の利回りに不動産の個別性を加味して求める方法

　比較の対象となる金融資産の利回りとしては，一般に10年物国債の利回りが用いられる。また，株式や社債の利回り等が比較対象として用いられることもある。

　不動産の個別性として加味されるものには，投資対象としての危険性，非流動性，管理の困難性，資産としての安全性があり，それらは自然災害等の発生や土地利用に関する計画及び規制の変更によってその価値が変動する可能性が高いこと，希望する時期に必ずしも適切な買い手が見つかるとは限らないこと，賃貸経営管理について専門的な知識と経験を必要とするものであり管理の良否によっては得られる収益が異なること，特に土地については一般に滅失することがないことなどをいう。

　この方法は，対象不動産から生ずる収益予測の不確実性が金融資産との比較において把握可能な場合に有効である。

c　保有期間（売却を想定しない場合には分析期間）について

　保有期間は，毎期の純収益及び復帰価格について精度の高い予測が可能な期間として決定する必要があり，不動産投資における典型的な投資家が保有する期間を標準とし，典型的な投資家が一般に想定しないような長期にわたる期間を設定してはならない。

d　復帰価格の求め方について

保有期間満了時点において売却を想定する場合には，売却に要する費用を控除することが必要である。

復帰価格を求める際に，n+1期の純収益を最終還元利回りで還元して求める場合においては，n+1期以降の純収益の変動予測及び予測に伴う不確実性をn+1期の純収益及び最終還元利回りに的確に反映させることが必要である。

なお，保有期間満了時点以降において，建物の取壊しや用途変更が既に計画されている場合又は建物が老朽化していること等により取壊し等が見込まれる場合においては，それらに要する費用を考慮して復帰価格を求めることが必要である。

 e 最終還元利回りの求め方について

最終還元利回りは，価格時点の還元利回りをもとに，保有期間満了時点における市場動向並びにそれ以降の収益の変動予測及び予測に伴う不確実性を反映させて求めることが必要である。

 iv 直接還元法及びDCF法の適用のあり方

直接還元法又はDCF法のいずれの方法を適用するかについては，収集可能な資料の範囲，対象不動産の類型及び依頼目的に即して適切に選択することが必要である。ただし，不動産の証券化に係る鑑定評価等で毎期の純収益の見通し等について詳細な説明が求められる場合には，DCF法の適用を原則とするものとし，あわせて直接還元法を適用することにより検証を行うことが適切である。特に，資産の流動化に関する法律又は投資信託及び投資法人に関する法律に基づく評価目的の下で，投資家に示すための投資採算価値を表す価格を求める場合には，DCF法を適用しなければならない。

「特定目的会社による特定資産の流動化に関する法律」(SPC法)により，このDCF法を適用する場合の評価条件は，「売り急ぎ」によるものとして明記すべきである。この手法が適用される場合の買主は，自己利用を目的とする最終需要者ではない。比較的短期間に転売を予定する限られた投資家が想定できる。このため，特にこのような投資家の価値判断に沿った，予測可能な将来のキャ

ッシュフローを重視した手法である。

　SPC法によるDCF法では，現況を所与の条件として，想定の条件はつけない。もちろん，投資期間等については想定することになるが，対象不動産の併合や1体開発の想定はしない。商業用賃貸不動産であるオフィスビル等のDCF法の投資期間は，不良債権であることや，現在の先行き不透明から判断して，2年～5年程度である。

　SPC法によるDCF法が適用される場合，①債権者（売り主）にとって，早期売却の必要性が高いこと。②瑕疵担保責任の負担能力がない。③換価を困難にする関係者の紛失や短期賃借権の存在があって，リスクプレミアム（投資対象としての危険性，流動性，管理の困難性等）の中でこれらを反映させなければならない。

　収益還元法のうち，最も一般的な手法である直接法の純収益算定内訳書を次ページに掲載する。この例では，還元利回りは，4.5％が採用されている。

　還元利回りは，将来に予測される純収益を還元の対象とする健全な投資行動を誘引するに足る利回りである。還元利回りの決定にあたり，標準とすべき利回りは，一般に健全な投資家の投資誘引の基本となる金融資産の利回りである長期の公社債等の固定的な利子率をもつ利回りを選択する。不動産の有する特性として他の金融資産と比較して投資の対象としての危険性，換金の困難性（非流動性）及び管理の困難性等還元利回りを相対的に高める要素がある。しかし，不動産は滅失の危険が少ないということからその安全性により還元利回りを相対的に低くする要素がある。これらの要素を総合的に比較考量のうえ決定する。

　これらの要素を勘案する結果，一般に，地方別，つまり大都市地域と僻地とでは，大都市の方が還元利回り等を低くする要素があり，また，用途的地域別における宅地地域では，一般に住宅地域より商業地域の方が還元利回りを低くする要素がある。また，高級材及び高度な技術力を集積して造られた不動産の方がそうでないものより，一般に還元利回りは低い傾向を有する。このため，還元利回り等は，対象不動産の個別性及びその純収益の性格に応じて適切に求めなければならない。

直接還元法(直接法)

純収益算定内訳書 （直接法）

1／2

(1) 最有効使用の判定

①建物の利用状況

用途	建築面積 (㎡)	構造・階層	延床面積 (㎡)
( )	( )	( )	( )
共同住宅	180.00	SRC 7F	1,110.00

②公法上の規制等

用途地域等	基準建ぺい率	指定容積率	基準容積率	地積	間口・奥行	前面道路、幅員	
商業	80 %	80 %	500 %	有効 200 ㎡	12.5 m × 16.0 m	前面道路 市道	25.0 m
						特定道路までの距離:	m

③最有効使用の判定理由	下記の支払賃料は近隣地域の標準的賃料を査定して採用した。	④有効率の理由	85.0 %	近隣の使用状況

(2) 総収益算出内訳

階層	①床面積 (㎡)	②有効率 (%)	③有効面積 (㎡)	④㎡当たり月額支払賃料 (円)	⑤月額支払賃料 (円)	⑥保証金等権利金等 (月数)	⑦保証金等 (円)	⑧権利金等 (円)
一括 1 〜 7	180.00	85.0	153.00	2,800	428,400	5.0 / 3.0	2,142,000	1,285,200
一括 2 〜 7	930.00	85.0	790.50	1,980	1,565,190	5.0 / 3.0	7,825,950	4,695,570
〜								
〜								
〜								
〜								
計	1,110.00	85.0	943.50		1,993,590		9,967,950	5,980,770

⑨年額支払賃料	1,993,590 × 12ヶ月 = 23,923,080 円
⑩保証金等の運用益	9,967,950 × 5.00 % = 498,398 円
⑪権利金等の運用益及び償却額	償却年数（ 5 年） 運用利回り（ 5.00 %） 5,980,770 × 0.2310 = 1,381,558 円
⑫その他の収入（屋外駐車場使用料等）	円
⑬総収益　⑨+⑩+⑪+⑫	25,803,036 円 （ 129,015 円/㎡）

(3) ㎡当たりの月額支払賃料の算出根拠　（　）内は支払賃料

No.	①事例番号	②事例の実際実質賃料 (円/㎡)	③事情補正	④時点修正	⑤標準化補正	⑥建物格差修正	⑦地域要因の比較	⑧基準階格差修正	⑨試算実質賃料 (円/㎡)	⑩基準地基準階の賃料
a		( )	100 [ ]	100 [ ] 100	100 [ ]	100 [ ]	100 [ ]			対象基準階の月額実質賃料
b		( )	100 [ ]	100 [ ] 100	100 [ ]	100 [ ]	100 [ ]			円/㎡ 月額支払賃料
c		( )	100 [ ]	100 [ ] 100	100 [ ]	100 [ ]	100 [ ]			(円/㎡) 基準階　F　B

第7章 鑑定評価の方式

直接還元法（直接法）　　　純収益算定内訳書　（直接法）

(4) 総費用算出内訳

項目	実額・査定額	算出根拠
①修繕費	1,548,182 円	25,803,036 × 6.0 ％
②維持管理費	717,692 円	23,923,080 × 3.0 ％
③公租公課　土地	307,000 円	推定
建物	2,320,500 円	273,000,000 × 50.0 ％ × 17.00／1000
④損害保険料	273,000 円	273,000,000 × 0.10 ％
⑤貸倒れ準備費	円	
⑥空室等による損失相当額	1,075,127 円	25,803,036 × 1／24
⑦建物等の取壊費用の積立金	273,000 円	273,000,000 × 0.10 ％
⑧その他費用	円	
⑨総費用　①～⑧	6,514,501 円	（ 32,573 円／㎡ ）（経費率 25.2 ％）

(5) 基本利率等

① r : 基本利率	5.0 ％	⑤ g : 賃料の変動率		0.5 ％
② a : 躯体割合（躯体価格÷建物等価格）	80 ％	⑥ n_a : 躯体の経済的耐用年数		40 年
③ b : 設備割合（設備価格÷建物等価格）	20 ％	⑦ n_b : 設備の経済的耐用年数		15 年
④ m : 未収入期間	1.0 年	⑧ α : 未収入期間を考慮した修正率		0.9486

(6) 建物等に帰属する純収益

項目	査定額	算出根拠
①建物等の初期投資額	273,000,000 円	234,000 円／㎡ × 1,110.00 ㎡ ×（100％＋設計監理料率 5.00 ％）
②元利逓増償還率	0.0622	躯体部分　　　　　設備部分 0.0544 × 80 ％ ＋ 0.0934 × 20 ％
③建物等に帰属する純収益　①×②	16,980,600 円 （ 84,903 円／㎡ ）	

(7) 土地に帰属する純収益

①総収益	25,803,036	円
②総費用	6,514,501	円
③純収益　①-②	19,288,535	円
④建物等に帰属する純収益	16,980,600	円
⑤土地に帰属する純収益　③-④	2,307,935	円
⑥未収入期間を考慮した土地に帰属する純収益　⑤×α	2,189,307 （ 10,947	円 円／㎡ ）

(8) 土地の収益価格　　還元利回り（r-g）　　4.5 ％
　　　　　　　　　　　48,651,267 円　　（　　　　　243,000　円／㎡ ）

この直接法は，最有効使用と考えられる建物を想定して，そこでの標準的な賃料を求める。土地に帰属する純収益を求めて，収益価格を求めるものである。この対象地は，現実には5階建の建物が建築されていたが，基準容積率が500％に変更になったにもかかわらず，容積率が生かされていない建付減価が発生している状態であった。このため，直接法は，実現性と合法性の観点から7階建が想定できるので，この算定となった（後記開発法参照のこと）。

　DCF法はキャッシュフローを分析した手法である。この場合，SPC法の「特定価格」では，8％の還元利回り等が採用されることもある。これは，破産等のデフォルトの状態にある不良債権について，早期に換価することにより，確実に回収できる額を求める要請に応える手法として適用されることが多かった。それには，①収益力を的確に価格に反映させる。②詳細な調査と確実なデータを前提とする。③早期売却の必要，換金困難等の減価について，価格に反映させる。④調査でも不明な部分は，リスクとして評価して，最低価格を求める。いわば確実に有する収益力を反映した価格である。

　SPC法によりDCF法が適用されていたために，DCF法は特定価格を求める場合の手法であるという認識があった。しかし，DCF法は短期の保有期間の後に転売を想定する投資家が指向する収益価格を求める手法である。対象不動産の市場性の分析によっては，正常価格の評価ともなる。

　DCF法そのものは，以前から米国の企業会計実務では活用されていた。製造工場内への機械設備という新規の投資にあたって，回転期間法と同じくDCF法が適用されていた。この投資採算性によって，新規の機械の設備投資への判断の材料とされていた。

　また，株価の評価においても，企業の収益力をDCF法により分析評価している。これらは企業買収と合併の判断の分析手法でもある。このため，DCF法は，決して不良債権の早期処理目的で任意売却時の合理的な最低価格を求めるためだけの手法ではない。

〔直接還元法とDCF法の相違点〕

　この2手法とも，将来の純収益の変動を対象とする多年度収益還元法である。

① 直接還元法は，更地の価格を求める手法である。これは地上に最有効使用の想定建物を建築して，再調達原価に基づく耐用年数をひとつのサイクルとする。これを継続して，繰り返しがその前提であるため，投資期間は永久である。

② DCF法は，土地と建物が一体となった現状のままの不動産について，それが賃貸に供されている貸ビルや賃貸マンション等を購入して，保有期間中には，その賃貸による収益からキャッシュフローを得る。保有期間は5年から10年である。その期間の終了後には，その不動産を転売することを前提とする。この収益キャッシュフローを期待して，投資額の回収を図る。このため，投資期間は短期となる。米国では，DCF法適用の際の基本利率，総合還元利回り，賃料の変動率，費用の変動率，転売時還元利回りについて，事務所，店舗，ホテル，工場等の用途別指数を調査会社が発表している。

このDCF法では，①税引前キャッシュフロー，②税引後キャッシュフローを求めることができ，税引後の自己資本回収の検討ができる。土地と建物の合計である積算価格との対比において，直接還元法より細かな分析が可能である。

①転売時還元利回り，②総合割引率，③自己資本割引率，④支払賃料変動率などは，還元利回り決定の場合と同様に，地方別，用途別，対象不動産の個別性等があるため，適切に査定して決定しなければならない。

以上をわかりやすく表現すれば，①直接還元法は土地に帰属する農耕民族型手法であり，②DCF法は，家畜が大きくなればその土地で転売するという遊牧民族型手法といえる。

ⅴ　純収益を還元する方法

収益還元の目的は，対象不動産が将来生み出すであろうと期待される純収益の額の価格時点における現価の総和を求める（収益期間満了時における残存価格，処分整理費等が予想されるときは，それらの復帰現価を加減する）ことにあるので，収益還元を行うにあたっては，純収益の内容，性格，継続性等に即応して次の諸方法等を選択して適用すべきである。この場合において，純収益

が一定の趨勢をもつものであるときは、その趨勢が収益価格に適切に反映するよう適正に還元すべきである。

　イ　純収益が永続的に得られる土地の場合において、純収益を還元利回りで還元する方法

純収益は毎年一定であるものとする。

純収益が永続的に得られる場合には次の式により表される（永久還元式）。

$$P_L = \frac{a}{r_1}$$

P_L＝土地の収益価格

a：土地の純収益

r_1：土地の還元利回り

〔例〕　収益価格

　　　（純収益）　　（還元利回り）　　（収益価格）
　　　800,000円 ÷ 　0.04　 ＝20,000,000円

この式は、土地が永久に生み出す一定の純収益の現価の総和が収益価格であることを意味する。

一定の収益獲得期間において投下した土地の価値がまったく減耗減少することなく、従前と同じ状態で存在し続け、その転売によって投下資本の全額が回収されることを示す。

　ロ　不動産が敷地と建物その他の償却資産との結合により構成されている場合において、不動産賃貸又は一般企業経営に基づく純収益を還元利回りで還元する方法

　(イ)　一期間の純収益の算定について

直接還元法の適用において還元対象となる一期間の純収益と、それに対応して採用される還元利回りは、その把握の仕方において整合がとれたものでなければならない。

すなわち、還元対象となる一期間の純収益として、ある一定期間の標準化されたものを採用する場合には、還元利回りもそれに対応したものを採用するこ

とが必要である。また，建物その他の償却資産（以下「建物等」という）を含む不動産の純収益の算定においては，基本的に減価償却費を控除しない償却前の純収益を用いるべきであり，それに対応した還元利回りで還元する必要がある。

$$P = \frac{a}{R}$$

P：建物等の収益価格

a：建物等の償却前の純収益

R：償却前の純収益に対応する還元利回り

一方，減価償却費を控除した償却後の純収益を用いる場合には，還元利回りも償却後の純収益に対応するものを用いなければならない。

減価償却費の算定方法には定額法，償還基金率を用いる方法等があり，適切に用いることが必要である。

$$P = \frac{a'}{R'}$$

P：建物等の収益価格

a'：建物等の償却後の純収益

R'：償却後の純収益に対応する還元利回り

なお，減価償却費と償却前の純収益に対応する還元利回りを用いて償却後の純収益に対応する還元利回りを求める式は以下のとおりである。

$$R' = \frac{a'}{(a'+d)} \times R$$

R'：償却後の純収益に対応する還元利回り

R：：償却前の純収益に対応する還元利回り

a'：償却後の純収益

d：減価償却費

(ロ) 還元利回り及び割引率

この場合における還元利回りは，収益還元法以外の手法で土地の価格及び建物その他の償却資産のそれぞれの価格を求め，その割合によりそれぞれの還元利回りを加重平均して求めた総合的な還元利回り（総合還元利回りという）を用いる。

また，償却前の純収益についてこの方法を適用する場合には，総合還元利回りにその構成割合に応じた償却資産の償却率を含めるものとする。純収益が永続的に得られる場合には，純収益を不動産市場において見いだされる取引利回りを参考として求めた償却率を含む総合還元利回りで還元する直接還元式及び純収益を定額法に基づく償却率を含む総合還元利回りで還元する直線還元式により表される。

㋑　直接還元式

$$P = \frac{a'}{r'}$$

　P：建物その他の償却資産（この純収益を還元する方法についての項において建物等という）及びその敷地の収益価格
　a'：建物等及びその敷地の償却前の純収益
　r'：建物等及びその敷地の償却率を含む総合還元利回り

〔例〕総合還元利回りの査定

　土地及び建物それぞれの還元利回りについて，積算価格で加重平均して求める。

　土地の個別還元利回り5％，建物の個別還元利回り6％

　建物及びその敷地の償却前の純利益33,000千円

$$\frac{\overset{(土地の積算価格)}{220,000千円} \times \overset{(土地の還元利回り)}{0.05} + \overset{(建物の積算価格)}{323,700千円} \times \overset{(建物の還元利回り)}{0.07}}{543,700千円}$$

$$\simeq \overset{(総合還元利回り)}{6.19\%}$$

　33,000千円 ÷ 0.0619 ≒ $\overset{(収益価格)}{533,118,000円}$

㊂　直線還元式（参考，旧基準）

$$P = \frac{a'}{r + w_2 \times \frac{1}{N}} \quad \text{又は} \quad P = \frac{a'}{w_1 \times r_1 + w_2 \left(r_2 + \frac{1}{N}\right)}$$

P：建物等及びその敷地の収益価格

a′：建物等及びその敷地の償却前の純収益

r：総合還元利回り（$w_1 \times r_1 + w_2 \times r_2$）

r_1：土地の還元利回り

r_2：建物等の還元利回り

w_1：土地価格の割合

w_2：建物等の価格の割合

N：建物等の経済的残存耐用年数

$\frac{1}{N}$：定額法による建物等の償却率

rの総合還元利回りは，まず土地，建物の積算価格の割合により，土地建物の個別還元利回りを加重平均して償却後の総合還元利回りを求める。これに，定額法による建物の償却率を加算して求める。

〔例〕償却率を含む総合還元利回りの査定

① 償却後の総合還元利回りの査定

土地の積算価格　670,000,000円　　土地の個別還元利回り　3％

建物の積算価格　1,240,000,000円　　建物の個別還元利回り　6％

$$\frac{670,000,000 \times 0.03 + 1,240,000,000 \times 0.06}{670,000,000 + 1,240,000,000} \fallingdotseq 0.049$$

② 定額法に基づく建物の償却率の査定

積算価格に占める建物価格の割合 $\times \dfrac{1}{\text{主体割合} \times N + \text{付属設備割合} \times N}$

Nは経済的残存耐用年数を表し，主体割合と付帯割合は7対3とする。

主体部分Nは44年，付帯部分Nは14年とし，純収益は130,000,000円と求められていたとする。

$$\frac{1,240,000,000}{1,910,000,000} \times \frac{1}{0.70 \times 44 + 0.30 \times 14} \fallingdotseq 0.0185$$

③　償却率を含む総合還元利回り

　償却後の総合利回りに定額法に基づく償却率を加算して，償却率を含む総合還元利回りを求める。

　　　①4.00％＋②1.85％＝5.85％

④　収益価格

$$130,000,000円 \text{(純収益)} \div 5.85\% ≒ 2,222,222,000円$$

ハ　不動産が敷地と建物その他の償却資産との結合により構成されている場合において，収益還元法以外の手法によって敷地と建物その他の償却資産のいずれか一方の価格を求めることができるときは，当該不動産に基づく純収益から建物その他の償却資産又は敷地に帰属する純収益を控除した残余の純収益を還元利回りで還元する方法（この手法を土地残余法又は建物残余法という）

　これらの方法を適用することができる。土地と建物等から構成される複合不動産が生み出すであろうと期待される純収益を土地又は建物等に適正に配分することができる場合に有効である。

　土地残余法を適用するにあたっては，建物等が古い場合には複合不動産の生み出す純収益から土地に帰属する純収益が的確に求められないことが多いので，建物等は新築か築後間もないものでなければならない。

　なお，対象不動産が更地である場合においても，当該土地に最有効使用の賃貸用建物等の建築を想定することにより，この方法を適用することができる。

(イ)　土地残余法

　土地残余法を適用して土地の収益価格を求める場合は，基本的に次の式により表される。

$$P_L = \frac{a - B \times R_B}{R_L}$$

　　P_L＝土地の収益価格

　　a：建物等及びその敷地の償却前の純収益

B ：建物等の価格

　　R_B：建物等の還元利回り

　　R_L：償却前の純収益に対応する土地の還元利回り

　㋑　建物等及びその敷地の償却前の純収益から建物等に帰属する償却前の純収益（建物等の価格に定額法による償却率を含む建物等の還元利回りを乗じて得た額）を控除して得た額を土地の還元利回りで還元する式（参考，旧基準）

$$P_L = \frac{a' - B\left(r_2 + \frac{1}{N}\right)}{r_1}$$

　　a'：建物等及びその敷地の償却前の純収益

　　N：建物等の経済的残存耐用年数

　　$\frac{1}{N}$：定額法による建物等の償却率

　㋺　建物等及びその敷地の償却前の純収益から建物等に帰属する償却前の純収益（建物等の価格に建物等の還元利回りと経済的残存耐用年数とを基礎とした元利均等償還率を乗じて得た額）を控除して得た額を土地の還元利回りで還元する式（参考，旧基準）

$$P_L = \frac{a' - B \times \frac{r_2(1+r_2)^N}{(1+r_2)^N - 1}}{r_1}$$

　　N：建物等の経済的残存耐用年数

　このように，土地残余法を適用して，更地の収益価格を求める場合及び建付地の収益価格を求める場合には，最有効使用を前提とした純収益を把握する必要がある。建付地においては，建物と敷地の適応の状態が最有効使用の状態にある純収益を把握しなければならない。このため，建物等が古く，建物と敷地の適応の状態が保たれていない場合には，土地残余法の適用は困難となることに留意しなければならない。

　㋺　建物残余法

　建物残余法を適用して，建物等の収益価格を求める場合は，基本的に

次の式により表される。

イ　永久還元式

$$P_B = \frac{a - L \times R_L}{R_B}$$

P_B：建物等の収益価格

a　：建物等及びその敷地の償却前の純収益

L　：土地の価格

R_L：土地の還元利回り

R_B：償却前の純収益に対応する建物等の還元利回り

ロ　有期還元式

　不動産が敷地と建物等との結合により構成されている場合において，その収益価格を，不動産賃貸又は賃貸以外の事業の用に供する不動産経営に基づく償却前の純収益に割引率と有限の収益期間とを基礎とした複利年金現価率を乗じて求める方法があり，基本的に次の式により表される。

$$P = a \times \frac{(1+Y)^N - 1}{Y(1+Y)^N}$$

P：建物等及びその敷地の収益価格

a：建物等及びその敷地の償却前の純収益

Y：割引率

N：収益期間（収益が得られると予測する期間であり，ここでは建物等の経済的残存耐用年数と一致する場合を指す）

$\dfrac{(1+Y)^N - 1}{Y(1+Y)^N}$：複利年金現価率

(イ)　インウッド式

　複利年金現価率を用い，収益期間満了時における土地又は建物等の残存価格並びに建物等の撤去費が予想されるときには，それらの額を現在価値に換算した額を加減する方法（インウッド式）がある。この方法の考え方に基づき，割引率を用いた式を示すと次のようになる。

$$P = a \times \frac{(1+Y)^n - 1}{Y(1+Y)^n} + \frac{P_{Ln} + P_{Bn}}{(1+Y)^n} \quad 又は$$

$$P = a \times \frac{(1+Y)^N - 1}{Y(1+Y)^N} + \frac{P_{LN} - E}{(1+Y)^N}$$

P：建物等及びその敷地の収益価格

a：建物等及びその敷地の償却前の純収益

Y：割引率

N, n：収益期間（収益が得られると予測する期間であり，ここでは建物等の経済的残存耐用年数と一致する場合にはN，建物等の経済的残存耐用年数より短い期間である場合はnとする）

P_{Ln}：n年後の土地価格

P_{Bn}：n年後の建物等の価格

P_{LN}：N年後の土地価格

E：建物等の撤去費

〔例1〕

　毎年末に1年分の地代を受け取る土地所有者の年末時点での純収益が120万円とする。残存契約期間5年は変動がなく，年利率5％で運用した場合の現在価値は次のように計算される。

　　120万円×4.329477＝5,195,372円

〔例2〕

　新築賃貸用ビルの土地と建物に帰属する各年末における償却前純収益を4,800万円とする。建物価格が5億円，経済的耐用年数が40年である。土地の還元利回り6％，建物に対する利子率を7.5％とした場合の土地の価格をインウッド方式による土地残余法を適用して求める。

　　建物価格　　　　　　　　　　　　　　　500,000,000円　①

　　償却前純収益（土地及び建物）　　　　　 48,000,000円　②

　　建物に対する利子と償却額

　経済的耐用年数40年の利子率7.5％の年賦償還額を求める。これは年金現

価の逆数である。

　　年金現価率＝12.594409

　　建物価格÷年金現価率＝500,000,000円÷12.594409

　　　　　　　　　　　　　　　　　（建物に帰属する純収益）
　　　　　　　　　　　　　　　　≒　39,700,000円　　　③

土地に帰属する純収益②－③

　　　　　　　＝48,000,000円－39,700,000円＝8,300,000円

土地の収益価格＝8,300,000円÷0.06＝138,333,000円

　(ロ)　ホスコルド式

　上記複利年金現価率の代わりに蓄積利回り等を基礎とした償還基金率と割引率とを用いる方法（ホスコルド式）がある。

　この方法の考え方に基づき，割引率を用いた式を示すと次のようになる。

$$P = a \times \cfrac{1}{Y + \cfrac{i}{(1+i)^n - 1}} + \cfrac{P_{Ln} + P_{Bn}}{(1+Y)^n} \quad 又は$$

$$P = a \times \cfrac{1}{Y + \cfrac{i}{(1+i)^N - 1}} + \cfrac{P_{LN} - E}{(1+Y)^N}$$

P：建物等及びその敷地の収益価格

a：建物等及びその敷地の償却前の純収益

Y：割引率

i：蓄積利回り

N，n：収益期間（収益が得られると予測する期間であり，ここでは建物等の経済的残存耐用年数と一致する場合にはN，建物等の経済的残存耐用年数より短い期間である場合はnとする）

$\cfrac{i}{(1+i)^n - 1}$：償還基金率

P_{Ln}：n年後の土地価格

P_{Bn}：n年後の建物等の価格

P_{LN}：N年後の土地価格

E：建物等の撤去費

　ホスコルド方式は，報酬利回り（割引率）と蓄積利回りの2種の利率を採用するのが特徴である。不動産の鑑定評価では，一般に鉱山，採石場の資源の財の評価において適用される。採石等の採掘等を業とする場合には，地下埋蔵物のため，可視不能であり，品質の安定性など投資に対しては，危険性が高く，報酬利回りは高い。しかし，純収益は安全性を考慮した蓄積利回りを採用する。このため，蓄積利回りより報酬利回りの方が高い利回りとなるのが一般的である。

　上記公式では，割引率が従来の総合還元利回り（r）であり，報酬利回りに相当する。

　これらの式は，年々回収される償却額が一定の利回り（蓄積利回り）で利子を生むことを前提とする。ホスコルド式が適用されるのは，純収益が均一な年金式の不動産で償却額が積み立てられる状態にある場合であるが，実際に適用できるケースは限られる。

2　賃料を求める鑑定評価の手法

　不動産の賃料を求める鑑定評価の手法は，新規賃料にあっては積算法，賃貸事例比較法，収益分析法等があり，継続賃料にあっては差額配分法，利回り法，スライド法，賃貸事例比較法等がある。

(1)　賃料を求める場合の一般的留意事項

　賃料の鑑定評価は，対象不動産について，賃料の算定の期間に対応して，実質賃料を求めることを原則とし，賃料の算定の期間及び支払いの時期に係る条件並びに権利金，敷金，保証金等の一時金の授受に関する条件が付されて支払賃料を求めることを依頼された場合には，実質賃料とともに，その一部である支払賃料を求めることができるものとする。旧基準には，限定賃料として，継続賃料を含むものが規定されていたが，新基準では，実務において継続賃料を求めることが多いため，賃料の概念を新規賃料と継続賃料の2種に区分された。

① 実質賃料と支払賃料

実質賃料とは，賃料の種類の如何を問わず貸主に支払われる賃料の算定の期間に対応する適正なすべての経済的対価をいい，純賃料及び不動産の賃貸借等を継続するために通常必要とされる諸経費等（必要諸経費等という）から成り立つものである。

支払賃料とは，各支払時期に支払われる賃料をいい，契約にあたって，権利金，敷金，保証金等の一時金が授受される場合においては，当該一時金の運用及び償却額と併せて実質賃料を構成するものである。

なお，慣行上，建物及びその敷地の一部の賃貸借等にあたって，水道光熱費，清掃・衛生費，冷暖房費等がいわゆる付加使用料，共益費等の名目で支払われる場合もあるが，これらのうちには実質的に賃料に相当する部分が含まれている場合があることに留意する必要がある。

実質賃料と支払賃料の関係は次のとおりである。

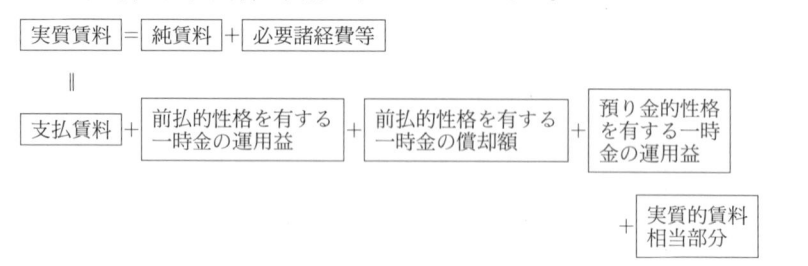

実質賃料 ＝ 純賃料 ＋ 必要諸経費等
　　　　 ＝
支払賃料 ＋ 前払的性格を有する一時金の運用益 ＋ 前払的性格を有する一時金の償却額 ＋ 預り金的性格を有する一時金の運用益
　　＋ 実質的賃料相当部分

〔例〕
① 実質賃料の求め方……積算賃料
建物及びその敷地の積算価格を792,000千円とする（土地300,000千円，建物492,000千円）。
㋑　純賃料相当額
　（土地）　300,000千円× 6 ％[*1] ＝18,000千円
　（建物）　492,000千円× 8 ％[*2] ＝39,360千円
　　　　　　　　　　　計　57,360千円

＊1　土地（更地）の期待利回りを6％とする。

＊2　建物の償却後の期待利回りを8％とする。

(ロ)　必要諸経費等

　　　　減価償却費　　　18,652,000円

　　　　維持修繕費　　　 5,486,000円

　　　　管理費　　　　　 1,722,000円

　　　　公租公課　　　　 3,800,000円

　　　　損害保険料　　　 1,640,000円

　　　　空室等損失相当額，　2,300,000円
　　　　貸倒れ準備費等

　　　　　　　　計　　33,600,000円

(ハ)　土地及び建物の積算賃料（年額）

　　(イ)＋(ロ)＝ (純賃料相当額) 57,360,000円＋ (必要諸経費等) 33,600,000円＝ (積算賃料) 90,960,000円

ここで求められた90,960,000円は，試算賃料であるが，不動産の鑑定評価として求めるべき実質賃料の計算手順を例示してみた。

② 実質賃料の求め方……賃貸事例比較法

　(イ)　実際支払賃料　　2,500円/㎡

　(ロ)　保証金の運用益　　100,000円/㎡×0.07＊×$\dfrac{1}{12か月}$≒583円/㎡

　(ハ)　敷金の運用益　　18,000円/㎡×0.07＊×$\dfrac{1}{12か月}$＝105円/㎡

＊　一時金の運用利回りを7％とする。

事例では共益費を月額1,000円支払っているが，そのうち実費相当額は，700円/㎡とする。実費を超過する部分は，賃料に相当する部分である。

　(ニ)　1,000円/㎡－700円/㎡＝300円/㎡

したがって，事例の月額実質賃料相当額は次のようになる。

　(イ)＋(ロ)＋(ハ)＋(ニ)＝3,488円/㎡

賃貸事例の賃貸面積が120㎡であれば

3,488円/㎡×120㎡＝418,560円

$$418{,}560円 \times \underset{(事情補正)}{\frac{100}{100}} \times \underset{(時点修正)}{\frac{100}{100}} \times \underset{(事例地の標準化補正)}{\frac{100}{100}} \times \underset{(地域要因の比較)}{\frac{100}{100}}$$

$$\times \underset{(個別的要因の比較)}{\frac{100}{100}} \times \underset{(建物品等比較)}{\frac{100}{100}} \times \underset{\underset{(事例賃貸面積)}{(注)}}{\frac{135㎡}{120㎡}} = \underset{(比準賃料)}{470{,}880円} \cdots\cdots \begin{array}{l}対象不動産\\の実質賃料\end{array}$$

(注) 対象不動産は135㎡（賃貸面積）とし，他の要因は$\frac{100}{100}$とした。

上例では，実質賃料を求めるための積算賃料と比準賃料の求め方を例示したが，使用した数値は，実質賃料の内容の理解のためであり，根拠はない。

不動産の鑑定評価によって求めるべき賃料は，実質賃料である。

② 支払賃料の求め方

契約にあたって一時金が授受される場合における支払賃料は，実質賃料から，当該一時金についての賃料の前払的性格を有する一時金の運用益及び償却額並びに預り金的性格を有する一時金の運用益を控除して求めるものとする。

なお，賃料の前払的性格を有する一時金の運用益及び償却額については，対象不動産の賃貸借等の持続する期間の効用の変化等に着目し，実態に応じて適切に求めるものとする。

運用利回りは，賃貸借等の契約にあたって授受される一時金の性格，賃貸借等の契約内容並びに対象不動産の種類及び性格等の相違に応じて，当該不動産の期待利回り，不動産の取引利回り，長期預金の金利，国債及び公社債利回り，金融機関の貸出金利等を比較考量して決定するものとする。

先に述べたように，求めるべき賃料は実質賃料であるが，支払賃料の鑑定評価を依頼される場合がある。

不動産鑑定評価報告書には，支払賃料である旨を付記して支払賃料の額を表示するとともに，この支払賃料が実質賃料と異なる場合，かっこ書きで実質賃料である旨を付記して実質賃料の額を併記しなければならない。

支払賃料を図示すれば次のとおりである。

支払賃料 = 実質賃料 − 前払的性格を有する一時金の運用益 − 前払的性格を有する一時金の償却額 − 預り金的性格を有する一時金の運用益

③ 賃料の算定の期間

鑑定評価によって求める賃料の算定の期間は，原則として，宅地並びに建物及びその敷地の賃料にあっては1月を単位とし，その他の土地にあっては，1年を単位とするものとする。

〔例〕支払賃料の求め方

支払賃料は，実質賃料として算定した一時金の月数，額を基に査定する。例えば，支払賃料をX，実質賃料13,760円，保証金15か月，運用利回り6％の場合

$$13,760円／m^2 = X + (15X \times 0.06) \times \frac{1}{12}$$

$$X = 12,800円／m^2（支払賃料）となる。$$

---

(2) 新規賃料を求める鑑定評価の手法

① 積算法

　i　意義

積算法は，対象不動産について，価格時点における基礎価格を求め，これに期待利回りを乗じて得た額に必要諸経費等を加算して対象不動産の試算賃料を求める手法である（この手法による試算賃料を積算賃料という）。

積算法は，対象不動産の基礎価格，期待利回り及び必要諸経費等の把握を適正に行い得る場合に有効である。

賃料の価格時点は，原則として，期間の期首となる。これは，賃貸借において，需要と供給とが出合う時点が，その契約の当初である期首となるためである。

　ii　適用方法

　イ　基礎価格

基礎価格とは，積算賃料を求めるための基礎となる価格をいい，原価法及び取引事例比較法により求めるものとする。

　この基礎価格は，必ずしも対象不動産の最有効使用を前提とした価格ではない。賃貸借等の契約の内容によって，使用方法が制約され，最有効使用の状態にない場合であっても，その制約された程度に応じた適正な元本の経済価値を求めるよう努める。基礎価格は，制約を受けた使用方法に基づく賃貸借等を通じて享受しうる不動産の用益に対応する元本価値である。この基礎価格は，対象不動産の再調達原価に着目して求めるものであるが，既成市街地における土地のように原価法の適用が困難な不動産については，この積算法を適用することが不可能となる。このため，基礎価格を原価法のみではなく，取引事例比較法によって求められた比準価格を基礎価格として取り扱うことによりこの手法の適用の範囲が広くなったのである。

　基礎価格を求める際の取引事例比較法の適用にあたり，取引事例を収集する際，対象不動産が契約の内容により最有効使用に制約がある場合には，収集する取引事例は，同様に契約内容の制約により最有効使用に制約のある事例の収集を行うことが必要である。これにより，制約の程度，契約の類似性等の検討が必要である。

　宅地及び建物とその敷地の基礎価格を求める場合に留意すべき点は次のとおりである。

(イ)　宅地の賃料（いわゆる地代）を求める場合
　　㋑　最有効使用が可能な場合は，更地の経済価値に即応した価格である。
　　㋺　建物の所有を目的とする賃貸借等の場合で契約により敷地の最有効使用が見込めないときは，当該契約条件を前提とする建付地としての経済価値に即応した価格である。
(ロ)　建物及びその敷地の賃料（いわゆる家賃）を求める場合
　建物及びその敷地の現状に基づく利用を前提として成り立つ当該建物及びその敷地の経済価値に即応した価格である。

　特に留意すべき点は，区分所有建物又は中高層建物の一部の賃料につい

て，基礎価格を原価法により求める場合である。敷地全体の価格の配分にあたっては，階層別及び同一階の位置別効用に応じた価格を配分する必要がある。敷地が広すぎて建物の敷地部分が過小である場合及び建物が最有効使用でない場合には，階層別及び同一階層内の位置別効用の配分において，その効用度を超える地価配分を行うことのないよう建物と敷地の適応の状態を十分に検討しなければならない。

ロ　期待利回り

期待利回りとは，賃貸借等に供する不動産を取得するために要した資本に相当する額に対して期待される純利益のその資本相当額に対する割合をいう。

期待利回りを求める方法については，収益還元法における還元利回りを求める方法に準ずるものとする。この場合において，賃料の有する特性に留意すべきである。

金融市場は，有利な条件で資金を調達しようとする需要が競合している。利子は，これら相互の競争関係のもとに形成されている。不動産への健全な投資についても，国債，公社債，預貯金等の各種の金融資産に投資される利子収益と競争関係にあり，それぞれの危険性，流動性，管理性，安全性等を総合的に考慮してある水準を示している。このため期待利回りは，金融市場の利子率と密接な関係を有する。

還元利回りは，不動産の存在する全期間にわたって，不動産を使用し収益することのできる経済価値に対応する。期待利回りは，不動産の賃貸借等の契約に基づく一部の期間の使用収益の経済価値に対応する。期待利回りを求めるにあたっては，近隣地域又は同一需給圏内の類似地域の不動産の純賃料の基礎価格に対する割合（比準利回り）をも考慮して求める。しかし，一般に求められる利回りは，必要諸経費等を含む賃料に対応する粗利回りであることが多いので，内容の検討が必要となる。

期待利回りは，地域によって開差がある。新規に不動産を取得して，賃貸により採算が可能な地域か新規投資をしても採算のとれない地域のいず

れに属するか及び将来の動向等を十分に検討する必要がある。採算をあげ得る地域で，新規投資を前提とした場合の期待利回りは，「他の財に対する投資利回りとの比較により求められる利回り」の性格が強くなるものである。これに対して，採算のとれない地域での新規投資では，他の財との利回りとの相関関係及び牽連性は比較的少なくなり，賃貸に供しうる収入に対して期待しうる程度の利回りとなることがある。このため，対象不動産の地域についての考察が必要である。

また，建物及びその敷地の賃料を求める場合の利回りは，建物と敷地とに分け，その構成比により把握される場合と，建物と敷地を一体として期待利回りを把握する場合がある。

〔例〕総合期待利回りと純賃料

土地・建物の個別期待利回りを積算価格の土地・建物の価格構成比で加重平均して求める。

土地・建物の個別期待利回りは，地域において通常採用される利回りを採用する。

土地の積算価格141,000,000円，建物の積算価格124,000,000円とすれば，総合期待利回りは次のように計算される。

$$\frac{141,000,000}{265,000,000} \times \underset{0.035}{\begin{pmatrix}土地（更地）の\\個別期待利回り\end{pmatrix}} + \frac{124,000,000}{265,000,000} \times \underset{0.055}{\begin{pmatrix}建物の個別\\期待利回り\end{pmatrix}}$$

$$= 0.04435 ≒ 0.044$$

$$∴ 4.4\%（総合期待利回り）$$

このように求められた総合期待利回りについて，すでに求められた対象不動産の基礎価格に総合期待利回りを乗じて純賃料を求める。

$$\underset{（基礎価格）}{260,000,000円} \times \underset{（総合期待利回り）}{0.044} = 11,440,000円（純賃料）$$

ハ　必要諸経費等

不動産の賃貸借等にあたってその賃料に含まれる必要諸経費等としては，次のものがあげられる。

(イ) 減価償却費……対象不動産が建物その他の償却資産である場合には，使用収益に基づく減耗額を回収する必要がある。建物等の価格を基礎に経済的残存耐用年数に基づき算定した額を減価償却費として計上することとなる。対象不動産の種類，構造等によって経済的残存耐用年数が異なるため，これらを適正に求める。

(ロ) 維持管理費（維持費，管理費，修繕費等）……維持管理費は，維持費，管理費（見回り点検，賃料の徴収に要する人件費等），修繕費を計上する。水道光熱費，冷暖房費，清掃費，昇降設備費の運転費等は，賃料とは別に付加使用料及び共益費として処理される。維持管理費として計上しないことに留意する。

(ハ) 公租公課（固定資産税，都市計画税等）……固定資産税，都市計画税等，対象不動産を課税客体として継続的に賦課されるものを計上する。不動産取得税について計上できないのは，継続的な賦課ではないことによる。

(ニ) 損害保険料（火災，機械，ボイラー等の各種保険）……損害保険料については，火災保険，ボイラー保険等の実支払額を計上する。これらが把握できないときは，損害保険料率算定会の定める標準的な基本料率によりその相当額を算定する。

(ホ) 貸倒れ準備費……借主の賃料不払により貸主の損失を填補するため，標準的な額を貸倒れ準備費として計上する。敷金，保証金等によって，貸倒れ損失の填補が十分担保されている場合には計上の必要はない。

(ヘ) 空室等による損失相当額……空室等による損失相当額は，対象不動産に係る地域的な需給動向を考慮して算定する。

〔例〕必要諸経費等と積算賃料
(イ) 減価償却費（定額法を採用，残価率0とする）

主体部分　120,000,000円 × 0.80 $\overset{(構成比)}{}$ × $\dfrac{1}{60}$ $\overset{(償却率)}{}$ ＝1,600,000円

(再調達減価)

付帯設備　120,000,000円×0.20×$\dfrac{1}{15}$＝1,600,000円

計　3,200,000円

(ロ)　維持修繕費（建物の再調達原価の1％を計上）

120,000,000円×0.01＝1,200,000円

(ハ)　管理費（純賃料相当額3％を計上）

11,440,000円×0.03＝343,200円

(ニ)　公租公課（固定資産税，都市計画税の実額）

土地及び建物　728,400円

(ホ)　損害保険料（実額）

49,000円

(ヘ)　貸倒れ準備費

(ト)　空室等による損失相当額

(ヘ), (ト)は純賃料相当額の24分の1を計上

11,440,000円 $\overset{(純賃料)}{}$ ×$\dfrac{1}{24}$≒476,700円

合計　5,997,300円

〔積算賃料の求め方〕

11,440,000円 $\overset{(純賃料)}{}$ ＋5,997,300円 $\overset{(必要諸経費等)}{}$ ＝17,437,300円 $\overset{(積算賃料)}{}$ （年額）

月額積算賃料

17,437,300円×$\dfrac{1}{12}$≒1,453,000円

② 賃貸事例比較法

　i　意義

賃貸事例比較法は，まず多数の新規の賃貸借等の事例を収集して適切な事

例の選択を行い，これらに係る実際実質賃料（実際に支払われている不動産に係るすべての経済的対価をいう）に必要に応じて事情補正及び時点修正を行い，かつ，地域要因の比較及び個別的要因の比較を行って求められた賃料を比較考量し，これによって対象不動産の試算賃料を求める手法である（この手法による試算賃料を比準賃料という）。

賃貸事例比較法は，近隣地域又は同一需給圏内の類似地域等において，対象不動産と類似の不動産の賃貸借等が行われている場合，又は同一需給圏内の代替競争不動産の賃貸借等が行われている場合に有効である。

賃貸借等の事例を収集するにあたっては，各支払時期に支払われている賃料（実際支払賃料）のみならず，契約にあたって授受された一時金の償却額及び運用益並びに付加使用料，共益費等のうちの実費を超える賃料相当額をも含めた実際実質賃料の額を把握しなければならない。

この実際実質賃料は，実際支払賃料を含む貸主に実際に支払われている不動産に係るすべての経済的対価である。この賃貸事例比較法の適用にあたって，比較対象とすべき賃貸借等の事例は実際実質賃料でなければならない。

〔例〕実際実質賃料

① 実際支払賃料　2,400円／m²

② 保証金の運用益　560円／m²
（保証金をm²あたり96,000円とし，一時金の運用利回りを7％とすれば，
$96,000円 \times 0.07 \times \frac{1}{12か月} = 560円$）

③ 敷金の運用益　82円／m²
（敷金をm²あたり14,000円とし，一時金の運用利回りを7％とすれば，
$14,000円 \times 0.07 \times \frac{1}{12} ≒ 82円$）

④ 共益費のうち実費を超える賃料相当額　200円／m²
（共益費を月額1,000円／m²支払うが，実費相当額が800円／m²とすれば，200円／m²が賃料を構成する賃料相当額である。）

月額実際実質賃料　①＋②＋③＋④＝3,242円／m²

3,242円 × 140m²（賃貸面積） ＝ 453,880円

ⅱ　適用方法

イ　事例の収集及び選択

　賃貸借等の事例の収集及び選択については，取引事例比較法における事例の収集及び選択に準ずるものとする。この場合において，賃貸借等の契約の内容について類似性を有するものを選択すべきことに留意しなければならない。

　地代，家賃，新規賃料，継続賃料の別及び住宅，事務所，店舗等建物の用途別に賃料の水準が異なるため，対象不動産に類似した事例を選択する。

　契約内容の類似性を判断する場合の項目は，次のとおりである。

(イ)　賃貸形式

(ロ)　賃貸面積

(ハ)　契約期間，経過期間，残存期間

(ニ)　一時金の授受に基づく賃料内容　　　┐

(ホ)　賃料の算定の期間及びその支払方法　┘　賃料内容の類似性

(ヘ)　修理及び現状変更に関する事項

(ト)　賃貸借等に供される範囲とその使用方法

ロ　事情補正及び時点修正並びに地域要因の比較及び個別的要因の比較

　事情補正及び時点修正並びに地域要因の比較及び個別的要因の比較については，取引事例比較法の場合に準ずるものとする。

　賃貸借等の事例の時点修正においては次の点に留意すべきである。

(イ)　新規賃料に係る事例が，契約期間の期首と価格時点とが異なるとき。

(ロ)　継続賃料に係る事例が，現行賃料改正の時点と価格時点とが異なるとき。

　上記において，その間に賃料水準の変動があると認められるときは，当該賃貸事例が価格時点において変更されずに継続している場合であっても，時点修正を行う。

　地域要因の比較にあたっては次の点に留意する。

　賃料を求める場合は，賃料固有の価格形成要因が存すること等により，

価格を求める場合の地域と賃料を求める場合の地域とでは，それぞれの地域の範囲及び地域の格差を異にすることに留意することが必要である。

　地域要因の比較は，同一需給圏内の類似地域に存する賃貸借等の事例から比準することになる場合は，地域間の賃料水準の格差を把握しておかなければならない。この格差は，土地の価格水準の格差を参考として求めることができるが，元本である不動産の価格水準とその果実である賃料の水準とはその経済価値を形成する市場が異なる。

　不動産，特に土地の価格は，現在の用途のみならず将来をも含めた用途の可能性に対して，不動産が存続する全期間に対応した経済価値が市場で形成されている。これに対して，賃料は，賃貸借等の契約によりその用途が特定されている。この契約による一定期間に対応した経済価値が市場形成されているため，不動産の元本である価格分析における地域とその果実である賃料の分析における地域間格差は必ずしも一致するものではない。この点に留意して，賃料水準の格差率は土地の価格水準の格差率を参考として求めることになる。

　個別的要因の比較にあたっては，契約内容，土地及び建物の状態に留意する。

　宅地の賃料を求める場合の個別的要因の格差は，価格を求める場合の格差を参考にして求めることができる。

　建物及びその敷地の賃料を求める場合の個別的要因の比較にあたっては，次のような建物に関する個別的要因に留意する。

㈰　面積，高さ，構造，材質等
㈁　設計，設備等の良否
㈂　施工の質と量
㈃　建物とその環境との適合の状態
㈄　公法上及び私法上の規制，制約等
㈅　土地価格と建物価格の構成割合
㈆　建物及びその付帯設備の維持管理の状態

㋣　区分所有建物のように立体的に利用されている場合における階層別の快適性（眺望，騒音等），収益性の状態

　㋺　建物の配置等敷地と建物との適応の状態

〔例〕比準賃料

① 実際実質賃料　　453,880円
② 時点修正　　　　2.5％の賃料水準の上昇がある。
③ 地域格差　　　　対象不動産と比較して事例地が8％劣る。
④ 建物個別格差　　建物と敷地の適合性が事例地の方が2％優れる。
⑤ 面積比較　　　　事例地の賃貸面積140㎡，対象不動産の賃貸面積160㎡

$$453,880円 \times \overset{②}{\frac{102.5}{100}} \times \overset{③}{\frac{100}{92}} \times \overset{④}{\frac{100}{102}} \times \overset{⑤}{\frac{160㎡}{140㎡}} = 566,590円（比準賃料）$$
$$\cdots\cdots 実質賃料$$

（①は453,880円）

　上記例のようにして求められた複数の事例により，より規範性の高いものを比較考量して最終的に比準賃料として査定することになる。比準賃料として求めるものは実質賃料である。

③　収益分析法

　ⅰ　意義

　収益分析法は，一般の企業経営に基づく総収益を分析して対象不動産が一定期間に生み出すであろうと期待される純収益（減価償却後のものとし，これを収益純賃料という）を求め，これに必要諸経費等を加算して対象不動産の試算賃料を求める手法である（この手法による試算賃料を収益賃料という）。

　収益分析法は，企業の用に供されている不動産に帰属する純収益の額を適切に求め得る場合に有効である。

　収益分析法は，一般企業経済に基づく総収益を分析することにより賃料を求めようとするものであるため，経営組織が全国的規模におよび対象地との相関性が希薄となる場合などは適用が困難となる。しかし，歩合制賃料を主

なる収益として経営されている店舗用ビルや駐車場の料金を主なる収益とする駐車場用建物，貸倉庫の保管料を主なる収益とする倉庫の場合等企業収益のあげうる寄与の度合が対象不動産と密接で不動産に適正に帰属している場合には適用が可能である。

　ⅱ　適用方法

　イ　収益純賃料の算定

　　収益純賃料の算定については，収益還元法における純収益の算定に準ずるものとする。この場合において，賃料の有する特性に留意しなければならない。

　ロ　収益賃料を求める手法

　　収益賃料は，収益純賃料の額に賃貸借等にあたって賃料に含まれる必要諸経費等を加算することによって求めるものとする。なお，一般企業経営に基づく純収益を分析して収益純賃料及び必要諸経費等を含む賃料相当額を収益賃料として直接求めることができる場合もある。

(3)　**継続賃料を求める鑑定評価の手法**

① 　差額配分法

　ⅰ　意義

　　差額配分法は，対象不動産の経済価値に即応した適正な実質賃料又は支払賃料と実際実質賃料又は実際支払賃料との間に発生している差額について，契約の内容，契約締結の経緯等を総合的に勘案して，当該差額のうち貸主に帰属する部分を適正に判定して得た額を実際実質賃料又は実際支払賃料に加減して試算価格を求める手法である。

　ⅱ　適用方法

　イ　対象不動産の経済価値に即応した適正な実質賃料は，価格時点において想定される正常賃料であり，積算法，賃貸事例比較法等により求めるものとする。

　　対象不動産の経済価値に即応した適正な支払賃料は，契約にあたって一時金が授受されている場合については，実質賃料から権利金，敷金,

保証金等の一時金の運用益及び償却額を控除することにより求めるものとする。

ロ　貸主に帰属する部分については，一般的要因の分析及び地域要因の分析により差額発生の要因を広域的に分析し，さらに対象不動産について次に掲げる契約の事項等に関する分析を行うことにより適切に判断するものとする。

(イ)　契約上の経過期間と残存期間

(ロ)　契約締結及びその後現在に至るまでの経緯

(ハ)　貸主又は借主の近隣地域の発展に対する寄与度

〔例〕差額配分法

基礎価格＝更地価格－借地権相当価格等－契約減価相当額

基礎価格は上記のように，更地価格から借地人に帰属する経済的利益を控除した底地価格である。

① $\underset{\text{(基礎価格)}}{8{,}000{,}000\text{円}} \times \underset{\text{(期待利回り)}}{0.06} = \underset{\text{(純賃料)}}{480{,}000\text{円}}$

② 必要諸経費等（公租公課，維持管理費等）　32,000円

③ 対象不動産の経済価値に即応した適正な賃料

$$\left[\underset{\text{(純賃料)}}{480{,}000\text{円}} + \underset{\text{(必要諸経費)}}{32{,}000\text{円}} \right] \times \frac{1}{12\text{か月}} = 42{,}667\text{円}$$

④ 差額賃料の算定

$42{,}667\text{円} - \underset{\text{(従前の実際支払賃料)}}{9{,}800\text{円}} = 32{,}867\text{円}$

⑤ 差額配分法による改訂賃料の試算

差額賃料のうち，賃貸借契約の経過期間，残存期間，現在に至るまでの経緯，貸主，借主の近隣地域発展に対する寄与度等，差額発生の要因を広域的に分析し，上記事項の契約における個別性を適正に判断する。仮に35％が適正と判断されるにいたったとき，32,867×0.35＝11,503円について，従前の実際支払賃料に加算する。

$\underset{\text{(従前の実際支払賃料)}}{9{,}800\text{円}} + \underset{\text{(差額につき配分された賃料)}}{11{,}500\text{円}} \underset{\text{(試算賃料)}}{\fallingdotseq 21{,}300\text{円}}$

〈差額配分法の長所〉
○ 正常実質賃料又は正常支払賃料を上限とする。これに，現在の実際実質賃料又は実際支払賃料との間に発生している差額について，その差額の全額又は一部を現在の賃料に適正に配分する方法である。差額部分について明示できるため説得性がある。
○ 基礎価格は更地価格を基礎としているため，土地価格と賃料水準が相関関係を有しながら推移している時期には，その効用増と水準の変動を反映できる。

〈差額配分法の短所〉
○ 土地価格の変動が著しい時期には，賃料水準の変動が大きくなる。
○ 差額配分の査定と判断に鑑定評価の主体により差が生じる。

② 利回り法
　ⅰ 意義
　　利回り法は，基礎価格に継続賃料利回りを乗じて得た額に必要諸経費を加算して試算賃料を求める手法である。
　ⅱ 適用方法
　　イ 基礎価格及び必要諸経費等の求め方については，積算法に準ずるものとする。
　　ロ 継続賃料利回りは，現行賃料を定めた時点における基礎価格に対する純賃料の割合を標準とし，契約締結時及びその後の各賃料改定時の利回り，基礎価格の変動の程度，近隣地域もしくは同一需給圏内の類似地域における対象不動産と類似の不動産の賃貸借等の事例，又は同一需給圏内の代替競争不動産の賃貸借等の事例における利回りを総合的に比較考量して求めるものとする。

　利回り法は，過去の賃料制定時における実際実質賃料を分析し，純賃料及び基礎価格に基づき継続賃料利回りを求める必要がある。過去の賃料改定時点から価格時点までの期間が長期間にわたるときには，適正な純賃料及び基礎価格の把握ができないため，この手法の限界について留意する必要がある。

利回り法

　$\boxed{\text{投下資本（基礎価格）}} \times 継続賃料利回り＋必要諸経費等＝試算賃料$
　　　↓
元本としての土地価格（底地価格）

〈利回り法の長所〉
○賃料の改定時に投下した資本を回収する側面を有し，元本としての土地価格の過去からの推移を賃料に反映することができる。
○賃貸借契約等の内容，契約の締結の経緯，その後の各賃料改定時の利回り，近隣地域及び同一需給圏内の類似地域等の利回り等を総合的に比較考量して継続賃料利回りを求めるが，契約内容の個別性について利回りに反映することができる。

〈利回り法の短所〉
○積算法の性格を有するため，供給者側に立脚した賃料算定方法となりやすい。このため，借主側の諸事情を反映し難いため，借主の営業権，生存権的な特殊性が軽視されうる。
○土地価格が急激に変化する時期においては，基礎価格と利回りの的確な把握が困難となる場合がある。一般に賃料は，土地価格の変動が直ちにタイムラグなく反映されることは稀であり，賃料は土地価格の変動についての遅行性を有する。このため，地価の急変時には，手法の特性上，賃料に直ちに反映されるため，補正及び適切な利回りの把握に困難を伴うこととなる。

③　スライド法
　ⅰ　意義
　　スライド法は，現行賃料を定めた時点における純賃料に変動率を乗じて得た額に価格時点における必要諸経費を加算して試算賃料を求める手法である。
　　なお現行賃料を定めた時点における実際実質賃料又は実際支払賃料に即応する適切な変動率が求められる場合には，当該変動率を乗じて得た額を

試算賃料として直接求めることができるものとする。
ⅱ 適用方法
イ 変動率は，現行賃料を定めた時点から価格時点までの間における経済情勢等の変化に即応する変動分を表わすものであり，土地及び建物価格の変動，物価変動，所得水準の変動等を示す各種指数等を総合的に勘案して求めるものとする。
ロ 必要諸経費等の求め方は，積算法に準ずるものとする。
　変動率を求める場合の各種指数は，地代，家賃，用途，地域ごとに適切に区分して，対象不動産の性格と各指数の特性を考慮する。
　このため，複数の指数から変動率を求めることが望ましい。
(イ) 住宅地……賃金指数，家計，可処分所得，消費者物価指数，消費支出（住居，家賃指数），全国市街地価格指数（住宅地）
(ロ) 商業地，工業地……不動産賃借料，卸売物価指数，企業経営利益，GNP，全国市街地価格指数（商業地，工業地）

スライド法
(従前賃料－当時の公租公課)×変動率(物価,地価指数等)＋現行公租公課
　　　　　（純賃料）
≒ (従前の賃料)×賃料の変動率＝試算賃料

　スライド法は，従前賃料が貸主及び借主の双方にとって公平かつ適正に定められていることが前提となって適用されるものである。このため，従前賃料については，双方が十分に納得していたが，改訂賃料について争いがある場合，判例においての賃料決定方式となることが多い。既に合意された賃料を合理的なものとして，その後の変動率により修正を施すのである。これらの変動率は，不動産自体の効用の変化及び貨幣価値そのものの変動等の率と考えられる。そのため，地価及び物価の二面から複数の指数を用いて試算すべきであろう。

〈スライド法の長所〉
○賃金，建築物価，不動産価格，賃料の一般的な変動率を採用し，これらを賃料に反映できるため，説得力がある。

○適用の方法が簡易であり，貸主，借主の理解をえやすい。
○貸主は土地価格上昇時は地価の上昇変動率を主張し，借主は，実質的な賃料の上昇率のみを主張して各自自己に有利な変動率を主張することになる。このため，各種の指数より，双方の主張する賃料改訂の額の限界について定めることができる。

〈スライド法の短所〉
○従前の賃料が不合理で適正を欠いていた場合，その修正が改訂時に困難となる。不合理性が改訂されないまま踏襲される。
○対象不動産の地域性，用途，契約の個別性についての反映が困難であり，画一的な変動率の適用となる。
○長期間改訂が行われていない賃料である場合，その期間の長さのために，スライド指数の精度が劣るおそれがある。

④ 賃貸事例比較法

賃貸事例比較法は，新規賃料に係る賃貸事例比較法に準じて試算賃料を求める手法である。

賃貸事例から比準賃料が試算された場合には，最も説得力を有する。しかし，継続賃料においては，個別的要因の比較等格差について十分に慎重な判断が要求される。

〈賃貸事例比較法の長所〉
○継続賃料の事例に基づくため客観的かつ実証的であり説得力がある。
○賃貸不動産の市場が成熟している商業地域等においては，適用の可能性があり，貸主，借主の双方の合意を形成しやすい手法である。

〈賃貸事例比較法の短所〉
○近隣地域及び同一需給圏内の類似地域から規範性のある賃貸事例の収集が困難である場合が多い。また，新規賃料と異なり，実際支払賃料を改訂する場合には，貸主，借主の双方の諸事情があり，必ずしも適正であるといいがたい場合，その補正に困難を伴う。
○対象不動産と事例との個別的要因の比較が困難である場合が多い。特に，

契約にあたって授受された一時金の取扱いとその比較，使用にあたっての契約による制約等契約減価相当額の把握とその格差の検討等高度の処理の能力が要求される。

　継続賃料の鑑定評価は，貸主及び借主の双方の相対立する主張がある。このため，継続賃料の鑑定評価にあたっては，貸主と借主の主張点，争いの経過，借主と貸主の経済的状態など，もし必要とあれば双方に面談聴取し，事実を確定することである。地代，家賃増額請求事件についての鑑定であれば，訴訟記録の調査も必要となる。

　貸主は，低額の賃料で賃貸借を継続してきたという気持ちが強いが，借主は，貸主に代って善良なる管理者の注意義務により賃貸物について管理してきたという自負がある。不動産鑑定評価書には，双方の主張と対立点を明確にし，なぜその手法を用いるに至ったのか根拠と説明を明確に記載すべきである。裁定的要素を含むため，数式の説得により，双方の主張を明確にとりあげ，その限界について説明することが有用であろう。

　以上，継続賃料の各手法を実務の実例をあげることによって，参考に供したい。

【実例１】

　これは現行の家賃が734,653円であったものが，月額650,000円として求められた不動産鑑定評価書の部分抜粋である。

　家賃を求めるべき店舗は，集合建物のうちの一店舗であるため，効用比と効用積数による積数価格の配分を行って，基礎価格を求めている。

　この案件で適用したのは，①積算法，②賃貸事例比較法，③利回り法，④スライド法，の４件である。一般的には，①積算法は新規賃料を求める手法である。借家人または賃貸人が当初契約の賃料の妥当性に深い疑問をもつ場合や，10年以上の長い期間にわたって改訂が行われていない場合には，土地価格をストレートに反映できるため，規範性を認めることができる。賃料の調整においては，各手法に同等のウェイトづけをした。すなわち，各試算賃料の25％相当を適正賃料の構成とすべきと判断したのである。

鑑定評価書

鑑定評価額及び価格の種類

　対象不動産　　　鑑定評価額（月額支払賃料　金650,000円）

　　　　　　　　　１m²当たり賃料　6,573円

　　　　　　　　　価格時点　平成18年４月１日

　下記は貸主に支払われる賃料の算定期間に対応する適正なすべての経済的対価である実質賃料による表示である。

　参考表示　　　　（月額実質賃料733,528円）

　　　　　　　　　〔継　続　賃　料〕

　　　　　　　　大阪府○○市○○町○番○号
　　　　　　　　社団法人日本不動産鑑定協会正会員
　　　　　　　　不動産鑑定業者　株式会社　○○○○
　　　　　　　　　　　　不動産鑑定士　　○○○○　　印

206

本件表示の不動産につき，専門職業家としての良心にしたがい，上記鑑定評価額を決定いたしました。

一　不動産の表示

（土地）　〔敷地〕

所在地　大阪府○○市○○町

地　番	地　目	公簿地積（m²）	所有者
2920番 105	宅　地	13,407.76	A不動産株式会社
2920番 123	宅　地	1,676.70	
2920番 124	宅　地	3,019.25	
2920番 125	宅　地	8,738.52	

合計　26,842.23m²

（建物）

所在地　大阪府○○市○○町

未登記　○○センター街の店舗の一部

種　類	構　造	地　積（m²）	所有者
店　舗	鉄筋コンクリート造2階建	22,897.02 固定資産課税台帳数量	A不動産株式会社

店舗契約面積　98.89m²

賃貸借の当事者

賃貸人　A不動産株式会社

賃借人　有限会社B美容室

（以上，不動産登記簿登記事項及び鑑定申出書および提示資料による）

【鑑定評価すべき事項】

　対象不動産について，継続されている賃貸借にもとづく従前の賃料を改訂する場合の適正賃料（家賃）を鑑定評価すること。

一　鑑定評価事項

　以下の時点での，継続されている賃貸借にもとづく従前の賃料を改訂する場合の適正賃料（家賃）を鑑定評価する。

　　（一）平成18年4月1日

二　鑑定評価の対象となった賃料

　　上記の家屋の継続賃料（家賃）を鑑定評価する。

　　（以上，御依頼書による）

三　依頼目的

　　適正な賃料（家賃）の判定のため

四　価格等の種類

　　継続賃料（支払賃料）

五　鑑定評価の条件

　1　対象不動産の所在，範囲は上記「一　不動産の表示」のとおり確定する。

　2　鑑定評価対象数量は，契約面積の記載数量である98.89㎡を評価基礎数量とし，形状等，個別的要因を考慮して評価を行う。

　3　鑑定評価の対象となる権利　継続賃料（支払賃料）

　　　所在，地番，数量，所有者等は，当事者の提示した資料による。

六　鑑定評価の依頼目的及び条件と価格の種類との関連

　　本件鑑定評価の依頼目的は，適正な賃料の判定のためであり，前記「五　鑑定評価の条件」との関連において，特定の当事者間において成立するであろう経済価値を適正に表示する賃料である継続賃料を求めるものである。

七　鑑定評価の価格時点

　　（一）平成18年4月1日

八　実査日

　　平成18年1月26日午後1時より

立会者　当事者　〇〇〇〇
九　鑑定評価を行った年月日
　　平成19年1月7日
十　鑑定評価額決定の理由
　　別紙「鑑定評価額決定の理由の要旨」のとおりである。
十一　当該鑑定評価に関与した不動産鑑定士の対象不動産に関する利害関係または対象不動産に関し，利害関係を有する者との縁故もしくは特別の利害関係　いずれもなし。
十二　付属資料
　　　1　位置図
　　　2　付近地図
　　　3　参考図
　　　4　関係写真

（別　紙）

鑑定評価額決定の理由の要旨

一　対象不動産の確認
1　実査日
　　平成18年1月26日
2　対象不動産の物的確認
　(1)　確認資料
　　　位置図，丈量図，平面図，登記簿謄本，公図
　(2)　確認事項
　　　所在，地番，地目，形状，数量，用途
3　対象不動産の権利態様の確認
　(1)　確認資料
　　　登記簿謄本，公図

4　対象不動産の表示と異同

　実査の結果，御交付の位置図，法務局において閲覧した不動産登記簿，公図等と照合して前記表示のとおりであると確認した。

二　基本方針
1　種類の判定に関する事項
　　継続賃料
2　方式の適用に関する事項

　本件は既成市街地内の「賃料」の鑑定評価である。このため更地並びに自用の建物及びその敷地の取引事例にもとづく比準価格を関連づけて更地価格である基礎価格を求める。これに，継続賃料の鑑定評価の手法を適用して求める。基礎価格を求めるにあたり，対象不動産は既成市街地内にあるため，土地については，再調達原価を求めることができないので，原価法の適用は行わない。

　なお，更地価格の認定にあたっては，地価公示法にもとづく地価公示価格等を規準した。

三　対象不動産の賃貸借の状況

・契約年月日　　　　　平成○年10月1日
・当事者　　　　　　　賃貸人　A不動産株式会社
　　　　　　　　　　　賃借人　B美容室
・契約面積　　　　　　98.89m²
・契約期間　　　　　　平成○年10月1日から平成○年9月30日の10年間
　　　　　　　　　　　（ただし，以後黙示更新1年）
・賃貸借の目的　　　　営業用店舗（美容室）として使用
・賃料（契約開始時）　月1m²当たり6,600円
・保証金等　　　　　　契約締結時に，敷金　9,790,700円
　　　　　　　　　　　　　　　　　保証金　22,843,000円

　　　　　　　　　　　　（条件等　10年据置。平成13年9月末日より10年に
　　　　　　　　　　　　わたり年賦均等償却）
・賃料改定　　　　　　　契約締結から3カ年を経過するごとに，賃料を改定
　　　　　　　　　　　　することができる。
・賃料改定状況
　賃料（契約開始時）　　平成〇年10月1日　652,674円
　　　　　　　　　　　　　　　（月1㎡当たり6,600円）
　　　　　　　　　　　　平成〇年12月1日　728,819円
　　　　　　　　　　　　　　　（月1㎡当たり7,370円）
　　　　　　　　　　　　平成〇年4月1日　734,653円
　　　　　　　　　　　　　　　（月1㎡当たり7,429円）

四　価格形成要因の分析
1　一般的要因の分析……（略）
2　最近の地価動向……（略）
3　地域分析
(1)　対象不動産の位置及び近隣地域の範囲
　本件対象不動産は市域のほぼ北部にあって，〇〇駅の東方約150m（直線距離以下同じ）の「〇〇センター街」内の〇〇内に位置する。対象不動産の属する近隣地域は，「〇〇センター街」内の西方の〇〇に位置する当該不動産を起点とし，東方150m，西方50m，南方100m，北方約100mの範囲である。
【〇〇センター街の概要】
　昭和47年4月に〇〇地区の総合地域開発として，〇〇タウンの玄関口に建設された商業施設であり，専門店と銀行，大規模駐車場との複合商業施設のセンターである。新興の住宅団地である〇〇タウンや〇〇団地の住民がその顧客である。
（〇〇センター街の敷地内の建物の概要）

・所在地番　○○町2920番105，123，124，125
① 事務所
　　コンクリートブロック造平家建
　　昭和59年12月新築　　床面積　40.40㎡
② ○○センター街（ダイエー・イズミヤ部分を除く）
　　鉄筋コンクリート造2階建
　　　　　　　　1階　　床面積　9,416.88㎡
　　　　　　　　2階　　床面積　5,418.20㎡
　　　　　　　　合計　　床面積　14,835.08㎡
　　昭和47年4月新築　（昭和53年に増築部分あり）
③ ダイエー
　　　　　　　　1階　　床面積　2,280.70㎡
　　　　　　　　2階　　床面積　2,174.20㎡
　　　　　　　　合計　　床面積　4,454.90㎡
　　昭和47年4月新築
④ イズミヤ
　　　　　　　　1階　　床面積　1,740.70㎡
　　　　　　　　2階　　床面積　1,634.20㎡
　　　　　　　　合計　　床面積　3,374.90㎡
　　昭和47年4月新築
⑤ ○○会館
　　　　　　　　1階　　床面積　2,515.00㎡
　　　　　　　　2階　　床面積　2,507.70㎡
　　　　　　　　3階　　床面積　2,273.50㎡
　　　　　　　　合計　　床面積　7,296.20㎡
　　昭和47年4月新築
（対象不動産の属する「○○A棟」の概要）
・○○センター街の敷地内の建物の位置……西方

○○電鉄○○駅の広場に連続する人の通りの繁華性の高い店舗部分であり，○○センター街の中心としての賑わいがある。
- ○○A棟の店舗数……20店舗
- 店舗契約面積…………1,167.90㎡

　当該近隣地域は，市街化区域，商業地域にあって，駅前至近の店舗を主とした地域を形成しており，その地域的特性は以下のとおりである。

(2) 近隣地域の特性
（街路条件）
　当該近隣地域は「○○センター街」を核としている。「○○センター街」の東方は幅員約16mの市道（○○線），南方は幅員約27mの市道（○○中央線），北方は幅員約18mの府道（○○線）を幹線街路とし，西方は○○電鉄○○駅に連続する駅前広場に接面する。地域のさらに東方においては，国道1号線が南北に縦断している。「○○センター街」の敷地は店舗として利用されており，周辺の道路とはほぼ等高に接面している。地域内の街路条件等（配置，連続性等）は良好であるが，従来より店舗は集客力があり，著名であったが，近時やや閑散とした感がある。従来より周辺地域の利便性は高い地域である。現況は商業地域内の平屋のスペイン，ポルトガルのコロニー風の店舗として利用されており，都市計画区域内にあり，駅前商業地域の中核を占め，今後もその熟成を高めるであろうと思われる。小売店舗を主とする駅前商業地域であり，商業地域としての街路条件は極めて良好な地域である。

（交通接近条件）
- 交通施設への接近性
　当該近隣地域から前記最寄駅○○駅前までは至近距離にあり，バス便の利用ができるため利便である。○○駅より大阪市都心部○○駅まで約40分を要する。したがって，対象近隣地域から最寄駅への接近条件及び都心部への接近条件は良好な地域である。

- 商業施設の競合状態
　競合商業施設は，日常買回り品の充足を目的とする近隣商業施設が△△駅周

辺及び主要幹線道路沿いの「SATY」等周辺の郊外型店舗がある。近隣地域周辺に商業施設も多く，競合状態は普通程度である。
・公益施設への接近性
　郵便局，銀行等の施設は，○○駅の周辺にあるため，その接近性は良好である。
・都心部への接近性
　当該近隣地域から都心部への接近性は良好である。
・商業施設の利便性とその競合状態
　近隣地域の付近周辺には近隣商業施設があり，競合状態は普通程度であり，駅の周辺には商業施設の連担が見られる。
（環境条件及び将来の動向）
　当該近隣地域が所在する○○町の周辺は商業施設の連担する地域である。周辺は低層の店舗，中高層の店舗，駐車場，倉庫等の敷地，広場として利用されている宅地である。前記のとおり，交通接近条件に優れた大規模な店舗の敷地として利用されている。当該近隣地域は地積1,000㎡程度を標準的画地とし，低層の店舗としてより熟成の過程にある駅前商業の性格を有する宅地地域である。今後はさらに商業地的色彩を深める商業地としてその熟成を高めていくものと思われる。周辺地域では，同時にマイカー顧客を吸収する主要幹線道路沿いの郊外型店舗があるため，将来的には今以上に競合が強くなるものと思われる。景気の回復につれてより繁華性が期待できる地域である。また，一部現況店舗の内装，模様がえ等が進行するが，特に，急激に変化を及ぼす要因は存せず，周辺の地域とともに当分現状程度で推移するものと考えられる。
　当該近隣地域は上水道，下水道の供給施設，都市ガスは整備済である。
（行政的条件）
　都市計画法上，商業地域の指定をうけている。
　　　建蔽率　80％　容積率　400％　防火地域
　　（価格水準）
　上記諸要因及び後添諸資料等を検討した結果，価格水準は1㎡あたり

650,000円前後と判断される。

(価格時点以降の不動産価格の将来動向)

下落傾向にある。

4　標準画地の判定と個別分析

　対象不動産の個別的要因については，以下のとおりである。

(土　地)

①　個別的要因

(位置)　前記近隣地域内のほぼ中央部の西よりに位置する。

(接面道路)　○○センター街の舗装街路に接面する。

(現況土地利用)　○○センター街の店舗敷地

(地域要因以外の接近条件)　特になし

(日照，通風の良否)　普通程度

(地盤の状態)　平坦であり普通程度

(隣接地の状態)……東側　店舗

　　　　　　　……西側　店舗

　　　　　　　……南側　通路

　　　　　　　……北側　倉庫と空き地

(供給処理施設の状況)　地域要因と同じ

(評価対象地の画地の状況)　間口約10.5m

　　　　　　　　　　　　奥行約 9.5m

(評価対象地の現況)　○○センター街1階を美容室の店舗として使用。

　　　　　　　　　店舗名称　B美容室

(評価対象地の行政的条件)　地域要因と同じ

　上記は評価対象地の個別的要因であるが，不動産鑑定評価上の手法として，対象地の近隣に中間画地の想定画地である標準画地を求めて更地価格を求める。これにより比準作業及び個別格差の補正作業を行うこととする。

（標準画地の画地条件）

標準画地は対象地の至近に想定する。

形状……近隣地域の標準的な画地とする。

地勢……接面敷地内通路に対して等高な平坦地。

地積……近隣地域の標準的な画地である，1,000㎡とする。

　　　　　街路との接面状態……長方形であり間口が約40m，奥行き約25m

　　　　　　　　　　標準画地面積　1,000㎡

　　　〔中間画地〕

　　　・北側……隣接地に等高に接面

　　　・西側……隣接地に等高に接面

　　　・東側……隣接地に等高に接面

　　　・南側……接面敷地内通路に接面

周辺の状態……対象土地の標準画地はほぼ等高に位置する。

　　〔その他の条件〕　交通接近条件，環境条件及び行政的条件については前記3地域分析に同じ。

② 個別分析（最有効使用の判定）

店舗としての現状の使用方法が最有効使用であると判断した。対象不動産の個別的要因は前記の通りであり，繁華性と交通接近条件に優れており，周辺宅地の熟成度が高まるにつれて，当該近隣地域の商業地としての熟成度が今後さらに高まるものと思料する。

〔対象不動産〕

（土地）　地　積　26,842.23㎡　　（敷地全体）

（建物）　床面積　16,014.14㎡　　（数量はA不動産による）

・実質建蔽率の査定

床面積÷敷地全体＝16,014.14㎡÷26,842.23㎡≒60％

これは，賃貸床面積98.89㎡に相当する土地の部分を査定するため算定する。

98.89㎡÷0.6≒164.82㎡（相当する土地の部分）

五　鑑定評価方式の適用及び価格の認定

　本件は既成市街地における賃料（家賃）の鑑定評価であるため，原価法による積算価格，取引事例比較法による比準価格を関連づけて基礎価格を求めて，これに期待利回りを乗じて得た額に必要諸経費等を加算した積算賃料等および継続賃料の各手法を適用して鑑定評価する。

　継続賃料の手法は，①差額配分法，②利回り法，③スライド法，④賃貸事例比較法等がある。本鑑定においては，この10年間の地価の高騰と下落の変動から判断して適正な差額配分を価格時点に適用することは妥当ではない。また，規範性ある賃貸事例を収集して賃貸事例比較法により正常実質賃料を求める。継続賃料の査定においては，規範性ある賃貸事例の収集にとくに留意した。本評価では，①積算法，②賃貸事例比較法，③利回り法，④スライド法を適用して鑑定評価を行った。

（継続賃料の手法の説明）

① 　差額配分法……対象不動産の経済価値に即応した適正な実質賃料又は支払賃料と実際実質賃料又は実際支払賃料との間に発生している差額について，貸主に帰属する部分を適正に判定して得た額を実際実質賃料又は実際支払賃料に加減して試算賃料を求める手法である。（本件では不適用）

② 　利回り法……基礎価格に継続賃料利回り（現行賃料合意時点における基礎価格に対する純賃料利回り）を乗じて，必要諸経費等を加算して試算賃料を求める手法である。

③ 　スライド法……現行賃料に，現行賃料合意時点から価格時点までの間の経済的情勢の変化に即応する変動率を乗じて試算賃料を求める手法である。

④ 　賃貸事例比較法……賃貸借に係わる事例に必要に応じて事情補正及び時点修正を施して，地域要因と個別的要因の比較を行って求められた賃料を比較考量して試算賃料を求める手法である。

⑤ 　積算法……基礎価格を求めて，これに期待利回りを乗じて得た額に必要諸経費等を加算して試算賃料を求める手法である。

表・対象地の概要……（省略）

【評価方式の適用】

A 積算法

> ① 積算法による試算賃料……月額715,000円

〔積算賃料〕

・基礎価格

【再調達原価】

（原価法による積算価格）

1 更地（土地価格）

　比準価格及び規準価格を求めて更地（土地価格）を求める。なお，本件では賃料を求めるため，収益還元法は適用しない。

　標準画地価格の認定……取引事例比較法及び収益還元法を適用する。

　標準画地価格の認定……前記「二　基本方針」に従い，「三　価格形成要因の分析」を十分検討のうえ，後添表1，2（省略）のとおり類似地域内において収集した取引事例，地価公示標準地等を採用し試算を行った結果，近隣地域内の標準画地に対し，以下の試算価格を求めた。

　表1は取引事例比較法を適用するため，市街化区域から宅地の取引事例を求め，宅地の比準価格は726,000円／m²と求められた。

　表2はこれら価格を検証するため，地価公示価格と規準した。規準価格は，642,000円／m²と求められた。

> 宅地の比準価格　726,000円／m²
> 宅地の規準価格　642,000円／m²

　宅地として更地の標準画地の土地の価格は，宅地の比準価格を重視し，規準価格をも参酌して，700,000円／m²と査定した。なお，規準価格とは，開差は少なく妥当な価格水準である。この700,000円／m²は想定された更地の標準画地の

土地を宅地として販売する場合を想定したときの妥当な価格である。

比準価格は直接採用しなかった取引事例を含め，近距離内に存する多数の取引事例を基礎に試算したものであり，市場性を十分反映した価格と認められ規範性は高い。周辺の土地のうち，3件は近隣地域周辺から規範性の高い事例を選択したものであり，画地の規模等市場の動向に留意した。

・対象不動産価格の認定

前記「三　4　個別分析」のとおり，対象土地は交通接近条件，環境条件及び行政的条件等各条件については，近隣地域内における標準的画地と同品等と認められる。しかし，4方路であり標準画地である中間画地に対して利便性が認められ増価要因等が認められる。ところが，全体規模が20,000㎡を超え，その規模が大きくその総額において想定需要が減少するという面大減価の要因の個別的要因格差補正率を認定する。このため，総合では△14.4%の個別格差補正を行った。

4方路	＋7％
面大減価の要因	△20％

1.07×0.80＝0.856（相乗積）

700,000円／㎡×$\frac{85.6}{100}$＝599,000円／㎡
　　　　　　　　　　　〔端数整理〕

・対象地の更地価格

599,000円／㎡×22,650.56㎡≒13,568,000,000円(A)

敷地全体（26,842.23㎡）であるが，○○会館を除く査定敷地面積

　敷地全体（26,842.23㎡）－2,515.00㎡÷0.6≒22,650.56㎡

○○センター街の更地価格を13,568,000,000円(A)と査定した。

2　建物（積算価格）

建物の再調達原価を181,000円／㎡と査定した。

181,000円／㎡×22,897.02㎡×(3÷30)≒414,000,000円(B)

(建物の耐用年数30年，経過年数27年，定率法採用)

なお，減価額は観察減価法を併用して上記積算価格を査定した。

3　土地と建物の積算価格

13,568,000,000円(A)＋414,000,000円(B)＝13,982,000,000円(C)

建付減価および一体としてのその他の減価要因はなく，○○センター街（○○会館を除く）の土地と建物の積算価格を13,982,000,000円(C)と決定した。

・積算価格の対象不動産部分への配分

商業床	契約面積（m²）	効用比	効用積数	効用積数比	積算価格配分
A	1,167.90	100	116790	8.537	1,193,643,340円
D	1,020.92	50	51046	3.731	
G	378.13	35	13235	0.967	
1F	1,184.98	90	106648	7.796	
2F	1,008.13	75	75610	5.527	
1F	1,228.47	85	104420	7.633	
2F	813.27	65	52863	3.864	
ダイエー	4,625.03	90	416253	30.427	
イズミヤ	4,781.36	85	406416	29.708	
倉庫	990.32	25	24758	1.810	
合計	17,198.51		1368039	100	

Aの積算価格は13,982,000,000円(C)×0.08537≒1,193,643,000円，対象不動産の契約面積は98.89m²である。

$$1,193,643,000円 \times \frac{98.89\text{m}^2}{1,167.90\text{m}^2} ≒ 101,000,000円$$

対象不動産の賃貸部分の積算価格は101,000,000円と査定した。

101,000,000円を基礎価格とする。

4　期待利回り

対象不動産の商業地としての性格，および近時の不動産投資の粗利回りである8～9％，および金融市場の動向を総合的に勘案して，土地および建物の期

待利回りは6％と査定した。

5　積算賃料

(1) 純賃料

　　　(基礎価格)　(期待利回り)
　　101,000,000円× 6 ％＝6,060,000（純賃料）

(2) 必要諸経費

　　平成18年度　公租公課（都市計画税，固定資産税）

　　土地　　114,027,000円

　　建物　　 14,540,000円

・対象賃貸部分に相当する土地の公租公課

　　114,027,000円×(164.82÷26,842.23)≒700,163円

・対象賃貸部分に相当する建物の公租公課

　　14,540,000円×(98.89÷22,897.02)≒62,797円

　　700,163円＋62,797円＝762,960円

(3) その他必要諸経費（修繕費，維持管理費，空室損失等）

　　現行賃料の20％と査定した。

　　734,653円×12月×0.2≒1,760,000円

・積算賃料

　　6,060,000円（純賃料）＋762,960円＋1,760,000円＝8,582,960円（年額）

　　8,582,960円（年額）÷12月≒715,000（月額）

＊積算法にもとづく試算月額支払賃料

平成18年4月1日	715,000円

B　賃貸事例比較法

② 賃貸事例比較法による支払賃料……月額515,000円

同一需給圏内の類似地域における対象不動産と類似の店舗の賃貸借の継続賃

貸借事例を収集調査して，これらに係る実際実質賃料を求めて，対象不動産との間の賃料形成に作用する地域要因および個別的要因の比較を行って対象店舗部分の床面積98.89㎡部分に照応する比準賃料を求める。

○○市内の近隣地域の周辺店舗および同一需給圏内の類似地域における賃貸事例より，価格形成要因の比較を行って対象不動産の比準賃料を求める。

近隣の店舗部分を以下の通り各賃料について比準した。

〔店舗部分に採用した賃貸事例〕

	所在地	契約面積	実際支払賃料	初回成約年
①	○○市○○地内	66.00㎡ 店舗	4,878円/㎡	○○年
②	○○市○○地内	66.00㎡ 店舗	3,420円/㎡	○○年
③	○○市○○地内	91.84㎡ 店舗	4,208円/㎡	○○年

いずれも近隣商業地域　容積率300%　契約期間3年

・比準賃料

実際支払賃料×事情補正×時点修正×地域格差×個別格差×建物品等＝試算賃料

① 4,878円　　100/100　　100/100　　100/ 80　　100/100　　100/100　　6,098円
② 3,420円　　100/100　　100/100　　100/ 80　　100/100　　100/100　　4,275円
③ 4,208円　　100/100　　100/100　　100/ 80　　100/100　　100/100　　5,260円

（時点修正の必要はないと判断した）

以上の3試算価格のうち，①②③は対象不動産の所在する近隣地の○○市の店舗の賃貸借の事例である。いずれの地域も，対象不動産の地域より繁華性がやや劣る地域にあり，その商業性は劣るが，実際支払賃料による比準により6,098円〜4,275円の間に求められた。よって，この中庸値である5,211円／㎡を比準賃料と査定した。この比準賃料の妥当性を検討する。

〔支払賃料の不均衡の理由〕

賃料は，単に支払賃料だけでは比較できない性格がある。権利金が1,000万円あり，月額15万円であれば，権利金がない同一賃貸物件は月額15万円以上とな

るのは明白である。権利金は賃借人に返還されることはない。このため，権利金の1,000万円は賃料の前払いともいえる。不動産鑑定評価において，支払賃料と実質賃料の2つの概念があるのは上記の混乱をさけるためでもある。

　従来，多くの不動産会社は，賃料の決定には全体バランスを検討することが常である。店舗の賃料の決定には，事業部の課長クラスの担当者が係わるが，時期と相手をみながら臨機応変に対応する。つまり，不均衡があると指摘できる。賃借人の契約の時期は平成2年であり，当評価書に記載されているとおり50％を超える地価の高騰の終焉の時期にあたる。この時期は，強気と弱気が対立していた時期でもあった。この賃料水準の不均衡は，当事者から提出された賃料の水準から推定できる。

　例をひくなら，集客力のある「UNITED ARROWS」「BEAMS」「SHIPS」「コムサデモード」「無印良品」等の優良人気テナントには特別の廉価な賃料を提供することが通常である。これに対して，借家人の美容室の利潤率は通常20％と各テナントの利潤率の30～40％を下まわる傾向がある（近畿内他社の店舗の事例）。これは，人件費がかさみ，美容室は過当競争の状態にあるためでもある。賃借人の美容室周辺には，サンロード，パパスアンドママス，その他競合美容室も多く，消費低迷による賃料水準の下落傾向を享受している。

　5,211円／㎡を月額支払賃料と決定する。
　5,211円／㎡（月額）×98.89㎡≒515,000円（月額）
＊賃貸事例比較法利にもとづく試算月額支払賃料

| 平成18年4月1日 | 515,000円 |

C　利回り法による試算賃料

| ③　利回り法による試算賃料……月額637,000円 |

　基礎価格に継続賃料利回りを乗じて試算賃料（支払賃料）を求める。

1　基礎価格　積算法より算定済……101,000,000円

2 継続賃料利回りの査定

現行の賃料を定めた時点の賃料をその時点における基礎価格により除して求める。

現行の賃料を定めた時点（平成16年4月）の基礎価格

① 更地価格

地価公示地の平成16年1月～平成18年1月までの変動△11%

平成16年1月　　637,000円／m²

平成18年1月　　567,000円／m²

上記地価公示の変動率を参考にして，平成16年4月から平成18年4月までの変動率は△12%と査定した。よって，平成16年4月の土地価格は

13,568,000,000(A)×$\frac{100}{88}$≒15,418,000,000円（平成16年4月の土地価格）

② 建物の積算価格

181,000円／m²×22,897.02m²×(5÷30)≒690,000,000円

（建物の耐用年数30年，経過年数25年，定率法採用）

③ 土地と建物の積算価格（①＋②）

15,418,000,000円＋690,000,000円≒16,108,000,000円

④ 商業床Aの積算価格

16,108,000,000円×8.537%（効用積数比）≒1,375,140,000円

⑤ 基礎価格（対象賃貸部分）

1,375,140,000円×(98.89m²÷1,167.90m²)≒116,400,000円

〔継続賃料利回り〕

734,653円（現行月額賃料）×12月＝8,815,836円（年額）

8,815,836円÷116,400,000円≒7.57%

継続賃料利回りを7.57%と査定した。

〔利回り法による試算賃料〕

101,000,000円×7.57%≒7,646,000円（年額）

7,646,000円（年額）÷12月≒637,000円

利回り法による支払賃料は637,000円と査定した。

＊利回り法にもとづく試算月額支払賃料

| 平成18年4月1日 | 637,000円 |

D　スライド法

③　スライド法による試算賃料……月額732,000円

スライド法とは，最近時における契約当事者の合意にもとづき，改定された支払賃料に価格時点までの経済事情の変動率を乗じて試算賃料を求める手法である。本件の変動率の算定においては，消費者物価指数を参考に（○○市・家賃）の平均値等を採用した。

なお，スライド法には別に実際実質賃料のうち「純賃料相当額」に経済事情の変動率を乗じて得た額に必要諸経費を加算して試算賃料を求める方法も存在するが，本件では支払家賃ベースで指数計算されたものであるところから，家賃指数と総合指数の平均値を採用した。

○○市消費者物価指数　（平成7年100）

価格時点	消費者物価指数平均値	採用変動率
	※	<u>102.3</u>
平成18年	H○．4．　102.8	102.8
4月1日	H○．3．　102.3	99.5%

価格時点	家賃指数平均値	採用変動率
	※	<u>103.8</u>
平成18年	H○．4．　103.9	103.9
4月1日	H○．3．　103.8	99.9%

(99.5%＋99.9%)÷2＝99.7%

変動率は99.7％と査定した。

※　鑑定時現在判明している直近の指数である家賃指数を採用した。

〔スライド法にもとづく支払賃料の試算〕

上記で求めた変動率を従前支払賃料に乗じて価格時点現在の試算賃料を求める。

価格時点	現行支払賃料	採用変動率	試算賃料（月額）
平成18.4.1	734,653円　×	99.7　＝	732,000円

＊スライド法にもとづく試算月額支払賃料

平成18年4月1日	732,000円

六　試算賃料の調整と鑑定評価額の決定

価格時点	試算賃料			
	A積算法	B賃貸事例比較法	C利回り法	Dスライド法
平成18年4月1日	（月額）715,000円	（月額）515,000円	（月額）637,000円	（月額）732,000円

＊試算賃料の調整と鑑定評価額決定理由の要旨

本件においてA積算法，B賃貸事例比較法，C利回り法，Dスライド法を適用した結果，上記のとおり求められた。ここでは

(1)　採用した方式の内容の検討
(2)　改定賃料を求める場合の基本的な視点
(3)　本件従前賃料の検討並びに改定賃料の決定

を行って後，鑑定評価額を決定するものとする。

(1) 採用した方式の内容の検討

　A積算法は，通常新規の賃貸借をする場合に供給者であるオーナー側の示すコスト面を反映した賃料である。この手法を継続賃料に適用するには，賃料の上限としての意味がある。

　B賃貸事例比較法は，市場性を反映する賃貸の現実で生じた事例であるため，強い説得力がある。賃貸にはさまざまな駆け引きと人間関係の恩恵，処遇があるが，規範性ある事例は地域の賃料の水準を判定する資料ともなる。

　C利回り法は，前回の賃料改定時に合意された改定賃料の利回りを反映するため，地価の変動のある商業地ではやや低く試算された。

　Dスライド法も，従前の賃料を基準としている点で，契約の経緯と諸事情等を反映する手法であり，従前賃料改定時においては少なくとも契約当事者間に合意が存在していた点にこの方式の合理性を見出すことができる。ただ他方で，この手法はその前提として従前賃料の適正性が不可欠の条件となる。従前の賃料の適正性に疑義がある場合，換言すれば従前賃料が極端に安い場合，あるいは極端に高い場合などは，いかにスライド係数が正鵠を得たものであっても，その不合理性は改善されないまま温存されることになる。

(2) 改定賃料を求める場合の基本的な視点

　適正継続賃料の評価は，賃貸借契約が特定当事者間の継続的な契約関係であるという特殊性を反映して，これを求めるべきである。このことは継続賃料が鑑定評価の類型上「正常」賃料ではなく，「限定」賃料（自由競争原理の働く市場下においてではなく，むしろこのような競争原理の作用しないところで決定される賃料）として位置づけられていたところからも明らかである。そうであれば，継続適正賃料の評価はまず常に，従前当事者間で定められた賃料が，継続的な契約関係の中にあって，はたして適正であったのか否かをたずねることから出発しなければならない。

　従前の賃料が，継続的な契約関係の中で低廉である場合には，改定賃料はある程度上昇してもやむを得ない。逆に，従前の賃料が適正な水準を維持してい

る場合，改定賃料はあまり上げる必要はない。継続適正賃料の評価に際しては，以上のような配慮ないしは観点が不可欠となる。さらに，継続賃料の評価に際しては，これとあわせて従前賃料改定時点から問題となっている価格時点の間に，どのような経済事情の変動が存在し，それが賃料改定にどのように影響を及ぼすかの判断も不可欠となる。

　以上，従前の経緯とそれ以降の変動要因，ならびにそれが賃料の改定に及ぼす影響の把握が，継続適正賃料の評価に際し不可欠なものと思料される。

(3)　本件従前賃料の検討ならびに改定賃料の決定

　そこでまず，本件従前賃料の適正性について検討するに，本件従前支払賃料は，地域の特性その他，駅前の商業地にある店舗の賃料水準を十分に考慮しており，貯蓄・債券等他の金融資産の利回りとの比較において，不動産の資産としての安全性を考慮に入れても十分に妥当なところに位置するものと思料される。

　以上のところからすれば，本件従前賃料は概ね妥当な水準にあるという結論は方式適用の結果，求められた各試算価格の開差からもうかがえる。しかもその間に，基礎価格の下落や経費率の変動上昇等の現象も生じている。

　以上，種々の観点から本件適正賃料の検討を行った結果，従前賃料がその当時として妥当な水準にあったところから，改定賃料の決定に際しては，市場性の検討を加えた賃貸事例比較法に規範性が認められる。これによれば，賃料は4試算賃料のうち低い試算賃料である。

　これらの賃貸事例比較法が低く求められたのは，○○センター街の競争力の低下である。「SATY」「ジャスコ」等の大駐車場完備の新興店舗の出現も影響している。また，消費の低迷による周辺店舗の新規賃料の低下も影響している。また，店舗自体の旧式化もある。現に，対象不動産である美容室は平成2年に前の美容室の経営者より店舗改造なく引き継ぎ営業している。やや暗い趣がある。近時の広いスペースに，明るい透明感が美容室として好まれる傾向がある。添付の2枚の最初の写真は対象不動産の美容室内部の写真である。

2枚目は，近隣の競合店舗の内部の写真である。広いスペースに明るい透明感がある。なお，当競合店舗の賃料についても収集できたが，鑑定書への記載は了承してはもらえないため賃貸事例として採用していない。

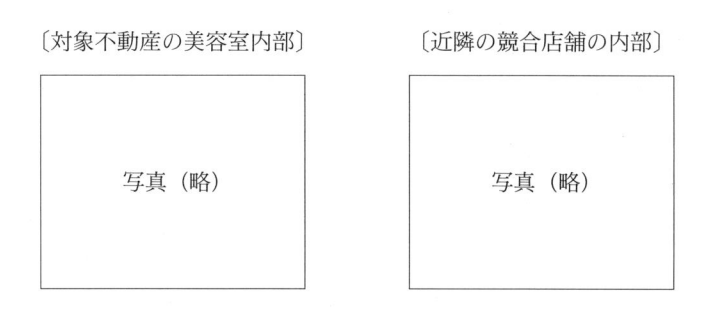

〔対象不動産の美容室内部〕

写真（略）

〔近隣の競合店舗の内部〕

写真（略）

○○センターの各店は消費の低迷をうけ，売上の低迷がある。各店舗は生存をかけて営業に努めているが，今後は賃料の負担が大きくなるものと思われる。賃貸借というその間の継続的な契約関係と信頼関係を破壊するおそれがないよう双方にあゆみよりの精神が必要である。従前賃料改定時点から，本件価格時点の間に地価下落や必要諸経費の上昇等の経済事情の変動が認められるため，それを如実に反映する各試算賃料を重視すべきである。

地価下落にもかかわらず賃料が上昇してきたのは，上記の理由のほかに公租公課の上昇もその要因である。近時の賃料は新規契約賃料は低くなり，古くからの継続賃料は高いという現象が一部ある。試算賃料の調整に際しては，継続賃貸借における特殊性を十分に考慮しなければならない。元本と果実を具現する不動産価格市場と賃貸借の賃料市場は相関関係があるものの，両市場は別の価格形成要因を反映して形成されている。すなわち，本件でも近隣の賃料は不均衡がある。

今後，土地の公租公課は地価の下落にかかわらず上昇するであろう。それは国税の歳入不足により資産税の課税強化があるためである。不動産の所有者は負担が増加する。このため，原価からアプローチする積算法の試算賃料をも重視する必要がある。試算賃料では，スライド法にもとづく試算賃料の変遷に留

意して，利回り法，賃貸事例比較法をすべて同等のウエイトづけを指針としながら，4試算賃料のほぼ平均値と今後の不動産価格の下落傾向と賃貸借の賃料市場の動向を総合的に参酌して決定した。

なお，当該賃料の基礎価格を算定した更地価格，公示地周辺の商業地は，平成12年1月の当鑑定時点において年間△12％～△13％の地価下落が継続している。賃貸人と賃借人は，いわば共同経営者の地位にある。相互扶助と助け合いにより，良好な人間関係の継続という信頼関係の維持が必要な視点となる。当評価にあたり，公平に誠実に評価を行い，その持てる力のすべてをつくした。そこで，当事者の創設された賃料と，周辺店舗の賃料動向と改定の状況を総合的に判断した下記鑑定評価額に，何ら懸念は存しない。よって，次の記載のとおり鑑定評価額を決定した。

＊鑑定評価額＊
平成18年4月1日現在の継続適正賃料（月額）支払賃料
金650,000円

下記は，貸主に支払われる賃料の算定期間に対応する適正なすべての経済的対価である実質賃料による表示である。

① 支払賃料（月額）　　650,000円
② 敷金運用益　　　　　9,790,700円×3.5％÷12月≒28,556円
③ 保証金運用益　　　　22,843,000円×2.28878％÷12月≒43,569円
　（2.28878％の査定　10年据置　以後10年の無利息返還の平均運用利率）
④ 実質賃料　　　　　　722,125円

以上，不動産鑑定士としての良心に従い，誠実公正に鑑定評価額を決定した。

【実例2】

次に掲げる継続賃料の鑑定評価事例は，現行月額6,500,000円の家賃を月額5,223,000円とすることが求められたものである。

ここでは，①差額配分法，②スライド法，③利回り法，の3手法を適用した。この評価では，家賃も高額であるが，双方の主張の対立も激しく，その対立点を明確にするのに約1.5カ月必要であった。その対立点とは，駐車場の部分を含むのか，それともそれを除外するのかという鑑定評価条件の確定であった。これには，約3カ月間双方の調整が行われて確定したが，この調整と協議がなければ当然，鑑定評価によって求めた賃料も無意味となる。

特に継続賃料の評価においては，①鑑定評価時点，②過去時点，の2時点が求められることが多い。案件によっては10時点という依頼もある。そのような場合には，その理由を明確にして，誤解を起こす条件については，双方の主張をよく聞き，妥協点を提示することも，不動産鑑定士の力量と思われる。3時点以上の評価の場合には，和解になることは少なくなる。賃料の不動産鑑定評価書で優れている評価書は，賃貸人と賃借人が，双方とも納得して，合意できる文書である。和解できる不動産鑑定評価書が最も優れた評価書であろう。

そのためには地価水準，賃料水準の把握は当然ながら，何よりも誠実な実査と鑑定評価条件の確定が必要となる。

鑑定評価書

鑑定評価額及び価格の種類
　対象不動産　鑑定評価額A　（月額家賃5,223,000円）　平成17年4月26日
　　　　　　　鑑定評価額B　（省略）
　　　　　　　鑑定評価額A　（月額家賃5,223,000円）　平成17年7月17日
　　　　　　　鑑定評価額B　（省略）
　　　　　　　鑑定評価額A　（前契約一時金を考慮する場合）
　　　　　　　鑑定評価額B　（前契約一時金を考慮しない場合）

上記は貸主に支払われる賃料の算定期間に対応する適正な継続賃料で，月額の支払賃料による表示である。

〔継 続 賃 料〕

大阪府○○市○○町○番○号
社団法人日本不動産鑑定協会正会員
不動産鑑定業者　株式会社　○○○○
　　　　　　　不動産鑑定士　○○○○　印

本件表示の不動産につき，専門職業家としての良心にしたがい，上記鑑定評価額を決定いたしました。

一　不動産の表示
（土地）
　所在地　大阪府○○市○○町

地　番	地　目	地　積（m²）	所有者
512番1	宅　地	232.55	
514番1	宅　地	564.49	
514番2	宅　地	502.05	
514番3	宅　地	400.73	
514番4	宅　地	212.16	○○株式会社
515番1	宅　地	626.74	
516番1	宅　地	268.64	
519番2	宅　地	426.75	
519番3	宅　地	78.66	

　　合計　3,312.77m²　内評価数量　2,729.07m²

(建物)

所在地　大阪府○○市○○町　同上の番地

家屋番号	構造用途	床面積（m²）	所有者
515番1	鉄骨造亜鉛メッキ鋼板葺2階建市場	1階　2,170.80 2階　　395.66 延べ　2,566.46	○○○○

評価数量　2,615.34m²

（以上，不動産登記簿登記事項及び鑑定申出書による）

【鑑定評価すべき事項】

　対象不動産について，継続されている賃貸借にもとづく従前の賃料を改訂する場合の適正賃料（家賃）を鑑定評価すること。

一　鑑定評価事項

　以下の2時点での，継続されている賃貸借にもとづく従前の賃料を改訂する場合の適正賃料（家賃）を鑑定評価する。

　　（一）　平成17年4月26日

　　（二）　平成17年7月17日

二　鑑定評価の対象となった賃料

　　上記の土地の継続賃料（家賃）を鑑定評価する。

　　（以上，御依頼書による）

三　依頼目的

　　適正な賃料（家賃）の判定のため

四　価格の種類

　　継続賃料

五　鑑定評価の条件

　1　対象不動産の所在，範囲は上記「一　不動産の表示」のとおり確定する。

　2　鑑定評価対象数量は，不動産登記簿の記載数量参考に敷地部分2,729.07

m²，建物部分延べ2,615.34m²を評価数量とし，形状等，個別的要因を考慮して評価を行う。

3　不動産の種別　類型　継続賃料

所在，地番，数量，所有者等は，依頼者の提示した資料による。

4　前掲の土地内に含まれる本件対象外の露天の駐車場，倉庫，道路の北側のプレハブ倉庫及び駐車場等は評価対象不動産とともにその効用を発揮しているため，現状を所与とする。

5　前契約における一時金のうち，返還義務のある金銭については，一時金とみなして評価する場合（A評価）とこれを考慮しないものとして評価する場合（B評価）を行う。

6　賃料の増額等特約は考慮外とする。これは，不動産鑑定評価は市場の価格等についての意見と判断を主とするものであることによる。

六　鑑定評価の依頼目的及び条件と価格の種類との関連

本件鑑定評価の依頼目的は，適正な賃料の判定のためであり，前記「五　鑑定評価の条件」との関連において，特定の当事者間において成立するであろう経済価値を適正に表示する賃料である継続賃料を求めるものである。

七　鑑定評価の価格時点

（一）平成17年4月26日

（二）平成17年7月17日

八　実査日

平成18年8月1日（最終実査）

九　鑑定評価を行った年月日

平成18年8月18日

十　鑑定評価額決定の理由

別紙「鑑定評価額決定の理由の要旨」のとおりである。

十一　当該鑑定評価に関与した不動産鑑定士の対象不動産に関する利害関係または対象不動産に関し，利害関係を有するものとの縁故もしくは特別の利害関係　いずれもなし。

十二　付属資料
　　1　位置図
　　2　付近地図
　　3　参考図
　　4　関係写真

（別　紙）

鑑定評価額決定の理由の要旨

一　対象不動産の確認
1　実査日
　　　　平成18年8月1日（最終実査）
　　現地立会日
　　　　平成18年4月26日午後1時より約1時間
　　立会者　〇〇〇〇
　　立会者　〇〇〇〇
2　対象不動産の物的確認
　(1)　確認資料
　　　　位置図，丈量図，平面図，登記簿謄本，公図
　(2)　確認事項
　　　　所在，地番，地目，形状，数量，用途
3　対象不動産の権利態様の確認
　(1)　確認資料
　　　　登記簿謄本，公図
4　対象不動産の表示と異同
　　実査の結果，御交付の位置図，法務局において閲覧した不動産登記簿，公図等と照合して前記表示のとおりであると確認した。

二　基本方針
　1　種類の判定に関する事項
　　　本件対象不動産の種別，類型は，継続賃料
　2　方式の適用に関する事項
　　　本件は既成市街地内の「賃料」の鑑定評価である。このため更地並びに自用の建物及びその敷地の取引事例にもとづく比準価格を中心に，基礎価格を求める。これに，継続賃料の鑑定評価の手法を適用して求める。基礎価格を求めるにあたり，対象不動産は既成市街地内にあるため，土地については再調達原価を求めることができないので，原価法の適用は行わない。開発法による手法はこれを適用する。
　　　なお，更地価格の認定にあたっては，地価公示法にもとづく地価公示価格等を規準にした。

三　価格形成要因の分析……（省略）

四　賃貸借契約の内容
（契約開始時以前の状況）
　昭和51年12月より営業開始。駐車場について昭和57年契約の変更があった。この経緯については，争いがある。
　各テナントが別々に本件家主より賃借していた。
（契約開始時）平成14年4月26日
　この契約により，構成員組織による本件賃借人が一括賃借する形式となる。
（賃貸人）〇〇〇〇
（賃借人）〇〇〇〇
（目　的）小売の物品販売業に関する営業店舗が目的。
（期　間）20年
（特約等）平成14年4月より月額6,500,000円賃料。
　　　　　満3年ごとに従前賃貸借の9％の増額改定の約定。

（一時金）改装協力金　300,000,000円
　　　　　　改装協力金　　2,349,000円
　　　　　　　　合計　302,349,000円
　　　　　　（解約時の返還義務なし）
・別途一時金　前契約の敷金，保証金残高
　　　　　　　82,212,500円
　　　　　　（対象不動産を含む6件の契約に係る残高）
（最近の月額賃料の経過）
　現行の支払賃料　月額賃料　6,500,000円

表・個別的要因一覧表……（省略）

A　差額配分法

　差額配分法とは，対象不動産の経済価値に即応する正常賃料と正常実質賃料との差額を算出し，当該差額部分について地主に帰属する部分を適正に判定し，これに必要諸経費を加算して月額試算賃料を求めるものである。

　A評価（別途一時金考慮）
（土地）①　正常純賃料
　・価格時点……平成10年4月26日
　　　　価格時点基礎価格×期待利回り[*1]＝正常純賃料
　（222,000円×2,729.07㎡）
　　　605,853,540円　　×　　0.060　　＝36,351,212円
（建物）①　正常純賃料
　・価格時点……平成17年4月26日
　　　　価格時点基礎価格×期待利回り[*1]＝正常純賃料
　　　182,420,000円　　×　　0.060　　＝10,945,200円

> 正常純賃料（土地）＋（建物）＝36,351,212円＋10,945,200円
> 　　　　　　　　　　　＝47,296,412円

② 経済価値に即応する賃料

　　　　正常純賃料＋必要諸経費
　　　47,296,412円＋20,070,960円＝67,367,372円

・必要諸経費

　　減価償却費＝建物基礎価格×1／経済的残存耐用年数
　　　　　　　＝182,420,000円×1／18＝10,134,444円
　　損害保険料＝建物基礎価格×2／1000
　　　　　　　＝182,420,000円×2／1000＝364,840円
　　公租公課　実額（面積按分）　　　　　4,842,035円
　　修繕費　　　　　正常純賃料の5％ ┐
　　維持管理費　　　正常純賃料の3％ ├ 計10％
　　空室等による損失　正常純賃料の2％ ┘
　　　　　47,296,412円×10／100＝4,729,641円

　　合計……20,070,960円

・一時金の運用益

　　利率5％　期間20年の年賦償還率＝0.080243
　　改装協力金　302,349,000円×0.080243＝24,261,391円

・別途一時金

　　82,212,500円×0.080243×(6,500,000円÷7,500,000円)＝5,717,381円
　　(6,500,000円÷7,500,000円)は現行賃料比での配分

・別途一時金を考慮した場合

　　24,261,391円＋5,717,381円＝29,978,772円

③ 経済価値に即応する支払賃料

　　　　経済価値に即応する賃料－一時金
　　　67,367,372円－29,978,772円＝37,388,600円（月額　3,115,717円）

| 現行賃料 | 78,000,000円（月額6,500,000円） |

④ 差　額

　　　経済価値に即応する支払賃料－現行賃料＝差額
　　　　37,388,600円－78,000,000円＝△40,611,400円
　　　（月額）3,115,717円－6,500,000円＝月額△3,384,283円

⑤ 差額配分による試算賃料

　　　　＊² 差額配分は公平の観点から折半法を採用（2分の1）
　　　　差額×2分の1＋現行賃料＝差額配分試算賃料
　　　　△40,611,400円×1／2＋78,000,000円＝57,694,300円
　　　　△3,384,283円×1／2＋6,500,000円＝ 4,807,858円

【差額配分法にもとづく試算賃料】

・A評価（別途一時金を考慮）

| 平成10年4月26日 | 4,807,858円 |

＊¹ 期待利回り……6％の期待利回りを採用した。

＊² 配分割合は，地域の慣行と本件地上建物の用途，構造等を総合的に勘案して50％と判定した。

B　スライド法

(1)　スライド法とは

　スライド法とは，最近時における契約当事者の合意にもとづき改定された支払賃料に，価格時点までの経済事情の変動率を乗じて試算賃料を求める方法である。本件の変動率の算定においては，消費者物価総合指数と（大阪市・家賃）の平均値を採用した。

　なお，スライド法には，別に実際実質賃料のうち「純賃料相当額」に経済事情の変動率を乗じて得た額に必要諸経費を加算して試算賃料を求める方法も存在するが，当方法は採用しない。

平成14年4月	消費者物価総合指数	99.7	
平成17年4月	消費者物価総合指数	103.0	
	変動率	103.3%	
平成14年4月	家賃指数	99.1	
平成17年4月	家賃指数	105.2	
	変動率	106.1%	

価格時点	消費者物価指数平均値	採用変動率
平成17年 4月26日	①消費者物価総合指数変動率 103.3% ②家賃指数変動率 106.1%	(①+②)×1/2 1.047

＊鑑定時現在判明している直近の指数である家賃指数を採用した。

(2) スライド法にもとづく支払賃料の試算

上記で求めた変動率を従前支払賃料に乗じて，価格時点現在の試算賃料を求める。

価格時点	現行支払賃料	採用変動率	試算賃料（月額）
平成17年4月26日	6,500,000円 ×	1.047 =	6,805,500円

＊スライド法にもとづく試算月額支払賃料

平成17年4月26日	6,805,500円

C 利回り法

　A評価……価格時点・平成17年4月26日

① 価格時点基礎価格　　（土地）　605,853,540円
　　　　　　　　　　　　（建物）　182,420,000円
　　基礎価格　　　　　　合計　　　788,273,540円

② 継続賃料利回り　9.67%
　　　　　　　　(87,907,812円÷909,206,829円＝0.0967)

240

③ 利回り法による試算賃料

　　基礎価格×継続賃料利回り＋必要諸経費－一時金等

　　（788,273,540円×9.67％＋20,070,960円）－29,978,772円

　　＝66,318,239円（月額5,526,520円）

＊利回り法にもとづく試算月額支払賃料

　A評価

| 平成17年4月26日 | 5,526,520円 |

継続賃料利回りは，現行賃料合意時点における（当時の継続年額純賃料÷当時の基礎価格）いわゆる実績利回りである。この実績利回りは下記のとおり求めた。

（現行年額純賃料）

現行年額純賃料は，現行年額支払賃料に一時金の運用益等を加えて，それに合意年度の必要諸経費を控除して求める。

　　継続年額純賃料÷当時の基礎価格＝86,985,950円÷909,206,829円
　　　　　　　　　　　　　　　　　＝0.0957

A評価：現行支払賃料＋一時金の運用益等－必要諸経費等＝純賃料

　　78,000,000円＋29,978,772円－20,070,960円＝87,907,812円

（月額6,500,000円）

（推定基礎価格）平成7年4月

（基礎価格）平成10年4月　時点修正率

①（土地）605,853,540円×100/87＝696,383,379円

　時点修正率は地価公示価格等を参考に地域要因を総合的に判断して査定した。

②（建物）405,378,000円（推定再調達原価）×$\dfrac{21年}{(19年＋21年)}$＝212,823,450円

①＋②＝909,206,829円

【本件従前賃料の検討等ならびに改定賃料の決定】

　そこでまず，本件従前賃料の適正性について検討するに，①本件従前支払賃料は，地域の特性として，商業収益性とその発展の期待性の影響を強く受けた賃料であったものであり，貯蓄・債券等他の金融資産の利回りとの比較において，不動産の資産としての安全性を考慮に入れて勘案すれば，やや高かったものと思料される。

　以上のところからすれば，本件従前賃料は低い投資採算性と割高な経費率という二律背反する2つの要素が存在する。これは，近時，公租公課が継続的に上昇して経費率が悪化する諸特性を具有するものと思料される。経費率は33％（本件）とほぼ妥当ではある。従来から，大阪市周辺の事例から判断される経験則の経費率30％～40％の間にあり，適正であったものと思われる。近隣が商業地域化して熟成するに伴い，公租公課の継続的な上昇があったため現れたものということができ，本件従前賃料はやや高いものの，ほぼ妥当に位置するものと評価できる。

　このように従前の賃料が全体的に見て，ほぼ妥当水準にあるという結論は方式適用の結果求められた各試算価格の開差（差額配分法にもとづく価格が，一般に他の手法にもとづく価格に比較し，突出して高く求められるのが通常の状況であるにもかかわらず，3試算賃料が開差がない）からもうかがえる。しかもその間に，基礎価格の下落や経費率の変動上昇等の現象も生じている。

　以上，種々の観点から本件適正賃料の検討を行った結果，従前賃料がその当時としてはほぼ妥当な水準にあったところから，改定賃料の決定に際しては，経済的な観点から求められた差額配分法にもとづく賃料に規範性が認められる。しかし，急激な賃料の変更は当事者間の継続的な契約関係と信頼関係を破壊するおそれもある。また，従前賃料改定時点から，本件価格時点の間に地価下落や必要諸経費の上昇等の経済事情の変動が認められるため，それを如実に反映するスライド法にもとづく試算賃料を重視すべきである。

　また，利回り法の供給者側に立脚した賃料算定も同時に考慮しなければなら

ない。試算価格の調整に際しては，継続賃貸借における特殊性を十分に考慮しなければならない。元本と果実を具現する不動産価格市場と賃貸借の賃料市場は相関関係があるものの，両市場は別の価格形成要因を反映して形成されている。すなわち，本件では，地価の下落の要因が，賃料の抑制要因となり，従前賃料の不適正を補正する要因ともなるものである。今後，不動産の公租公課は上昇する傾向にある。これは，資産税が課税強化されることであり，非就業者の増大が大きく政府の歳入不足をきたすからである。

　他方，賃借人からみれば，非就業者の増大により，より消費は低迷して収入の減少傾向が今後もより鮮明になることを意味する。生存権を懸けた賃借人の営業努力とこれを支援する賃貸人の協力体制こそがこの難局を乗り切る手段であろう。ともに苦難の時期にある。譲るべきところは譲り合う，互譲の思いやりがなければ共倒れの危機がある。これらの視点を総合的に考慮して，試算賃料では，スライド法にもとづく試算賃料の変遷に留意して，差額配分法にもとづく試算賃料に60％，スライド法にもとづく試算賃料に10％，利回り法による試算賃料に30％のウエイト付けを指針としながら，今後の不動産価格の下落傾向と賃貸借の賃料市場の動向を総合的に参酌した。

　なお，当該賃料の更地価格に対する実際利回り（年額継続賃料／更地価格）は，平成17年4月26日現在では約10％である。これは，大阪市周辺の継続賃料の実際利回りの経験値からしてもほぼ妥当である。

　また，家賃の公租公課に対する割合は3.1倍であるが，大阪市周辺の継続賃料の公租公課に対する割合は，今後悪化してくることを考慮すれば，おおむね妥当であろうと判定できる。対象不動産は低層の店舗であるため，対象地上建物が最有効使用の状態にないため，やや採算性が悪い状況がある。土地所有者からは増額による賃料が望むべきものではある。賃借人からすれば，不利な低層の店舗から消費低迷のなか，収益を日々の小売業務により上げることも従来以上に困難となってきている。それらは，現在全国36,000店あるコンビニエンスストアーの過当競争による収益圧迫と大型著名スーパー「ダイエー」等の累積赤字，老舗の百貨店「三越」等の都心部での一部閉鎖となってきている。賃料

の鑑定評価では，何より土地の価格と建物の価格すなわち基礎価格の判定の相違が賃料の鑑定評価額の相違となっている。

　平成17年4月当時において「地価の下落が続いているがその下落幅は縮小する傾向にあり，小規模住宅はほぼ横ばいの傾向にある。」と判断したときは，土地価格は比較的高く求められ，賃料の鑑定評価額は当然高く評価される。それは不動産の価格は明日を反映しており，この予測いかんが土地価格の相違となる。平成17年前半当時においては，事実この認識は正当であった。しかし，平成17年後半より長銀，大手証券会社の破綻により，地価は大きく下落することになる。当賃料の鑑定評価では何より土地の価格そのものの評価を重視した。

　また，建物の再調達原価にも十分な検討を加えた。開発法を適用したのは，大規模画地の土地の経済価値を把握するためである。対象地は商業施設ではあるが，地域の特性として商業的繁華性を周辺に広げる余地はない。ここにおいて，相互扶助と助け合いにより良好な人間関係の継続という信頼関係の維持が必要な視点となる。そこで，当評価にあたり公平に良心に従い，誠実その持てる力の限りをつくした。

　当事者の深い信頼関係から創設された契約と過去の賃料の改定の状況の信頼関係を総合的に判断した下記鑑定評価額に何ら懸念は存しない。

　　よって，次の記載のとおり鑑定評価額を決定した。

> 鑑定評価額A　（月額家賃5,223,000円）　平成17年4月26日
> 鑑定評価額A　（月額家賃5,223,000円）　平成17年7月17日

　上記は貸主に支払われる賃料の算定期間に対応する適正な支払賃料による表示である。

　以上，不動産鑑定士としての良心に従い，誠実公正に鑑定評価額を決定した。

第8章　鑑定評価の手順

　鑑定評価を行うためには，合理的かつ現実的な認識と判断に基づいた一定の秩序的な手順を必要とする。この手順は，一般に鑑定評価の基本的事項の確定，処理計画の策定，対象不動産の確認，資料の収集及び整理，資料の検討及び価格形成要因の分析，鑑定評価方式の適用，試算価格又は試算賃料の調整，鑑定評価額の決定並びに鑑定評価報告書の作成の作業から成っており，不動産の鑑定評価にあたっては，これらを秩序的に実施すべきである。

　不動産の鑑定評価は，鑑定評価の主体が合理的な市場になりかわって，正常価格を的確に把握することを中心とする作業である。鑑定評価の手順は，市場における不動産の価格形成過程を追究するための手続である。これら手順は秩序的に実施すべきであるが，決して機械的に行ってはならない。この手順は，正常な価格を求めるための形式的な要件である。この手順の各階段において，それを支える鑑定評価の主体の適切な判断及びその能力の行使の誠実さこそが手順の実質的な要件である。

　鑑定評価の手順は，①鑑定評価の基本的事項の確定，②処理計画の策定，③対象不動産の確認，④資料の収集及び整理，⑤資料の検討及び価格形成要因の分析，⑥鑑定評価方式の適用，⑦試算価格又は試算賃料の調整，⑧鑑定評価額の決定，⑨鑑定評価報告書の作成から成る。

1　鑑定評価の基本的事項の確定

　鑑定評価にあたっては，まず，鑑定評価の基本的事項を確定しなければならない。このため，鑑定評価の依頼目的及び条件について依頼者の意思を明瞭に確認するものとする。

　鑑定評価の基本的事項は，対象不動産，価格時点及び鑑定評価によって求める価格又は賃料の種類である。これらの確定にあたっては，依頼目的と条件が

明確でなければならない。依頼目的と条件によっては，正常価格ではない価格等を求めなければならない。

　鑑定評価の条件には，対象不動産の所在，範囲等の物的事項及び所有権，賃借権等権利の態様に関する事項を確定するための条件のほか，地域要因又は個別的要因について付加される条件がある。地域要因又は個別的要因について付加される想定上の条件としては，第１種中高層住居専用地域から準住居地域へ変更されたなら，新空港の開港があったならというような地域要因に係る条件と，前面道路が拡幅されたならという個別的要因についての条件がある。

　地域要因又は個別的要因について想定上の条件が付加された場合には，依頼された付加条件について実現性，合法性等の観点に照らしてその妥当性を吟味しなければならない。特に，地域要因について想定上の条件を加えることのできる場合は，諸規制の改廃等に機能をもつ公的機関が設定する事項に主として限られる。依頼目的とその条件によっては，求めるべき価格と賃料が異なることがある。

　このように，条件の設定は依頼目的との関係において，その内容を明確にしておかなければならない。この鑑定評価の条件は，依頼者がその依頼内容に応じて設定するものであるが，この条件によっては，鑑定評価額に差異が生ずる。このため，不動産鑑定士等は，直接依頼者より依頼内容について受付又はその確認を行うべきである。条件が妥当性を欠くと認められる場合には，妥当な条件への改定を求めることが必要となる。

　価格時点の確定は，過去，現在，将来にわたって可能ではあるが，過去時点の鑑定評価は，対象不動産の確認が可能であり，要因資料及び事例資料の収集が可能な場合に限り行うことができる。また，将来時点の鑑定評価は，対象不動産の確定等すべてが想定となり，不確実となるため，このような将来時点の鑑定評価は行うべきではない。

2　処理計画の策定

　処理計画の策定にあたっては，確定された鑑定評価の基本的事項に基づき，

実施すべき作業の性質及び量，処理能力等に即応して，対象不動産の確認，資料の収集及び整理，資料の検討及び価格形成要因の分析，鑑定評価方式の適用，試算価格又は試算賃料の調整，鑑定評価額の決定等鑑定評価の作業に係る処理計画を秩序的に策定しなければならない。

特に，12月末日近くなってからの処理計画については，登記簿等の閲覧，各官庁関係への事実確認等十分な日程を考慮して作業を進めなければならない。この時期において，至急に依頼される案件には後日不当鑑定となりうる可能性の高いものが多いので留意しなければならない。また，遠隔地に所在する不動産の場合には，十分に対象不動産の確認を行うのみならず，机上の調査では必ずしも明確にならない価格水準，近隣地域の状況等対象不動産の価格に影響を与える諸要因について十分な調査計画を策定しなければならない。

3　対象不動産の確認

対象不動産の確認にあたっては，確定された対象不動産についてその内容を明瞭にしなければならない。対象不動産の確認は，対象不動産の物的確認及び権利の態様の確認に分けられ，実地調査，聴聞，公的資料の確認等を通じて的確に行う必要がある。対象不動産の確認は，鑑定評価の実作業として行うべきものであり，いかなる条件の設定によっても省略されることはない。

(1) 対象不動産の物的確認

対象不動産の物的確認にあたっては，土地についてはその所在，地番，数量等を，建物についてはこれらのほか家屋番号，建物の構造，用途等を，それぞれ実地に確認することを通じて，確定された対象不動産の存否及びその内容を確認資料を用いて照合しなければならない。

また，物的確認を行うにあたっては，対象不動産について登記簿等において登記又は登録されている内容とその実態との異同について把握する必要がある。

実地に物的確認を行った結果が確定された対象不動産の内容と相違する場合は，再度依頼者の意思を確かめ，必要ならば対象確定条件を変更することになる。この場合，想定条件が付された事項についても変更することが必要となる

場合もありうる。

(2) 権利の態様の確認

権利の態様の確認にあたっては，上記(1)によって物的に確認された対象不動産について，当該不動産に係るすべての権利関係を明瞭に確認することにより，確定された鑑定評価の対象となる権利の存否及びその内容を，確認資料を用いて照合しなければならない。

権利の態様の確認にあたっては，登記簿等にあらわれていない権利についても当該権利者への聴聞，実査による現地の踏査を通じてその実態を明らかにしなければならない。所有権を対象とする場合，それが単独の所有なのか，共有，区分所有等の区別及びそれらの共有持分を確認する。地上権等所有権以外の用益物権及び担保物権等については，契約の内容，その範囲，当事者等その実態を明らかにしなければならない。

4 資料の収集及び整理

鑑定評価の成果は，採用した資料によって左右されるものであるから，資料の収集及び整理は，鑑定評価の作業に活用し得るように適切かつ合理的な計画に基づき，豊富に秩序正しく誠実に行わなければならない。具体的には，実地調査，聴聞，公的資料の確認等によって的確に行うものとし，公正妥当を欠くようなことがあってはならない。

鑑定評価に必要な資料は，おおむね次のように分けられる。

(1) 確認資料

確認資料とは，不動産の物的確認及び権利の態様の確認に必要な資料をいう。確認資料としては，登記簿謄本，土地又は建物等の図面，写真，不動産の所在地に関する地図等があげられる。

不動産の鑑定評価に必要な確認資料の主なものには上記のほか，土地建物固定資産課税台帳の写し，地籍図又は公図，建物の配置図，平面図，立面図，建築確認申請書，重要事項説明書，物件案内，パンフレット，建築請負契約書，売買契約書，賃貸借契約書，賃料の改定経緯に関する資料，公租公課，必要諸

経費，一時金授受に関する資料，管理規約，土地又は建物等の写真等がある。

　一般に公図は，旧土地台帳付属地図のことであり，字限図と呼ばれ，明治時代に作成され，昭和25年まで税務署が管理して登記所に引き継がれたものである。不動産登記法第17条地図が完備していない間は，この地図に準ずるものとして利用されている。町名の変更等に留意しながら，土地の位置，形状，境界の概略を知るための確認資料である。

　公図と登記面積とは必ずしも一致しない。また，公簿の地積と現況の地積が不一致である場合には，地積更正の登記を必要とする。これには，変更後の地積測量図を添付する。公簿の地積と現況の地積の不一致を発見した場合，安易に「公簿数量をもって確定する」との条件設定のみで不動産鑑定士等の責任が免責されるものではない。

　地積更正の登記には，印鑑証明書付の隣地所有者の筆界確認書が必要であり，地積更正の登記ができない時間の余裕がない場合には，概測による数量の差及び地積更正が必要である旨を鑑定評価書に記載すべきである。

(2) **要因資料**

　要因資料とは，価格形成要因に照応する資料をいう。要因資料は，一般的要因に係る一般資料，地域要因に係る地域資料及び個別的要因に係る個別資料に分けられる。一般資料及び地域資料は，平素からできるだけ広くかつ組織的に収集しておくべきである。個別資料は，対象不動産の種類，対象確定条件等案件の相違に応じて適切に収集すべきである。

　要因資料の主なものは次のとおりである。

　①一般資料……国勢調査，人口動態統計，経済成長率，景気動向指数，全国銀行主要勘定，建築着工統計，公定歩合及び市中金利，公社債利回り，卸売物価指数，消費者物価指数，全国木造建築指数及び全国市街地価格指数

　②地域資料……住宅地図，市街地図，都市計画図，地形図，地方自治体の条例及び開発指導要綱，地価公示，都道府県地価調査，相続税財産評価基準，路線価図，公共事業の実施計画，大規模小売店舗の建設計画等に関する資料

　③個別資料……個別的要因に係るものであって，地質調査資料，土地の高低

を示す図面，土地の高低を表す図面，道路の配置図，日影図

(3) **事例資料**

事例資料とは，鑑定評価の方式の適用に必要とされる現実の取引価格，賃料等に関する資料をいう。事例資料としては，建設事例，取引事例，収益事例，賃貸借等の事例等があげられる。

なお，鑑定評価先例価格は鑑定評価にあたって参考資料とし得る場合があり，売買希望価格等についても同様である。

5 資料の検討及び価格形成要因の分析

資料の検討にあたっては，収集された資料についてそれが鑑定評価の作業に活用するために必要にして十分な資料であるか否か，資料が信頼するに足りるものであるか否かについて考察しなければならない。この場合においては，価格形成要因を分析するために，その資料が対象不動産の種類並びに鑑定評価の依頼目的及び条件に即応しているか否かについて検討すべきである。

価格形成要因の分析にあたっては，収集された資料に基づき，一般的要因を分析するとともに，地域分析及び個別分析を通じて対象不動産についてその最有効使用を判定しなければならない。

さらに，価格形成要因について，専門職業家としての注意を尽くしてもなお対象不動産の価格形成に重大な影響を与える要因が明らかでない場合には，原則として他の専門家が行った調査結果等を活用することが必要である。ただし，依頼目的や依頼条件による制約がある場合には，依頼者の同意を得て，想定上の条件を付加して鑑定評価を行うこと又は自己の調査分析能力の範囲内で当該要因に係る価格形成上の影響の程度を推定して鑑定評価を行うことができる。この場合，想定上の条件を付加するためには条件設定に係る一定の要件を満たすことが必要であり，また，推定を行うためには客観的な推定ができると認められることが必要である。

(1) 不動産鑑定士等の調査分析能力の範囲内で合理的な推定を行うことができる場合について

不動産鑑定士等の調査分析能力の範囲内で合理的な推定を行うことができる場合とは，ある要因について対象不動産と比較可能な類似の事例が存在し，かつ当該要因が存することによる減価の程度等を客観的に予測することにより鑑定評価額への反映が可能であると認められる場合をいう。

(2) 価格形成要因から除外して鑑定評価を行うことが可能な場合について

価格形成に影響があるであろうといわれている事項について，一般的な社会通念や科学的知見に照らし，原因や因果関係が明確でない場合又は不動産鑑定士等の通常の調査において当該事項の存否の端緒すら確認できない場合において，当該事項が対象不動産の価格形成に大きな影響を与えることがないと判断されるときには，価格形成要因から除外して鑑定評価を行うことができる。

6　鑑定評価方式の適用

鑑定評価方式の適用にあたっては，鑑定評価方式を当該案件に即して適切に適用すべきである。この場合，原則として，原価方式，比較方式及び収益方式の3方式を併用すべきであり，対象不動産の種類，所在地の実情，資料の信頼性等により3方式の併用が困難な場合においても，その考え方をできるだけ参酌するように努めるべきである。

鑑定評価方式を当該案件に即して適用するためには，対象不動産の状況及びその属する地域の状況に対応した方式の適用が必要である。鑑定評価方式は，費用から推定される価格，取引価格から推定される価格及び収益から推定される価格を求める。原価方式，比較方式及び収益方式が適用される。

原価法の適用においては，既成市街地の土地は，再調達原価の把握は困難であるため，更地の価格を求めるにあたって原価法の適用はできない。しかし，類型が自用の建物及びその敷地である場合，原価法の適用においては，その敷地については，取引事例比較法による比準価格及び土地残余法による収益価格による収益還元法を関連づけて，更地の価格を査定することができる。この手法は，3方式が併用できない場合においても，併用困難な場合には，その基本的な考え方を参酌した例といえる。

251

また，既成市街地の更地の価格を求める場合，原価法の適用はできないが，他の方式の作業の過程において原価法の費用性の検討は可能である。例えば，取引事例比較法での個別的要因の比較である個別格差の判定において，対象不動産に造成費等追加費用が必要であると認められる場合これらの費用を考慮しながら個別格差の判定に役立てることができるのである。

不動産の鑑定評価方式そのものは，既に他方式の考え方を採用している。原価法は，再調達原価を求める際，その原価においては，市場性のある価格としての取引事例比較法の考え方の一部が採用されている。取引事例比較法は，取引事例の類似性，規範性を求める一方で，それに対する適正な補正については，原価方式における費用の考え方が反映されている。追加費用で擁壁を設置しなければならないケースで，事例にその擁壁がない場合，事例の価格と適正な擁壁の費用を加算したものが，対象不動産の価格として推定される。ここに，原価法の考え方を参酌できるのである。

また，収益方式における総収益の算定においては，費用の把握について原価法の考え方の適用があり，還元利回りの決定においては，市場動向を見きわめる利回りを把握するため取引事例比較法の考え方が反映されている。

このように，3方式は相互に関連性を有しながら，有機的に機能している。しかし，1方式を断念せざるを得ない場合には，他の2方式の適用において，断念せざるを得なかった方式を補完する上で，その方式のもつ考え方を十分に他方法の適用面において参酌することである。

不動産の鑑定評価は何人にも論証できるものでなければならない。対象不動産の種類，所在地の実情，資料の信頼性等により2方式の適用しかできない場合でも，この方式の作業において，その考え方を参酌することにより客観的に論証可能なものになる。

7　試算価格又は試算賃料の調整

試算価格又は試算賃料の調整とは，鑑定評価の複数の手法により求められた各試算価格又は試算賃料の再吟味及び各試算価格又は試算賃料が有する説得力

に係る判断を行い，鑑定評価における最終判断である鑑定評価額の決定に導く作業をいう。

　試算価格又は試算賃料の調整にあたっては，対象不動産の価格形成を論理的かつ実証的に説明できるようにすることが重要である。このため，鑑定評価の手順の各段階について，客観的，批判的に再吟味し，その結果を踏まえた各試算価格又は各試算賃料が有する説得力の違いを適切に反映することによりこれを行うものとする。この場合において，特に次の事項に留意すべきである。

　試算価格の調整とは，鑑定評価の主体が合理的な市場人の立場において，市場の需給と価格形成を認識した上で，鑑定評価額を決定するために行う一連の作業と判断をいう。

　試算価格の調整には次のような事項を検討しなければならない。

① 不動産鑑定評価方式の適用における各作業の過程の判断及び採用することとなった資料の適格性を検討することにより各試算価格の精度を検討すること
② 試算価格間の開差について，その開差が生じた理由を検討すること
③ 各試算価格のうち，対象不動産に対応して，どの試算価格を重視すべきか比較考量すること
④ 鑑定評価額の決定のために試算価格を説得力に応じた重み付けを行い，決定する。

　各試算価格又は試算賃料の再吟味にあたり，特に次の事項に留意すべきである。

(1) 資料の選択，検討及び活用の適否

　不動産の鑑定評価額は，鑑定評価の主体の能力及びその能力の行使の誠実さ及び採用された資料の信頼性のいかんによって左右される。

　このため，採用された資料が信頼性を有する規範性あるものか否か，資料が価格時点からみて常に最新のものであるかどうかを吟味するとともに，依頼目的及び条件等に即応するかどうかを吟味しなければならない。

　また，少数の事例しか適切に収集できなかった場合，その資料の収集がより

過去時点にわたり，かつ広域的に行われたかどうかを吟味する。

そして，時点修正のための資料として，近隣地域内の最新の取引事例及び賃貸事例等を採用したかどうかを検討する。時点修正のための資料としては，売り希望価格等の動向を参考として用いることもできるが，原則として，取引事例の時系列的分析と一般的要因の動向を勘案する。地価公示，都道府県地価調査の変動率も活用して総合的に時点修正を行えたかどうかを検討する。

(2) 不動産の価格に関する諸原則の当該案件に即応した活用の適否

不動産の価格に関する諸原則については，諸原則相互間についての総合的な検討が必要である。特に主な諸原則のうち留意すべき点を考察する。

需要と供給の原則については，近隣地域及び同一需給圏内の類似地域における不動産の需給の状態が反映できたかどうかの検討をする。一般的要因の動向と契約の成立に至るまでの期間の推移についての検討により需要と供給のバランス関係について判定できる場合がある。一般に契約成立に要する期間が短い場合には，需要が強いため買進みが見られる傾向にある。契約成立までに長い期間を要する時期は，一般に供給が多く購入者が慎重な態度で臨む場合が多い。これらの分析には，取引件数の動向，不動産が売りに出されてからそれらが成約に至るまでの期間，周辺地域の宅地開発，マンション供給の動向等総合的な判断が必要である。

代替の原則については，最有効使用と関連づけて現実の利用状況についての分析が必要である。対象不動産が住居として使用されていても，商業地域における商業地と判断できれば，代替性による価格牽連性の範囲は，その地域の標準的使用である商業地を前提として検討される。試算価格の調整において，代替性の前提に誤りはないかを最有効使用との関連において再度検討する。事例資料は，代替性を実証できかつ規範性があるものが収集できたか否かを検討する。移行地等においては，代替性の不完全さ及び事例収集の困難性により，必ずしも適切な事例資料が求められないことも多い。このような場合，再び現地の踏査を行い，独断に陥らないよう時間の許容する限り，広い範囲から実証できる資料により補足する等，特に慎重な判断が必要となる。代替の原則が活用

できるか否かは，事情補正，時点修正及び要因比較が適切に行えたかどうかによるため，これらの判断が適切かどうか検討する。

最有効使用の原則については，近隣地域に存する不動産の標準的使用の把握によって不動産の最有効使用の判定ができたかどうかを検討する。最有効使用の判定を誤ることは，同時に近隣地域の範囲の誤りである場合が多い。最有効使用の判定が困難な場合は，混在地域や対象不動産の現実の利用状況が標準的使用と異なる場合がある。このような地域において，スーパーマーケット，ガソリンスタンド用地を最有効使用とする場合には，事業主体の進店を規制する法規による制約が存在するため十分な調査のうえ慎重な判断が必要である。

また，見込地及び移行地の最有効使用の判定は，近隣地域の標準的使用が最有効使用の判定のための有力な標準とはならない。このため，将来の公共施設等の整備の動向，行政上の措置，住宅，店舗等建設の動向を総合的に勘案する。

予測の原則を吟味する場合，その予測の内容の適切さとその予測が与える価格への影響の程度について的確に検討されたか否かを検討する。不動産の価格は，価格形成要因の変動の予測を見込んで形成される。

この予測の原則は，投機的な事例を排除することができることとなる。予測の限界を見極め，投機的事例を判定するためには，取引目的及び取引事情，取引当事者の属性，地域における価格水準の変動の推移等により予測が合理的であるか否かにより検討する。これらは，日常の鑑定評価業務を通じて収集される多数の事例の分析，検討を通じて把握できた定証的データにより判断されなければならない。

(3) 一般的要因の分析並びに地域分析及び個別分析の適否

一般的要因のうち，自然的要因，社会的要因，行政的要因は，地域分析において十分に考慮されるが，貯蓄，消費及び投資の水準並びに国際収支の状態，財政及び金融の状態，税負担の状態等経済的要因に係る一般的要因の動向は，手順の全過程において考慮されるべきであり，これらの要因分析を試算価格の調整段階で十分に吟味しなければならない。これらの一般的要因は，鑑定評価額決定に至るまでの試算価格の調整の妥当性についての験証手段として活用で

きる。

　地域要因は地域ごとに異なるため，地域分析の適否は，この分析が的確か否かに依存する。

　近隣地域の標準的使用及び近隣地域の設定の範囲を誤ると，その最有効使用の判定だけでなく，価格水準の把握そのものを誤ることになる。特に，高度商業地については，その近隣地域の範囲は狭くなる傾向を有する。大通りに面した地域とその直近の裏通りでは，もはや近隣地域ではなく，同種同類の店舗が並列していても価格水準は異なり，地域の価格は大きく異なるのが一般的である。このため，近隣地域の範囲の設定及び同一需給圏の範囲の判定等は慎重に行うよう調整にあたって留意する。

　調整にあたっては，常に対象不動産の存する地域の不動産市場の動向についての判断と的確な市場の洞察が必要である。このため，日頃の情報収集の努力とあわせて広い知識に基づき近隣地域及び同一需給圏内の類似地域における不動産市場の動向を注視して，調整に至る過程を検討する。

　個別分析は，対象不動産の個別的要因を分析してその最有効使用を判定することである。この最有効使用の判定の誤りは，すべての手順を誤らせるだけでなく鑑定評価額に決定的な影響を与える。

　個別分析における最有効使用の判定が困難であるケースには，①混在地域，②見込地又は移行地のように標準的使用が最有効使用の有力な標準とならない場合，③標準的使用と使用方法が異なる場合，④画地規模が標準的規模と異なる場合等がある。このような場合には，試算価格の調整という最終段階においては，対象不動産の属する地域及び周辺地域の分析を含めた広域的分析により判定する。また，過去及び将来の予測を含めて，長期的観点から検討することが必要である。

　(4)　各手法の適用において行った各種補正，修正等に係る判断の適否
　(5)　各手法に共通する価格形成要因に係る判断の整合性
　(6)　単価と総額との関連の適否

　対象不動産のもつ面積等規模は，個別的要因の1つである。その規模が標準

的か否かによって，利用の効率及び需要の側にとってその単価と総額は相違する。単価と総額との関連において，最適規模の場合，通常，単価は最高となる。

　不動産の鑑定評価は，対象不動産の全体規模について総額を把握する。単価は，総額を面積で除したものであり，価格形成要因の作用の結果を単位面積あたりの経済価値として表したものである。この単価は，比較の手段，比準の手法として活用される。この事例の単価比較は，総額の考慮がなされなければならない。総額が一定額以上の高額となれば，想定需要者層が変わるだけでなく，有効需要の観点から市場性の減価が発生する。比較方式の適用にあたっては，取引単位としての単価と総額の2要素につきその妥当性を検討した上で，比準の作業が行われたかどうかを再検討する。

　一般の不動産市場では，単価のみ，総額のみが語られることが多い。単価と総額について関連づけられていない場合も多いため，市場性の減価を適切に反映できたかどうか比準価格等の精度を再検討する。

　試算価格の調整における各鑑定評価方式の適用においても，これら単価と総額の2要素について検討がなされたかを再吟味する。

　以上のような調整を経た後，やはり，同様の結果が出た場合，この試算価格の調整を無意味な手順の作業と考えてはならない。

　ヘーゲルはその弁証法のなかで，肯定→否定→否定を通じた肯定として，否定を通じた肯定は，その認識においてより次元の高い肯定であるとしている。試算価格の調整は，求められた試算価格について，否定的，批判的にこれを再吟味することである。これは，より高い次元への肯定と調整への過程である。

　試算価格又は試算賃料の調整にあたっては，鑑定評価方式の適切な適用によって求められた試算価格等は，それぞれ等しく妥当性があるものとして尊重し，活用すべきである。必要かつ十分な資料を備え，各方式の適用に誤りがなく適切な判断の下に導き出された試算価格等はいずれも等しく正常な価格又は正常な賃料を指向するものである。このため，試算価格等の調整にあたっては，いたずらにある試算価格等を切捨てて一の試算価格等のみを採用する等の方法によるべきではない。求められた試算価格等に開差があればその理由を十分に検

証し，適用に誤りがなければ各試算価格等はそれぞれ妥当性を有するものとして尊重しなければならないのが従来からの基準の規定であった。各試算価格等は説得力の違いを適切に反映させて活用する。

（各試算価格又は試算賃料が有する説得力に係る判断）
① 対象不動産に係る地域分析及び個別分析の結果と各手法との適合性
② 各手法の適用において採用した資料の特性及び限界からくる相対的信頼性

このように，試算価格等相互間の開差の縮小を図る作業を調整という。この開差縮小の作業は，鑑定評価の方式の特徴及び採用した資料の特徴を総合的に比較考量して，手順の各段階について常に批判的に吟味しなければならない。開差の大きさは，各試算価格の精度と信頼性についての判断の基準となる。機械的に開差の縮小を図ることがあってはならない。これらは，より信頼性の高い資料と方式の適用により経済価値の本質である正常価格等に収斂させる一連の作業なのである。

8 鑑定評価額の決定

以上に述べた手順を十分に尽した後，専門職業家としての良心に従い適正と判断される鑑定評価額を決定すべきである。

この場合において，地価公示法第2条1項の都市計画区域において土地の正常価格を求めるときは，公示価格を規準としなければならない。

公示価格を規準とするとは，対象土地の価格を求めるに際して，対象土地に類似する1又は2以上の標準地を選定し，当標準地について，公示価格判定時点における価格形成要因（位置，地積，環境等の土地の客観的価値に作用する諸要因）がどのように作用しているかを把握し，これに関する判断を基準に公示価格と対象土地の価格との間に均衡を保たせることをいう（地価公示法第11条）。

鑑定評価額の決定に際しては，都道府県地価調査における基準地についての標準価格についても規準することができる。

9 鑑定評価報告書の作成

鑑定評価額が決定されたときは，鑑定評価報告書を作成する。

不動産の鑑定評価の成果を記載した文書である鑑定評価報告書は，不動産鑑定業者が依頼者に交付する鑑定評価書の素案となる。

鑑定評価報告書は，不動産鑑定士等が自己の責任において，不動産鑑定評価理論の実践結果である不動産鑑定評価額とその決定の全過程をその属する不動産鑑定業者に報告するための文書である。

鑑定評価額が決定され，かつそれが鑑定評価報告書の作成に至ったとき，手順は完結したものということができる。これによって，不動産鑑定士等の責任の所在が明確となるのである。

不動産の鑑定評価を行う不動産鑑定士は，不動産の価格を形成する市場になり代わって，市場代行としてあるべき経済価値を表示する価格を求める。つまり，マクロ市場の代行を行う。

かつて物理学者の長岡半太郎氏は，宇宙の土星の輪の形を見て，マクロの大きなものがあの形であるから，ミクロの最小の原子核の形も土星のような形であろうと，土星とその衛星をかたどった原子核模型を提唱した。この理論が実証されるまで約100年の年月が必要であった。

マクロとミクロは相似している。不動産の鑑定評価は，マクロの価格形成要因をいかに個々の対象不動産に反映させるかというミクロの手順の各判断の的確性があってはじめて可能となる。

第9章　鑑定評価報告書

　鑑定評価報告書は，不動産の鑑定評価の成果を記載した文書であり，不動産鑑定士等が自己の専門的学識と経験に基づいた判断と意見を表明し，その責任を明らかにすることを目的とするものである。

　不動産の鑑定評価に関する法律第39条は「不動産鑑定業者は，依頼者に，鑑定評価額その他総理府令で定める事項を記載した鑑定評価書を交付しなければならない。」と規定している。鑑定評価報告書は，不動産鑑定士等がその属する不動産鑑定業者に対しての報告文書である。鑑定評価報告書と鑑定評価書は，記載されている内容が同一であっても，その作成者が異なり，交付される者が異なる。

1　鑑定評価報告書の作成指針

　鑑定評価報告書は，鑑定評価の基本的事項及び鑑定評価額を表し，鑑定評価額を決定した理由を説明し，その不動産の鑑定評価に関与した不動産鑑定士等の責任の所在を示すことを主旨とするものであるから，鑑定評価報告書の作成にあたっては，まずその鑑定評価の過程において採用したすべての資料を整理し，価格形成要因に関する判断，鑑定評価方式の適用に係る判断等に関する事項を明確にして，これに基づいて作成すべきである。

　鑑定評価報告書の内容は，不動産鑑定業者が依頼者に交付する鑑定評価書の実質的な内容となるものである。したがって，鑑定評価報告書は，鑑定評価書を通じて依頼者のみならず第三者に対しても影響を及ぼすものであり，さらには不動産の適正な価格の形成の基礎となるものであるから，その作成にあたっては，特に誤解の生ずる余地を与えないよう留意するとともに，鑑定評価額の決定の理由については，依頼者その他第三者に対して十分に説明し得るものとするように努めなければならない。

2 記載事項

鑑定評価報告書には，少なくとも次の(1)～(9)の事項について，それぞれに記する点に留意して記載しなければならない。

(1) 鑑定評価額及び価格又は賃料の種類

正常価格又は正常賃料を求めることができる不動産について，依頼目的及び条件により限定価格若しくは特定価格又は限定賃料を求めた場合は，かっこ書きで正常価格又は正常賃料である旨を付記してそれらの額を併記しなければならない。

また，後掲の「鑑定評価基準」総論第7章第2節Ⅰの1に定める支払賃料の鑑定評価を依頼された場合における鑑定評価額の記載は，支払賃料である旨を付記して支払賃料の額を表示するとともに，当該支払賃料が，実質賃料と異なる場合においては，かっこ書きで実質賃料である旨を付記して実質賃料の額を併記する。これにより，賃料の実質的な比較検討が可能になり，誤解の防止になる。特に賃料評価の依頼目的の多くは訴訟事件であるため，併記が必要となる。

(2) 鑑定評価の条件

対象確定条件又は依頼者から付加された地域要因若しくは個別的要因に関する想定上の条件について必要があると認められるときは，その妥当性を有すると判断した根拠及び当該条件が付加されない場合の価格等の参考事項を記載すべきである。

(3) 対象不動産の所在，地番，地目，家屋番号，構造，用途，数量等及び対象不動産に係る権利の種類

(4) 鑑定評価の依頼目的及び条件と価格又は賃料の種類との関連

鑑定評価の依頼目的及び条件に応じ，当該価格を求めるべきと判断した理由を記載しなければならない。特に，特定価格を求めた場合には法令等による社会的要請の根拠，また，特殊価格を求めた場合には文化財の指定の事実等を明らかにしなければならない（次ページ以下の実例参照）。

〔民事再生法による特定価格の場合の鑑定評価報告書の実例〕

【求めるべき価格の種類】

1．前提とする市場の性格

(1) 求めるべき価格の性格

　再生債務者の財産の価額の評定に係る評価のうち法124条1項評価及び担保権消滅許可に係る法150条1項評価において，規則は「財産を処分するものとしての価格」を求めることとしている（規則第56条第1項，第79条第1項）。この価格は，再生債務者の財産の価額の評定に係る法124条3項評価及び，担保権消滅許可に係る法148条評価及び法149条1項評価にも共通するものであり，これらの局面において求める価格は「財産を処分するものとしての価格」となる。

　「財産を処分するものとしての価格」とは，これらの局面において，債務者のおかれた状況から債務者が破産した状況を前提に，ただちに不動産を処分し，事業を清算することを想定した価格であり，対象不動産の種類，性格，所在地域の実情に応じ，早期の処分可能性を考慮した市場を前提とする適正な処分価格である。なぜならば再生債務者は再生計画がなければ破産に到る可能性が大きく，この場合は，ただちに財産を処分し，処分代金を債権者に分配する必要に迫られており，再生債務者の財産価額の評価に際しては，このような状況を反映した鑑定評価を行う必要が求められるためである。

　また，規則56条1項ただし書評価及び法124条3項，規則56条1項ただし書評価においては，「事業を継続するものとしての評価」を行うものとされているが，この場合において求める価格も，一般に，債務者のおかれた状況から債務者が破産した状況を前提に，直ちに事業を譲渡することを想定した価格であり，上記同様に早期の処分可能性を考慮した適正な処分価格となる。

(2) 前提とする市場の性格　──　早期売却市場

　一般に，早期売却市場においては，市場参加者は市場の事情に精通し，取得後，これを転売して利益を得ることを目的とする卸売業者を主体とする。すなわち，この場合において想定する市場は，対象不動産を現状有姿のまま，又はそれによってより多くの利益を見込み得るときは，これに開発，改良，改善を施し，最終的には最終需要者に転売して利益を得ることを目的とする不動産業者や投資家等が主として買い取りを行う市場であって，投資の利潤動機が作用する市場という

ことができる。当該市場のうち，不動産の種類によってはこれら不動産業者や投資家のほかに最終需要者も多く参入するが，価格形成の主体となるのは，転売目的の下に購入する上記のような需要者である。

２．求めるべき価格の種類

　本鑑定評価において求めるべき価格は事業の清算のための早期売却を条件とした不動産の処分価格である。このように，本鑑定評価では，特定の依頼目的及び条件により一般的市場性を考慮することが適当でない不動産の経済価値を求めることになるから，求めるべき価格は，不動産鑑定評価基準（以下，「基準」という。）における「特定価格」として分類される。

【一般的留意事項】

　法に係る鑑定評価全般を通じて特に留意した事項は次に掲げる事項である。
　① 現況評価を原則とする。これは，財産を処分することを前提とする場合と，事業の継続を前提とする場合とを問わない。
　② 専門職業家の求積図を徴して，対象地積を確定した。
　　これは，山林の不動産登記簿記載数量が明確でないことが多く，図面による概測では大きな相違があったため，不動産登記簿記載数量が採用できないと判断したためである。委託の土地家屋調査士の測量図の数量を採用した。
　③ 迅速な鑑定評価の作業を優先した。これは，事業の再生が時間とのたたかいであって，再生の手続の遅延が事業のさらなる劣化をもたらして再生を困難なものとするおそれがあることによるものである。

本鑑定評価においては，基本的には，前記の原則に従い，鑑定評価の三手法を適用することが原則であるが，資料の制約等から三手法の適用が困難であった。実務的な手法として「早期売却市場減価の手法」を鑑定評価を適用する局面と対象不動産の種類，資料の信頼度等に応じて適切に適用した。

　この手法は，正常価格を決定した上で，この価格に早期売却市場で成立する価格であることによる減価の修正を行い，対象不動産の当該市場を前提とした試算価格を求める手法であり，基準の三手法の応用的手法として位置付けることができるものである。この場合，減価率，割引率等の各種数値を採用する際には，どのような考え方，データに基づき当該数値を採用したかについて明確にする。

(5) 価格時点及び鑑定評価を行った年月日

後日対象不動産の現況把握に疑義が生ずる場合があることを考慮して，実際に現地に赴き対象不動産の現況を確認した年月日（実査日）を記載しなければならない。

(6) 鑑定評価額の決定の理由の要旨

鑑定評価額の決定の理由の要旨は，下記に掲げる内容について記載するものとする。

① 地域分析及び個別分析に係る事項

同一需給圏及び近隣地域の範囲及び状況，対象不動産に係る価格形成要因についての状況，同一需給圏の市場動向及び同一需給圏における典型的な市場参加者の行動，代替，競争等の関係にある不動産と比べた対象不動産の優劣及び競争力の程度等について記載しなければならない。

② 最有効使用の判定に関する事項

最有効使用及びその判定の理由を明確に記載する。なお，建物及びその敷地に係る鑑定評価における最有効使用の判定の記載は，建物及びその敷地の最有効使用のほか，その敷地の更地としての最有効使用についても記載しなければならない。

③ 鑑定評価方式の適用に関する事項

鑑定評価の3方式を併用することが困難な場合には，その理由を記載するものとする。

④ 試算価格又は試算賃料の調整に関する事項

試算価格又は試算賃料の再吟味及び説得力に係る判断の結果を記載しなければならない。

⑤ 公示価格との規準に関する事項

⑥ その他

「鑑定評価基準」の総論第7章第2節Ⅰの1に定める支払賃料を求めた場合には，その支払賃料と実質賃料との関連を記載しなければならない。

(7) 鑑定評価上の不明事項に係る取扱い及び調査の範囲

対象不動産の確認，資料の検討及び価格形成要因の分析等，鑑定評価の手順の各段階において，鑑定評価における資料収集の限界，資料の不備等によって明らかにすることができない事項が存する場合の評価上の取扱いを明示する必要がある。その際，不動産鑑定士等が自ら行った調査の範囲及び内容を明確にするとともに，他の専門家が行った調査結果等を活用した場合においては，当該専門家が調査した範囲及び内容を明確にしなければならない。

（調査によって明らかにできない不明事項とその取扱い）

① 土地や建物の賃貸借契約の当事者，内容，期間が不明であり，その書面がなく，双方の主張が相違する。
② 収支関係の調査において，特にＤＣＦ法のキャッシュフロー分析にあたり，内容不明な多額の一時金返還義務のおそれがある。
③ 土地や建物の賃借人の特性（暴力団等非社会的人間）のおそれがある。
④ 土地や建物の賃借人の支払能力が不明である場合。
⑤ 土地や建物の占有の事実はあるが(名札等)，その行方が不明で，事実の確認ができない。
⑥ 土地に鑑定対象外建物が存在するが，その権利関係が不明である。
⑦ 区分所有建物の敷地利用権限が，所有権か，借地権か不明確な場合。
⑧ 境界に争いがあり，未確定である。
⑨ 実測と公簿の間に大きな相違があるが，現地の測量が期限の制約から事実上不可能な場合。
⑩ 施錠等により立入りが困難であり，建物内部や敷地の奥の部分が目視できない場合。
⑪ 産業廃棄物が地中に存在して，土壌の汚染や，埋蔵文化財の存在の可能性があるが，所有者の堀削の了解がとれないため，調査できない場合。
⑫ 建物について，所有者の了解が得られないため，床板のはく離等，主要構造部や特殊な造作等の確認ができない場合。
⑬ 建物の修繕や増築の経過が不明である場合。

このようなケースでは，協議して，条件を統一して設定する。それができな

い場合には，精査確認できなかった旨を明記して適切な一定率の減価もしくは，リスクプレミアムを加算して減価を行う。また，条件により，鑑定評価額が複数になることもあり得る。

平成18年6月5日付により，国土交通省土地・水資源局長により証券化対策不動産の鑑定評価等の適正な実施について慎重な対応が求められた。

その内容は次の4点である。

---

1. 最近，証券化・流動化関連の鑑定評価等業務が急速に拡大しているところではあるが，その受注に当たっては，適正に業務を行うために必要な期間及び資料の入手可能性等を慎重に吟味すること
2. 特に，適正な鑑定評価を行うために必要なエンジニアリング・レポート等の資料の入手可能性及びその時期について，必ず受注前に依頼者に十分確認すること
3. 上記1及び2も踏まえ，特に証券化・流動化対象不動産の鑑定評価等について，受注に係る審査体制を強化すること
4. 証券化・流動化関連の鑑定評価等業務を行うに当たっては，依頼者だけでなく広く一般投資家等の利害にも関わることを念頭に置き，不動産鑑定評価基準書等に則り，十分説明責任を果たすこと

このエンジニアリング・レポート等とは，投資対象不動産の設計図書及び調査書である。

(8) その不動産の鑑定評価に関与した不動産鑑定士等の対象不動産に関する利害関係又は対象不動産に関し利害関係を有する者との縁故もしくは特別の利害関係の有無及びその内容

不動産の鑑定評価に関する法律第37条では「不動産鑑定業者の業務に従事する不動産鑑定士及び不動産鑑定士補は，良心に従い，誠実に不動産の鑑定評価を行うとともに，不動産鑑定士及び不動産鑑定士補の信用を傷つけるような行為をしてはならない」と規定している。

不動産の鑑定評価にあたっては，利害関係の内容を明示することによって公正な立場を保持できるのである。同法第42条では，利害関係を有しない何人であっても，不当な鑑定評価に対する措置の要求ができる旨規定されている。これらは，不動産鑑定士等への倫理的な要請を超えて，その責任の重大さを規定しているものである。このため，対象不動産に関する利害関係者やそれらの者との縁故者又は特別の利害関係を有する場合，原則として不動産の鑑定評価を引き受けてはならない。これは，公平妥当な態度を保持するうえでの不動産鑑定士等の責務である。

不動産に関しての利害関係の有無について，これを鑑定評価報告書及び鑑定評価書に明示することは，それによって関係人及び社会一般に対して，不動産鑑定士等の信頼を高めることになるのである。

(9) その不動産の鑑定評価に関与した不動産鑑定士等の氏名

なお，不動産鑑定業者が依頼者に交付する鑑定評価書には，不動産の鑑定評価に関する法律第39条2項の規定により，不動産鑑定士又は不動産鑑定士補はその資格を表示して署名押印しなければならない。

3　附属資料

対象不動産等の所在を明示した地図，土地又は建物等の図面，写真等の確認資料，事例資料等は，必要に応じて鑑定評価報告書に添付する。

なお，他の専門家が行った調査結果等を活用するために入手した調査報告書等の資料についても，必要に応じて，附属資料として添付するものとする。ただし，当該他の専門家の同意が得られないときは，この限りでない。

濃度計量証明書

整理番号 02-00875-EA-1
発行年月日 平成14年 6月20日

株式会社 ツムラ総合研究所　御中

(株)三井化学分析センター
大 阪 分 析 部
大阪府 高石市 高砂 １丁目 ６番地
電話　072(268)3313
ＦＡＸ　072(268)3557
計　量　証　明　事　業　登　録
濃度　　　第10100号
環境計量士氏名印　福島　丈
登録番号　　第環４８６２号

ご依頼を受けました試料について、定量の結果を次のとおり報告致します。

1. 測定年月日　　　　　　　平成14年 6月13日

2. 測定個所　　　　　　　　601号室　洗面所(浴室)
　　　　　　　　　　　　　601号室　洗濯機　排出口

3. 測定結果及び測定方法　　別紙－1

4. まとめ　　　　　　　　　別紙－2

5. 測定結果の詳細　　　　　別紙－3　(略)

第9章　鑑定評価報告書

別紙－1

測定結果及び測定方法

1、測定結果

試料採取場所 日時 測定項目		601号室　洗面所(浴室) 平成14年06月13日 13:15～14:25		601号室　洗濯機　排出口 平成14年06月13日 13:31～13:34	
硫化水素	ppm	0.002	未満	0.002	未満
メチルメルカプタン	ppm	0.0003		0.0002	
硫化メチル	ppm	0.001	未満	0.001	未満
二硫化メチル	ppm	0.0009	未満	0.0009	未満
ホルムアルデヒド	ppm	0.19		────	

2、試料採取方法及び測定方法

測定物質名	採取方法	測定方法
	(昭和47年環境庁告示第9号悪臭物質の測定方法) (改正　平成 8年 環境庁告示第4号)	
メチルメルカプタン 硫化水素 硫化メチル 二硫化メチル	直接捕集方法 (ふっ素樹脂製テトラバッグ)	ガスクロマトグラフ (検出器　FPD)

測定物質名	採取方法	測定方法
ホルムアルデヒド	直接捕集方法 (DNPH－silica cartridges)	液体クロマトグラフ

まとめ

　悪臭防止法によると、下水等から発生する悪臭物質は、硫化水素、メチルメルカプタン、硫化メチル、二硫化メチルである。
　今回測定した分析値（チャート）から低濃度ではあるが、下水等の悪臭物質が検出されている。
　発生源は洗濯機排出口と考えられ洗面所（浴室）も同成分が検出された。
　また、建築資材等からはホルムアルデヒドが発生するとされている。
　今回、上記の物質について測定した結果、洗面所でホルムアルデヒド0.19ppmが検出された。
　よって現地で感じられた刺激臭は、ホルムアルデヒドが主成分であると考えられる。

各論としての不動産の種類別鑑定評価

　不動産鑑定士等は，総論において記述したところに従い自己の専門的学識と応用能力に基づき，個々の案件に応じて不動産の鑑定評価を行うべきであるが，具体的な案件に臨んで的確な鑑定評価を期するためには，基本的に以下に掲げる不動産の種類別に応じた鑑定評価の手法を理解する必要がある。

第1章　価格に関する鑑定評価

　不動産の種類別の鑑定評価を行うためには，不動産の種類別及び類型に応じた分析の手法を理解していなければならない。

　また，対象不動産の種類と類型及びその属する地域の制約により，3方式のすべてを適用できない場合がある。このため，標準的な価格等の分析の手法を理解し，具体的な案件について活用しなければならない。

1　土地

(1)　宅地

　宅地の類型は，その有形的利用及び権利関係の態様に応じて，更地，建付地，借地権，底地，区分地上権等に分けられる。

①　更地

　更地の鑑定評価額は，更地並びに自用の建物及びその敷地の取引事例に基づく比準価格並びに土地残余法（建物等の価格を収益還元法以外の手法によって求めることができる場合に，敷地と建物等からなる不動産について敷地に帰属する純収益から敷地の収益価格を求める方法）による収益価格を関連づけて決定する。再調達原価が把握できる場合には，積算価格をも関連づけて決定すべきである。

　このように，更地については3手法の適用が可能である。

　対象不動産について土壌汚染が存することが判明している場合又は土壌汚染

が存する可能性のある場合の鑑定評価については，次の諸点に留意する。

　土壌汚染が存することが判明した不動産については，原則として汚染の分布状況，除去等に要する費用等を他の専門家が行った調査結果等を活用して把握し鑑定評価を行う。なお，この場合でも，「総論第5章　鑑定評価の基本的事項」等に規定する条件設定に係る一定の要件を満たす場合には，依頼者の同意を得て汚染の除去等の措置がなされるものとしてという条件を付加して鑑定評価を行うことができる。また，「総論第8章　鑑定評価の手順」及び留意事項の「Ⅵ「総論第8章　鑑定評価の手順」について」に規定する客観的な推定ができると認められる場合には，土壌汚染が存することによる価格形成上の影響の程度を推定して鑑定評価を行うことができる。

　土壌汚染対策法に規定する調査，区域指定，措置等の各手続に対応した鑑定評価上の対応は，次のようになる。

イ　対象不動産について土壌汚染対策法第3条の規定により土壌の汚染の状況についての調査義務が発生したとき又は対象不動産について同法第4条の規定により土壌の汚染の状況についての調査を命ぜられたときには，当該調査の結果を踏まえ，汚染が存することが判明すればそれを前提に鑑定評価を行う。

ロ　対象不動産について土壌汚染対策法第5条に規定する指定区域の指定がなされている場合には，汚染が存することを前提に鑑定評価を行う。

ハ　対象不動産について土壌汚染対策法第7条の規定により都道府県知事から汚染の除去等の措置を講ずべきことを命ぜられた場合において，何らかの措置が行われた後であっても指定区域の指定が解除されない限りは汚染が存することを前提に鑑定評価を行う。

ニ　イの法定調査の結果土壌汚染の存在が判明しなかった場合，②の指定区域の指定が解除され指定区域台帳から削除された場合及び使用の廃止を伴わない有害物質使用特定施設であって，都道府県知事から当該土地の汚染の状況についての調査や汚染の除去等の措置が命ぜられていない場合には，土壌汚染が存しないとして鑑定評価を行うことができる。

なお，汚染の除去等の措置が行われた後でも，心理的嫌悪感等による価格形成への影響を考慮しなければならない場合があることに留意しなければならない。つまり，ある程度の適正な市場性の減価がある。政府機関の調査では，土壌汚染の可能性が大きい場所は，全国で約32万か所ある。特に，鉄骨の耐火材として使用されたアスベスト等が多い。

　「土壌汚染対策法」（平成15年1月施行）では，工場等の跡地の土地売買において，土壌汚染の調査が義務づけられた。このため，これらの不動産鑑定評価においても土壌汚染を十分考慮しなければならない。

　土壌汚染対策法では，「特定有害物質」として鉛，砒素，トリクロロエチレン，その他の物質（放射性物質を除く）が示されている。さらに施行令では，次の物質があげられている。

1　カドミウム及びその化合物
2　六価クロム化合物
3　2－クロロ－4・6－ビス（エチルアミノ）－1・3・5－トリアジン（別名シマジン又はCAT）
4　シアン化合物
5　N・N－ジエチルチオカルバミン酸S－4－クロロベンジル（別名チオベンカルブ又はベンチオカーブ）
6　四塩化炭素
7　1・2－ジクロロエタン
8　1・1－ジクロロエチレン（別名塩化ビニリデン）
9　シス－1・2－ジクロロエチレン
10　1・3－ジクロロプロペン（別名D－D）
11　ジクロロメタン（別名塩化メチレン）
12　水銀及びその化合物
13　セレン及びその化合物
14　テトラクロロエチレン
15　テトラメチルチウラムジスルフィド（別名チウラム又はチラム）

16　1・1・1―トリクロロエタン
17　1・1・2―トリクロロエタン
18　トリクロロエチレン
19　鉛及びその化合物
20　砒素及びその化合物
21　ふっ素及びその化合物
22　ベンゼン
23　ほう素及びその化合物
24　ポリ塩化ビフェニル（別名PCB）
25　有機りん化合物（ジエチルパラニトロフェニルチオホスフェイト（別名パラチオン），ジメチルパラニトロフェニルチオホスフェイト（別名メチルパラチオン），ジメチルエチルメルカプトエチルチオホスフェイト（別名メチルジメトン）及びエチルパラニトロフェニルチオノベンゼンホスホネイト（別名EPN）に限る）

【土壌汚染対策法による土地所有者等の報告】
①　使用が廃止された「特定有害物質の製造，使用又は処理をする水質汚濁防止法の特定施設」に係る工場・事業場の敷地であった土地，又は
②　都道府県知事が土壌汚染により人の健康被害が生ずるおそれがあると認める土地

土地の所有者等は，当該土地の土壌汚染の状況について，環境大臣の指定を受けた機関（指定調査機関）に調査させて，その結果を都道府県知事に報告する。

この場合，汚染状態が不適合のとき，都道府県知事が「指定区域」として指定・公示する。また，台帳を調製し，閲覧に供する。

〔指定区域の制限について〕
　　a　土地の形質の変更の制限……指定区域内で土地の物質変更をしようとする者は，都道府県知事に届出する。また，都道府県知事は，施行方法が一

定の基準に適合しないと認めるときは，その施行方法に関する計画の変更を命令できる。
  b　土壌汚染により人の健康被害が生ずるおそれがある場合には，都道府県知事は，土地所有者等に対して，汚染の除去等の措置が命令できる。この場合，汚染原因者に対しても命令できる。

【対象地の調査】
  a　対象地が汚染物質の取扱事業所である可能性について
  各地方公共団体への各種届出等の資料を活用して判定する（水質汚濁防止法等によって届出がある）。
  b　土地利用の履歴の調査
  地形図，住宅地図及び現在・過去の航空写真等を活用して，汚染物質の排出のおそれのある場所とその可能性を把握する。
  c　対象地が廃棄物の最終処分場である可能性の調査
  都道府県では，廃棄物の担当部局において，埋立が終了した廃棄物の最終処分場の台帳が調製されている。これを閲覧して判定する。
  汚染の測定は，巻末に収録した専門会社が行うことになる。汚染の恒久対策は，①浄化，②封じ込め等，各種の処理技術がある。従来から掘削除去が多く行われてきた。汚染物質に有効薬剤の使用が行われている。汚染の程度が低い場合，薬剤と中和剤等により，基準値をクリアーできる場合がある（原位置浄化という）。

対象物質	使用薬剤等	作用
カドミウム化合物	硫化ナトリウム	硫化カドミウムを生成
シアン化合物 シアノ錯塩を含まない場合	硫酸第一鉄	難溶性塩を生成
鉛化合物	硫化ナトリウム	硫化鉛を生成
六価クロム化合物	硫酸第一鉄	三価クロムに還元 （その後中和により固定）
砒酸化合物	塩化第二鉄，硫酸第二鉄	砒酸鉄を生成
水銀化合物	硫化ナトリウム	硫化水銀を生成

なお，クリーニング店及びその工場，肥料工場，電池製造所，メッキ工場及びその貯蔵所では，上記物質の取扱いがある。

土壌汚染のある土地〔設例1〕

1,000㎡の工場跡地について，マンション建築のための評価依頼がある。対象地は，汚染物質の取扱事業所であったことが製造の薬品名及び関係役所への届出資料から判明した。

この場合の汚染物質の調査費及び掘削除去の費用について検討する。

汚染物質はカドミウムのみである。

【ボーリング調査方法】

1,000㎡を1単位とすることにより，見積りが行われている。汚染が認められた地点，汚染のおそれのある地質状況を考慮して，三次元分布が行われる。

これは，対象地に適当な大きさの十文字状のメッシュ（5m，10m，15m，25mのいずれか）の交点を設定して，少なくとも5地点以上で採取する。サンプリング深度は，表層，表層下 0.5m，1m，2m，3m，4m，5mの7深度が基本となる。

① ボーリング調査費用　約 1,500,000円（作業日程約 2 日）
② カドミウムの検出試験
　　　データ費用　1 か所について　21,000円
　　　　（構成）・含有分析　　5,000円
　　　　　　　　・溶出分析　　8,000円
　　　　　　　　・前処理分析　8,000円
　　21,000円×5 か所＝ 105,000円

　上記の調査より，1,000㎡のうち約200㎡の部分が深さ0.15mから 3.5mの深度において，カドミウムに汚染されていることが判明した。
③　掘削除去費の見積り
　汚染土壌は総計 400トンと判明，特定できた。
　処理概算費用は，トン当たり 7～8 万円（対象地から最終処分場まで20km以内の場合で，運搬費，埋め戻し費用を含む）
　　400トン×80,000円/1t ＝32,000,000円

　①＋②＋③＝33,605,000円
（上記概算値は，対象地の土壌が最終処分場受入可能を条件として算出）

土壌汚染のある土地〔設例 2〕

　工業クリーニング工場の跡地から，土壌汚染のあることが判明した。この施設は，水質汚濁防止法の「特定施設」であり，土壌汚染対策法に係る「有害物質使用特定施設」であった。これまで，公共下水道の排水基準を超えることが多く，付近住民の反対もあり，工場を廃業して土地を販売することになった。

　道路面を除いた三面について，土止めを必要とする正方形の画地である。この土地の浄化費用と減価率を求める。

　400㎡の一面が道路に面した間口20m，奥行き20mの画地で，道路面を

除いた三面について土止めを必要とする正方形の土地である場合

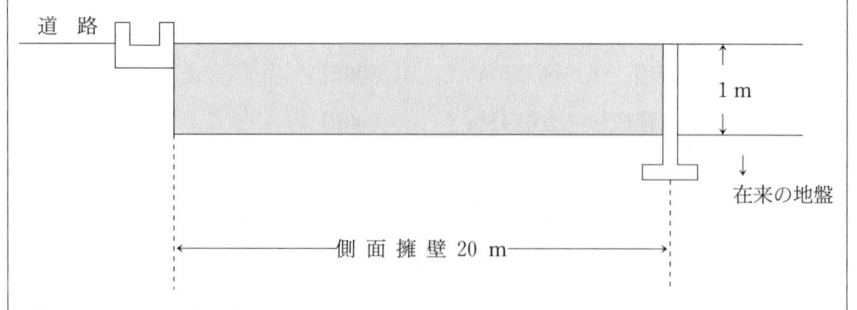

```
道　路
              ┌─┐                                    ↑
              │ │■■■■■■■■■■■■■■■■■■■■■■■■■■■■■■        │1 m
              │ │■■■■■■■■■■■■■■■■■■■■■■■■■■■■■■        │
              └─┘                              ┌─┐  ↓
                                               └─┘  在来の地盤
              ├──────側面擁壁 20 m──────┤
```

① ボーリング調査

　2 日

② 調査地点

　5 点

③ ボーリング費用（分析データ費用を含む）

　1,500,000 円……(1)

④ 調査結果

　地上及び地下50cmの層において，トリクロロエチレン等が検出された。

⑤ 有効対策工法の判定

　地下１mまでの土壌をすべて処分場へ搬出して廃棄する。

⑥ 全体土量の算定等

　20m×20m×１m＝ 400m³（地山の状態）……必要掘削土量

　掘りゆるめた場合の土量（土質によって異なる）

　　400m³×1.25（普通土，土質換算係数）＝ 500m³（ルーズの状態）

　500m³の土を廃棄物処理場へ搬出する。

・使用機械　新キャタピラー三菱製　ＣＡＴパワーショベル(0.7m³バケット) ＣＡＴ 320ＬＧＸ

　0.7m³バケットでは，土を積み込む場合，運転技量が優れていれば，バケット積み込み係数は 1.3となる。

$0.7m^3 × 1.3$（山盛り状態）＝$0.91m^3$

この$0.7m^3$パワーショベルが，ダンプトラックに土を積み込む場合は1回の作業あたり，14秒必要である。これを1サイクルタイムという（実測50回の平均値）。

全体土壌を処理するには，約2時間30分程度で処理できる（作業効率100％）。実作業では，約3時間で処理可能である。この場合，ダンプトラックの待ち時間がないとしての算定である。このため，運土距離（処分場までの距離）と使用ダンプトラックの台数によって，処理日数が異なる。

⑦ 工事費用等

【最終処分場まで4km以内として，2日間で処理終了するとした場合】

・最終処分場への土壌処理費用（積み込み費，11トンダンプトラック費を含む）

　26,800,000 円……(2)

・汚染土砂搬出後の宅地造成費用

　a 盛土費

　　1,850 円×($400m^2 × 1m$)×1.1(締め固める場合，土砂が締まって約10％その容量が少なくなるため)

　　＝ 814,000円……(3)

　b 地ならし費

　　280 円×(間口20m×奥行き20m，地ならし面積)

　　＝ 112,000円……(4)

　c 基礎工事費

　　　　　　　　　側面擁壁の面積　　　正面擁壁の面積
　　4,850円×｛(奥行き20m×高さ1m×2面)＋(間口20m×高さ1m)｝

　　＝ 291,000円……(5)

　d 石積工事費

　　　　　　　　　　　側面擁壁の面積　　　　　正面擁壁の面積
　　16,000円×{(奥行20m×高さ1m×2面)+(間口20m×高さ1m)}
　　＝ 960,000円……(6)
⑧　汚染対策後の宅地造成費合計
　　(3)+(4)+(5)+(6)＝ 2,177,000円
⑨　汚染対策を含む宅地造成費合計
　　2,177,000円+(1)+(2)＝ 30,477,000 円

　対象地の近隣地域の標準画地は，正方形であり，間口，奥行きが20mの400㎡である。単価 200,000円/㎡の場合，標準画地の総額は80,000,000円となる。

　減価率は△39%と査定する。
【評価】対象地の個別格差補正
　　　土壌汚染対策費及び宅地造成費　　　……△38%
　　　土壌汚染が在したことによる市場性減価……△1%
　　　0.62 ×0.99≒0.61（相乗積）
　　　200,000円/㎡×0.61＝ 122,000円/㎡
　　　122,000円/㎡× 400㎡＝ 48,800,000 円

　市場性減価率の△1%は，心理的嫌悪感等によるものである。この汚染の除去等の措置が行われた後の影響は，高級住宅地，中級住宅地，普通住宅地と，地価水準が低くなるほど，その減価率は小さくなるものと思われる。
　平成12年，大阪府下において，9階建てのマンション建築現場から，全シアン，ＰＣＢ，トリクロロエチレン，ベンゼン等24種の土壌汚染物質が発見された。基準値を超える9種の物質のうち，ベンゼンは基準値の260倍であった。また，地下25mの地下水からも，基準値の15倍のベンゼンが検

> 出された。
> 　さらに，土地約 3,400m²の中に，1960年代の後半の産業廃棄物の処理場があった。当時は竹林の中にあったため，近隣の人も知る人は少なかった。売買代金約12億 8,000万円について，売買契約の無効が主張された。
> 　この事件は，和解によりほぼ全額売買代金が返還された。すでに完成されていたマンションは取り壊されて解決された。

　大阪市内において，大手企業が土壌汚染の事実を隠してマンションを販売した。この事件は，宅建業法違反の重要事項の不告知によって，刑事処分が行われた。

> 　マンションの管理組合とは，次の補償合意が行われた。
> ①　継続してそのまま居住を続ける所有者には，購入価格の25％を補償する。
> ②　マンションの売却を希望する者には，その土壌汚染がないという条件を付加した正常価格の「不動産鑑定評価額」そのもので買い取る。
> 　さらに，その「不動産鑑定評価額」の1割を支払うことが補償の内容となって合意した。

　また，遺跡があるとみられる場所は44万か所ある。この調査は，市役所等の教育委員会で確認できる。建築中に，遺跡が発見されると，その調査費用は開発者の負担となる。開発許可にあたり，試掘等費用が必要な場合が多い。ただ，遺跡がみられる場所は，一般的土壌は砂礫質で最も宅地に適している。海に近く，遺跡がまったくない地域の多くは，2,000年程前は海底であることが多い。したがって，低層の戸建住宅の開発で，試掘すら必要のない場合には，まったく減価の必要がない場合もある。なぜなら，遺跡の多くは，やや高台で，水害のおそれもなく，先人の安全な住居跡であり，地盤は安定し，その安全性は高い。

埋蔵文化財について，売買契約においての争いで，発掘調査をするとすれば要する費用の支払いを命じた判例がある（東京地判，昭57．1．21）。しかし，「周知の埋蔵文化財包蔵地」として受ける規制は，「建物を建てる場合に常に障害となるもの」でなく，売買契約の解除と，手付金の返還を認めない事例もある（京都地裁，昭59．2．20）。

　鑑定評価において，対象地の受ける制約を近隣の事例を調査した上で，ある程度の減価を総合的に判断することになる。建築する予定建物の用途が商業用等であれば，自己の住宅に比較して，試掘等，調査必要は大きくなる。

　当該更地の面積が近隣地域の標準的な土地の面積に比べて大きい場合等においては，さらに次に掲げる価格を比較考量して決定するものとする（この手法を開発法という）。

ⅰ　一体利用をすることが合理的と認められるときは，価格時点において，当該更地に最有効使用の建物が建築されることを想定し，販売総額から通常の建物建築費相当額及び発注者が直接負担すべき通常の付帯費用を控除して得た価格

　開発法によって求める価格は，マンション等又は細区分した宅地の販売総額を価格時点に割り戻した額から建物の建築費及び発注者が直接負担すべき通常の付帯費用又は土地の造成費及び発注者が直接負担すべき通常の付帯費用を価格時点に割り戻した額をそれぞれ控除して求めるものとする。この場合において，マンション等の敷地は一般に法令上許容される容積の如何によって土地価格が異なるので，敷地の形状，道路との位置関係等の条件，建築基準法等に適合した建物の概略設計，配棟等に関する開発計画を想定し，これに応じた事業実施計画を策定することが必要である。

　開発法の基本式を示すと次のようになる。

$$P = \frac{S}{(1+r)^{n_1}} - \frac{B}{(1+r)^{n_2}} - \frac{M}{(1+r)^{n_3}}$$

P：開発法による試算価格
S：販売総額

B：建物の建築費又は土地の造成費
M：付帯費用
r ：投下資本収益率
n_1：価格時点から販売時点までの期間
n_2：価格時点から建築代金の支払い時点までの期間
n_3：価格時点から付帯費用の支払い時点までの期間

〔例〕　開発計画の概要

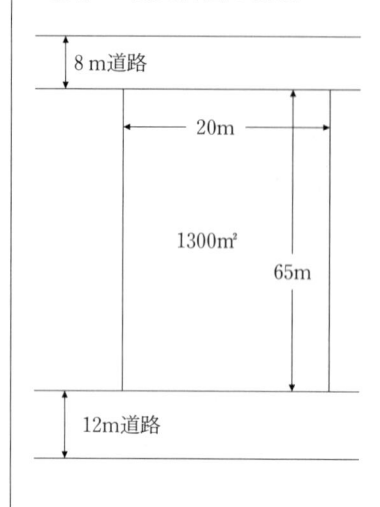

```
         8m道路
     ┌─── 20m ───┐
     │           │
     │  1300m²   │ 65m
     │           │
     └───────────┘
         12m道路
```

・対象地面積　　　　1,300m²
・計画建物床面積　　2,600m²
・分譲可能床面積（80%）2,080m²
・分譲販売総額　　　1,200,000,000円

①計画建物の建築工事費（間接法により求めた類似の建物価格）　525,000,000円
②公共公益施設負担金（開発許可時，建築着工時の支払とする）
　　○公園整備負担金　　　10,000,000円
　　○下水道整備負担金　　 1,300,000円
　　　　　　　　　　計　 11,300,000円
③販売費・一般管理費（分譲販売総額の5%）　60,000,000円
④控除費用合計　①+②+③=596,300,000円
⑤建築工事費は，着手時に$\frac{1}{3}$，着手6か月後に$\frac{1}{3}$，竣工時に$\frac{1}{3}$を支払う。
⑥販売は類似のマンション分譲事例より，販売着手時に10%，竣工時に80%，竣工2か月後に10%の販売が得られるものとする。
⑦販売費・一般管理費は，販売着手時に$\frac{1}{2}$，竣工時に$\frac{1}{2}$を支払う。
⑧投下資本収益率　年10%（投下資本収益率に対応する複利現価率……⑩の割引期間に対応した率）
⑨開発計画表

計画＼月	1	2	3	4	5	6	7	8	9	10	11	12	13	14	15	16	17	18	19	20
事前協議申請	████	████	████	████																
建築工事					████	████	████	████	████	████	████	████	████	████	████	████				
販売										████	████	████	████	████	████	████	████	████		

各論としての不動産の種類別鑑定評価

⑩開発法による土地価格の試算表（複利現価）

項　目		金　　額　（円）(A)	割引期間	複利現価率(B)	複利現価(A×B)　(円)
収入	分譲総額 (売上収入)	(10%)　　120,000,000 (80%)　　960,000,000 (10%)　　120,000,000	価格時点後　10か月 17か月 19か月	0.9236 0.8737 0.8599	110,832,000 838,752,000 103,188,000
	合　計	1,200,000,000			1,052,772,000
支出	建築工事費	($\frac{1}{3}$)　　175,000,000 ($\frac{1}{3}$)　　175,000,000 ($\frac{1}{3}$)　　175,000,000	5か月 11か月 17か月	0.9611 0.9163 0.8737	168,192,500 160,352,500 152,897,500
	計	525,000,000			481,442,500
	負　担　金	11,300,000	5か月	0.9611	10,860,430
	販売費・ 一般管理費	($\frac{1}{2}$)　　30,000,000 ($\frac{1}{2}$)　　30,000,000	10か月 17か月	0.9236 0.8737	27,708,000 26,211,000
	計	60,000,000			53,919,000
	合　計	596,300,000			546,221,930

⑪開発法による土地価格の試算

　分譲総額の複利現価から支出項目の建築工事費，負担金，販売費・一般管理費の複利現価を差し引いて，土地価格を試算する。

　1,052,772,000円－546,221,930円≒506,550,000円（389,700／m²）

（参考）

複利現価率……n年後に実現する経済価値を価格時点の利率で割引いた現在価値を求める場合に使用する。

　$\frac{1}{(1+r)^n}$　　r：年利率　n：年　数

○5年後に収受する借地更新料200万円の現在価値を求める。(年利率8％)
　2,000,000円×$\frac{1}{(1+0.08)^5}$＝2,000,000円×$\frac{1}{1.46932}$＝2,000,000円
　×0.68058＝1,361,160円

ⅱ　分割利用することが合理的と認められるときは，価格時点において，当該更地を区画割りして，標準的な宅地とすることを想定し，販売総額から通常の造成費相当額及び発注者が直接負担すべき通常の付帯費用を控除して得た

価格

なお，配分法及び土地残余法を適用する場合における取引事例及び収益事例は，敷地が最有効使用の状態にあるものを採用すべきである。

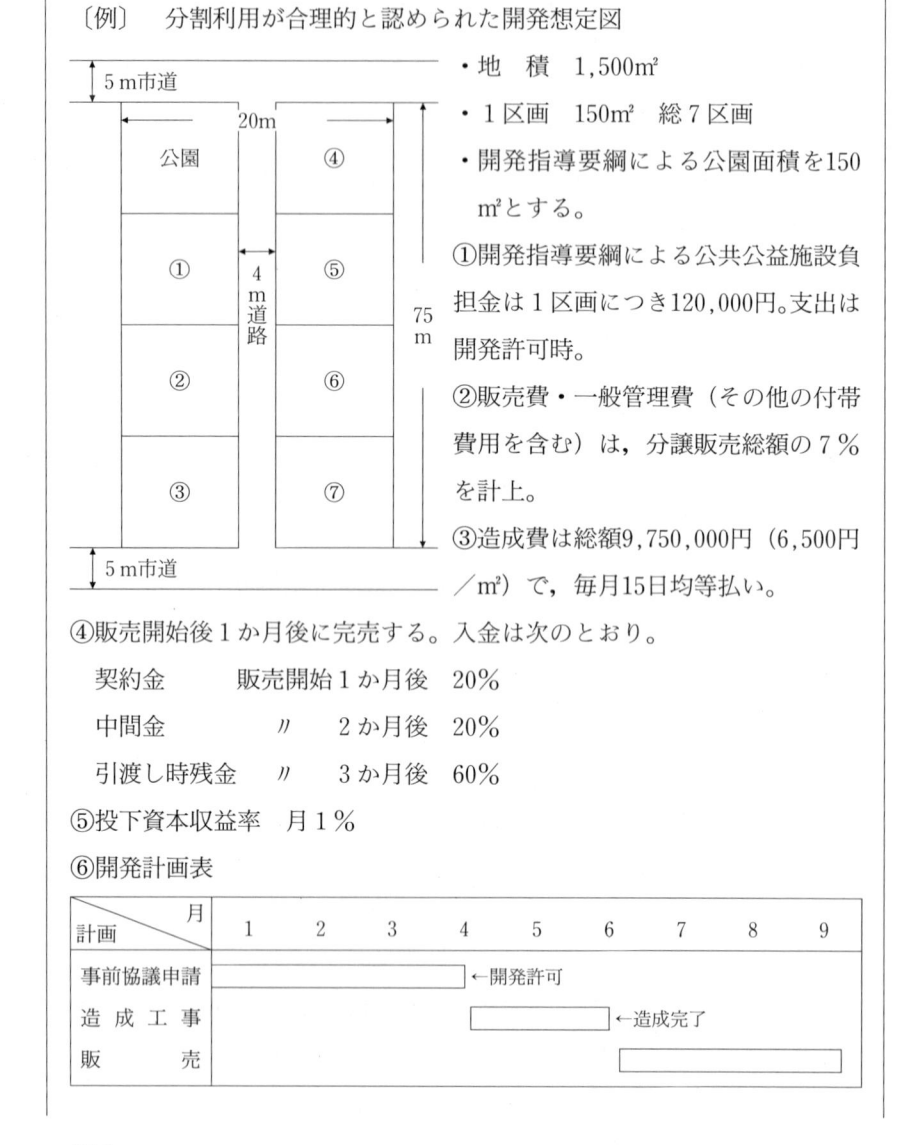

〔例〕　分割利用が合理的と認められた開発想定図

- 地　積　1,500m²
- 1区画　150m²　総7区画
- 開発指導要綱による公園面積を150m²とする。

①開発指導要綱による公共公益施設負担金は1区画につき120,000円。支出は開発許可時。

②販売費・一般管理費（その他の付帯費用を含む）は，分譲販売総額の7％を計上。

③造成費は総額9,750,000円（6,500円／m²）で，毎月15日均等払い。

④販売開始後1か月後に完売する。入金は次のとおり。

　契約金　　　販売開始1か月後　20％
　中間金　　　　〃　　2か月後　20％
　引渡し時残金　〃　　3か月後　60％

⑤投下資本収益率　月1％

⑥開発計画表

計画＼月	1	2	3	4	5	6	7	8	9
事前協議申請	←開発許可								
造成工事					←造成完了				
販売									

各論としての不動産の種類別鑑定評価

⑦分割想定による更地価格の試算

　○造成後の想定分譲総額　　250,000,000円

　○造成費　　　　　　　　　9,750,000円

　○販売費・一般管理費　250,000,000円×7％＝17,500,000円

　○公共公益施設負担金　　　120,000円×7＝840,000円

⑧投下資本収益

　（土地）　対象不動産の素地価格を x とする

　販売収入

　1か月後　20％ ⎫
　2か月後　20％ ⎬ 平均販売期間
　3か月後　60％ ⎭　1か月×0.2＋2か月×0.2＋3か月×0.6＝2.4か月

　平均事業期間　　6か月＋2.4か月＝8.4か月

　　8.4か月×0.01×x 円＝$0.084x$

（造成費対応分）

　9,750,000円×（1か月＋2.4か月）×0.01＝331,500円

（販売費・一般管理費）

　支出時点が分譲収入の入金と同じであるので計上しない。

（公共公益施設負担金）

　840,000円×（2か月＋2.4か月）×0.01＝36,960円

⑨分譲想定更地価格＝x＝ $\overset{\text{（分譲販売の総額）}}{250,000,000円}$ － （ $\overset{\text{（造成費）}}{9,750,000円}$ ＋

$\underset{\text{（販売費・一般管理費）}}{17,500,000円}$ ＋ $\underset{\text{（公共公益施設負担金）}}{840,000円}$ ＋ $\overline{\underset{\text{投下資本収益}}{0.084x＋331,500円＋36,960円}}$ ）

$1.084x＝221,542,000$ 円

$x ≒ 204,375,000$ 円（分譲後の更地価格から造成費等を控除して求めた価格）

このように開発法によって求めた価格は，事業主体の投資採算性を考慮した手法である。この手法は3手法によって求められた試算価格の検証の手法とな

る。これらを比較考量することにより更地価格を決定する。

　開発法（又は開発方式）を適用できる立体的な高度利用可能なマンション敷地は，実効容積率によって土地価格が大幅に異なる。この場合，建築基準法第43条2項において，マンション等特殊建築物の敷地が接しなければならない道路の幅員について，地方公共団体の条例で必要な制限を付加することができる。このため，前面道路が通常の戸建住宅が可能である幅員4mでは開発が制限され，幅員6m以上と制限が付加されることが多い。

　これらは，都市計画区域内だけの規制であるが，各地方自治体の開発指導要綱等により許容実容積率を十分に把握しなければならない。敷地の形状等の条件，都市計画法等に適合した建物の概略設計等想定開発図，事業実施工程表を作成することにより策定する。この際，階層は（法定延床面積÷建築面積）で求められるが，2階以上について，1階床面積より小さくすれば，建物の階層は増加する。しかし，建物の高さ制限として，①道路斜線，②隣地斜線，③北側斜線，④高度地区，⑤建築基準法第56条の2の日影規制等がある。

　また，同法第56条2項にはみなし道路幅員の緩和があり，さらに駐車場法の規定により，地方公共団体は「建築物における駐車施設の附置等に関する条例」を定めている。このため，商業地域，近隣商業地域，駐車場整備地区等においては，特定用途に供する条件で定めた延面積を超える建物には，附置義務台数の確保が必要である。

〔例〕最有効使用の建物の想定
- 対象地画地条件　地積800.00㎡（長方形，間口32m，奥行25m）前面道路15m市道
- 商業地域　建ぺい率80％，容積率道路境界から20m以内600％。その他法規の規制なし。
- 駐車場整備地区　建築面積720㎡，塔屋110㎡，20m超500％。地下1階に17台駐車できる510㎡の駐車場を設置する。建物外形箱型。有効床面積70％。

```
                    15m
         ┌──────┬────────┐
         │      │←──容積率600%
    25m  │      │
         │      │←──容積率500%
         └──────┴────────┘
              32m
```

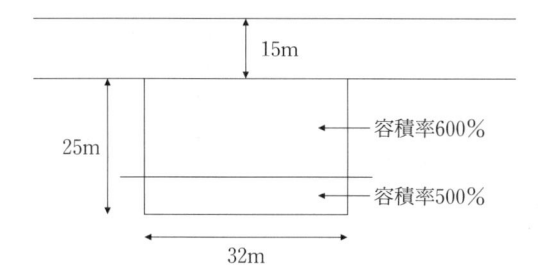

【想定した最有効使用の建物】

(1) 延べ面積

　　間口32m×奥行20m×600％＋間口32m×5m×500％＝4,640㎡

　4,640㎡は建物基準法上の延べ面積である。しかし，駐車場の面積は5分の1が容積率に加算されない。

　この駐車場の面積は建築確認申請書の「自動車車庫等の部分」に該当する。容積率に5分の1が加算されない床面積は，都市計画区域内での自動車車庫の用途の床面積である。

　この面積は，自動車だけでなく，自動車の停留に供する部分，駐車のための施設である誘導道路，操車場をすべて含んでいる。この加算されない床面積は，建築物の各階の床面積の合計の5分の1を超える場合は，敷地内の各階の床面積の合計の5分の1を限度とする。このため，

　　4,640㎡＋510㎡（駐車場）＝5,150㎡（緩和された延べ面積）

(2) 各階の有効面積

　　　5,150㎡（延べ面積）－110㎡（塔屋）＝5,040㎡
　　　　　　〔塔屋の面積を控除する〕

　建築面積720㎡であるので，5,040㎡÷720㎡＝7Fとなる。

　有効床面積が70％であるので，3,528㎡が有効床面積となる。

　　　720㎡×0.7×7F＝3,528㎡（有効床面積）

　以上のように，想定した最有効使用の建物は，地下1階，地上7階の建物となる。

床面積には，①有効床面積，②容積率対象床面積，③法延面積，④施工床面積，⑤登記床面積の5種がある。この床面積が相違するのは，廊下等特別付帯部分の算定方法が相違するためである（床面積の算定方法については昭和61年4月30日，建設省住指発第115号）。有効床面積は壁等で囲まれた部分と駐車場から構成されるため，5種の内，最小の面積となる。戸建住宅の場合は，①有効床面積と④施工床面積，⑤登記床面積の数値は同じである。

　店舗付マンション，事務所ビルの場合，①有効床面積は，⑤登記床面積に比較して約10～20％床面積が少ない。④施工床面積が一番面積が多く算定され，⑤登記床面積に対して，約10～20％床が多く算定される。

　収益価格の想定建物の採用数値は，①有効床面積である。

床部分		有効床面積	容積対象床面積	法延面積	施工床面積(注3)	登記床面積
壁等で囲まれた部分		(算定)	(算定)	(算定)	(算定)	(算定)
駐車場		(算定)	一部算定(注1)	(算定)	(算定)	(算定)
特別付帯部分	1. ピロティ				(算定)	
	2. ポーチ				(算定)	
	3. 歩廊				(算定)	
	4. 屋外廊下		一部算定(注2)		(算定)	
	5. バルコニー・ベランダ				(算定)	
	6. 屋外階段				(算定)	
	7. エレベーターシャフト		(算定)	(算定)	(算定)	(算定)
	8. パイプスペース・ダクトスペース		(算定)	(算定)	(算定)	(算定)(注6)
	9. 給水・貯水タンク					
	10. 出窓					
	11. 機械式駐車場		一部算定(注1)	(算定)(注4)	(算定)(注4)	(算定)(注7)
	12. 機械式駐輪場		一部算定(注1)	(算定)(注5)	(算定)(注5)	(算定)(注7)
	13. 体育館等のギャラリー			(算定)	(算定)	

（注1）駐車場の面積について延べ面積の5分の1以上は容積対象床面積。（建築基準法）
（注2）マンションでは屋外でなくても共用の廊下等は不算定。（建設省住街発第73号）
（注3）特別付帯部分各部について算定率は一定ではない。
（注4）機械式駐車場は15m²/台。（住指発第115号）
（注5）機械式駐輪場は1.2m²/台。（住指発第115号）
（注6）外側に及んでいる部分は算定しない。（不動産登記事務取扱手続準則第141条）
（注7）建物と認定する部分は算定。

想定建物の実現性の検討事項

これは，収益還元法の直接法の適用及び開発法の想定の場合のいずれにも共通する事項である。

【住宅系の場合】

i 建ぺい率（建築面積÷敷地面積）が80％を超えることはない。60〜80％は，防火地域及び指定角地の特別な場合であり，通常60％以下である。

ii 容積率（延べ面積÷敷地面積）は，前面道路幅員による制限が考慮されているか。前面道路が12m以上の場合，北側の日影規制がクリアーできれば，容積率の使用が可能である場合が多い。6m以上12m未満の場合，特定道路からの基準容積率の緩和を考慮する。この場合，特定道路に通じる対象不動産に連続する道路が6m以下の部分があれば，たとえ対象不動産の前面道路が6m以上あったとしても，この緩和が適用されない。道路斜線の制限により法定容積率の使用が困難であることが多い。前面道路が4m未満の場合には，一般的に2階建，基準容積率は160％となる。また，居室であれば，床面積に対して7分の1以上の採光部が必要であるため，隣地境界線から採光を考慮した距離が必要となる。窓先空地（東京都条例）及び駐車場整備等を考慮しなければならない。ただし，実現性の再確認の最後は，実需が存在して，現実に容積率が十分消化できる市場性のある地域であるか否か，市場性の検討がなされなければならない。

【商業系の場合】

i 建ぺい率の100％は現実にはあり得ない。過小宅地の場合でも使用建ぺい率の90％は現実的ではない。空地，壁面等の規制が存在するためである。

ii 容積率についても，住宅系の場合とほぼ同様の点について検討すべきである。前面道路が4m未満の場合，一般的には2階，3階建てとなり，基準容積率は240％となる（42条3項を除く）。

以上が想定建物の実現性の検討のポイントである。これを整理すると，次のとおりになる。

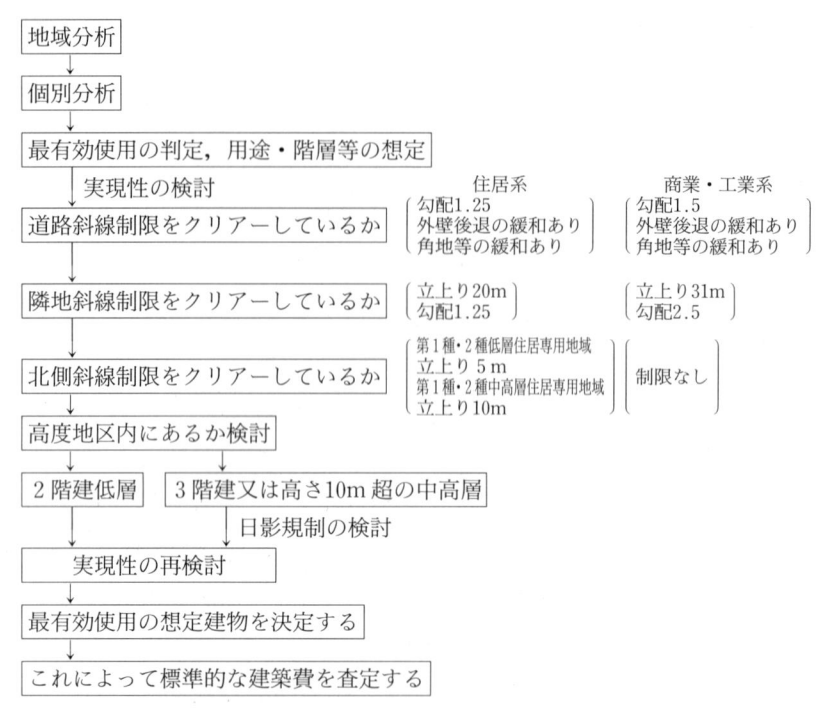

```
地域分析
  ↓
個別分析
  ↓
最有効使用の判定，用途・階層等の想定
    実現性の検討                住居系                    商業・工業系
道路斜線制限をクリアーしているか   [勾配1.25              [勾配1.5
                              外壁後退の緩和あり         外壁後退の緩和あり
                              角地等の緩和あり]          角地等の緩和あり]
  ↓
隣地斜線制限をクリアーしているか  [立上り20m]             [立上り31m]
                              [勾配1.25]              [勾配2.5]
  ↓
北側斜線制限をクリアーしているか  第1種・2種低層住居専用地域
                              立上り5m                制限なし
                              第1種・2種中高層住居専用地域
                              立上り10m
  ↓
高度地区内にあるか検討
  ↓
2階建低層   3階建又は高さ10m超の中高層
                    ↓
              日影規制の検討
  ↓
実現性の再検討
  ↓
最有効使用の想定建物を決定する
  ↓
これによって標準的な建築費を査定する
```

　この標準的な建築費は，仕様グレードの上級，中級，普通のうち，中級の基準単価を採用することが一般的である。事務所の建築費をみれば，上級グレードのものは，中級仕様に比較して延べ床面積当たり約20％割高である。普通グレードのものは，中級仕様に比較して約15％割安である。しかし，共同住宅になるとＳＲＣ，ＲＣ，Ｓ造のいずれについても，上級，中級，普通の仕様グレード間に大きな建築費の相違が存しない傾向がある。また，共同住宅の郊外のアパートの建築費は市街地のアパートに比較して5％程度割安である。これは，比較的市場の競合が強い市街地部は，外装，設備にコストをかけるためである。このため，対象地の想定建物の標準的な建築費は，地域の特性を十分に反映したものでなければならない。

　このように，開発法の適用にあたっては，総合的に諸行政法規を勘案した，現実的な想定でなければならない。

　② 建付地

建付地は，建物等と結合して有機的にその効用を発揮しているため，建物等と密接な関連をもつものであり，したがって，建付地の鑑定評価は，建物等と一体として継続使用することが合理的である場合において，その敷地について部分鑑定評価をするものである。

　建付地の鑑定評価額は，原則として更地としての鑑定評価額を限度とし，配分法に基づく比準価格及び土地残余法による収益価格を関連づけて決定する。

　この場合において，当該建付地の更地としての最有効使用との格差，更地化の難易の程度等敷地と建物等との関連性を考慮すべきである。

　敷地に不適当な建物等が存することにより，減価が発生していると考えられる場合（建付減価）にあっては，当該土地の最有効使用との格差，建物の存続期間・更地化の難易の程度等，敷地と建物等との関連性を考慮する。総合設計等により，通常の容積率以上の建物等が建築されている場合には，経済価値の増分があり，その増分である最有効使用を上回る利用分のうち，敷地に配分される部分があるときは，建付地の価格は更地価格を上回ることもありうる。これは，建築基準法第3条2項の規定の適用を受ける既存不適格建築物で，現行の法規による許容容積率等を超えた利用可能分がある場合には，同様に，建付地の価格は更地価格を上回ることもあり得る。このため，建付地の価格は原則として更地価格を限度とする。

　以上により，建付地の鑑定評価額は，配分法に基づく比準価格と土地残余法による収益価格を関連づけて決定する。

借地権の鑑定評価

　借地権の鑑定評価は，借地権の取引慣行の有無及びその成熟の程度によってその手法を異にする。

　ｉ　借地権の取引慣行の成熟の程度の高い地域

　借地権の鑑定評価額は，借地権及び借地権を含む複合不動産の取引事例に基づく比準価格並びに土地残余法による収益価格を関連づけて得た価格を標準とし，当該借地権の設定契約に基づく賃料差額のうち取引の対象となっている部分を還元して得た価格及び借地権取引が慣行として成熟している場合における

当該地域の借地権割合により求めた価格を比較考量して決定する。

この場合においては，次に掲げる事項を総合的に勘案する。

イ　将来における賃料の改定の実現性とその程度

ロ　借地権の態様及び建物の残存耐用年数

ハ　契約締結の経緯並びに経過した借地期間及び残存期間

ニ　契約にあたって授受された一時金の額及びこれに関する契約条件

ホ　将来見込まれる一時金の額及びこれに関する契約条件

ヘ　借地権の取引慣行及び底地の取引利回り

ト　当該借地権の存する土地に係る更地としての価格又は建付地としての価格

ⅱ　借地権の取引慣行の成熟の程度の低い地域

借地権の鑑定評価額は，土地残余法による収益価格を標準とし，当該借地権の設定契約に基づく賃料差額のうち取引の対象となっている部分を還元して得た価格及び当該借地権の存する土地に係る更地又は建付地としての価格から底地価格を控除して得た価格を比較考量して決定する。

宅地の賃貸借契約等に関連して，借地人から賃貸人へ支払われる一時金には，一般に①預り金的性格を有し，通常，保証金と呼ばれているもの，②賃料の前払的性格を有し，又は借地権の設定の対価とみなされ，通常，権利金と呼ばれているもの，③その他借地権の譲渡等の承諾を得るための一時金に分類することができる。

これらの一時金が借地権価格を構成するか否かはその名称の如何を問わず，一時金の性格，社会的慣行等を考察して個別に判定することが必要である。概略は次のとおりである。

イ　設定権利金は，契約期間内に借地権が譲渡されても前借地人に未経過分の賃料相当額を返還しない場合は，前借地人は新借地人から回収することとなる。このため，権利金は譲渡対価の構成要素となる。

ロ　更新料は契約期間の経過に伴う更新直前の借地権価格に減価が生じており，更新料の支払が借地権価格の減価の回復になる場合は，譲渡対価の構

成要素となる。更新料の支払を要する借地権を継承する場合，その更新時期が近いときには，その更新料相当額を差し引いて譲渡対価を算出する。
ハ　条件変更承諾料，増改築承諾料は，譲渡対価の構成要素となる。
ニ　敷金，保証金は借地権の譲渡又は借地契約の終了によって賃貸人より返還される性格を有する。このため，譲渡対価の構成要素とならない。ただし，敷金等の返還請求権を借地権の譲受人に譲渡する場合，敷金等の返還までの期間の運用益の現価の総和が譲渡対価の構成要素となる。
ホ　名義書替料は，賃貸人に対しての手数料的な支払金としての性格を有する。譲渡対価の構成要素とならない。

③　借地権及び底地

借地権及び底地の鑑定評価にあたっては，借地権の価格と底地の価格とは密接に関連し合っているので，以下の諸点を十分に考慮して相互に比較検討すべきである。
　i　宅地の賃貸借等及び借地権取引の慣行の有無とその成熟の程度は，都市によって異なり，同一都市内においても地域によって異なることもあること
　ii　借地権の存在は，必ずしも借地権の価格の存在を意味するものではなく，また，借地権取引の慣行について，借地権が単独で取引の対象となっている都市又は地域と，単独で取引の対象となることはないが建物の取引に随伴して取引の対象となっている都市又は地域とがあること
　iii　借地権取引の態様
　　イ　借地権が一般に有償で創設され，又は継承される地域であるか否か
　　ロ　借地権の取引が一般に所有者以外の者を対象として行われる地域であるか否か
　　ハ　堅固建物の所有を目的とする借地権の多い地域であるか否か
　　ニ　借地権に対する権利意識について借地人側が強い地域であるか否か
　　ホ　一時金の授受が慣行化している地域であるか否か
　　ヘ　借地権の譲渡にあたって名義書替料を一般に譲受人又は譲渡人のいず

れが負担する地域であるか
　iv　借地権の態様
　　イ　創設されたものか継承されたものか
　　ロ　地上権か賃借権か
　　ハ　転借か否か
　　ニ　堅固の建物の所有を目的とするか，非堅固の建物の所有を目的とするか
　　ホ　主として居住用建物のためのものか，主として営業用建物のためのものか
　　ヘ　契約期間の定めの有無
　　ト　特約条項の有無
　　チ　契約は書面か口頭か
　　リ　登記の有無
　　ヌ　定期借地権等（借地借家法第二章第四節に規定する定期借地権等）

借地権

　i　借地権の価格

　借地権の価格は，借地借家法（廃止前の借地法を含む）に基づき土地を使用収益することにより借地人に帰属する経済的利益（一時金の授受に基づくものを含む）を貨幣額で表示したものである。

　借地人に帰属する経済的利益とは，土地を使用収益することにより広範な諸利益を基礎とするものであるが，特に次に掲げるものが中心となる。

　　イ　土地を長期間占有し，独占的に使用収益し得る借地人の安定的利益
　　ロ　借地権の付着している宅地の経済価格に即応した適正な賃料と実際支払賃料との乖離（賃料差額という）及びその乖離の持続する期間を基礎にして成り立つ経済的利益の現在価値のうち，慣行的に取引の対象となっている部分

　新法による借地権評価法は，社団法人日本不動産鑑定協会より発表されているが，その概略は次のとおりである。

借地借家法（新法）による借地権の評価方法

新法第3条における普通借地権は，同第22条，第24条の定期借地権を除いた借地権をいう。この普通借地権は，旧法における借地権の承継であるが，旧法との相違点は次のとおりである。

① 借地権の存続期間は一律に30年であり，旧法における堅固と非堅固による存続期間の区分はなくなった。
② 更新後の借地権存続期間の短縮
③ 借地権存続期間満了前の建物再築による借地期間延長には，地主の承諾を要する。
④ 借地契約更新後に建物の滅失があったときには，借地権者より借地契約の解約を申し入れることができるようになった。定期借地権と異なり，普通借地権は更新ができる借地権である。

○普通借地権の評価における留意点

〈当初の契約による借地期間中の場合〉

普通借地権は，更新を前提としている従来の借地権とその内容はほぼ同一である。このため，旧法の借地権の評価手法による。ただし，更新時期が近づいた普通借地権は残存期間が短いため，更新の可能性とその有無が借地権価格に影響を与える。

〈更新による借地期間の場合〉

更新後の存続期間は，1回目が20年，2回目以降は10年に短縮される。また再建築が困難になったときは＊，適切な減価が必要である。

＊ 借地借家法第8条 契約の更新の後に建物の滅失があった場合においては，借地権者は，地上権の放棄又は土地の賃貸借の解約の申入れをすることができる。

○一般定期借地権（第22条関係）

一般定期借地権は，存続期間が50年以上で，更新の契約ができず，建物の築造による存続期間もない。建物買収請求権を特約で排除することができる。

借地権の存続期間は，建物譲渡特約付借地権が30年以上，事業用借地権が10年以上20年以下であるのに対して，定期借地権は50年以上と契約期間が長い。

区別＼存続期間等	旧借地法による借地権	新法による普通借地権	新法による定期借地権
当初の契約による借地権の存続期間	堅固建物　30年以上 非堅固建物　20年以上 （当事者による期間の定めがないとき） 堅固建物　　60年 非堅固建物　30年	30年以上 （建物の種類・構造による区別はない） 30年未満は30年となる。	・一般定期借地権 　50年以上 ・建物譲渡特約付借地権 　30年以上 ・事業用借地権 　10年以上 　20年以下
更新後の借地権の存続期間	堅固建物　　30年 非堅固建物　20年	最初の更新　20年 2回目以降の更新　10年	―
存続期間満了前の建物再築による期間延長	（地主が遅滞なく異議を述べないときは） 堅固建物　　30年 非堅固建物　20年	（借地権設定者の承諾がある場合に限り） 　　　　　　　　20年	―

（注）借地借家法（平成4年8月1日施行）は，旧「借地法」，「借家法」，「建物の保護ニ関スル法律」の3つの法律を一体化したものである。

建物の用途は居住用，事業用のいずれでもよく，借地権は契約終了時に権利が消滅する。そのため，契約終了時に借地権価格そのものが形成されない。借地権価格が発生するのは契約期間中である。

○住宅・都市整備公団の特別借地制度の概要

住宅・都市整備公団が借地人となる。借地期間の満了によって借地の返還又は建物の建築工事完了後20年経過後は，建物の譲渡によって借地が返還されることを内容とした借地契約である。

（条件）

① 借地期間は，建物建築期間（約2年）＋70年とする。

② 建築完了後20年に建物を地主に譲渡した時点又は借地期間の終了時点で借地が直ちに地主に返還される。

③ 借地権利金は支払わない。

④ 地代は，類似の地代を基準に算定し，3年ごとの評価替時における固定資産税額の上昇に応じて改定する。

⑤ 固定資産税，相続税，譲渡所得税等の軽減措置がある。

○生保会社の借地方式の概要

　生保会社を借地人とする。この借地方式では，権利金の授受がないため，通常の借地契約の地代に比較して高額の「相当地代」が支払われているところに特徴がある。

（条件）

① 借地の対価は，定期的に地主に支払われる地代だけとする。権利金は支払わない。

② 借地期間経過後は，地主が借地上の建物の買取り請求権の行使ができる。借地人はこれに応じなければならない。

③ 借主が建物を買取ることにより，借地は地主に返還される。

④ 借地契約締結時に借地返還の対価を無償とする約定をする。

○一般の定期借地権の鑑定評価における留意点

　定期借地権は市場性に欠け，個別性が強いため，比準価格と借地権割合によって求めることが困難である。

　したがって，土地残余法による収益価格及び賃料差額を還元して得た価格が有用である。

〔例〕

① 実際実質賃料（年額地代）　　20,000千円

② 正常実質賃料相当額　　25,750千円

　　（更地価格）　　（期待利回り）　（土地の公租公課）
　1,000,000千円 × 2.5% ＋ 750千円 ＝ 25,750千円

③ 賃料差額　②－①　　5,750千円

④ 取引対象部分　100％

⑤ 年金現価率（利率3％，期間30年とする。）　19.6004

⑥ 借地権価格　5,750千円×100％×19.6004≒112,700千円

（参考）

　年金現価率（インウッド方式）……n年間続く毎年の一定額収入の現在

価値を価格時点において求める。

⑤では賃料差額（借手にとっての利益）が30年続くため、次のように計算される。

$$\frac{(1+r)^n-1}{r(1+r)^n} = 5,750千円 \times \frac{(1+0.03)^{30}-1}{0.03(1+0.03)^{30}}$$

○建物譲渡特約付借地権（第23条関係）

借地権を消滅させるため、その設定後30年以上経過した日に借地権の目的である土地の上の建物を借地権設定者（地主）に相当の対価で譲渡できる規定である。この建物譲渡の相当対価は、場所的利益を含めるべきではないと解すべきである。旧法の建物買収請求権同様と考えられる。

建物の評価は、原価法による積算価格を標準とし、アパート等の貸借に供されている収益を目的とする建物は、建物残余法による収益価格と積算価格を関連づけて決定すべきである。

○建物譲渡特約付借地権の鑑定評価における留意点

定期借地権の取引慣行が成熟するまでは、借地権の取引事例比較法に基づく比準価格と借地権の割合法の適用は困難である。このため、収益還元法によることとなる（残余法の適用）。

〔例〕
① 総収益の算定……借家人が借地人の建物にいる状態で売買されるため、賃貸借契約の条件に基づいて総収益を求める。自用の建物が借地上にある場合には、賃貸を想定して総収益を求める。
② 総費用の算定……減価償却費（償却前の純収益を求める場合には計上しない）、維持管理費、公租公課（固定資産税、都市計画税）、現行支払地代、損害保険料等の諸経費を計上する。
③ 借地人に帰属する純収益（総収益－総費用）①－②
④ 定期借地権付建物の収益価格

$$P = 純収益(総収益-総費用) \times \frac{(1+r)^n - 1}{r(1+r)^n}$$

n：残存借地期間，r：還元利回り（借地権＋建物の総合還元利回り）

○事業用借地権（第24条関係）

　事業用借地権では，借地上の建物の用途が限定されており，居住用の建物は認められず，事業建物に限られている。存続期間は，10年以上20年以下であり，契約は公正証書によらなければならない。

　利用形態としては，紳士服店，スポーツ用品店，日用大工用品店，カーアクセサリーショップなど郊外型専門量販店及びファミリーレストランとしての利用が予想される。しかし，存続期間が比較的短期であるため，賃借人の側はかなり慎重である。

　賃借人が倒産した場合には，建物の取りこわし費等が必要になるが，この費用を担保するため権利金の授受が予想される場合がある。

　事業用借地権の認定にあたって，小作人への離作料等の支払のため，賃料の前払的性格を有するものを賃借人が支払うことも考えられる。

○事業用借地権の鑑定評価における留意点

　上記の権利金等の支払がある場合には，これら一時金の支払と支払賃料の間には相関関係が生じる。このため，支払賃料を低下させる要素となることに留意する。

　一般に権利金の授受はないものと考えられる。借地権の譲渡対価が更地価格に対する一定割合で成立するような地域においても，これら一時金がすべて借地権価格を発生させるものとは考えられない。

　公正証書により，「事業用借地権」としての確認が必要である。一時金の目的，契約期間，原状回復に関する事項を総合的に勘案して権利金の授受の内容等を明確にする。

　借地契約期間中に譲渡が行われる場合には，正常実質賃料相当額と実際実質賃料の差額である賃料差額について，契約残存期間で有期還元した額を基準に

市場性を考慮して決定する。

○事業用借地の新規地代の評価

事業用借地の場合，賃借人は法人で，事業用として使用されることが一般的である。新規賃料（正常賃料）は，積算賃料，比準賃料，配分法に準ずる方法に基づく比準賃料を関連づけて決定する。純収益を求めることができる場合には，収益賃料を比較考量して決定する。実務においては，積算賃料が多くの場合に試算される。

積算賃料＝基礎価格（通常は更地価格）×期待利回り＋必要諸経費（公租公課等）

期待利回りは，旧法において基礎価格に対して5％を上限として2〜3.5％の範囲にある。新法後の賃貸事例の収集に留意しながら，地域の土地価格と借地権取引慣行の熟成度を考慮して決定する。

なお，税法上の相当の地代として，権利金の授受がない場合の新規地代は法人税基本通達による6％を採用する。この相当地代の「時価」は3年間の相続税路線価の平均額が採用されているのが一般的であるが，この方式では，かなりの高価となり，新規地代の上限の範囲を示すものといえよう。

○法人税法における権利金の取扱いと鑑定評価

法人が，借地権の設定等により他人に土地を使用させた場合において，通常収受する借地権利金を収受しないときは以下の取扱いとなる。

① 相当の地代を収受しているときは，正常な取引条件として，借地権利金の認定課税をしない（法人税法施行令第137条）。

② 相当の地代に満たない場合には，原則として借地権利金の認定課税をする（法人税基本通達13-1-3）。

③ 土地の使用が借地権利金の授受を伴わないものであると認められるときは，借地権利金の認定課税は行わない（法人税基本通達13-1-5）。

④ 土地の「無償返還届」が提出されたときは，借地権利金の認定課税をしない。授受する地代の額が相当の額に満たない部分について，認定課税をする（法人税基本通達13-1-7）。

これらにおいて「相当の地代」は，当該土地の更地価額（権利金を収受して

いるときはこれを控除した額）に対して，おおむね年6％程度とする。更地の価格については，通常の取引価格等による（法人税基本通達13-1-2）。

また，更地価額については，当該年の相続税評価額又は過去3年の平均額から選択できる。

借地権利金の認定は，借地権の設定にあたり，権利金を授受する慣行があることが必要である。借地権慣行のない地域での認定は行われない。物品置場，露天の駐車場等，土地の使用が権利金の授受を伴わないものであると認められるときはこれら認定は行われない。

また，相続税評価上の借地権割合が30％未満の地域についても認定が行われない。

底地

底地の価格は，借地権の付着している宅地について，借地権の価格との相互関連において賃貸人に帰属する経済的利益を貨幣額で表示したものである。

賃貸人に帰属する経済的利益とは，当該宅地の実際支払賃料から諸経費等を控除した部分の賃貸借等の期間に対応する経済的利益及びその期間の満了等によって復帰する経済的利益の現在価値をいう。

底地の鑑定評価額は，実際支払賃料に基づく純収益等の現在価値の総和を求めることにより得た収益価格及び比準価格を関連づけて決定するものとする。この場合においては，前記290ページ借地権の鑑定評価の項イ～トに掲げる事項も総合的に勘案するものとする。

また，底地を当該借地人が買い取る場合における底地の鑑定評価にあたっては，当該宅地又は建物及びその敷地が同一所有者に帰属することによる市場性の回復等に即応する経済価値の増分が生ずる場合があることに留意すべきである。

④　区分地上権

区分地上権の価格は，一般に区分地上権の設定に係る土地（区分地上権設定地という）の経済価値を基礎として，権利の設定範囲における権利利益の内容により定まり，その経済価値は，区分地上権設定地全体の経済価値のうち，平

面的・立体的空間の分割による当該権利の設定部分の経済価値及び設定部分の効用を保持するため他の空間部分の利用を制限することに相応する経済価値を貨幣額で表示したものである。

この場合の区分地上権の鑑定評価額は，設定事例等に基づく比準価格，土地残余法に準じて求めた収益価格及び区分地上権の立体利用率により求めた価格を関連づけて得た価格を標準とし，区分地上権の設定事例等に基づく区分地上権割合により求めた価格を比較考量して決定する。

区分地上権の鑑定評価においては次に掲げる区分地上権の特性に基づく経済価値に留意することが必要である。

　i　区分地上権設定地の経済価値は，当該設定地の最有効使用に係る階層等に基づいて生ずる上下空間の効用の集積である。したがって，区分地上権の経済価値は，その設定地全体の効用と関数関係に着目して，その設定地全体の経済価値に占める割合として把握される。

　ii　区分地上権は，他人の土地の地下又は空間の一部に工作物を設定する権利であり，その工作物の構造，用途，使用目的，権利の設定期間等により，その経済価値が特定される。

この区分地上権の範囲は，土地の最有効使用を実現するために必要な合理的・合法的な地上及び地下又は空間の立体的な利用可能範囲である。これは，土地所有権の阻害でもあるため，区分地上権の設定は，土地所有権にとって，その最有効使用の阻害される程度に応ずる効用低下分が区分地上権の価格と考えられる。このように土地減価額の補償としての性格が区分地上権にはある。

なお，区分地上権の対象となる地下又は空間の一部は，地表面に接するものであってはならない。工作物，門，地下の設備の所有のための地上権の設定の目的が地下又は空間の一部であってもそれが地表面を含むものであるときは，通常の「地上権」としての確定と確認が必要な権利となる。

○区分地上権の鑑定評価における留意点

i　区分地上権の設定事例等に基づく比準価格

区分地上権の設定事例等に基づく比準価格は，近隣地域及び同一需給圏内の

類似地域等において設定形態が類似している区分地上権の設定事例を収集して，適切な事例を選択し，必要に応じ事情補正及び時点修正を行い，かつ，地域要因及び個別的要因の比較を行って求めた価格を比較考量して決定するものとするが，特に次の事項に留意しなければならない。

イ 区分地上権設定地に係る区分地上権の経済価値には，当該区分地上権に係る工作物の保全のため必要な他の空間の使用制限に係る経済価値を含むことが多いので，区分地上権の態様，設定期間等設定事例等の内容を的確に把握すべきである。

ロ 時点修正において採用する変動率は，事例に係る不動産の存する用途的地域又は当該地域と相似の価格変動過程を経たと認められる類似の地域における土地の変動率を援用することができるものとする。

ハ 地域要因及び個別的要因の比較においては，次に掲げる区分地上権に特有な諸要因について留意する必要がある。

(イ) 地域要因については，近隣地域の地域要因にとどまらず，一般に当該区分地上権の効用に寄与する他の不動産（例えば，地下鉄の区分地上権の設定事例の場合における連たんする一団の土地のように，一般に広域にわたって存在することが多い）の存する類似地域等との均衡を考慮する必要がある。

(ロ) 個別的要因については，区分地上権に係る地下又は空間の部分についての立体的及び平面的位置，規模，形状等が特に重要であり，区分地上権設定地全体との関連において平面的及び立体的分割の状態を判断しその影響の程度を考慮する必要がある。

ii 区分地上権の設定事例等に基づく区分地上権割合により求める価格

近隣地域及び同一需給圏内の類似地域等において設定形態が類似している区分地上権の設定事例等を収集して，適切な事例を選択し，これらに係る設定時又は譲渡時における区分地上権の価格が区分地上権設定地の更地としての価格に占める割合をそれぞれ求め，これらを総合的に比較考量の上適正な割合を判定し，価格時点における当該区分地上権設定地の更地としての価格にその割合

を乗じて求めるものとする。特に，区分地上権特有の諸要因（iのハ）に留意する。

iii　土地残余法に準じて求める収益価格

　土地残余法に準じて求める収益価格は，区分地上権設定地について，当該区分地上権の設定がないものとして，最有効使用を想定して求めた当該設定地全体に帰属する純収益から，当該区分地上権設定後の状態を所与として最有効使用を想定して求めた当該設定地に帰属する純収益を控除して得た差額純収益を還元利回りで還元して得た額について，さらに当該区分地上権の契約内容等による修正を行って求めるものとする。

iv　区分地上権の立体利用率により求める価格

　区分地上権の立体利用率により求める価格は，区分地上権設定地の更地としての価格に，最有効使用を想定して求めた当該区分地上権設定地全体の立体利用率を基準として求めた当該区分地上権に係る立体利用率（当該区分地上権設定地の最有効使用を前提とした経済価値に対する区分地上権の設定部分の経済価値及び当該設定部分の効用を保持するため他の空間部分の利用を制限することに相応する経済価値の合計の割合をいう）を乗じて得た額について，さらに当該区分地上権の契約内容等による修正を行って求めるものとする。この手法の適用にあたっては，前記iのハに掲げる諸要因の事項に留意する。

(2)　農地

　公共事業の用に供する土地の取得等農地を農地以外のものとするための取引にあたって，当該取引に係る農地の鑑定評価を求められる場合がある。

　この場合における農地の鑑定評価額は，比準価格を標準とし，収益価格を参考として決定するものとする。再調達原価が把握できる場合には，積算価格をも関連づけて決定すべきである。

　なお，公共事業の用に供する土地の取得にあたっては，土地の取得により通常生ずる損失の補償として農業補償が別途行われる場合があることに留意すべきである。

(3)　林地

公共事業の用に供する土地の取得等林地を林地以外のものとするための取引にあたって，当該取引に係る林地の鑑定評価を求められる場合がある。
　この場合における林地の鑑定評価額は，比準価格を標準とし，収益価格を参考として決定するものとする。再調達原価が把握できる場合には，積算価格をも関連づけて決定すべきである。
　なお，公共事業の用に供する土地の取得にあたっては，土地の取得により通常生ずる損失の補償として立木補償等が別途行われる場合があることに留意すべきである。

(4) 宅地見込地

　宅地見込地の鑑定評価額は，比準価格及び当該宅地見込地について，価格時点において，転換後，造成後の更地を想定し，その価格から通常の造成費相当額及び発注者が直接負担すべき通常の付帯費用を控除し，その額を当該宅地見込地の熟成度に応じて適正に修正して得た価格を関連づけて決定するものとする。この場合においては，特に都市の外延的発展を促進する要因の近隣地域に及ぼす影響度及び次に掲げる事項を総合的に勘案する。

イ　当該宅地見込地の宅地化を助長し，又は阻害している行政上の措置又規制
ロ　付近における公共施設及び公益的施設の整備の動向
ハ　付近における住宅，店舗，工場等の建設の動向
ニ　造成の難易及びその必要の程度
ホ　造成後における宅地としての有効利用度

　また，熟成度の低い宅地見込地を鑑定評価する場合には，比準価格を標準とし，転換前の土地の種別に基づく価格に宅地となる期待性を加味して得た価格を比較考量して決定する。

〔例〕宅地見込地の鑑定評価（控除方式）

開発計画

・対象不動産　地目　山林　40,000㎡（土地登記簿記載）
・熟成度の高い宅地見込地と判断された場合……転換後，造成後の最有効

使用を「住宅地」と判定。想定更地価格から造成費相当額，発注者が直接負担すべき通常の付帯費用の額を控除し，その価格に熟成度修正を行って試算価格を求める。

$$\underset{\substack{\text{造成後における}\\\text{想定更地価格}}}{32,000,000\text{円}} \times \underset{\text{(開発戸数)}}{105\text{区画}} = \underset{\text{(分譲総額)}}{3,360,000\text{千円}} \cdots \text{Ⓐ}$$

- 造成費　925,000千円
- 公共公益施設負担金　公共用地として10％を造成後団地内より無償提供，水道負担金1区画あたり150,000円（支払は造成工事着手時）
- 投下資本収益　月あたり1％
- 販売費・一般管理費　収入総額の8％

事業期間及び事業計画進行表（用地買収以降）

事業年度 項　目	初　年　度	2　年　度	3　年　度
事前協議 開発許可	═══		
造成工事		═══	
販　売			2か月目　4か月目 検査済　販売完了

① 造成工事費……標準的でかつ効用増に寄与できるものを計上する。

　925,000,000円

② 公共公益施設負担金　150,000円×105区画＝15,750,000円

③ 販売費・一般管理費　3,360,000,000円×8％＝268,800,000円

④ 投下資本収益

（土地分）求める素地価格をx円とする。

　x円×1％×28か月＊＝0.28x円

　＊　12か月＋12か月＋2か月＋（4か月×$\frac{1}{2}$）＝28か月（素地の平均金利負担期間）

（造成工事費分）　925,000,000円×1％×10か月＊＝92,500,000円

＊ （12か月×$\frac{1}{2}$）＋ 2か月＋（4か月×$\frac{1}{2}$）＝10か月（造成工事費の平均金利負担期間）

（公共公益施設負担金）　15,750,000円×1％×16か月＊＝2,520,000円

＊　12か月＋ 2か月＋（4か月×$\frac{1}{2}$）＝16か月（水道負担金の平均金利負担期間）

（経費計）　　1,304,570,000円＋0.28x円……Ⓑ

⑤素地価格の査定

素地価格 x ＝分譲総額Ⓐ－分譲経費Ⓑ

＝3,360,000,000円－（1,304,570,000円＋0.28x円）≒1,605,805,000円

⑥熟成度修正

　宅地見込地に及ぼす都市の外延的発展を促進する要因の近隣地域に及ぼす影響度等を総合的に勘案して分析した結果，宅地見込地の宅地転用工事は直ちに着手可能であり，熟成度修正は必要ない。よって控除方式で求めた1,605,805,000円を試算価格と査定する。

2　建物及びその敷地

(1)　自用の建物及びその敷地

　自用の建物及びその敷地の鑑定評価額は，積算価格，比準価格及び収益価格を関連づけて決定する。

　なお，建物の用途を転換し，又は建物の構造等を改造して使用することが最有効使用と認められる場合における自用の建物及びその敷地の鑑定評価にあたっては，用途変更後の経済価値の上昇の程度，必要とされる改造費等を考慮すべきである。

　また，建物を取壊すことが最有効使用と認められる場合における自用の建物及びその敷地の鑑定評価額は，建物の解体による発生材料の価格から取壊し，除去，運搬等に必要な経費を控除した額を当該敷地の最有効使用に基づく価額に加減して決定するものとする。

〔例〕最有効使用の観点から建物を取壊すことが妥当と認められる場合

取壊し妥当と認められる建物（ただし，物理的には5年程度の使用に耐え得ると判定）

①延べ面積　1,000㎡，建築後45年

②堅固建物の取壊し費用，除却費，運搬費を1㎡16,000円とする。

　1,000㎡×16,000円＝16,000,000円

③3方式により求められた更地の価格を500,000,000円とすれば，最有効使用の観点から建物を取壊すことが妥当と認められる自用の建物及びその敷地の試算価格

　500,000,000円－16,000,000円＝484,000,000円

④対象建物は5年程度の使用に耐えることができるため，対象不動産に帰属する償却前の純収益を年額14,800,000円とし，インウッド方式により5年継続使用した場合における価格を試算する。（土地残余法による年金現価率（年7％，期間5年）4.10019，更地の還元利回り年5％，一時金の運用利回り年7％）

$$14,800,000円 \times \frac{(1+0.07)^5-1}{0.07 \times (1+0.07)^5} + \frac{500,000,000円}{(1+0.05)^5} - \frac{16,000,000円}{(1+0.07)^5}$$

＝14,800,000円×4.10019＋500,000,000円×0.7835－16,000,000円×0.7129≒463,839,000円（継続使用を前提とした場合における建物及び敷地の価格）

　この価格は最有効使用の観点から建物を取壊すことが妥当と認められる484,000,000円より低く求められている。このため，取壊しを妥当とする試算価格の妥当性が検証できる。

(2) 貸家及びその敷地

　貸家及びその敷地の鑑定評価額は，実際実質賃料（売主が既に受領した一時金のうち売買等にあたって買主に承継されていない部分がある場合には，当該部分の運用益及び償却額を含まないものとする）に基づく純収益等の現在価値の総和を求めることにより得た収益価格を標準とし，積算価格及び比準価格を比較考量して決定するものとする。この場合において，次に掲げる事項を総合

的に勘案するものとする。
  イ　将来における賃料の改訂の実現性とその程度
  ロ　契約にあたって授受された一時金の額及びこれに関する契約条件
  ハ　将来見込まれる一時金の額及びこれに関する契約条件
  ニ　契約締結の経緯，経過した借家期間及び残存期間並びに建物の残存耐用年数
  ホ　貸家及びその敷地の取引慣行並びに取引利回り
  ヘ　借家の目的，契約の形式，登記の有無及び転借か否かの別及び定期建物賃貸借（借地借家法38条に規定する定期建物賃貸借をいう）か否かの別
  ト　借家権価格

　貸家及びその敷地を当該借家人が買い取る場合における貸家及びその敷地の鑑定評価にあたっては，当該貸家及びその敷地が自用の建物及びその敷地となることにより市場性の回復等に即応する経済価格の増分が生ずる場合があることに留意すべきである。

　貸家及びその敷地の収益価格を求める場合において，一時金の授受後における期間の経過に伴う土地，建物等の価格の変動により，一時金としての経済価値的意義が薄れているときは，その実際実質賃料に代えて実際支払賃料に基づく純収益を求め，当該純収益を還元して収益価格を求めることができる。

(3)　借地権付建物

①　建物が自用の場合

　借地権付建物で，当該建物を借地権者が使用しているものについての鑑定評価額は，積算価格，比準価格及び収益価格を関連づけて決定するものとする。この場合において290ページ借地権の鑑定評価におけるイ〜トまでに掲げる事項を総合的に勘案するものとする。

②　建物が賃貸されている場合

　借地権付建物で，当該建物が賃貸されているものについての鑑定評価額は，実際実質賃料（売主がすでに受領した一時金のうち売買等にあたって買主に承継されない部分がある場合には，当該部分の運用益及び償却額を含まないもの

とする）に基づく純収益等の現在価値の総和を求めることにより得た収益価格を標準とし，積算価格及び比準価格を比較考量して決定するものとする。この場合において，290ページ借地権の鑑定評価におけるイ～トまで及び前記(2)のイ～トまでに掲げる事項を総合的に勘案するものとする。

(4) **区分所有建物及びその敷地**

① 区分所有建物及びその敷地の価格形成要因

区分所有建物及びその敷地における固有の個別的要因を例示すれば次のとおりである。

イ 区分所有建物が存する1棟の建物及びその敷地に係る個別的要因

(イ) 建物に係る要因

　　a 建築（新築，増改築又は移転）の年次
　　b 面積，高さ，構造，材質等
　　c 設計，設備等の機能性
　　d 施工の質と量
　　e 玄関，集会室等の施設の状態
　　f 建物の階数
　　g 建物の用途及び利用の状態
　　h 維持管理の状態
　　i 居住者，店舗等の構成の状態
　　j 耐震性，耐火性等建物の性能
　　k 有害な物質の使用の有無及びその状態

マンションでは特に「a 建築の新築時期」が価格そのものを決定するほど重要な要因である。

1981年（昭和56年）6月の新耐震基準の発効以前のマンションの市場性は劣る。現行基準の震度6～7程度の目標値に対して，現行の約0.7～0.8程度であるといわれる。

現在中古マンションの売物件の多くは，1981年（昭和56年）以前のものである。近時，このマンションの値下げが加速する。これは，耐震性偽造問題から，

耐震性への関心が高くなったことによる。

〔耐震基準と発生地震の推移〕

1971年（昭和46年）		旧耐震基準の発効
1978年（昭和53年）		地震力計算方式・水平震度（令88）
1981年（昭和56年）	6月	新耐震基準の発効・建築基準法改正
1995年（平成7年）	1月	阪神淡路大震災・M7.3　死者6,432名
2000年（平成12年）		新築住宅の基礎部分の引渡後10年保証制度 （4月1日以降の引渡より10年）
2001年（平成13年）		地盤調査の義務化 確認申請検査機関業務の民間委託開始

　(ロ)　敷地に係る要因

　　　a　敷地の形状及び空地部分の広狭の程度

　　　b　敷地内施設の状態

　　　c　敷地の規模

　　　d　敷地に関する権利の態様

　(ハ)　建物及びその敷地に係る要因

　　　a　敷地内における建物及び附属施設の配置の状態

　　　b　建物と敷地の規模の対応関係

　　　c　長期修繕計画の有無及びその良否並びに修繕積立金の額

ロ　専有部分に係る個別的要因

　　a　階層及び位置

　　b　日照，眺望及び景観の良否

　　c　室内の仕上げ及び維持管理の状態

　　d　専有面積及び間取りの状態

　　e　隣接不動産等の利用の状態

　　f　エレベーター等の共用施設の利便性の状態

g　敷地に関する権利の態様及び持分
　　h　区分所有者の管理費等の滞納の有無
　区分所有建物及びその敷地の鑑定評価においては，通常の価格形成要因である一般的要因，地域要因及び個別的要因を把握するほか，上記の固有の個別的要因を把握しなければならない。専有部分に係る個別的要因は，階層別効用及び位置別効用比についての差を生じさせる要因である。

〈区分所有建物及びその敷地の確定〉
　ⅰ　1棟の区分所有建物及びその敷地
　　㋑　物的事項の確定……所在，範囲，構造等
　　㋺　権利の態様に関する事項の確定……（区分所有権に係る権利関係の内容）
　ⅱ　専有部分の確定と事例の収集
　構造上の独立性と利用上の独立性を具備した範囲を確定する。専有面積の確定には諸説がある。分譲時のマンションの専有面積は壁心計算で求積されており，登記面積ではなく，販売面積といわれる。登記面積は，内装までの内法部分を専有部分とする。専有部分の面積の確定は，登記の数量に基づいて行うことができる。
　中古マンションの取引にあたっては，登記面積×1.06を使用して，壁心計算面積として算出表示している例がある。このため，鑑定評価にあたっては，事例資料がいかなる方法で表示されているかに留意して，事例を収集しなければならない。
　ⅲ　共用部分の確定
　範囲，構造，持分等について確定する。規約を確認のうえ，共用部分の内容について確定する。規約共用部分，一部共用部分，規約による別段の定めがあるときは，鑑定評価書に明示する。
　ⅳ　敷地利用権の確定
　その範囲，持分及び権利の態様等を確定する。規約敷地の有無及び所有権か，地上権か，賃借権であるか等のみならず，共有，準共有，分有の区別について

確定する。

　ⅴ　専用使用権

　この利用方法は，規約によって利用の形態，範囲等を確定する。なお，確定にあたっては，特に，規約によって専有部分と敷地利用権の分離処分を可能とする規約がある場合及び分有の場合に該当しないかを留意する。敷地利用権を専有部分と分離して処分することは禁止され一体性の原則が採用される。しかし，隣接する2筆の土地の所有者が土地を出しあって，区分所有建物を建てた分有の場合には，一体性の原則はない。

〈区分所有建物及びその敷地の確認〉

　区分所有建物及びその敷地の確認にあたっては，登記簿謄本，建物図面（さらに詳細な図面が必要な場合は，設計図書等），管理規約，課税台帳，実測図等に基づき物的確認と権利の態様の確認を行う。

　また，確認にあたって留意すべき主な事項は，次のとおりである。

イ　専有部分
　(イ)　建物全体の位置，形状，規模，構造及び用途
　(ロ)　専有部分の1棟の建物における位置，形状，規模及び用途
　(ハ)　専有部分に係る建物の附属物の範囲

ロ　共用部分
　(イ)　共用部分の範囲及び共有持分
　(ロ)　一部の区分所有者のみに属する共用部分

ハ　建物の敷地
　(イ)　敷地の位置，形状及び規模
　(ロ)　敷地に関する権利の態様
　(ハ)　対象不動産が存する1棟の建物に係る規約敷地の範囲
　(ニ)　敷地の共有持分

ニ　管理費等
　　管理費及び修繕積立金の額

　②　区分所有建物及びその敷地の鑑定評価

イ　専有部分が自用の場合

　区分所有建物及びその敷地で，専有部分を区分所有者が使用しているものについての鑑定評価額は，積算価格，比準価格及び収益価格を関連づけて決定するものとする。積算価格は，区分所有建物の対象となっている一棟の建物及びその敷地の積算価格を求め，当該積算価格に当該一棟の建物の各階層別及び同一階層内の位置別の効用比により求めた配分率を乗ずることにより求めるものとする。

ロ　専有部分が賃貸されている場合

　区分所有建物及びその敷地で，専有部分が賃貸されているものについての鑑定評価額は，実際実質賃料（売主がすでに受領した一時金のうち売買等にあたって買主に承継されない部分がある場合には，当該部分の運用益及び償却額を含まないものとする）に基づく純収益等の現在価値の総和を求めることにより得た収益価格を標準とし，積算価格及び比準価格を比較考量して決定するものとする。この場合において，前記307ページの(2)のイ〜トまでに掲げる事項を総合的に勘案するものとする。

　積算価格は，区分所有建物の対象となっている１棟の建物及びその敷地の積算価格を求め，当該積算価格に当該１棟の建物の各階層別及び同一階層内の位置別の効用比により求めた配分率を乗ずることにより求める。

　では，どのようにして必要事項を検討するかをみてみよう。

原価法……１棟の区分所有建物及びその敷地の再調達原価を求めて，これに減価修正を施し，１棟の区分所有建物及びその敷地の積算価格を求める。敷地及び建物の再調達原価に開発業者等が負担する販売費・一般管理費及び投下資本収益（以下「一般管理費等」という）を加えて，１棟の区分所有建物及びその敷地の再調達原価を求める。

〈再調達原価〉

　敷地の再調達原価……敷地の再調達原価は，既成市街地の中の比較的規模の大きな土地である場合には，取引事例比較法及び収益還元法により求める。大規模な新規造成団地の場合及び敷地とするために所要の造成を要する場合は，

取引事例比較法及び収益還元法により求めた素地価格に敷地化に要する標準的な造成工事費等を加算し，これに発注者が直接負担すべき通常の付帯費用を加算して求める。

建物の再調達原価……建物の再調達原価は，建物の建築工事費に発注者が直接負担すべき通常の付帯費用を加算して求める。建築工事費は，直接工事費，間接工事費及び一般管理費等を含む。一般管理費は，建築工事者の一般管理費及び投下資本利益より構成される。発注者が負担する費用には，公共公益施設負担金，監督費，公租公課，建築確認申請費用等がある。

販売費及び一般管理費等……販売費とは，広告宣伝費，モデルルーム開設費，販売に従事する現場従業員給与，事務用品費，交通費等又は販売委託手数料である。一般管理費とは，建築及び販売期間中の本社経費の割掛分であり，役員報酬，従業員給与手当，事務用品費，通信費，交通費等である。投下資本利益とは，借入金の利息を含めた建築期間及び販売期間に対応した投下資本に対する利益であり，企業利潤である。

実証的な率が求められる場合には，下記算定法によるのが一般的である。

〔簡易算定法〕

$$販売費及び一般管理費等 = \begin{pmatrix} 敷地の再調達原価 \\ + 建物の再調達原価 \end{pmatrix} \times 販売費及び一般管理費等の率$$

〈減価修正〉……再調達原価から，減価の要因に基づく減価額を判定して減価修正を行う。物理的，機能的及び経済的要因に基づく減価がある。

敷地の減価……減価はまれに発生する。石垣，擁壁等の破損については，その修復費用を考慮して減価額を判定する。

建物の減価……区分所有建物は，中古の場合，管理組合の管理の状態等により減価の程度に差異がある。

建物及びその敷地一体としての減価……建物と敷地との適応関係，対象不動産と付近の環境との適合関係に特に留意して減価額を把握する。

① 容積率*が実際使用容積率を上回る場合（指定容積率修正等）
② 容積率が実際使用容積率を下回る場合（既存不適格建築物となった場合）

* 建築基準法第52条の規定により，前面道路の幅員等により容積率規制に対応した容積率。法により許容される容積率と実際使用容積率との差について階層別効用比により修正し，建物建築時期までの残存期間とを考慮して建付減価又は建付増加の修正率を判定する。

なお，建物の用途が近隣地域の発展等により，その地域の標準的使用と相違する場合には，その収益性の開差について，建物の建替時期までの残存期間を考慮して減価修正率を判定する。

区分所有建物及びその敷地の積算価格……対象不動産の存する1棟の区分所有建物及びその敷地の積算価格に対象不動産の区分所有に係る効用比に基づく配分率を乗じて求めた価格に対象不動産の個別的要因の補正をして求める。これには次の①階層別効用比率に基づく方法と，②地価配分比率に基づく方法の2方法がある。

①階層別効用比率に基づく方法……配分率の算定にあたって，敷地価格と建物価格の区分をすることなく，敷地及び建物の総額を各々の専有部分の効用差に基づいて一体的に配分する考え方である。

$$\begin{pmatrix}1棟の区分所有建物\\及びその敷地の積算価格\end{pmatrix} \times \begin{pmatrix}階層別\\効用比率\end{pmatrix} \times \begin{pmatrix}位置別\\効用比率\end{pmatrix} \times \begin{pmatrix}個別的要因\\の補正\end{pmatrix} = \begin{pmatrix}区分所有建物及び\\その敷地の積算価格\end{pmatrix}$$

〈階層別効用比率に基づく方法の具体的手法〉

階層別効用比率の判定……階層別効用比とは，1棟の区分所有建物において，鑑定主体が判定した基準となる階層（基準階）の専有面積の単位面積あたりの効用に対する各階層の専有部分の単位面積あたりの効用の比をいう。

階層別効用比率とは，階層別効用比に各階層の専有面積を乗じて得た階層別効用積数に対する1棟の区分所有建物及びその敷地の全体の階層別効用積数の合計値に対する割合をいう。

$$\frac{対象階の階層}{別効用比率} = \frac{対象階の階層別効用比 \times 対象不動産の存する階の専有面積}{(各階の階層別効用比 \times 各階の専有面積)の合計値}$$

$$1階を基準階とした階層別効用比 = \frac{階別合計実質賃料}{1階合計実質賃料} \times 100\%$$

$$位置別効用比 = \frac{最高実質賃料}{中位実質賃料} \times 100\% 又は \frac{最低実質賃料}{中位実質賃料} \times 100\%$$

効用積数＝専有面積×階層別効用比×位置別効用比

$$効用積数比 = \frac{各室の効用積数}{合計効用積数}$$

　階層別効用比は，近隣地域及び同一需給圏内の類似地域に存する同類型，同品等の区分所有建物の階層別実質賃料又は分譲価格を参考として判定する。この場合，階層により用途が異なる場合には，その組合せにより効用比が大きく異なることとなるため，用途の組合せが同一の事例を選ぶ必要がある。

　位置別効用比率の判定……位置別効用比とは，同一階層内において基準となる専有部分の単位面積あたりの効用に対する他の専有部分の単位面積あたりの効用の比であり，位置別効用比率とは，位置別効用比に各戸別の専有面積を乗じて得た位置別効用積数の同一階層全体の位置別効用積数の合計値に対する割合をいう。

　位置別効用比は，次ページの表では，基準となる効用として，中位実質賃料を100としている。

$$位置別効用比率 = \frac{対象不動産の位置別効用比 \times 対象不動産の専有面積}{\left\{ \begin{array}{l} 対象不動産の存する階の \\ 各戸別の位置別効用比 \end{array} \times 各戸の専有面積 \right\} の合計値}$$

階	号室	支払賃料 (円/月・m²)	保証金 運用益 (円/月・m²)	敷金 運用益 (円/月・m²)	実質賃料 (円/月・m²)	専有面積 (m²)	階層別効用比(%)	位置別効用比(%)	効用積数	効用積数比(%)
5	501	2,300	270	80	2,650	52		104.74	335,775	6.24
	502	2,200	260	70	2,530	52		100.00	320,580	5.96
	503	2,100	240	70	2,650	52		104.74	335,775	6.24
計					7,830		61.65			
4	401	2,300	270	80	2,650	52		104.74	335,775	6.24
	402	2,200	260	70	2,530	52		100.30	320,580	5.96
	403	2,100	240	70	2,650	52		104.74	335,775	6.24
計					7,830		61.65			
3	301	2,300	270	80	2,650	52		104.74	335,775	6.24
	302	2,200	260	70	2,530	52		100.00	320,580	5.96
	303	2,100	240	70	2,650	52		104.74	335,775	6.24
計					7,830		61.65			
2	201	2,500	230	90	2,820	52		102.92	343,856	6.39
	202	2,380	280	80	2,740	52		100.00	334,100	6.21
	203	2,260	260	80	2,600	52		94.89	317,027	5.89
計					8,160		64.25			
1	101	3,700	640	130	4,470	47		105.67	496,649	9.23
	102	3,500	610	120	4,230	47		100.00	470,000	8.73
	103	3,300	580	120	4,000	47		94.56	444,432	8.26
計					12,700		100.00			
合計					44,350				5,382,454	100.00

各論としての不動産の種類別鑑定評価

2階部分	専有面積① (m²)	位置別② 効用比	位置別効用 積数①×②	位置別効用 比率（％）	
1号室	52	102.92	5,352	34.56	対象不動産
2号室	52	100.00	5,200	33.58	基準となる室
3号室	52	94.89	4,934	31.86	
計			15,486	100.00	

〔例〕 階層別効用比率に基づく方法による算定例（201号室の積算価格）

$$\underset{\substack{1棟の建物及び \\ その敷地の積算価格}}{298,000,000円} \times \underset{(効用積数比)}{6.39\%} \times \underset{(戸別的要因の補正)}{\frac{100}{100}} = \underset{\substack{区分所有建物及びそ \\ の敷地の積算価格}}{19,042,000円}$$

②地価配分比率に基づく方法……階層等の効用差である階層別効用比率から建物帰属部分の建築コストを控除した残余の部分を敷地価格に配分する。建物の構造等による建築コストの差は建物価格に配分することによって敷地と建物とをそれぞれ区分して，別々の配分基準による配分を行う考え方である。

一般に，分譲マンション等には，階層別効用比に基づく方法が原則的手法として採用される。地価配分比率に基づく方法は，階層別に建築コストが異なる多目的ビル（1～2階店舗，3階事務所，4階以上居住用等）には有用な配分基準である。

1棟の区分所有建物及 びその敷地の敷地価格 × 階層別地価 配分比率 × 位置別地価 配分比率 ＝ 対象不動産の 敷地利用権価格 ……Ⓐ

（建築コストに差がない場合）

1棟の区分所有建物及 びその敷地の建物価格 × 専有面積比率に 基づく配分率 ＝ 対象不動産の 建物価格 ……Ⓑ

（建築コストに差がある場合）

1棟の区分所有建物及 びその敷地の建物価格 × 階層別建築 コスト比率 × 位置別建築 コスト比率* ＝ 対象不動産 の建物価格 ……Ⓑ′

＊ 位置別に建築コストに差がない場合は，対象階の専有面積に基づく配分率を乗ずることにより求める。

321

$\{Ⓐ+(Ⓑ又はⒷ')\}×\boxed{\begin{array}{c}個別的要因\\の補正\end{array}}=\begin{pmatrix}区分所有建物及び\\その敷地の積算価格\end{pmatrix}$

　位置別効用比は，同一階層における位置において，住宅では，その位置により，日照，採光等快適性の差に応じて判定する。店舗においては，エレベーターの位置等により，客足の流れによる収益性の差異が生じる。このため，位置別効用比率をその位置の効用に応じて判定することとなる。

〈地価配分比率に基づく方法の具体的手法〉

　敷地部分と建物部分とを別々の配分基準により配分して求めた価格を合算することにより求める。階層別地価配分比率及び位置別地価配分比率を判定するにあたっては，以下に示すとおり，それぞれ建物帰属部分の建築コスト比を判定する必要がある。

　a　対象不動産の敷地利用権価格〔作業手順〕

　①　1棟の区分所有建物及びその敷地の積算価格をその内訳として敷地価格と建物価格とに分ける。

　②　1棟の区分所有建物及びその敷地の階層別効用比を基に階層別地価配分比率を判定する。

　③　対象階の位置別効用比を判定し，それを基に位置別地価配分比率を求める。

　④　1棟の区分所有建物及びその敷地の敷地価格に階層別地価配分比率及び位置別地価配分比率を乗じて対象不動産の敷地利用価格を求める。

　b　対象不動産の建物価格

　（階層によって建築コストに差のない場合）……分譲マンション等

　1棟の区分所有建物及びその敷地の建物価格に専有面積比に基づく配分率を乗じて対象不動産の建物価格を求める。

　（階層によって建築コストに差がある場合）……多目的ビル等

　①　1棟の区分所有建物の階層別の建築コスト比を基に階層別建築コスト比率を判定する。

各論としての不動産の種類別鑑定評価

表1　階層別地価配分比率（例示）

階層	①専有面積(m²)	②階層別効用比	③建物帰属部分の建築コスト比(注1)	④土地帰属部分の効用比 ②−③	階層別地価配分積数 ①×④	階層別地価配分比率（％）	備　考
11F	270	104	42.93	61.07	16,488.9	7.27	
10F	340	104	46.46	57.54	19,563.6	8.63	
9F	340	102	46.46	55.54	18,883.6	8.33	(対象不動産の存する階)
8F	340	102	46.46	55.54	18,883.6	8.33	
7F	340	101	46.46	54.54	18,543.6	8.18	
6F	340	101	46.46	54.54	18,543.6	8.18	
5F	340	100	46.46	53.54	18,203.6	8.03	
4F	340	100	46.46	53.54	18,203.6	8.03	(基準階)
3F	340	110	44.30	65.70	22,338.0	9.86	
2F	340	135	50.74	84.26	28,648.4	12.64	
1F	270	170	64.89	105.11	28,379.7	12.52	
計	3,600	1,229	528(注2)	701	226,680.2	100	

(注1)　建物帰属部分の建築コスト比は，表2による。
(注2)　階層別効用比の合計1,229に占める建物部分の構成比（1,229×43％＝528）を階層別の建築コスト積数に応じて配分する。

②　対象階の位置別建築コスト比を判定し，それを基に位置別建築コスト比率を求める。

③　1棟の区分所有建物及びその敷地の建物価格に階層別建築コスト比率及び位置別建築コスト比率を乗じて対象不動産の建物価格を求める。

（階層別地価配分比率）

階層別地価配分比率とは，階層別効用比から各階層の建物帰属部分の建築コスト比を控除して各階層の敷地利用権の効用比を求め，これに各階層の専有面積を乗じて得た階層別地価配分積数の全体の階層別地価配分積数の合計値に対する割合をいう。

$$階層別地価配分比率 = \frac{各階層の土地帰属部分の効用比 \times 各階層の専有面積}{全階層の地価配分積数^* の各階層ごとの合計値}$$

＊　全階層の地価配分積数＝（各階層の土地帰属部分の効用比×各階層の専有面積）

建物帰属部分の建築コスト比の判定方法としては，土地と建物の価格構成割

表2 建物帰属部分の建築コスト

階層	専有面積 (m²)	建築コスト積数 (注)	専有面積あたり建築コスト	建築コスト比率 (％)	建物帰属部分の建築コスト比	備 考
11F	270	29,362	108.75	8.13	42.93	
10F	340	39,975	117.57	8.80	46.46	
9F	340	39,975	117.57	8.80	46.46	(対象階)
8F	340	39,975	117.57	8.80	46.46	住 宅
7F	340	39,975	117.57	8.80	46.46	
6F	340	39,975	117.57	8.80	46.46	
5F	340	39,975	117.57	8.80	46.46	
4F	340	39,975	117.57	8.80	46.46	(基準階)
3F	340	38,125	112.13	8.39	44.30	事務所
2F	340	43,675	128.46	9.61	50.74	店 舗
1F	270	44,362	164.30	12.29	64.89	店 舗
計	3,600	435,349	1,336.63	100	528	

(注) 建築コスト積数は，建築コスト比を基に作成した表3による。

建築コスト比

種 別	階 層	建築コスト比	用 途
専有部分及び一部共用部分	4～11F	100	住 宅
	3F	95	事務所
	2F	110	店 舗
	1F	120	店 舗
全体共用部分		90	

合に基づき配分する方法が一般的である。

　実質賃料構成割合に基づき配分する方法もある。

　まず階層別効用比を判定し，その効用比について表2の建築コスト比を控除して土地帰属部分の効用比を求め，これを基にして階層別地価配分比率を求める。

（建築コスト比の求め方）

各論としての不動産の種類別鑑定評価

表3　建築コスト積数（例示）

階層	建築面積(m^2)	① 専有面積(m^2)	共用面積(m^2) ② 全体	共用面積(m^2) ③ 一部	④建築コスト比	建築コスト積数 専有部分 ①×④	建築コスト積数 共用部分 全体	建築コスト積数 共用部分 一部③×④	計
11 F	300	270	30	—	100	27,000	2,362	—	29,362
10 F	400	340	30	30	100	34,000	2,975	3,000	39,975
9 F	400	340	30	30	100	34,000	2,975	3,000	39,975
8 F	400	340	30	30	100	34,000	2,975	3,000	39,975
7 F	400	340	30	30	100	34,000	2,975	3,000	39,975
6 F	400	340	30	30	100	34,000	2,975	3,000	39,975
5 F	400	340	30	30	100	34,000	2,975	3,000	39,975
4 F	400	340	30	30	100	34,000	2,975	3,000	39,975
3 F	400	340	30	30	95	32,300	2,975	2,850	38,125
2 F	400	340	30	30	110	37,400	2,975	3,300	43,675
1 F	400	270	50	80	120	32,400	2,362	9,600	44,362
計	4,300	3,600	350	350		367,100	31,499	36,750	435,349

（注）　全体共用部分の建築コスト比を90と判定して求めた。

1 F，11 F　　$350 \times 90 \times \dfrac{270}{3,600} = 2,362$　　　2 F～10 F　　$350 \times 90 \times \dfrac{340}{3,600} = 2,975$

表4　位置別地価配分比率

位置	① 専有面積(m^2)	② 位置別効用比	③ 建物帰属部分の建築コスト比（注）	④ 土地帰属部分の効用比 ②−③	⑤ 位置別地価配分積数比 ①×④	位置別地価配分比率（％）	備　考
No. 1	85	105	45.55	59.45	5,053.25	27.30	（対象不動産）
No. 2	85	100	45.55	54.45	4,628.25	25.00	
No. 3	85	100	45.55	54.45	4,628.25	25.00	（基準戸）
No. 4	85	95	45.55	49.45	4,203.25	22.70	
計	340	400	182.20	217.80	18,513.00	100	

（注）　対象不動産の存する9階の階層別効用比は表1のとおり102であり、このうち建物帰属部分が46.46であるので、9階部分の各位置の建物帰属部分の建築コスト比は、46.46÷102≒45.55％となる。

表5 階層別建築コスト比率

階層	専有面積 (m²)	共用面積 (m²) 全体	共用面積 (m²) 一部	建築コスト積数 (注)	階層別建築コスト比率 (%)	備考
11F	270	30	—	29,362	6.75	
10F	340	30	30	39,975	9.18	
9F	340	30	30	39,975	9.18	(対象不動産の存する階)
8F	340	30	30	39,975	9.18	
7F	340	30	30	39,975	9.18	
6F	340	30	30	39,975	9.18	
5F	340	30	30	39,975	9.18	
4F	340	30	30	39,975	9.18	(基準階)
3F	340	30	30	38,125	8.76	
2F	340	30	30	43,675	10.03	
1F	270	50	80	44,362	10.19	
計	3,600	350	350	435,349	100	

(注) 建築コスト積数は,表3を基に作成した。

　階層別の建物帰属部分の建築コスト比の判定は,各階層の設計の仕様の良否,使用材料等により適切に判定する。

　分譲マンション等で各階層とも設計,仕様が同程度であれば建築コストを専有面積比で配分する。地価配分率に基づく方法は,建築コスト要因以外の効用を建物に反映させない。このため,通常,各階層とも建物について同じ建築コスト比を算出する。多目的ビル等で階層ごとに,その用途と内装等の仕様に建築コストに差がある場合には,その程度に応じて異なった建築コスト比を判定する。

　建築コスト比を表のとおり判定できたものとして,建築コスト積数を求める。

　建築コスト積数は,専有部分については,階層別の専有面積を乗じて求める。一部共用部分については,該当する階層の一部共用面積を乗じて求める。全体共用部分については,その建築コストの総和を階層別の専有面積比に応じて配分して求める。

表6　位置別建築コスト比率

位置	専有部分 ①面積(m²)	専有部分 ②建築コスト	共用部分 ③面積(m²)	共用部分 ④建築コスト	ベランダ・テラス等 ⑤面積(m²)	ベランダ・テラス等 ⑥建築コスト	建築コスト積数 ①×②	建築コスト積数 ③×④	建築コスト積数 ⑤×⑥	計	位置別建築コスト比率	備考
No.1	85	105	15	90	20	10	8,925	1,350	200	10,475	25.90	(対象不動産)
No.2	85	100	15	90	10	10	8,500	1,350	100	9,950	24.60	
No.3	85	100	15	90	10	10	8,500	1,350	100	9,950	24.60	(基準戸)
No.4	85	102	15	90	5	10	8,670	1,350	50	10,070	24.90	
計	340		60		45		34,595	5,400	450	40,445	100	

　位置別地価配分比率……位置別効用比から当該階層に応じた建物帰属部分の建築コスト比を控除して各戸の敷地利用権の効用比を求め，これに各戸の専有面積を乗じて得た位置別地価配分積数の同一階層全体の位置別地価配分積数の合計値に対する割合をいう。

　同一階層における位置別効用比の差は，建築コスト要因以外の要因によると考えられるため，建物帰属部分の配分は場所的位置に関係なく同一として取扱う。

　階層別建築コスト比……各階層の専有部分及び共用部分の面積に対応する建築コストを当該部分に乗じて求めた階層別建築コスト積数の全体の階層別建築コスト積数の合計値に対する割合をいう。

　階層別建築コスト比率は，表3の階層別の建築コスト積数の数値を基に判定する。階層ごとの専有部分及び共用部分の種類ごとにその全建築コストに占める構成比率を判定して行う。

　位置別建築コスト比率……同一階層において，位置別に建築コストに差がある場合，それぞれの位置及び面積に対応する建築コストを当該部分に乗じて求めた位置別建築コスト積数の同一階層の位置別建築コスト積数の合計値に対する割合をいう。

　同一階層において，設計，仕様等が異なることにより建築コストに差がある場合には，位置別に該当する部分の構成比率を面積比又は価値比により配分し

て位置別建築コスト比率を判定する。なお，ベランダ，テラスの広狭の差によって建物価格に反映させることが妥当と認められるときは，同様にこれを行う。

設計，仕様等が同程度で，同一階層において建築コストに差がないと認められるときは，専有面積比率により按分して配分する。

〔例〕地価配分比率に基づく方法の算定例

対象不動産　9階No.1号室，専有面積85㎡，9階の専有面積340㎡，専有面積合計　3,600㎡

1棟の区分所有建物及びその敷地の積算価格　3,000,000,000円

内訳
- 敷地価格　1,196,000円／㎡×1,430㎡＝1,710,000,000円（構成割合　57%）
- 建物価格　300,000円／㎡×4,300㎡（延べ面積）＝1,290,000,000円（構成割合　43%）

① 敷地利用権価格の算定

敷地利用権価格は，1棟の区分所有建物及びその敷地の積算価格の内訳としての敷地価格に該当する階層別地価配分比率及び位置別地価配分比率を乗ずることによりもとめる。（表1及び表4）

$$\underset{\substack{\text{(1棟の区分所有建物及び)}\\\text{その敷地の敷地価格}}}{1,710,000,000\text{円}} \times \underset{\substack{\text{(9階部分の階層別)}\\\text{地価配分比率〔表1〕}}}{0.0833} \times \underset{\substack{\text{(9階No.1号室の)}\\\text{位置別地価配分率〔表4〕}}}{0.273}$$

（敷地利用権価格）
≒38,900,000円

② 建物価格

ⅰ　階層に建築コストの差がない場合

$$\underset{\substack{\text{(1棟の区分所有建物及び)}\\\text{その敷地の建物価格}}}{1,290,000,000\text{円}} \times \underset{\substack{\text{(専有面積等に)}\\\text{基づく配分比率}}}{\frac{85}{3,600}} \fallingdotseq \underset{\text{(対象不動産の建物価格)}}{30,500,000\text{円}}$$

ⅱ　階層に建築コストの差がある場合

$$1{,}290{,}000{,}000 円 \times \underset{\binom{階層別建築コスト}{比率〔表5〕}}{0.0918} \times \underset{\binom{同一階層の専有面積等}{に基づく配分比率*}}{\frac{85}{340}}$$

$$\underset{(対象不動産の建物価格)}{\fallingdotseq \quad 29{,}600{,}000 円}$$

* 位置別の建築コストについて差がないものとして専有面積の構成比率により求めた。

ⅰとⅱの方法では，900,000円の開差が生じた。階層別に建築コストに差がある場合には，階層別建築コスト比率により求める方が，よりコストの差を建物価格に反映させることができる。これにより，試算価格の精度が高まるものといえる。

③ 対象不動産の積算価格

ⅰ 階層に建築コストの差がない場合

$$(\underset{(敷地利用権価格)}{38{,}900{,}000 円} + \underset{(建物価格)}{30{,}500{,}000 円}) \times \underset{(個別的要因の補正)}{\frac{100}{100}} = \underset{(対象不動産の積算価格)}{69{,}400{,}000 円}$$

ⅱ 階層に建築コストの差がある場合

$$(\underset{(敷地利用権価格)}{38{,}900{,}000 円} + \underset{(建物価格)}{29{,}600{,}000 円}) \times \underset{(個別的要因の補正)}{\frac{100}{100}} = 68{,}500{,}000 円$$

個別的要因の補正……例では対象不動産について，$\frac{100}{100}$として中庸なものとなっているが，下記事項について，最終的に個別的要因として補正すべきものについて減価又は増加修正を行う。

(イ) 建物に関しての個別的要因の補正

　a 積算価格及び配分率を求めるにあたって判定しなかった特別仕様等による価値の増分

　b 区分所有者が新たに付加した建物の付属物等に関する価値の増分

　c 建物内部に関する維持管理の良否及びその程度の差による平均的減価と異なる場合の修正額

　d その他の要因による減価修正又は増加修正

(ロ) 専用使用権に関しての個別的要因の補正
   a 特定の専有部分に承継されることとなる駐車場の使用権，倉庫，専用庭等の専用使用権
   b 特に広狭が各戸ごとに認められる場合のテラス，バルコニー等

簡便法

簡便法は，持分割合が専有面積比で設定されていることに着目する。

大規模な区分所有マンション等における各階層のレイアウトは，建築技術上同一とする場合が多い。また，共用部分，敷地の持分割合は，専有部分の面積比としているのが一般的である。この場合には，次式によって，前記手順による場合とほぼ近似する価格を求めることができる。

$$\boxed{\begin{array}{c}1棟の区分所有建物及び\\その敷地の積算価格\end{array}} \times \boxed{\begin{array}{c}持分割合等に\\基づく配分率\end{array}} \times \boxed{\begin{array}{c}階層別・\\位置別修正率\end{array}} = \boxed{\begin{array}{c}対象不動産の\\積算価格\end{array}}$$

〔例〕簡便法による算定例

対象不動産　303号室，敷地権の種類　所有権，持分割合$\dfrac{4,043}{10,000}$（専有面積比と同じ）

建物及びその敷地の積算価格　918,000,000円

階	専有面積	階層別効用比
5	352m²	102
4	352	101
3	352	100
2	352	99
1	352	96
合　計	1,760	498

室	専有面積	部分別効用比
301号	68m²	105
302号	71	100
303号	71	100
304号	71	100
305号	71	107
合　計	352	512

$$\underset{\substack{建物及びその\\敷地の積算価格}}{918,000,000円} \times \underset{\substack{持分割合等に\\基づく配分率}}{\dfrac{4,043}{10,000}} \times \underset{(階層別効用比)}{\dfrac{100}{498\div 5}} \times \underset{(位置別効用比)}{\dfrac{100}{512\div 5}}$$

$$\fallingdotseq 36,390,000円$$

修正率は階層別，位置別にレイアウト等が同じで効用が同一であること

を前提とするものであり，対象不動産の属する階層と他の階層の建築コスト比が異なるときは，この方法を適用できない。

取引事例比較法

中古マンションの評価における主要な評価手法である取引事例比較法は，原則として近隣地域又は同一需給圏内の類似地域等において多数の取引事例を収集することが必要である。

① 事例の収集及び選択の留意点

イ 区分所有建物及びその敷地には，固有の個別的要因がある。

通常，専有部分に着目して取引が行われるが，共用部分の持分及び敷地利用権を一体としたものである。多数の要因の相関関係を的確に比較するためには，対象不動産と同類型，同品等及び規模と構成等の類似した事例について選択収集する。

ロ 専有部分の面積が，内法計算（登記面積）か，壁芯計算（販売面積）かの確認を行い，比準においては面積計算方法を統一する。

ハ 共用部分について，法定共用部分，規約共用部分，全部共用部分，一部共用部分等の区分及びその共有持分を確認する。

ニ 駐車場，倉庫等の専用使用権の有無及びその内容を確認する。

ホ 1棟の区分所有建物の概要，階層及びその階層内での位置，竣工の年月及び外装改修工事の内容とその年月を確認する。

ヘ 管理規約に基づく修繕積立金の有無及びその内容並びに維持管理費，共益費の実体を調査する。

これらの確認の如何によって，比準価格の精度に影響を与える。また，新築マンションの建築着工動向及び新築マンションの販売価格等流通市場における価格動向，中古物件の売希望価格の動向，取引件数の推移の資料を日常業務を通じて収集することが必要である。

② マンションの立地区分による同一需給圏の範囲

イ 都心型マンション……同一需給圏は，一般に都心又は都心近接地域の

範囲に一致する傾向がある。交通の利便性に優れている。名声の高い地域にある品等の優れるマンションの場合は，強い選好性により，代替可能な地域の範囲が狭められる傾向がある。

　ロ　郊外型マンション……同一需給圏は，一般に都市への通勤時間を考慮して鉄道駅等との時間距離に応じた地域の範囲に一致する傾向がある。

　ハ　リゾート型マンション……同一需給圏は，リゾート地の種類，性格及び規模に応じてその範囲が異なる傾向がある。一般に主要都市との距離に応じた範囲となる。全国的に知名度の高いリゾート地の場合，その代替性の及ぶ地域の範囲は，全国的に及ぶ。

なお，確認及び確定にあたっては，専有部分への立入が困難であることが多いため，マンション管理人等及び取引当時者，仲介業者等より事情聴取を行っておく必要がある。原則として，専有部分への実査を行うべきである。

③　時点修正について

区分所有建物及びその敷地の価格は，必ずしも土地価格，建物価格の変動と軌を一にするものではない。区分所有建物及びその敷地の価格の変動率は，建物の品等，所在する地域により異なる場合がある。このため，建物の品等ごと及び一定の範囲の地域ごとに時点修正率を判定する必要がある。原則的には，既に述べた時点修正の方法により，近隣地域及び同一需給圏内の類似地域に係る多数の取引事例を基に時系列分析を行う。さらに，次の事項を総合的に勘案して判定する。

　イ　新築分譲マンションの販売価格の推移
　ロ　中古マンションの売り希望価格，買い希望価格の推移
　ハ　売買希望件数の動向及び成約件数の推移
　ニ　戸建分譲住宅の販売価格の推移を参考として考慮する
　ホ　土地価格の推移
　ヘ　建築費指数の推移

収益還元法

収益還元法は，対象不動産に係る総収益から総費用を控除して純収益を求め，

これを還元利回りで還元して対象不動産の収益価格を求めるものである。したがって、適正に総収益及び総費用を把握することが必要である。しかしながら、区分所有建物及びその敷地においては、その区分所有としての特性から、総収益が専有部分だけでなく、専有部分を一体として賃貸借される共有部分等を含むこと、総費用には、専有部分に係る必要諸経費以外に共用部分に係る必要諸経費等が含まれること、また、マンション等にあっては、通常管理組合（以下「管理者」という）が管理費等を徴収していることから、これらを考慮して算定する必要がある。

収益還元法の適用にあたっては、規約敷地及び共用部分に係る収入の有無、資料の入手可能性等によって、次のいずれかの方法を選択して適切な純収益を求めることとする。

① 専有部分に係る総収益並びに規約敷地及び共用部分の区分所有者全員に帰属する専用使用料等に持分割合を乗じて得た額からこれに対応する総費用を控除して純収益を求める。

② 専有部分に係る総収益から管理者に支払う管理費等とそれ以外の必要諸経費等とを控除して純収益を求める。

純収益……区分所有建物及びその敷地の総収益は、専有部分に係る賃料と、規約敷地又は共用部分の専用使用料等とに分類できるが、その収受形態により総収益及び総費用の把握の方法が異なるので留意する必要がある。

　㋑ 専有部分に係る賃料……専有部分に係る賃料は、①支払賃料、②敷金、保証金等の運用益並びに権利金、礼金等の運用益及び償却額、③管理費等のうち実質的に賃料を構成する部分により構成されている。

　㋺ 規約敷地又は共用部分の専用使用料等……規約敷地又は共用部分の専用使用料等は、具体的には敷地又は共用部分を駐車場、専用庭、テラス、広告塔等に利用される場合の使用権であるが、賃借人への承継が認められない場合もあるので十分に留意する必要がある。

　㋩ 純収益の算定にあたっての取扱い……純収益の算定にあたっては、対象不動産が貸家の場合と自用の場合とで取扱いが異なる。

〈対象不動産が貸家の場合〉

　対象不動産が現に賃貸借に供されている貸家の場合には，実際実質賃料（売主が既に受領した一時金のうち売買等にあたって買主に承継されない部分がある場合には，当該部分の運用益及び償却額を含まないものとする）に基づき適正に算定する。

　賃料の収受形態としては，次のようなものがあり，現実の収受形態に応じた適正な純収益の把握に努めるべきである。

　ⅰ　賃貸人が管理費及び修繕積立金を負担し，賃借人は賃料のみを支払う。
　ⅱ　賃貸人が修繕積立金を負担し，賃借人が賃料及び管理費を支払う。
　ⅲ　賃借人が賃料，管理費及び修繕積立金を支払う。

　管理費を賃借人が負担しているⅱ及びⅲの場合には，次のいずれかにより処理する。

(a) 　管理費を総収益に加算して，管理費を含む必要諸経費等を控除して純収益を求める。
(b) 　管理費を総収益に計上せず，管理費以外の必要諸経費等を控除して求める。

　修繕積立金は，管理組合が特別修繕費として積み立てるものであり，一定年数の経過ごとに計画的に行う大修繕のための積立金である。したがって，修繕積立金については，賃借人が負担しているⅲの場合には総収益を構成する。総費用の把握にあたっては，次のように考える。

(a) 　修繕積立金により資本的支出が行われ場合には，その資本的支出が行われた年以降の減価償却費に影響を及ぼす。
(b) 　修繕積立金により，収益的支払と認められる経常的な小修繕が行われた場合には，通常の修繕費に含まれているものと考える。

　なお，現に賃貸借に供されている区分所有建物及びその敷地の類型は，自用の建物及びその敷地でなく，貸家及びその敷地である。したがって，価格を求めるにあたっては，依頼目的から当該不動産の賃貸借を解消した上でのものか否か確認する必要がある。

〈対象不動産が自用の場合〉

　対象不動産が自用に供されている場合には，当該区分所有建物及びその敷地（以下「住戸」という）を賃貸借に供することを想定して求める。この場合は，近隣地域又は同一需給圏内の類似地域に存する対象不動産と，建物の構造，品等，専用使用権の契約内容等が類似性を有する契約時点の新しい賃貸事例の資料から地域要因及び個別的要因を比較して求めるものとする。

　この場合に住戸の階層及び位置が異なる場合は，階層別効用比及び位置別効用比を参考として比較する必要がある。

　なお，契約内容に関しては，次の事項等をチェックし，条件が異なる場合には適正に補正する。

(a) 面積……契約面積と実効面積との関係，有効面積と共用部分の面積との関係，壁芯計算か内法計算か
(b) 賃貸条件……スケルトン貸しか内装込み貸しか
(c) 支払条件……管理費及び修繕積立金の支払方法

　総費用……区分所有建物及びその敷地の総費用の算定は，純収益を求めるにあたっての適用方法①及び②（328ページ）に応じて次のとおり行う。

　①の場合は，専有部分に係る総収益並びに規約敷地及び共用部分の区分所有者全員に帰属する専用使用料等に持分割合を乗じて得た額に対応する必要諸経費等を，②の場合は，管理者に支払う管理費とそれ以外の必要諸経費等とを区分して求める。

　総費用の主な項目とその算定にあたっての留意事項等は，次のとおりである。

㋐ 公租公課（固定資産税，都市計画税）……原則として，実際の課税額により求める。ただし，対象不動産が新築の場合等実際の課税額が求められない場合には，建物については，積算価格に基づき固定資産税評価割合等により1棟全体の税額を推定し，土地については敷地全体の税額について，配分方法のうち適正と思われる方法を採用の上配分する（課税当局では建物については専有面積割合により，また土地については敷地利用権の持分割合により配分している）。

なお，一般に公租公課の求め方は，次のとおりであるが，各市町村で税率や負担調整率を調査する必要がある。

$$固定資産税課税標準額 \times \left(\frac{1.4}{100} \sim \frac{2.1}{100}\right)$$

$$都市計画税課税標準額 \times \left(\frac{0.3}{100}以内\right)$$

㋺　減価償却費……償却後の純収益に対応する還元利回りを採用して収益価格を求める場合には，減価償却費を計上する必要がある。

区分所有建物は，一般にSRC造又はRC造が多く，機械設備等の付帯部分の比重が比較的高いので主体部分と付帯部分に区別して，次式により算定する。

この場合において，消費税を含めるか否かを考慮する必要がある。

$$建物の積算価格 \times （主体割合） \times \frac{1}{経済的残存耐用年数} = \frac{主体部分の}{減価償却費}$$

$$建物の積算価格 \times （付帯割合） \times \frac{1}{経済的残存耐用年数} = \frac{付帯部分の}{減価償却費}$$

なお，減価償却費の算定には上記のほか，償還基金法等による方法がある。

ただし，堅固な建物の場合には，主体部分と付帯部分の経済的残存耐用年数が大幅に異なり，建物の経年減価によって積算価格に対するそれぞれの構成割合は変化するので，単に新築時の構成割合によるのではなく建物の積算価格を算定する段階でそれぞれの構成割合を把握しておく必要がある。

㋩　修繕費……修繕費は，経常的な小修繕費と周期的な計画修繕又は臨時的な特別修繕に要する大規模修繕費とに区別される。通常，共用部分に係る経常的な小修繕費は管理費となる。修繕積立金の対象となる計画修繕は，一般に資本的支出となるため総費用に算入してはならない。

㋥　維持管理費……維持管理費は，共用部分等に係る経常的な保守，点検，保安，清掃及びこれに関連する事務費並びに水道光熱費である。通常，管理費として徴収している費用である。

㋭　損害保険料……共用部分の損害保険料は，一般に管理費に含まれている。この場合には，専有部分についての損害保険料のみを計上する。料率は，用途，高さ，地域によって異なるため，実情に応じて査定する。

(ヘ) 貸倒れ準備費等及び空室損失相当額……貸倒れ準備費は，保証金を多額に収受している場合には，通常計上しない。

(ト) その他費用……借地権等の敷地で，地代を支払っている場合の地代額は総費用を構成する。

〈還元利回り〉

土地及び建物のそれぞれの個別の還元利回りを求めて，土地価格と建物価格の構成割合に応じて加重平均した総合還元利回りを求めることが一般的である。金融市場における長期預金等，国債，公社債の利回りを標準として，マンションの用途や都心型マンション，郊外型マンション等の立地区分及び地域を十分に考慮して適正な還元利回りを求めなければならない。

3　建物

建物は，その敷地と結合して有機的に効用を発揮するものであり，建物とその敷地とは密接に関連しており，両者は一体として鑑定評価の対象とされるのが通例であるが，鑑定評価の依頼目的及び条件により，建物及びその敷地が一体として市場性を有する場合における建物のみの鑑定評価又は建物及びその敷地が一体として市場性を有しない場合における建物のみの鑑定評価がある。

(1) 建物及びその敷地が一体として市場性を有する場合における建物のみの鑑定評価

この場合の建物の鑑定評価は，その敷地と一体化している状態を前提として，その全体の鑑定評価額の内訳として建物について部分鑑定評価を行う。

この場合における建物の鑑定評価額は，積算価格，配分法に基づく比準価格及び建物残余法による収益価格を関連づけて決定する。なお，建物残余法とは，敷地の価格を収益還元法以外の方法によって求めることができる場合に，敷地と建物等からなる不動産について，建物等に帰属する純収益から建物等の収益価格を求める方法である。

(2) 建物及びその敷地が一体として市場性を有しない場合における建物のみの鑑定評価

この場合の建物の鑑定評価は，一般に特殊価格を求める場合に該当するもの

であり，文化財の指定を受けた建造物，宗教建築物又は現況による管理を継続する公共公益施設の用に供されている不動産のうち，建物についてその保存等に主眼をおいて行うものであるが，この場合における建物の鑑定評価額は，積算価格を標準として決定する。

(3) 借家権

借家権とは，借地借家法（廃止前の借家法を含む）が適用される建物の賃借権をいう。

借家権の取引慣行がある場合における借家権の鑑定評価額は，当事者間の個別的事情を考慮して求めた比準価格を標準とし，自用の建物及びその敷地の価格から貸家及びその敷地の価格を控除し，所要の調整を行って得た価格を比較考量して決定するものとする。借家権割合が求められる場合は，借家権割合により求めた価格をも比較考量するものとする。この場合において下記のイからトまでに掲げる事項を総合的に勘案する。

さらに，借家権の価格といわれているものには，賃貸人から建物の明渡しの要求を受け，借家人が不随意の立退きに伴い事実上喪失することとなる経済的利益等，賃貸人との関係において個別的な形をとって具体に現れるものがある。この場合における借家権の鑑定評価額は，当該建物及びその敷地と同程度の代替建物等の賃借の際に必要とされる新規の実際支払賃料と現在の実際支払賃料との差額の一定期間に相当する額に賃料の前払的性格を有する一時金の額等を加えた額並びに自用の建物及びその敷地の価格から貸家及びその敷地の価格を控除し，所要の調整を行って得た価格を関連づけて決定するものとする。この場合において当事者間の個別的事情を考慮するものとするほか，下記イからトまでに掲げる事項を総合的に勘案する。

　　イ　将来における賃料の改訂の実現性とその程度
　　ロ　契約にあたって授受された一時金の額及びこれに関する契約条件
　　ハ　将来見込まれる一時金の額及びこれに関する契約条件
　　ニ　契約締結の経緯，経過した借家期間及び残存期間並びに建物の残存耐用年数

ホ　貸家及びその敷地の取引慣行並びに取引利回り
ヘ　借家の目的，契約の形式，登記の有無，転借か否かの別及び定期建物賃貸借（借地借家法第38条に規定する定期建物賃貸借をいう）か否かの別
ト　借家権価格

〈借家権価格の鑑定手法とその留意点〉

① 借家権の取引慣行がある場合

㈲比準方式……これを標準とする。取引事例の収集にあたって，のれん代及び造作等の価格込みの場合があるので，その補正に留意する。

㈹控除方式（自用の建物及びその敷地価格―貸家及びその敷地の価格）……それぞれの価格をいかに適切に求めるかが重要である。

㈴割合方式……この方式は，比較的適用が容易で，相続税路線価等を参考に決定しているため説得力を有する。しかし，地価の急変時には適正を欠く場合がある。

② 借家権の取引慣行がない場合

補償方式……代替建物の賃借に必要とされる新規の実際支払賃料と現在の実際支払賃料との差額の一定期間に相当する額に賃料の前払的性格を有する一時金の額等を加えた額並びに自用の建物及びその敷地の価格から貸家及びその敷地の価格を控除して，調整を行って得た価格を関連づけて決定する。この方式は，補償及び裁定的要素をよく反映できるため，適正な説得力のある調整が必要である。

なお，実務においては，上記のほか，借家権に係る不動産の正常実質賃料相当額から実際支払賃料を控除して求めた額を還元して求める差額賃料還元方式も採用されている。

〈借地借家法の改正と鑑定評価〉

① 定期借家（期限付建物賃貸借）制度

イ　賃貸人の不在期間の建物賃貸借（借地借家法第38条）……転勤，療養，親族の介護その他やむを得ない事情により，その一定期間を確定して，建物の賃貸借期間とする場合。この特約はやむを得ない事情を記載した

書面による。
　　ロ　取壊し予定の建物の賃貸借（第39条）……法令又は契約により一定の期間を経過した後に建物を取り壊すべきことが明らかな場合。この特約も書面による。
　②　更新拒絶等の要件の明確化（第28条）…「正当事由」
　　イ　賃貸人及び賃借人（転借人を含む）が建物の使用を必要とする事情
　　ロ　建物の賃貸借に関する従前の経過
　　ハ　建物の利用状況，建物の現況
　　ニ　賃貸人からの賃借人に対しての財産上の給付の申出による明渡し
　③　借地上の建物の賃借人の保護（第35条）……借地権の存続期間満了により，土地を明渡すとき，建物の賃借人が借地権の残存期間が満了することをその１年前までに知らなかった場合に限り，借家人は，これを知った日から１年を超えない範囲内において裁判所に土地の明渡しにつき相当の期限を許与することを請求できる。
　④　転借人の地位の強化（第26条３項，第28条，第33条２項，第34条２項，第36条２項）……定期借家について，一定期間のみの権利利益の対価となることにより，残存期間に特に留意する。このため，通常の借家権より適正な減価が必要である。
　上記点を除き，定期借家契約か否かは重要な確認と確定事項であるが，旧法と評価上変ることがない。
　改定法施行（平成12年３月１日）より前から存する契約の更新については改正法は適用されない。また，居住用建物の当事者が合意により契約を終了させ，新たに定期借家契約とすることは認められない。

第2章　賃料に関する鑑定評価

1　宅地

(1) 新規賃料を求める場合

宅地の正常賃料を求める場合の鑑定評価にあたっては，賃貸借等の契約内容による使用方法に基づく宅地の経済価値に即応する適正な賃料を求めるものとする。

宅地の正常賃料の鑑定評価額は，積算賃料，比準賃料及び配分法に準ずる方法に基づく比準賃料を関連づけて決定するものとする。この場合において，適正な純収益を求めることができるときは収益賃料を比較考量して決定する。

宅地の賃料は，建物所有か又は建物所有以外を目的とするかによって異なる。また，賃貸借の市場は，種々の契約の内容の個別性である一時使用，更新を求めない等特別の契約条件があり，元本価格の市場とは異なる。宅地の賃料には，一定の地域性があり，同一都市内でも地域によって異なることがあるため，次の事項を比較考量する。

　イ　宅地の賃料と借地権慣行との関連性
　ロ　標準的な賃料水準の推移動向
　ハ　純賃料の基礎価格に対する標準的な割合
　ニ　公租公課，維持管理費等必要諸経費の賃料に対する割合
　ホ　一時金の授受の慣行

なお，宅地の賃貸借に個別性があるときは，契約目的，期間，内容に応じて適切な補正が必要となる。

〔鑑定評価の留意点〕

①　積算賃料を求めるにあたっての基礎価格は，賃貸借等の契約において，貸主側の事情によって使用方法が制約されている場合等で最有効使用の状態を確保できない場合には，最有効使用が制約されている程度に応じた経済価値の減分を考慮して求める。この場合，最有効使用が阻害されている程度に応じた額を当該敷地の正常価格から控除して求める。

また，期待利回りの判定にあたっては，地価水準の変動に対する賃料の遅行性及び地価との相関関係の程度を考慮する必要がある。
　期待利回りには，建物所有目的の期待利回り，建物所有目的以外の期待利回り及び一時使用の利回りがあるが，これらは利回りの率がそれぞれ異なることに留意する。
　②　比準賃料は，価格時点に近い時点に新規に締結された賃貸借等の事例から比準する必要があり，立地条件その他の賃料の価格形成要因が類似するものでなければならない。
　③　配分法に準ずる方法に基づく比準賃料は，宅地を含む複合不動産の賃貸借等の契約内容が類似している賃貸借等の事例に係る実際実質賃料から宅地以外の部分に対応する実際実質賃料相当額を控除する等により求めた比準賃料をいうものであるが，宅地の正常賃料を求める場合における事例資料の選択にあたっては，賃貸借等の契約内容の類似性及び敷地の最有効使用の程度に留意すべきである。
　宅地の限定賃料の鑑定評価額は，隣接宅地の併合使用又は宅地の一部の分割使用をする当該宅地の限定価格を基礎価格として求めた積算賃料及び隣接宅地の併合使用又は宅地の一部の分割使用を前提とする賃貸借等の事例に基づく比準賃料を関連づけて決定する。この場合においては，次に掲げる事項を総合的に勘案する。
　　イ　隣接宅地の権利の態様
　　ロ　当該事例に係る賃貸借等の契約内容
　なお，宅地と賃貸借等をする他の宅地との併合使用又は宅地の一部を賃貸借等をする際の分割使用を前提とする新規の限定賃料を求める場合，新規の正常賃料に宅地の併合又は分割に伴う効用の増減分に対する対象宅地の寄与の度合いに留意して求めなければならない。
　(2)　継続賃料を求める場合
　①　継続中の宅地の賃貸借等の契約に基づく実際支払賃料を改訂する場合
　継続中の宅地の賃貸借等の契約に基づく実際支払賃料を改訂する場合の鑑定

評価額は，差額配分法による賃料，利回り法による賃料，スライド法による賃料及び比準賃料を関連づけて決定するものとする。この場合においては，次に掲げる事項を総合的に勘案して決定する。

 a 契約の内容及び契約締結の経緯
 b 契約上の経過期間及び残存期間
 c 賃料の改訂の経緯
 d 更新料の必要性
 e 近隣地域もしくは同一需給圏内の類似地域等における宅地の賃料，又は同一需給圏内の代替競争不動産の賃料，その改訂の程度及びそれらの推移，動向
 f 賃料に占める純賃料の推移，動向
 g 底地に対する適正利回りの推移，動向
 h 公租公課の推移，動向

なお，賃料の改定が契約期間の満了に伴う更新又は借地権の第三者への譲渡を契機とする場合において，更新料又は名義書替料が支払われるときは，これらの額を総合的に勘案して求める。

継続賃料は，特定の当事者間において成立する適正な賃料であり，新規賃料との相関関係は希薄である。このため，継続賃料の鑑定評価は，裁定的要素を含む。継続賃料も当初は新規賃料であったもので，その当初の契約内容等を考慮しなければならない。当初の新規賃料は，当事者の合意が成立し，適正と認められたものである。しかし，貨幣価値，地価の変動，公租公課等の増減及び近隣地域の賃料水準との乖離により改定が必要となったものである。このため，両当事者の主張について十分に事実関係を明確にすることが必要である。

② 契約上の条件又は使用目的が変更されることに伴い賃料を改訂する場合

契約上の条件又は使用目的が変更されることに伴い賃料を改定する場合の鑑定評価にあたっては，契約上の条件又は使用目的の変更に伴う宅地及び地上建物の最有効使用の上昇に即応する経済価値の増分のうち適正な部分に即応する賃料を前記①を想定した場合における賃料に加算して決定するものとする。

この場合においては，前記①に掲げる事項のほか，特に次に掲げる事項を総合的に勘案する。

　a　賃貸借等の態様
　b　契約上の条件又は使用目的の変更内容
　c　条件変更承諾料又は増改築承諾料が支払われるときはこれらの額

2　建物及びその敷地

(1) 新規賃料を求める場合

建物及び敷地の正常賃料を求める場合の鑑定評価にあたっては，賃貸借の契約内容による使用方法に基づく建物及びその敷地の経済価値に即応する賃料を求める。

建物及びその敷地の正常賃料の鑑定評価額は，積算賃料及び比準賃料を関連づけて決定するものとする。この場合において，純収益を適切に求めることができるときは収益賃料を比較考量して決定する。

店舗用ビルの場合には，貸主は躯体及び一部の建物設備を施工するのみで賃貸し（スケルトン貸し），内装，外装及び建物設備の一部は借主が施工することがあるので，積算賃料を求めるときの基礎価格の判定及び比準賃料を求めるときの事例の選択にあたっては，これに留意すべきである。

なお，建物及びその敷地の一部を対象とする場合の正常賃料の鑑定評価額は，当該建物及びその敷地の全体と当該部分との関連について総合的に比較考量して求める。

(2) 継続賃料を求める場合

継続中の建物及びその敷地の賃貸借の契約に基づく実際支払賃料を改定する場合の鑑定評価は，宅地の継続賃料を求める場合の鑑定評価に準ずる。

第3章　担保不動産の鑑定評価

1　現況評価の原則

　不動産の鑑定評価の依頼目的は，売買に次いで不動産の担保目的が多い。担保不動産は，その融資期間中の債権の引き当てとなるものであるから，その不動産の評価そのものが融資額を保全するか否かが重大な関心事となる。このため，金融機関の融資の実務においては，担保不動産の鑑定評価をもとに，その物件のもつ各種のリスク（換価処分の難易性，価格の低下，融資先の信用力）を考慮して，「担保掛目」（例えば8割）を先の鑑定評価額に乗じて安全性を確保している。担保目的での不動産の鑑定評価は，担保不動産の現況をもって評価することが原則である。

　例えば，抵当権の設定後も，その担保提供者である不動産の所有者は，使用収益が継続できる。ところが，債務の弁済ができないとき，それを換価処分することになるので，この処分の支障となる状況は避けなければならない。そこで，現況と異なる評価条件を付すことは，原則として許されない。

　建物が現存するにもかかわらず「更地」としての条件を付すことはできない。また「貸家及びその敷地」について，借家人がいないとして「自用の建物及びその敷地」としての条件も原則として許されない。

　この現況とは，担保不動産の最有効使用の観点から，社会的，経済的及び行政的諸条件より導き出された合理的判断をいうのであり，必ずしもありのままという意味ではない。このため，現況農地を上記の合理的判断により宅地見込地として鑑定評価することは可能である。また，登記簿の地目が田・畑の農地であったり，山林，原野であっても建物の敷地に供されている土地を合理的判断により宅地とすることは可能である。

2　鑑定評価と担保評価

　担保不動産の鑑定評価は，不動産鑑定士等が価格時点における正常価格を求めることを目的とする。これに対して，担保評価は，金融機関が債権の保全の

ために与信期間に対応した担保不動産の適正価格を評価する。このため，担保価格は正常価格に担保掛目を乗じたものといえる。

旧基準は，正常価格を求める例として「金融上の抵当に関連する場合」があげられていた（昭和39年答申の基準）。また，特殊価格として「担保として安全性を考慮すべきことが特に要請される場合」及び「清算，競売，公売その他特別の事情に基づく取引に関連する場合」があげられていた。現基準では「特殊価格」の概念は変更されて，市場性のない不動産である文化財等の価格となった。したがって，上記2例の評価を求められたときは，正常価格を求めて，鑑定評価書の付記として安全性，特殊な事情等を十分に考慮した旨を明記することになる。

3 競売不動産の評価

担保不動産の処分時の競売評価は，競売市場の特殊性から，融資継続時の担保評価と比較して安全性を考慮する。昭和55年からの民事執行法の競売不動産の評価（民事執行法第58条，民事執行法規則第30条）は，競売市場の特殊性による減価要因と不動産市場の状況を考慮している。これは，最低売却額の決定の基礎とするための評価である。

競売不動産の減価要因は次のようなものがある。
- イ 正常価格に対して競売による市場性減価
- ロ 法定法上権の存在
- ハ 短期賃借権（民法395条）の存在
- ニ 不法占有

4 担保不動産の適格性

(1)安全性，(2)市場性，(3)確実性の3基準がある。特に，抵当証券発行のための担保不動産はこの3基準の具体例として，次の適格性が要求されている。
- i 市の区域に存する物件に限られること
- ii 土地，建物又は地上権を目的とする抵当権に限られること

しかし，永小作権を目的とする抵当権は認められない。また，根抵当についても認められない。抵当証券発行の特約があるときに限り発行が認められる。

(1) 安全性について

① 公法上の規制

農業振興区域内の農地(ただし，農業共同組合の農地担保金融は可能)，保安林は担保適格性に欠ける。ただし，一定の条件が満たされた場合には，担保適格性を有する。これは市街化調整区域内の土地，建築基準法違反建築物等がある。

② 私法上の規制

所有権について係争中の不動産，売買の予約の仮登記のある不動産。ただし，一定の条件が満たされた場合には担保適格性を有する。これは，買戻し特約のある不動産，差押，仮差押の登記のある不動産である。

③ 利用，管理の困難性

崖崩れの起こるおそれの多い土地は，担保として不適格である。また，反社会的団体の入居するマンションや離島の宅地は管理が困難であり，担保不適格である。

(2) 市場性について

人口減少の続く過疎地は，買手が不在で換価できない。基幹産業の撤退のある住宅地や商店街の地域要因の変化を見きわめ，市場性に欠けるものは担保不適格である。都市部においても，崖地，低湿地，接面道路を有しないミニ開発宅地は市場性に欠ける。

(3) 用途による不適格

学校，神社，寺院は公共性が強く担保不適格である。用途が特殊なもので，転用が困難なものは担保不適格である。病院，老人ホームがこの例である。茶室や農村の豪邸は需要がない。特定の人を対象とするため，茶室は通常1億円以上の建築費がかかるが，担保とする場合，きわめてその評価額は低くなるのが一般的である。

(4) 確実性について

① 価格低落の危険性の考慮

一般に，熟成度の低い宅地見込地，市街化調整区域への線引予定地域，産業廃棄物処理場等の嫌悪施設が都市計画決定された地域等は需要が低下する可能性があり，その担保適格性はより厳格にすべきである。

② 収益の安定継続性

木造アパートは経年陳腐化が激しいため，収益が安定して継続できない場合が多い。また，節税対策のため，低い賃料でのアパート経営や業者による高い賃料保証は，正常な収益ではない。スキー場など天候で収益性が変わるレジャー施設は，好調時のみの収益で判断してはならない。

5　鑑定評価の留意点

担保目的の鑑定評価は，金融機関等が融資を行うときに，担保不動産の価格判定のために行われる。このため，鑑定評価の対象不動産の範囲は，抵当権の効力の及ぶ範囲と一致することが必要となる。

次に，債務者から評価依頼があった場合は注意する。登記簿に担保不動産の価額より多い抵当権の登記があったり，不良金融業者の仮登記等がある場合には，依頼者の信用度は低いため心すべきである。特に，担保目的の評価では，短期間での依頼が多いが，設定条件の制限，現況評価による確認，現実の実査による物的確認をいかなる場合も省略してはならない。

依頼者の言葉に惑わされることなく，受付の段階で不当と判断したときは，依頼を謝絶すべきである。著名人の名を利用して依頼するケース，多忙時，年末に至急・特別料金の支払案件の多くは，何らかの問題をかかえた不動産とみてよい。「担保山」といわれる価値のない山林に，金融機関が現地もみることなく先順位抵当権者に劣後して担保をつけることがある。

このような山林について，安易に宅地見込地としての評価を行うべきではない。特に，山林は公簿と実測値が2倍以上相違することも稀ではない。つまり，不動産登記簿（公簿）の数量を安易に評価数量として確定してはならない。多くの先輩が築きあげた，不動産鑑定評価制度の信用失墜となる。

6 評価にあたり収集する資料

① 貸家及びその敷地
 イ 入居者名全員，敷金，保証金，建設協力金等の一時金及び賃料，共益費の資料
 ロ 賃貸借契約書の写し（上記明細が検証できるもの）
 ハ 未入居の場合は，過去の入居状況と値上げ等の見込み
② 借地権，借地権付建物，底地
 イ 土地賃貸借契約書，借地部分を明示できる図面
 ロ 地代領収証
 ハ 契約経緯の確認資料（権利金，契約更新料，増改築承諾料）
③ 土地区画整理事業地内
 イ 仮換地位置図，仮換地指定書
 ロ 清算金明細書
④ 買戻特約は土地，建物
 ・ 土地建物等売買契約書
⑤ 宅地見込地
 イ 開発申請書及び開発許可書
 ロ 基本設計書（用途別面積記載分）
 ハ 公図
 ニ 収支計画書（販売予定価格，造成費用，販売管理費，金利等）
⑥ 農　地
 イ 農地転用許可書
 ロ 農地転用届受理証明書又は非農地証明書

7 評価実務の留意点

(1) 未登記建物

登記のない抵当権であっても，競売することができるが，対抗要件を欠くた

め，担保不動産としての適格性が弱くなる。

鑑定評価にあたっては，表示登記がない場合には表示登記又は所有権保存登記を行う。表示登記はあるが，所有権保存登記がない場合には，所有権保存登記を行ったうえで「建物及びその敷地」として対象不動産を確定する。仮に，未登記建物のまま「更地」「建物がない」と条件をつけると，建物が第三者名義に保存登記されると対抗要件を具備して，土地が底地となる。

また，抵当権設定者が競売前に自ら保存登記したり，建物の譲受人が競売前に保存登記した場合には，法定地上権が成立する。このため，未登記建物が存在する場合，必ず鑑定評価書にその旨を明記する必要がある。また，依頼者の条件によって，未登記建物を評価対象から除外するときにも，未登記建物の存在を鑑定評価書に記載して，価格への影響について付記すべきである。すなわち，現況を重視するのである。

しかし，担保目的であっても，更地としての独立鑑定評価がすべてできないのではない。例えばビル業者，マンション業者が即時取壊しのうえ，建物建築資金を担保に供するため土地を評価する場合には，実現性が確実であれば，独立鑑定評価は可能である。

(2) 未登記増築部分

固定資産税課税台帳，建築確認申請書記載の現況面積にもとづいて鑑定評価する。増築部分は，原則として建物の更生登記を行うべきである。時として，この増築部分が区分所有建物になることもある。

ただし，借家人の施工した内装，造作については，建物の構成部分から除外して鑑定評価する。

(3) 想定上の条件

想定上の条件が設定された場合，鑑定評価書に明確に記載するとともに，当該条件が適格性を有すると判断した根拠及び当該条件の設定のない場合の価格等について参考事項として別に記載すべきである。

(4) 価格時点

現況主義により，価格時点は原則として実査日とする。

(5) 価格の種類

融資額査定の基礎として求めるべき価格は，合理的な市場において形成される正常価格でなければならない。

(6) 物的確認ができない場合

積雪のため，確認ができないときは，その旨を鑑定評価書に付記すべきである。また，大規模宅地の場合，原則として雪解け後まで延期すべきである。建物等の内部に立入りできないときは，立入確認できない理由，実査ができないため物的権利関係を標準的なものとして評価を行った旨，を鑑定評価書に記載すべきである。

(7) 権利の態様の確認

所有権の確認は，登記名義人と認定することになる。しかし，短期間に移転していたり，中間省略登記がなされているときは，特に慎重に確認する。

次に，担保提供の意思について，疑問が生じたときは，融資者と調整協議が必要となる。担保提供の意思がない場合には，不動産担保そのものが成立しないためである。担保提供者が海外渡航中であったり，重病人，高齢者の場合は，特に注意が必要となる。

都心部においては，容積率が転売されているケースがあるので，権利の確認に留意する。高度商業地域にもかかわらず，駐車場としての利用や低層建物の利用の場合は，隣接地への容積率転売の事業を調査する。

★種別，類型別の確認のチェックポイント

これらは，特に担保不動産の評価ではなくとも，一般の不動産評価にあたり実務上留意すべき事項である。

① 更　地
- イ　境界は確定しているか。隣接建物の張り出しはないか。
- ロ　未登記建物，増築部分，工作物，鉄道コンテナ等の有無。
- ハ　取壊し建物について，建物の滅失登記がなされているか否か。
- ニ　借地権，使用貸借，無断使用，占有（表札，看板）の有無。
- ホ　借地権等が合法的に解除されているか否か。

ヘ　現況は宅地であるが，地目が田・畑の場合は農地の扱いとなるため，地目変更手続がなされているか否か。
　　ト　埋蔵文化財等の有無。
　　チ　送電線下地の場合，地役権登記がない場合でも，送電線路使用契約により制限が存在することがあるので，電気事業者へ確認する。
②　自用の建物及びその敷地
　　イ　土地及び建物が同一所有者か
　　ロ　共有物の場合の持分
　　ハ　旧登記等が残存している場合があるので，同一性を確認する。
　　ニ　未登記建物の有無
　　ホ　賃貸借，一時使用，使用貸借の有無
　　ヘ　建物に設置された設備等でリース物件（駐車場設備）の所有物の異なるものの有無
③　貸家及びその敷地
　　イ　現実の利用方法と契約での使用方法が同一であり，合法的であるか否か。
　　ロ　一時金の額と返還条件
　　ハ　安定的収益を阻害するものはないか（反社会的団体の入居等）
④　区分所有建物
　　イ　敷地権の性格（所有権か賃借権か）
　　ロ　規約及び持分
　　ハ　修繕積立金に関する事項（自治会管理か業者管理か）
⑤　建　物
　　イ　敷地利用権の種類（所有権，賃借権等）
　　ロ　敷地利用の契約内容
　　ハ　残存年数と契約期間及び契約での利用目的と現実利用との同一性
⑥　宅地見込地
　　イ　確実に宅地見込地としての条件を具備しているか

ロ　開発指導要綱等による規制の程度と負担金の額
ハ　宅地造成費
ニ　販売予定価格と完成時の需要

不動産鑑定評価基準

平成14年7月3日全部改正

(平成14年12月25日付通知による訂正を含む)

総論
第1章 不動産の鑑定評価に関する基本的考察

不動産の鑑定評価とはどのようなことであるか，それは何故に必要であるか，われわれの社会においてそれはどのような役割を果たすものであるか，そしてこの役割の具体的な担当者である不動産鑑定士及び不動産鑑定士補（以下「不動産鑑定士等」という。）に対して要請されるものは何であるか，不動産鑑定士等は，まず，これらについて十分に理解し，体得するところがなければならない。

第1節 不動産とその価格

不動産は，通常，土地とその定着物をいう。土地はその持つ有用性の故にすべての国民の生活と活動とに欠くことのできない基盤である。そして，この土地を我々人間が各般の目的のためにどのように利用しているかという土地と人間との関係は，不動産のあり方，すなわち，不動産がどのように構成され，どのように貢献しているかということに具体的に現れる。

この不動産のあり方は，自然的，社会的，経済的及び行政的な要因の相互作用によって決定されるとともに経済価値の本質を決定づけている。一方，この不動産のあり方は，その不動産の経済価値を具体的に表している価格を選択の主要な指標として決定されている。

不動産の価格は，一般に，
(1) その不動産に対してわれわれが認める効用
(2) その不動産の相対的稀少性
(3) その不動産に対する有効需要

の三者の相関結合によって生ずる不動産の経済価値を，貨幣額をもって表示したものである。そして，この不動産の経済価値は，基本的にはこれら三者を動かす自然的，社会的，経済的及び行政的な要因の相互作用によって決定される。不動産の価格とこれらの要因との関係は，不動産の価格が，これらの要因の影響の下にあると同時に選択指標としてこれらの要因に影響を与えるという二面性を持つものである。

第2節 不動産とその価格の特徴

不動産が国民の生活と活動に組み込まれ，どのように貢献しているかは具体的な価格として現れるものであるが，土地は他の一般の諸材と異なって次のような特性を持っている。

(1) 自然的特性として，地理的位置の固定性，不動性（非移動性），永続性（不変性），不増性，個別性（非同質性，非代替性）等を有し，固定的であって硬直的である。

(2) 人文的特性として、用途の多様性(用途の競合、転換及び併存の可能性)、併合及び分割の可能性、社会的及び経済的位置の可変性等を有し、可変的であって伸縮的である。

不動産は、この土地の持つ諸特性に照応する特定の自然的条件及び人文的条件を与件として利用され、その社会的及び経済的な有用性を発揮するものである。そして、これらの諸条件の変化に伴って、その利用形態並びにその社会的及び経済的な有用性は変化する。

不動産は、また、その自然的条件及び人文的条件の全部又は一部を共通にすることによって、他の不動産とともにある地域を構成し、その地域の構成分子としてその地域との間に、依存、補完等の関係に及びその地域内の他の構成分子である不動産との間に協働、代替、競争等の関係にたち、これらの関係を通じてその社会的及び経済的な有用性を発揮するものである（不動産の地域性）。

このような地域には、その規模、構成の内容、機能等に従って各種のものが認められるが、そのいずれもが、不動産の集合という意味において、個別の不動産の場合と同様に、特定の自然的条件及び人文的条件との関係を前提とする利用のあり方の同一性を基準として理解されるものであって、他の地域と区別されるべき特性をそれぞれ有するとともに、他の地域との間に相互関係にたち、この相互関係を通じて、その社会的及び経済的位置を占めるものである（地域の特性）。

このような不動産の特徴により、不動産の価格についても、他の一般の諸財の価格と異なって、およそ次のような特徴を指摘することができる。

(1) 不動産の経済価値は、一般に、交換の対価である価格として表示されるとともに、その用益の対価である賃料として表示される。そして、この価格と賃料との間には、いわゆる元本と果実との間に認められる相関関係を認めることができる。

(2) 不動産の価格（又は賃料）は、その不動産に関する所有権、賃借権等の権利の対価又は経済的利益の対価であり、また、二つ以上の権利利益が同一の不動産の上に存する場合には、それぞれの権利利益について、その価格（又は賃料）が形成され得る。

(3) 不動産の属する地域は固定的なものではなくて、常に拡大縮小、集中拡散、発展衰退等の変化の過程にあるものであるから、不動産の利用形態が最適なものであるかどうか、仮に現在最適なものであっても、時の経過に伴ってこれを持続できるかどうか、これらは常に検討されなければならない。したがって、不動産の価格（又は賃料）は、通常、過去と将来とにわたる長期的な考慮の下に形成される。今日の価格（又は賃料）は、昨日の展開であり、明日を反映するものであって常に変化の

過程にあるものである。
(4) 不動産の現実の取引価格等は，取引等の必要に応じて個別的に形成されるのが通常であり，しかもそれは個別的な事情に左右されがちのものであって，このような取引価格等から不動産の適正な価格を見出すことは一般の人には非常に困難である。したがって，不動産の適正な価格については専門家としての不動産鑑定士等の鑑定評価活動が必要となるものである。

第3節　不動産の鑑定評価

このように一般の諸財と異なる不動産についてその適正な価格を求めるためには，鑑定評価の活動に依存せざるを得ないこととなる。

不動産の鑑定評価は，その対象である不動産の経済価値を判定し，これを貨幣額をもって表示することである。それは，この社会における一連の価格秩序の中で，その不動産の価格及び賃料がどのような所に位するかを指摘することであって，
(1) 鑑定評価の対象となる不動産の的確な認識の上に，
(2) 必要とする関連資料を十分に収集して，これを整理し，
(3) 不動産の価格を形成する要因及び不動産の価格に関する諸原則についての十分な理解のもとに，
(4) 鑑定評価の手法を駆使して，その間に，
(5) 既に収集し，整理されている関連諸資料を具体的に分析して，対象不動産に及ぼす自然的，社会的，経済的及び行政的な要因の影響を判断し，
(6) 対象不動産の経済価値に関する最終判断に到達し，これを貨幣額をもって表示するものである。

この判断の当否は，これら各段階のそれぞれについての不動産鑑定士等の能力の如何及びその能力の行使の誠実さの如何に係るものであり，また，必要な関連諸資料の収集整理の適否及びこれらの諸資料の分析解釈の練達の程度に依存するものである。したがって，鑑定評価は，高度な知識と豊富な経験及び的確な判断力を持ち，さらに，これらが有機的かつ総合的に発揮できる練達堪能な専門家によってなされるとき，初めて合理的であって，客観的に論証できるものとなるのである。

不動産の鑑定評価とは，現実の社会経済情勢の下で合理的と考えられる市場で形成されるであろう市場価値を表示する適正な価格を，不動産鑑定士等が的確に把握する作業に代表されるように，練達堪能な専門家によって初めて可能な仕事であるから，このような意味において，不動産の鑑定評価とは，不動産の価格に関する専門家の判断であり，意見であるといってよいであろう。

それはまた，この社会における一連の価格秩序のなかで，対象不動産の価格の占め

る適正なあり所を指摘することであるから，その社会的公共的意義は極めて大きいといわなければならない。

第4節　不動産鑑定士等の責務

　土地は，土地基本法に定める土地についての基本理念に即して利用及び取引が行われるべきであり，特に投機的取引の対象とされてはならないものである。不動産鑑定士等は，このような土地についての基本的な認識に立って不動産の鑑定評価を行わなければならない。

　不動産鑑定士等は，不動産の鑑定評価を担当する者として，十分に能力のある専門家としての地位を不動産の鑑定評価に関する法律によって認められ，付与されるものである。したがって，不動産鑑定士等は，不動産の鑑定評価の社会的公共的意義を理解し，その責務を自覚し，的確かつ誠実な鑑定評価活動の実践をもって，社会一般の信頼と期待に報いなければならない。

　そのためには，まず，不動産鑑定士等は，同法に規定されているとおり，良心に従い，誠実に不動産の鑑定評価を行い，専門職業家としての社会的信用を傷つけるような行為をしてはならないとともに，正当な理由がなくて，その職務上取り扱ったことについて知り得た秘密を他に漏らしてはならないことはいうまでもなく，さらに次に述べる事項を遵守して資質の向上に努めなければならない。

(1)　高度な知識と豊富な経験と的確な判断力とが有機的に統一されて，初めて的確な鑑定評価が可能となるのであるから，不断の勉強と研鑽とによってこれを体得し，鑑定評価の進歩改善に努力すること。
(2)　依頼者に対して鑑定評価の結果を分かり易く誠実に説明を行い得るようにするとともに，社会一般に対して，実践活動をもって，不動産の鑑定評価及びその制度に関する理解を深めることにより，不動産の鑑定評価に対する信頼を高めるよう努めること。
(3)　不動産の鑑定評価に当たっては，自己又は関係人の利害の有無その他いかなる理由にかかわらず，公平妥当な態度を保持すること。
(4)　不動産の鑑定評価に当たっては，専門職業家としての注意を払わなければならないこと。
(5)　自己の能力の限度を超えていると思われる不動産の鑑定評価を引き受け，又は縁故若しくは特別の利害関係を有する場合等，公平な鑑定評価を害する恐れのあるときは，原則として不動産の鑑定評価を引き受けてはならないこと。

第2章　不動産の種別及び類型

　不動産の鑑定評価においては，不動産の地域性並びに有形的利用及び権利関係の態

様に応じた分析を行う必要があり，その地域の特性等に基づく不動産の種類ごとに検討することが重要である。

不動産の種類とは，不動産の種別及び類型の二面から成る複合的な不動産の概念を示すものであり，この不動産の種別及び類型が不動産の経済価値を本質的に決定づけるものであるから，この両面の分析をまって初めて精度の高い不動産の鑑定評価が可能となるものである。

不動産の種別とは，不動産の用途に関して区分される不動産の分類をいい，不動産の類型とは，その有形的利用及び権利関係の態様に応じて区分される不動産の分類をいう。

第1節　不動産の種別

I　地域の種別

地域の種別は，宅地地域，農地地域，林地地域等に分けられる。

宅地地域とは，居住，商業活動，工業生産活動等の用に供される建物，構築物等の敷地の用に供されることが，自然的，社会的，経済的及び行政的観点からみて合理的と判断される地域をいい，住宅地域，商業地域，工業地域等に細分される。さらに住宅地域，商業地域，工業地域等については，その規模，構成の内容，機能等に応じた細分化が考えられる。

農地地域とは，農業生産活動のうち耕作の用に供されることが，自然的，社会的，経済的及び行政的観点からみて合理的と判断される地域をいう。

林地地域とは，林業生産活動のうち木竹又は特用林産物の生育の用に供されることが，自然的，社会的，経済的及び行政的観点からみて合理的と判断される地域をいう。

なお，宅地地域，農地地域，林地地域等の相互間において，ある種別の地域から他の種別の地域へと転換しつつある地域及び宅地地域，農地地域等のうちにあって，細分されたある種別の地域から，その地域の他の細分された地域へと移行しつつある地域があることに留意すべきである。

II　土地の種別

土地の種別は，地域の種別に応じて分類される土地の区分であり，宅地，農地，林地，見込地，移行地等に分けられ，さらに地域の種別の細分に応じて細分される。

宅地とは，宅地地域のうちにある土地をいい，住宅地，商業地，工業地等に細分される。この場合において，住宅地とは住宅地域のうちにある土地をいい，商業地とは商業地域のうちにある土地をいい，工業地とは工業地域のうちにある土地をいう。

農地とは，農地地域のうちにある土地をいう。

林地とは，林地地域のうちにある土地（立木竹を除く。）をいう。

見込地とは，宅地地域，農地地域，林地地域等の相互間において，ある種別の地域から他の種別の地域へと転換しつつある地域のうちにある土地をいい，宅地見込地，農地見込地等に分けられる。

移行地とは，宅地地域，農地地域等のうちにあって，細分されたある種別の地域から他の種別の地域へと移行しつつある地域のうちにある土地をいう。

第2節　不動産の類型

宅地並びに建物及びその敷地の類型を例示すれば，次のとおりである。

Ⅰ　宅地

宅地の類型は，その有形的利用及び権利関係の態様に応じて，更地，建付地，借地権，底地，区分地上権等に分けられる。

更地とは，建物等の定着物がなく，かつ，使用収益を制約する権利の付着していない宅地をいう。

建付地とは，建物等の用に供されている敷地で建物等及びその敷地が同一の所有者に属し，かつ，当該所有者により使用され，その敷地の使用収益を制約する権利の付着していない宅地をいう。

借地権とは，借地借家法（廃止前の借地法を含む。）に基づく借地権（建物の所有を目的とする地上権又は土地の賃借権）をいう。

底地とは，宅地について借地権の付着している場合における当該宅地の所有権をいう。

区分地上権とは，工作物を所有するため，地下又は空間に上下の範囲を定めて設定された地上権をいう。

Ⅱ　建物及びその敷地

建物及びその敷地の類型は，その有形的利用及び権利関係の態様に応じて，自用の建物及びその敷地，貸家及びその敷地，借地権付建物，区分所有建物及びその敷地等に分けられる。

自用の建物及びその敷地とは，建物所有者とその敷地の所有者とが同一人であり，その所有者による使用収益を制約する権利の付着していない場合における当該建物及びその敷地をいう。

貸家及びその敷地とは，建物所有者とその敷地の所有者とが同一人であるが，建物が賃貸借に供されている場合における当該建物及びその敷地をいう。

借地権付建物とは，借地権を権原とする建物が存する場合における当該建物及び

借地権をいう。

区分所有建物及びその敷地とは，建物の区分所有等に関する法律第2条第3項に規定する専有部分並びに当該専有部分に係る同条第4項に規定する共用部分の共有持分及び同条第6項に規定する敷地利用権をいう。

第3章　不動産の価格を形成する要因

不動産の価格を形成する要因（以下「価格形成要因」という。）とは，不動産の効用及び相対的稀少性並びに不動産に対する有効需要の三者に影響を与える要因をいう。不動産の価格は，多数の要因の相互作用の結果として形成されるものであるが，要因それ自体も常に変動する傾向を持っている。したがって，不動産の鑑定評価を行うに当たっては，価格形成要因を市場参加者の観点から明確に把握し，かつ，その推移及び動向並びに諸要因間の相互関係を十分に分析して，前記三者に及ぼすその影響を判定することが必要である。

価格形成要因は，一般的要因，地域要因及び個別的要因に分けられる。

第1節　一般的要因

一般的要因とは，一般経済社会における不動産のあり方及びその価格の水準に影響を与える要因をいう。それは，自然的要因，社会的要因，経済的要因及び行政的要因に大別される。

一般的要因の主なものを例示すれば，次のとおりである。

Ⅰ　自然的要因
　1．地質，地盤等の状態
　2．土壌及び土層の状態
　3．地勢の状態
　4．地理的位置関係
　5．気象の状態

Ⅱ　社会的要因
　1．人口の状態
　2．家族構成及び世帯分離の状態
　3．都市形成及び公共施設の整備の状態
　4．教育及び社会福祉の状態
　5．不動産の取引及び使用収益の慣行
　6．建築様式等の状態
　7．情報化の進展の状態
　8．生活様式等の状態

Ⅲ　経済的要因
　　1．貯蓄，消費，投資及び国際収支の状態
　　2．財政及び金融の状態
　　3．物価，賃金，雇用及び企業活動の状態
　　4．税負担の状態
　　5．企業会計制度の状態
　　6．技術革新及び産業構造の状態
　　7．交通体系の状態
　　8．国際化の状態
Ⅳ　行政的要因
　　1．土地利用に関する計画及び規制の状態
　　2．土地及び建築物の構造，防災等に関する規制の状態
　　3．宅地及び住宅に関する施策の状態
　　4．不動産に関する税制の状態
　　5．不動産の取引に関する規制の状態

第2節　地域要因

地域要因とは，一般的要因の相関結合によって規模，構成の内容，機能等にわたる各地域の特性を形成し，その地域に属する不動産の価格の形成に全般的な影響を与える要因をいう。

Ⅰ　宅地地域
　　1．住宅地域
　　　　住宅地域の地域要因の主なものを例示すれば，次のとおりである。
　　　(1)　日照，温度，湿度，風向等の気象の状態
　　　(2)　街路の幅員，構造等の状態
　　　(3)　都心との距離及び交通施設の状態
　　　(4)　商業施設の配置の状態
　　　(5)　上下水道，ガス等の供給・処理施設の状態
　　　(6)　情報通信基盤の整備の状態
　　　(7)　公共施設，公益的施設等の配置の状態
　　　(8)　汚水処理場等の嫌悪施設等の有無
　　　(9)　洪水，地すべり等の災害の発生の危険性
　　　(10)　騒音，大気の汚染，土壌汚染等の公害の発生の程度
　　　(11)　各画地の面積，配置及び利用の状態

⑿　住宅，生垣，街路修景等の街並みの状態
　⒀　眺望，景観等の自然的環境の良否
　⒁　土地利用に関する計画及び規制の状態
２．商業地域
　　前記１．に掲げる地域要因のほか，商業地域特有の地域要因の主なものを例示すれば，次のとおりである。
　⑴　商業施設又は業務施設の種類，規模，集積度等の状態
　⑵　商業背後地及び顧客の質と量
　⑶　顧客及び従業員の交通手段の状態
　⑷　商品の搬入及び搬出の利便性
　⑸　街路の回遊性，アーケード等の状態
　⑹　営業の種別及び競争の状態
　⑺　当該地域の経営者の創意と資力
　⑻　繁華性の程度及び盛衰の動向
　⑼　駐車施設の整備の状態
　⑽　行政上の助成及び規制の程度
３．工業地域
　　前記１．に掲げる地域要因のほか，工業地域特有の地域要因の主なものを例示すれば，次のとおりである。
　⑴　幹線道路，鉄道，港湾，空港等の輸送施設の整備の状況
　⑵　労働力確保の難易
　⑶　製品販売市場及び原材料仕入市場との位置関係
　⑷　動力資源及び用排水に関する費用
　⑸　関連産業との位置関係
　⑹　水質の汚濁，大気の汚染等の公害の発生の危険性
　⑺　行政上の助成及び規制の程度
II　農地地域
　　農地地域の地域要因の主なものを例示すれば，次のとおりである。
　１．日照，温度，湿度，風雨等の気象の状態
　２．起伏，高低等の地勢の状態
　３．土壌及び土層の状態
　４．水利及び水質の状態
　５．洪水，地すべり等の災害の発生の危険性

6．道路等の整備の状態
　　　7．集落との位置関係
　　　8．集荷地又は産地市場との位置関係
　　　9．消費地との距離及び輸送施設の状態
　　　10．行政上の助成及び規制の程度
　Ⅲ　林地地域
　　　林地地域の地域要因の主なものを例示すれば，次のとおりである。
　　　1．日照，温度，湿度，風雨等の気象の状態
　　　2．標高，地勢等の状態
　　　3．土壌及び土層の状態
　　　4．林道等の整備の状態
　　　5．労働力確保の難易
　　　6．行政上の助成及び規制の程度
　なお，ある種別の地域から他の種別の地域へと転換し，又は移行しつつある地域については，転換し，又は移行すると見込まれる転換後又は移行後の種別の地域の地域要因をより重視すべきであるが，転換又は移行の程度の低い場合においては，転換前又は移行前の種別の地域の地域要因をより重視すべきである。

第3節　個別的要因

　個別的要因とは，不動産に個別性を生じさせ，その価格を個別的に形成する要因をいう。個別的要因は，土地，建物等の区分に応じて次のように分けられる。
　Ⅰ　土地に関する個別的要因
　　1．宅地
　　　(1)　住宅地
　　　　　住宅地の個別的要因の主なものを例示すれば，次のとおりである。
　　　　　①　地勢，地質，地盤等
　　　　　②　日照，通風及び乾湿
　　　　　③　間口，奥行，地積，形状等
　　　　　④　高低，角地その他の接面街路との関係
　　　　　⑤　接面街路の幅員，構造等の状態
　　　　　⑥　接面街路の系統及び連続性
　　　　　⑦　交通施設との距離
　　　　　⑧　商業施設との接近の程度
　　　　　⑨　公共施設，公益的施設等との接近の程度

- ⑩ 汚水処理場等の嫌悪施設等との接近の程度
- ⑪ 隣接不動産等周囲の状態
- ⑫ 上下水道，ガス等の供給・処理施設の有無及びその利用の難易
- ⑬ 情報通信基盤の利用の難易
- ⑭ 埋蔵文化財及び地下埋設物の有無並びにその状態
- ⑮ 土壌汚染の有無及びその状態
- ⑯ 公法上及び私法上の規制，制約等

(2) 商業地

商業地の個別的要因の主なものを例示すれば，次のとおりである。

- ① 地勢，地質，地盤等
- ② 間口，奥行，地積，形状等
- ③ 高低，角地その他の接面街路との関係
- ④ 接面街路の幅員，構造等の状態
- ⑤ 接面街路の系統及び連続性
- ⑥ 商業地域の中心への接近性
- ⑦ 主要交通機関との接近性
- ⑧ 顧客の流動の状態との適合性
- ⑨ 隣接不動産等周囲の状態
- ⑩ 上下水道，ガス等の供給・処理施設の有無及びその利用の難易
- ⑪ 情報通信基盤の利用の難易
- ⑫ 埋蔵文化財及び地下埋設物の有無並びにその状態
- ⑬ 土壌汚染の有無及びその状態
- ⑭ 公法上及び私法上の規制，制約等

(3) 工業地

工業地の個別的要因の主なものを例示すれば，次のとおりである。

- ① 地勢，地質，地盤等
- ② 間口，奥行，地積，形状等
- ③ 高低，角地その他の接面街路との関係
- ④ 接面街路の幅員，構造等の状態
- ⑤ 接面街路の系統及び連続性
- ⑥ 従業員の通勤等のための主要交通機関との接近性
- ⑦ 幹線道路，鉄道，港湾，空港等の輸送施設との位置関係
- ⑧ 電力等の動力資源の状態及び引込の難易

　　　　　　　　　　　　　　　　　　　　　　　　不動産鑑定評価基準

　　⑨　用排水等の供給・処理施設の整備の必要性
　　⑩　上下水道，ガス等の供給・処理施設の有無及びその利用の難易
　　⑪　情報通信基盤の利用の難易
　　⑫　埋蔵文化財及び地下埋設物の有無並びにその状態
　　⑬　土壌汚染の有無及びその状態
　　⑭　公法上及び私法上の規制，制約等
　２．農地
　　農地の個別的要因の主なものを例示すれば，次のとおりである。
　(1)　日照，乾湿，雨量等の状態
　(2)　土壌及び土層の状態
　(3)　農道の状態
　(4)　灌漑排水の状態
　(5)　耕うんの難易
　(6)　集落との接近の程度
　(7)　集荷地との接近の程度
　(8)　災害の危険性の程度
　(9)　公法上及び私法上の規制，制約等
　３．林地
　　林地の個別的要因の主なものを例示すれば，次のとおりである。
　(1)　日照，乾湿，雨量等の状態
　(2)　標高，地勢等の状態
　(3)　土壌及び土層の状態
　(4)　木材の搬出，運搬等の難易
　(5)　管理の難易
　(6)　公法上及び私法上の規制，制約等
　４．見込地及び移行地
　　見込地及び移行地については，転換し，又は移行すると見込まれる転換後又は移行後の種別の地域内の土地の個別的要因をより重視すべきであるが，転換又は移行の程度の低い場合においては，転換前又は移行前の種別の地域内の土地の個別的要因をより重視すべきである。
　II　建物に関する個別的要因
　　建物に関する個別的要因の主なものを例示すれば，次のとおりである。
　１．建築（新築，増改築又は移転）の年次

2．面積，高さ，構造，材質等

　3．設計，設備等の機能性

　4．施工の質と量

　5．耐震性，耐火性等建物の性能

　6．維持管理の状態

　7．有害な物質の使用の有無及びその状態

　8．建物とその環境との適応の状態

　9．公法上及び私法上の規制，制約等

III　建物及びその敷地に関する個別的要因

　前記Ⅰ及びⅡに例示したもののほか，建物及びその敷地に関する個別的要因の主なものを例示すれば，敷地内における建物，駐車場，通路，庭等の配置，建物と敷地の規模の対応関係等建物等と敷地との適応の状態がある。

　さらに，賃貸用不動産に関する個別的要因には，賃貸経営管理の良否があり，その主なものを例示すれば，次のとおりである。

　1．借主の状況及び賃貸借契約の内容

　2．貸室の稼働状況

　3．修繕計画及び管理計画の良否並びにその実施の状態

第4章　不動産の価格に関する諸原則

　不動産の価格は，不動産の効用及び相対的稀少性並びに不動産に対する有効需要に影響を与える諸要因の相互作用によって形成されるが，その形成の過程を考察するとき，そこに基本的な法則性を認めることができる。不動産の鑑定評価は，その不動産の価格の形成過程を追求し，分析することを本質とするものであるから，不動産の経済価値に関する適切な最終判断に到達するためには，鑑定評価に必要な指針としてこれらの法則性を認識し，かつ，これらを具体的に現した以下の諸原則を活用すべきである。

　これらの原則は，一般の経済法則に基礎を置くものであるが，鑑定評価の立場からこれを認識し，表現したものである。

　なお，これらの原則は，孤立しているものではなく，直接的又は間接的に相互に関連しているものであることに留意しなければならない。

Ⅰ　需要と供給の原則

　一般に財の価格は，その財の需要と供給との相互関係によって定まるとともに，その価格は，また，その財の需要と供給とに影響を及ぼす。

　不動産の価格もまたその需要と供給との相互関係によって定まるのであるが，不

動産は他の財と異なる自然的特性及び人文的特性を有するために，その需要と供給及び価格の形成には，これらの特性の反映が認められる。

II　変動の原則

一般に財の価格は，その価格を形成する要因の変化に伴って変動する。

不動産の価格も多数の価格形成要因の相互因果関係の組合せの流れである変動の過程において形成されるものである。したがって，不動産の鑑定評価に当たっては，価格形成要因が常に変動の過程にあることを認識して，各要因間の相互因果関係を動的に把握すべきである。特に，不動産の最有効使用（IV参照）を判定するためには，この変動の過程を分析することが必要である。

III　代替の原則

代替性を有する二以上の財が存在する場合には，これらの財の価格は，相互に影響を及ぼして定まる。

不動産の価格も代替可能な他の不動産又は財の価格と相互に関連して形成される。

IV　最有効使用の原則

不動産の価格は，その不動産の効用が最高度に発揮される可能性に最も富む使用（以下「最有効使用」という。）を前提として把握される価格を標準として形成される。この場合の最有効使用は，現実の社会経済情勢の下で客観的にみて，良識と通常の使用能力を持つ人による合理的かつ合法的な最高最善の使用方法に基づくものである。

なお，ある不動産についての現実の使用方法は，必ずしも最有効使用に基づいているものではなく，不合理な又は個人的な事情による使用方法のために，当該不動産が十分な効用を発揮していない場合があることに留意すべきである。

V　均衡の原則

不動産の収益性又は快適性が最高度に発揮されるためには，その構成要素の組合せが均衡を得ていることが必要である。したがって，不動産の最有効使用を判定するためには，この均衡を得ているかどうかを分析することが必要である。

VI　収益逓増及び逓減の原則

ある単位投資額を継続的に増加させると，これに伴って総収益は増加する。しかし，増加させる単位投資額に対応する収益は，ある点までは増加するが，その後は減少する。

この原則は，不動産に対する追加投資の場合についても同様である。

VII　収益配分の原則

土地，資本，労働及び経営（組織）の各要素の結合によって生ずる総収益は，こ

れらの各要素に配分される。したがって，このような総収益のうち，資本，労働及び経営（組織）に配分される部分以外の部分は，それぞれの配分が正しく行われる限り，土地に帰属するものである。

Ⅷ　寄与の原則

不動産のある部分がその不動産全体の収益獲得に寄与する度合いは，その不動産全体の価格に影響を及ぼす。

この原則は，不動産の最有効使用の判定に当たっての不動産の追加投資の適否の判定等に有用である。

Ⅸ　適合の原則

不動産の収益性又は快適性が最高度に発揮されるためには，当該不動産がその環境に適合していることが必要である。したがって，不動産の最有効使用を判定するためには，当該不動産が環境に適合しているかどうかを分析することが必要である。

Ⅹ　競争の原則

一般に，超過利潤は競争を惹起し，競争は超過利潤を減少させ，終局的にはこれを消滅させる傾向を持つ。不動産についても，その利用による超過利潤を求めて，不動産相互間及び他の財との間において競争関係が認められ，したがって，不動産の価格は，このような競争の過程において形成される。

Ⅺ　予測の原則

財の価格は，その財の将来の収益性等についての予測を反映して定まる。

不動産の価格も，価格形成要因の変動についての市場参加者による予測によって左右される。

第5章　鑑定評価の基本的事項

不動産の鑑定評価に当たっては，基本的事項として，対象不動産，価格時点及び価格又は賃料の種類を確定しなければならない。

第1節　対象不動産の確定

不動産の鑑定評価を行うに当たっては，まず，鑑定評価の対象となる土地又は建物等を物的に確定することのみならず，鑑定評価の対象となる所有権及び所有権以外の権利を確定する必要がある。

対象不動産の確定は，鑑定評価の対象を明確に他の不動産と区別し，特定することであり，それは不動産鑑定士等が鑑定評価の依頼目的及び条件に照応する対象不動産と当該不動産の現実の利用状況とを照合して確認するという実践行為を経て最終的に確定されるべきものである。

Ⅰ　対象確定条件

対象不動産の確定に当たって必要となる鑑定評価の条件を対象確定条件という。

対象確定条件は，対象不動産（依頼内容に応じて次のような条件により定められた不動産をいう。）の所在，範囲等の物的事項及び所有権，賃借権等の対象不動産の権利の態様に関する事項を確定するために必要な条件である。

1. 不動産が土地のみの場合又は土地及び建物等の結合により構成されている場合において，その状態を所与として鑑定評価の対象とすること。
2. 不動産が土地及び建物等の結合により構成されている場合において，その土地のみを建物等が存しない独立のもの（更地）として鑑定評価の対象とすること（この場合の鑑定評価を独立鑑定評価という。）。
3. 不動産が土地及び建物等の結合により構成されている場合において，その状態を所与として，その不動産の構成部分を鑑定評価の対象とすること（この場合の鑑定評価を部分鑑定評価という。）。
4. 不動産の併合又は分割を前提として，併合後又は分割後の不動産を単独のものとして鑑定評価の対象とすること（この場合の鑑定評価を併合鑑定評価又は分割鑑定評価という。）。

II　地域要因又は個別的要因についての想定上の条件

対象確定条件により確定された対象不動産について，依頼目的に応じ対象不動産に係る価格形成要因のうち地域要因又は個別的要因について想定上の条件を付加する場合があるが，この場合には，依頼により付加する想定上の条件が実現性，合法性，関係当事者及び第三者の利益を害するおそれがないか等の観点から妥当なものでなければならない。

一般に，地域要因について想定上の条件を付加することが妥当と認められる場合は，計画及び諸規制の変更，改廃に権能を持つ公的機関の設定する事項に主として限られる。

第2節　価格時点の確定

価格形成要因は，時の経過により変動するものであるから，不動産の価格はその判定の基準となった日においてのみ妥当するものである。したがって，不動産の鑑定評価を行うに当たっては，不動産の価格の判定の基準日を確定する必要があり，この日を価格時点という。また，賃料の価格時点は，賃料の算定の期間の収益性を反映するものとしてその期間の期首となる。

価格時点は，鑑定評価を行った年月日を基準として現在の場合(現在時点)，過去の場合（過去時点）及び将来の場合（将来時点）に分けられる。

第3節　鑑定評価によって求める価格又は賃料の種類の確定

不動産鑑定士等による不動産の鑑定評価は，不動産の適正な価格を求め，その適正な価格の形成に資するものでなければならない。
Ⅰ　価格
　不動産の鑑定評価によって求める価格は，基本的には正常価格であるが，鑑定評価の依頼目的及び条件に応じて限定価格，特定価格又は特殊価格を求める場合があるので，依頼目的及び条件に即して価格の種類を適切に判断し，明確にすべきである。なお，評価目的に応じ，特定価格として求めなければならない場合があることに留意しなければならない。
　１．正常価格
　　正常価格とは，市場性を有する不動産について，現実の社会経済情勢の下で合理的と考えられる条件を満たす市場で形成されるであろう市場価値を表示する適正な価格をいう。この場合において，現実の社会経済情勢の下で合理的と考えられる条件を満たす市場とは，以下の条件を満たす市場をいう。
　　(1)　市場参加者が自由意思に基づいて市場に参加し，参入，退出が自由であること。なお，ここでいう市場参加者は，自己の利益を最大化するため次のような要件を満たすとともに，慎重かつ賢明に予測し行動するものとする。
　　　①　売り急ぎ，買い進み等をもたらす特別な動機のないこと。
　　　②　対象不動産及び対象不動産が属する市場について取引を成立させるために必要となる通常の知識や情報を得ていること。
　　　③　取引を成立させるために通常必要と認められる労力，費用を費やしていること。
　　　④　対象不動産の最有効使用を前提とした価値判断を行うこと。
　　　⑤　買主が通常の資金調達能力を有していること。
　　(2)　取引形態が，市場参加者が制約されたり，売り急ぎ，買い進み等を誘引したりするような特別なものではないこと。
　　(3)　対象不動産が相当の期間市場に公開されていること。
　２．限定価格
　　限定価格とは，市場性を有する不動産について，不動産と取得する他の不動産との併合又は不動産の一部を取得する際の分割等に基づき正常価格と同一の市場概念の下において形成されるであろう市場価値と乖離することにより，市場が相対的に限定される場合における取得部分の当該市場限定に基づく市場価値を適正に表示する価格をいう。
　　限定価格を求める場合を例示すれば，次のとおりである。

(1) 借地権者が底地の併合を目的とする売買に関連する場合
(2) 隣接不動産の併合を目的とする売買に関連する場合
(3) 経済合理性に反する不動産の分割を前提とする売買に関連する場合
3．特定価格

特定価格とは，市場性を有する不動産について，法令等による社会的要請を背景とする評価目的の下で，正常価格の前提となる諸条件を満たさない場合における不動産の経済価値を適正に表示する価格をいう。

特定価格を求める場合を例示すれば，次のとおりである。
(1) 資産の流動化に関する法律又は投資信託及び投資法人に関する法律に基づく評価目的の下で，投資家に示すための投資採算価値を表す価格を求める場合
(2) 民事再生法に基づく評価目的の下で，早期売却を前提とした価格を求める場合
(3) 会社更生法又は民事再生法に基づく評価目的の下で，事業の継続を前提とした価格を求める場合

4．特殊価格

特殊価格とは，文化財等の一般的に市場性を有しない不動産について，その利用現況等を前提とした不動産の経済価値を適正に表示する価格をいう。

特殊価格を求める場合を例示すれば，文化財の指定を受けた建造物，宗教建築物又は現況による管理を継続する公共公益施設の用に供されている不動産について，その保存等に主眼をおいた鑑定評価を行う場合である。

II 賃料

不動産の鑑定評価によって求める賃料は，一般的には正常賃料又は継続賃料であるが，鑑定評価の依頼目的及び条件に応じて限定賃料を求めることができる場合があるので，依頼目的及び条件に即してこれを適切に判断し，明確にすべきである。

1．正常賃料

正常賃料とは，正常価格と同一の市場概念の下において新たな賃貸借等（賃借権若しくは地上権又は地役権に基づき，不動産を使用し，又は収益することをいう。）の契約において成立するであろう経済価値を表示する適正な賃料(新規賃料)をいう。

2．限定賃料

限定賃料とは，限定価格と同一の市場概念の下において新たな賃貸借等の契約において成立するであろう経済価値を適正に表示する賃料（新規賃料）をいう。

限定賃料を求めることができる場合を例示すれば，次のとおりである。
(1) 隣接不動産の併合使用を前提とする賃貸借等に関連する場合
(2) 経済合理性に反する不動産の分割使用を前提とする賃貸借等に関連する場合
3．継続賃料
　継続賃料とは，不動産の賃貸借等の継続に係る特定の当事者間において成立するであろう経済価値を適正に表示する賃料をいう。

第6章　地域分析及び個別分析

　対象不動産の地域分析及び個別分析を行うに当たっては，まず，それらの基礎となる一般的要因がどのような具体的な影響力を持っているかを的確に把握しておくことが必要である。

第1節　地域分析

Ⅰ　地域分析の意義

　地域分析とは，その対象不動産がどのような地域に存するか，その地域はどのような特性を有するか，また，対象不動産に係る市場はどのような特性を有するか，及びそれらの特性はその地域内の不動産の利用形態と価格形成について全般的にどのような影響力を持っているかを分析し，判定することをいう。

Ⅱ　地域分析の適用

1．地域及びその特性

　地域分析に当たって特に重要な地域は，用途的観点から区分される地域（以下「用途的地域」という。），すなわち近隣地域及びその類似地域と，近隣地域及びこれと相関関係にある類似地域を含むより広域的な地域，すなわち同一需給圏である。

　また，近隣地域の特性は，通常，その地域に属する不動産の一般的な標準的使用に具体的に現れるが，この標準的使用は，利用形態からみた地域相互間の相対的位置関係及び価格形成を明らかにする手掛りとなるとともに，その地域に属する不動産のそれぞれについての最有効使用を判定する有力な標準となるものである。

　なお，不動産の属する地域は固定的なものではなく，地域の特性を形成する地域要因も常に変動するものであることから，地域分析に当たっては，対象不動産に係る市場の特性の把握の結果を踏まえて地域要因及び標準的使用の現状と将来の動向とをあわせて分析し，標準的使用を判定しなければならない。

(1) 用途的地域

① 近隣地域

　近隣地域とは，対象不動産の属する用途的地域であって，より大きな規模と内容とを持つ地域である都市あるいは農村等の内部にあって，居住，商業活動，工業生産活動等人の生活と活動とに関して，ある特定の用途に供されることを中心として地域的にまとまりを示している地域をいい，対象不動産の価格の形成に関して直接に影響を与えるような特性を持つものである。

　近隣地域は，その地域の特性を形成する地域要因の推移，動向の如何によって，変化していくものである。

② 類似地域

　類似地域とは，近隣地域の地域の特性と類似する特性を有する地域であり，その地域に属する不動産は，特定の用途に供されることを中心として地域的にまとまりを持つものである。この地域のまとまりは，近隣地域の特性との類似性を前提として判定されるものである。

(2) 同一需給圏

　同一需給圏とは，一般に対象不動産と代替関係が成立して，その価格の形成について相互に影響を及ぼすような関係にある他の不動産の存する圏域をいう。それは，近隣地域を含んでより広域的であり，近隣地域と相関関係にある類似地域等の存する範囲を規定するものである。

　一般に，近隣地域と同一需給圏内に存する類似地域とは，隣接すると否とにかかわらず，その地域要因の類似性に基づいて，それぞれの地域の構成分子である不動産相互の間に代替，競争等の関係が成立し，その結果，両地域は相互に影響を及ぼすものである。

　また，近隣地域の外かつ同一需給圏内の類似地域の外に存する不動産であっても，同一需給圏内に存し対象不動産とその用途，規模，品等等の類似性に基づいて，これら相互の間に代替，競争等の関係が成立する場合がある。

　同一需給圏は，不動産の種類，性格及び規模に応じた需要者の選好性によってその地域的範囲を異にするものであるから，その種類，性格及び規模に応じて需要者の選好性を的確に把握した上で適切に判定する必要がある。

　同一需給圏の判定に当たって特に留意すべき基本的な事項は，次のとおりである。

① 宅地

　ア　住宅地

　　同一需給圏は，一般に都心への通勤可能な地域の範囲に一致する傾向が

ある。ただし，地縁的選好性により地域的範囲が狭められる傾向がある。

なお，地域の名声，品位等による選好性の強さが同一需給圏の地域的範囲に特に影響を与える場合があることに留意すべきである。

　イ　商業地

同一需給圏は，高度商業地については，一般に広域的な商業背後地を基礎に成り立つ商業収益に関して代替性の及ぶ地域の範囲に一致する傾向があり，したがって，その範囲は高度商業地の性格に応じて広域的に形成される傾向がある。

また，普通商業地については，一般に狭い商業背後地を基礎に成り立つ商業収益に関して代替性の及ぶ地域の範囲に一致する傾向がある。ただし，地縁的選好性により地域的範囲が狭められる傾向がある。

　ウ　工業地

同一需給圏は，港湾，高速交通網等の利便性を指向する産業基盤指向型工業地等の大工場地については，一般に原材料，製品等の大規模な移動を可能にする高度の輸送機関に関して代替性を有する地域の範囲に一致する傾向があり，したがって，その地域的範囲は，全国的な規模となる傾向がある。

また，製品の消費地への距離，消費規模等の市場接近性を指向する消費地指向型工業地等の中小工場地については，一般に製品の生産及び販売に関する費用の経済性に関して代替性を有する地域の範囲に一致する傾向がある。

　エ　移行地

同一需給圏は，一般に当該土地が移行すると見込まれる土地の種別の同一需給圏と一致する傾向がある。ただし，熟成度の低い場合には，移行前の土地の種別の同一需給圏と同一のものとなる傾向がある。

② 　農地

同一需給圏は，一般に当該農地を中心とする通常の農業生産活動の可能な地域の範囲内に立地する農業経営主体を中心とするそれぞれの農業生産活動の可能な地域の範囲に一致する傾向がある。

③ 　林地

同一需給圏は，一般に当該林地を中心とする通常の林業生産活動の可能な地域の範囲内に立地する林業経営主体を中心とするそれぞれの林業生産活動の可能な地域の範囲に一致する傾向がある。

④　見込地

　同一需給圏は，一般に当該土地が転換すると見込まれる土地の種別の同一需給圏と一致する傾向がある。ただし，熟成度の低い場合には，転換前の土地の種別の同一需給圏と同一のものとなる傾向がある。

⑤　建物及びその敷地

　同一需給圏は，一般に当該敷地の用途に応じた同一需給圏と一致する傾向があるが，当該建物及びその敷地一体としての用途，規模，品等等によっては代替関係にある不動産の存する範囲が異なるために当該敷地の用途に応じた同一需給圏の範囲と一致しない場合がある。

2．対象不動産に係る市場の特性

　地域分析における対象不動産に係る市場の特性の把握に当たっては，同一需給圏における市場参加者がどのような属性を有しており，どのような観点から不動産の利用形態を選択し，価格形成要因についての判断を行っているかを的確に把握することが重要である。あわせて同一需給圏における市場の需給動向を的確に把握する必要がある。

　また，把握した市場の特性については，近隣地域における標準的使用の判定に反映させるとともに鑑定評価の手法の適用，試算価格又は試算賃料の調整等における各種の判断においても反映すべきである。

第2節　個別分析

Ⅰ　個別分析の意義

　不動産の価格は，その不動産の最有効使用を前提として把握される価格を標準として形成されるものであるから，不動産の鑑定評価に当たっては，対象不動産の最有効使用を判定する必要がある。個別分析とは，対象不動産の個別的要因が対象不動産の利用形態と価格形成についてどのような影響力を持っているかを分析してその最有効使用を判定することをいう。

Ⅱ　個別分析の適用

1．個別的要因の分析上の留意点

　個別的要因は，対象不動産の市場価値を個別的に形成しているものであるため，個別的要因の分析においては，対象不動産に係る典型的な需要者がどのような個別的要因に着目して行動し，対象不動産と代替，競争等の関係にある不動産と比べた優劣及び競争力の程度をどのように評価しているかを的確に把握することが重要である。

　また，個別的要因の分析結果は，鑑定評価の手法の適用，試算価格又は試算賃

料の調整等における各種の判断においても反映すべきである。
 ２．最有効使用の判定上の留意点
  不動産の最有効使用の判定に当たっては、次の事項に留意すべきである。
  (1) 良識と通常の使用能力を持つ人が採用するであろうと考えられる使用方法であること。
  (2) 使用収益が将来相当の期間にわたって持続し得る使用方法であること。
  (3) 効用を十分に発揮し得る時点が予測し得ない将来でないこと。
  (4) 個々の不動産の最有効使用は、一般に近隣地域の地域の特性の制約下にあるので、個別分析に当たっては、特に近隣地域に存する不動産の標準的使用との相互関係を明らかにし判定することが必要であるが、対象不動産の位置、規模、環境等によっては、標準的使用の用途と異なる用途の可能性が考えられるので、こうした場合には、それぞれの用途に対応した個別的要因の分析を行った上で最有効使用を判定すること。
  (5) 価格形成要因は常に変動の過程にあることを踏まえ、特に価格形成に影響を与える地域要因の変動が客観的に予測される場合には、当該変動に伴い対象不動産の使用方法が変化する可能性があることを勘案して最有効使用を判定すること。
   特に建物及びその敷地の最有効使用の判定に当たっては、次の事項に留意すべきである。
  (6) 現実の建物の用途等が更地としての最有効使用に一致していない場合には、更地としての最有効使用を実現するために要する費用等を勘案する必要があるため、建物及びその敷地と更地の最有効使用の内容が必ずしも一致するものではないこと。
  (7) 現実の建物の用途等を継続する場合の経済価値と建物の取壊しや用途変更等を行う場合のそれらに要する費用等を適切に勘案した経済価値を十分比較考量すること。

第7章　鑑定評価の方式

 不動産の鑑定評価の方式には、原価方式、比較方式及び収益方式の三方式がある。原価方式は不動産の再調達（建築、造成等による新規の調達をいう。）に要する原価に着目して、比較方式は不動産の取引事例又は賃貸借等の事例に着目して、収益方式は不動産から生み出される収益に着目して、それぞれ不動産の価格又は賃料を求めようとするものである。
 不動産の鑑定評価の方式は、価格を求める手法と賃料を求める手法に分類される。

それぞれの鑑定評価の手法の適用により求められた価格又は賃料を試算価格又は試算賃料という。

第1節　価格を求める鑑定評価の手法

不動産の価格を求める鑑定評価の基本的な手法は，原価法，取引事例比較法及び収益還元法に大別され，このほか三手法の考え方を活用した開発法等の手法がある。

Ⅰ　試算価格を求める場合の一般的留意事項

　1．一般的要因と鑑定評価の各手法の適用との関連

　　価格形成要因のうち一般的要因は，不動産の価格形成全般に影響を与えるものであり，鑑定評価手法の適用における各手順において常に考慮されるべきものであり，価格判定の妥当性を検討するために活用しなければならない。

　2．事例の収集及び選択

　　鑑定評価の各手法の適用に当たって必要とされる事例には，原価法の適用に当たって必要な建設事例，取引事例比較法の適用に当たって必要な取引事例及び収益還元法の適用に当たって必要な収益事例（以下「取引事例等」という。）がある。これらの取引事例等は，鑑定評価の各手法に即応し，適切にして合理的な計画に基づき，豊富に秩序正しく収集し，選択すべきであり，投機的取引であると認められる事例等適正さを欠くものであってはならない。

　　取引事例等は，次の要件の全部を備えるもののうちから選択するものとする。

　　(1)　次の不動産に係るものであること

　　　①　近隣地域又は同一需給圏内の類似地域若しくは必要やむを得ない場合には近隣地域の周辺の地域（以下「同一需給圏内の類似地域等」という。）に存する不動産

　　　②　対象不動産の最有効使用が標準的使用と異なる場合等における同一需給圏内に存し対象不動産と代替，競争等の関係が成立していると認められる不動産（以下「同一需給圏内の代替競争不動産」という。）。

　　(2)　取引事例等に係る取引等の事情が正常なものと認められるものであること又は正常なものに補正することができるものであること。

　　(3)　時点修正をすることが可能なものであること。

　　(4)　地域要因の比較及び個別的要因の比較が可能なものであること。

　3．事情補正

　　取引事例等に係る取引等が特殊な事情を含み，これが当該取引事例等に係る価格等に影響を及ぼしているときは適切に補正しなければならない。

　　(1)　現実に成立した取引事例等には，不動産市場の特性，取引等における当事

者双方の能力の多様性と特別の動機により売り急ぎ，買い進み等の特殊な事情が存在する場合もあるので，取引事例等がどのような条件の下で成立したものであるかを資料の分析に当たり十分に調査しなければならない。
　(2) 特殊な事情とは，正常価格を求める場合には，正常価格の前提となる現実の社会経済情勢の下で合理的と考えられる諸条件を欠くに至らしめる事情のことである。
4．時点修正
　取引事例等に係る取引等の時点が価格時点と異なることにより，その間に価格水準に変動があると認められる場合には，当該取引事例等の価格等を価格時点の価格等に修正しなければならない。
5．地域要因の比較及び個別的要因の比較
　取引事例等の価格等は，その不動産の存する用途的地域に係る地域要因及び当該不動産の個別的要因を反映しているものであるから，取引事例等に係る不動産が同一需給圏内の類似地域等に存するもの又は同一需給圏内の代替競争不動産である場合においては，近隣地域と当該事例に係る不動産の存する地域との地域要因の比較及び対象不動産と当該事例に係る不動産との個別的要因の比較を，取引事例等に係る不動産が近隣地域に存するものである場合においては，対象不動産と当該事例に係る不動産の個別的要因の比較をそれぞれ行う必要がある。

II　原価法
　1．意義
　　原価法は，価格時点における対象不動産の再調達原価を求め，この再調達原価について減価修正を行って対象不動産の試算価格を求める手法である（この手法による試算価格を積算価格という。）。
　　原価法は，対象不動産が建物又は建物及びその敷地である場合において，再調達原価の把握及び減価修正を適切に行うことができるときに有効であり，対象不動産が土地のみである場合においても，再調達原価を適切に求めることができるときはこの手法を適用することができる。
　　この場合において，対象不動産が現に存在するものでないときは，価格時点における再調達原価を適切に求めることができる場合に限り適用することができるものとする。
　2．適用方法
　　(1) 再調達原価の意義
　　　再調達原価とは，対象不動産を価格時点において再調達することを想定した

場合において必要とされる適正な原価の総額をいう。

　なお，建設資材，工法等の変遷により，対象不動産の再調達原価を求めることが困難な場合には，対象不動産と同等の有用性を持つものに置き換えて求めた原価（置換原価）を再調達原価とみなすものとする。
(2) 再調達原価を求める方法

　再調達原価は，建設請負により，請負者が発注者に対して直ちに使用可能な状態で引き渡す通常の場合を想定し，発注者が請負者に対して支払う標準的な建設費に発注者が直接負担すべき通常の付帯費用を加算して求めるものとする。

　なお，置換原価は，対象不動産と同等の有用性を持つ不動産を新たに調達することを想定した場合に必要とされる原価の総額であり，発注者が請負者に対して支払う標準的な建設費に発注者が直接負担すべき通常の付帯費用を加算して求める。

① 土地の再調達原価は，その素材となる土地の標準的な取得原価に当該土地の標準的な造成費と発注者が直接負担すべき通常の付帯費用とを加算して求めるものとする。

　なお，土地についての原価法の適用において，宅地造成直後の対象地の地域要因と価格時点における対象地の地域要因とを比較し，公共施設，利便施設等の整備及び住宅等の建設等により，社会的，経済的環境の変化が価格水準に影響を与えていると認められる場合には，地域要因の変化の程度に応じた増加額を熟成度として加算することができる。

② 建物及びその敷地の再調達原価は，まず，土地の再調達原価（再調達原価が把握できない既成市街地における土地にあっては取引事例比較法及び収益還元法によって求めた更地の価格）又は借地権の価格を求め，この価格に建物の再調達原価を加算して求めるものとする。

③ 再調達原価を求める方法には，直接法及び間接法があるが，収集した建設事例等の資料としての信頼度に応じていずれかを適用するものとし，また，必要に応じて併用するものとする。

ア　直接法は，対象不動産について直接的に再調達原価を求める方法である。

　直接法は，対象不動産について，使用資材の種別，品等及び数量並びに所用労働の種別，時間等を調査し，対象不動産の存する地域の価格時点における単価を基礎とした直接工事費を積算し，これに間接工事費及び請負者の適正な利益を含む一般管理費等を加えて標準的な建設費を求

め，さらに発注者が直接負担すべき通常の付帯費用を加算して再調達原価を求めるものとする。

また，対象不動産の素材となった土地（素地）の価格並びに実際の造成又は建設に要した直接工事費，間接工事費，請負者の適正な利益を含む一般管理費等及び発注者が直接負担した付帯費用の額並びにこれらの明細（種別，品等，数量，時間，単価等）が判明している場合には，これらの明細を分析して適切に補正し，かつ，必要に応じて時点修正を行って再調達原価を求めることができる。

イ　間接法は，近隣地域若しくは同一需給圏内の類似地域等に存する対象不動産と類似の不動産又は同一需給圏内の代替競争不動産から間接的に対象不動産の再調達原価を求める方法である。

間接法は，当該類似の不動産等について，素地の価格やその実際の造成又は建設に要した直接工事費，間接工事費，請負者の適正な利益を含む一般管理費等及び発注者が直接負担した付帯費用の額並びにこれらの明細（種別，品等，数量，時間，単価等）を明確に把握できる場合に，これらの明細を分析して適切に補正し，必要に応じて時点修正を行い，かつ，地域要因の比較及び個別的要因の比較を行って，対象不動産の再調達原価を求めるものとする。

3．減価修正

減価修正の目的は，減価の要因に基づき発生した減価額を対象不動産の再調達原価から控除して価格時点における対象不動産の適正な積算価格を求めることである。

減価修正を行うに当たっては，減価の要因に着目して対象不動産を部分的かつ総合的に分析検討し，減価額を求めなければならない。

(1)　減価の要因

減価の要因は，物理的要因，機能的要因及び経済的要因に分けられる。

これらの要因は，それぞれ独立しているものではなく，相互に関連し，影響を与え合いながら作用していることに留意しなければならない。

①　物理的要因

物理的要因としては，不動産を使用することによって生ずる摩滅及び破損，時の経過又は自然的作用によって生ずる老朽化並びに偶発的な損傷があげられる。

②　機能的要因

機能的要因としては，不動産の機能的陳腐化，すなわち，建物と敷地との不適応，設計の不良，型式の旧式化，設備の不足及びその能率の低下等があげられる。

③ 経済的要因

経済的要因としては，不動産の経済的不適応，すなわち，近隣地域の衰退，不動産とその付近の環境との不適合，不動産と代替，競争等の関係にある不動産又は付近の不動産との比較における市場性の減退等があげられる。

(2) 減価修正の方法

減価額を求めるには，次の二つの方法があり，原則としてこれらを併用するものとする。

① 耐用年数に基づく方法

耐用年数に基づく方法には，定額法，定率法等があるが，これらのうちいずれの方法を用いるかは，対象不動産の実状に即して決定すべきである。

この方法を用いる場合には，経過年数よりも経済的残存耐用年数に重点をおいて判断すべきである。

なお，対象不動産が二以上の分別可能な組成部分により構成されていて，それぞれの耐用年数又は経済的残存耐用年数が異なる場合に，これらをいかに判断して用いるか，また，耐用年数満了時における残材価額をいかにみるかについても，対象不動産の実状に即して決定すべきである。

② 観察減価法

観察減価法は，対象不動産について，設計，設備等の機能性，維持管理の状態，補修の状況，付近の環境との適合の状態等各減価の要因の実態を調査することにより，減価額を直接求める方法である。

III 取引事例比較法

1．意義

取引事例比較法は，まず多数の取引事例を収集して適切な事例の選択を行い，これらに係る取引価格に必要に応じて事情補正及び時点修正を行い，かつ，地域要因の比較及び個別的要因の比較を行って求められた価格を比較考量し，これによって対象不動産の試算価格を求める手法である（この手法による試算価格を比準価格という。）。

取引事例比較法は，近隣地域若しくは同一需給圏内の類似地域等において対象不動産と類似の不動産の取引が行われている場合又は同一需給圏内の代替競争不動産の取引が行われている場合に有効である。

2．適用方法
 (1) 事例の収集及び選択
　　取引事例比較法は，市場において発生した取引事例を価格判定の基礎とするものであるので，多数の取引事例を収集することが必要である。
　　　取引事例は，原則として近隣地域又は同一需給圏内の類似地域に存する不動産に係るもののうちから選択するものとし，必要やむを得ない場合には近隣地域の周辺の地域に存する不動産に係るもののうちから，対象不動産の最有効使用が標準的使用と異なる場合等には，同一需給圏内の代替競争不動産に係るもののうちから選択するものとするほか，次の要件の全部を備えなければならない。
　　① 取引事情が正常なものと認められるものであること又は正常なものに補正することができるものであること。
　　② 時点修正をすることが可能なものであること。
　　③ 地域要因の比較及び個別的要因の比較が可能なものであること。
 (2) 事情補正及び時点修正
　　取引事例が特殊な事情を含み，これが当該事例に係る取引価格に影響していると認められるときは，適切な補正を行い，取引事例に係る取引の時点が価格時点と異なることにより，その間に価格水準の変動があると認められるときは，当該事例の価格を価格時点の価格に修正しなければならない。
　　時点修正に当たっては，事例に係る不動産の存する用途的地域又は当該地域と相似の価格変動過程を経たと認められる類似の地域における土地又は建物の価格の変動率を求め，これにより取引価格を修正すべきである。
 (3) 地域要因の比較及び個別的要因の比較
　　取引価格は，取引事例に係る不動産の存する用途的地域の地域要因及び当該不動産の個別的要因を反映しているものであるから，取引事例に係る不動産が同一需給圏内の類似地域等に存するもの又は同一需給圏内の代替競争不動産である場合においては，近隣地域と当該事例に係る不動産の存する地域との地域要因の比較及び対象不動産と当該事例に係る不動産との個別的要因の比較を，取引事例に係る不動産が近隣地域に存するものである場合においては，対象不動産と当該事例に係る不動産との個別的要因の比較をそれぞれ行うものとする。
　　また，このほか地域要因及び個別的要因の比較については，それぞれの地域における個別的要因が標準的な土地を設定して行う方法がある。
 (4) 配分法

取引事例が対象不動産と同類型の不動産の部分を内包して複合的に構成されている異類型の不動産に係る場合においては，当該取引事例の取引価格から対象不動産と同類型の不動産以外の部分の価格が取引価格等により判明しているときは，その価格を控除し，又は当該取引事例について各構成部分の価格の割合が取引価格，新規投資等により判明しているときは，当該事例の取引価格に対象不動産と同類型の不動産の部分に係る構成割合を乗じて，対象不動産の類型に係る事例資料を求めるものとする（この方法を配分法という。）。

IV 収益還元法

1．意義

収益還元法は，対象不動産が将来生み出すであろうと期待される純収益の現在価値の総和を求めることにより対象不動産の試算価格を求める手法である（この手法による試算価格を収益価格という。）。

収益還元法は，賃貸用不動産又は賃貸以外の事業の用に供する不動産の価格を求める場合に特に有効である。

また，不動産の価格は，一般に当該不動産の収益性を反映して形成されるものであり，収益は，不動産の経済価値の本質を形成するものである。したがって，この手法は，文化財の指定を受けた建造物等の一般的に市場性を有しない不動産以外のものにはすべて適用すべきものであり，自用の住宅地といえども賃貸を想定することにより適用されるものである。

なお，市場における土地の取引価格の上昇が著しいときは，その価格と収益価格との乖離が増大するものであるので，先走りがちな取引価格に対する有力な検証手段として，この手法が活用されるべきである。

2．収益価格を求める方法

収益価格を求める方法には，一期間の純収益を還元利回りによって還元する方法（以下「直接還元法」という。）と，連続する複数の期間に発生する純収益及び復帰価格を，その発生時期に応じて現在価値に割り引き，それぞれを合計する方法（Discounted Cash Flow 法（以下「DCF 法」という。））がある。

これらの方法は，基本的には次の式により表される。

(1) 直接還元法

$$P = \frac{a}{R}$$

P：求める不動産の収益価格

a：一期間の純収益

R：還元利回り

(2) DCF法

$$P = \sum_{k=1}^{n} \frac{a_k}{(1+Y)^k} + \frac{P_R}{(1+Y^n)}$$

P：求める不動産の収益価格

a_k：毎期の純収益

Y：割引率

n：保有期間（売却を想定しない場合には分析期間。以下同じ。）

P_R：復帰価格

復帰価格とは，保有期間の満了時点における対象不動産の価格をいい，基本的には次の式により表される。

$$P_R = \frac{a_{n+1}}{R_n}$$

a_{n+1}：n＋1期の純収益

R_n：保有期間の満了時点における還元利回り（最終還元利回り）

3．適用方法

(1) 純収益

① 純収益の意義

純収益とは，不動産に帰属する適正な収益をいい，収益目的のために用いられている不動産とこれに関与する資本（不動産に化体されているものを除く。），労働及び経営（組織）の諸要素の結合によって生ずる総収益から，資本（不動産に化体されているものを除く。），労働及び経営（組織）の総収益に対する貢献度に応じた分配分を控除した残余の部分をいう。

② 純収益の算定

対象不動産の純収益は，一般に1年を単位として総収益から総費用を控除して求めるものとする。また，純収益は，永続的なものと非永続的なもの，償却前のものと償却後のもの等，総収益及び総費用の把握の仕方により異なるものであり，それぞれ収益価格を求める方法及び還元利回り又は割引率を求める方法とも密接な関連があることに留意する必要がある。

なお，直接還元法における純収益は，対象不動産の初年度の純収益を採用する場合と標準化された純収益を採用する場合があることに留意しなければならない。

純収益の算定に当たっては，対象不動産からの総収益及びこれに係る総費用を直接的に把握し，それぞれの項目の細部について過去の推移及び将来の動向を慎重に分析して，対象不動産の純収益を適切に求めるべきである。この場合において収益増加の見通しについては，特に予測の限界を見極めなけ

ればならない。

特にDCF法の適用に当たっては、毎期の純収益及び復帰価格並びにその発生時期が明示されることから、純収益の見通しについて十分な調査を行うことが必要である。

なお、直接還元法の適用に当たって、対象不動産の純収益を近隣地域又は同一需給圏内の類似地域等に存する対象不動産と類似の不動産若しくは同一需給圏内の代替競争不動産の純収益によって間接的に求める場合には、それぞれの地域要因の比較及び個別的要因の比較を行い、当該純収益について適切に補正することが必要である。

　ア　総収益の算定及び留意点

　　(ｱ)　対象不動産が賃貸用不動産又は賃貸以外の事業の用に供する不動産である場合

　　　　総収益は、一般に、賃貸用不動産にあっては、支払賃料に預り金的性格を有する保証金等の運用益、賃料の前払的性格を有する権利金等の運用益及び償却額並びに駐車場使用料等のその他収入を加えた額とし、賃貸以外の事業の用に供する不動産にあっては、売上高とする。

　　　　なお、賃貸用不動産についてのDCF法の適用に当たっては、特に賃貸借契約の内容並びに賃料及び貸室の稼動率の毎期の変動に留意しなければならない。

　　(ｲ)　対象不動産が更地であるものとして、当該土地に最有効使用の賃貸用建物等の建築を想定する場合

　　　　対象不動産に最有効使用の賃貸用建物等の建設を想定し、当該複合不動産が生み出すであろう総収益を適切に求めるものとする。

　イ　総費用の算定及び留意点

　　対象不動産の総費用は、賃貸用不動産（アの(ｲ)の複合不動産を想定する場合を含む。）にあっては、減価償却費（償却前の純収益を求める場合には、計上しない。）、維持管理費（維持費、管理費、修繕費等）、公租公課（固定資産税、都市計画税等）、損害保険料等の諸経費等を、賃貸以外の事業の用に供する不動産にあっては、売上原価、販売費及び一般管理費等をそれぞれ加算して求めるものとする。なお、DCF法の適用に当たっては、特に保有期間中における大規模修繕費等の費用の発生時期に留意しなければならない。

(2)　還元利回り及び割引率

① 還元利回り及び割引率の意義

還元利回り及び割引率は，共に不動産の収益性を表し，収益価格を求めるために用いるものであるが，基本的には次のような違いがある。

還元利回りは，直接還元法の収益価格及びDCF法の復帰価格の算定において，一期間の純収益から対象不動産の価格を直接求める際に使用される率であり，将来の収益に影響を与える要因の変動予測と予測に伴う不確実性を含むものである。

割引率は，DCF法において，ある将来時点の収益を現在時点の価値に割り戻す際に使用される率であり，還元利回りに含まれる変動予測と予測に伴う不確実性のうち，収益見通しにおいて考慮された連続する複数の期間に発生する純収益や復帰価格の変動予測に係るものを除くものである。

② 還元利回り及び割引率の算定

ア 還元利回り及び割引率を求める際の留意点

還元利回り及び割引率は，共に比較可能な他の資産の収益性や金融市場における運用利回りと密接な関連があるので，その動向に留意しなければならない。

さらに，還元利回り及び割引率は，地方別，用途的地域別，品等別等によって異なる傾向を持つため，対象不動産に係る地域要因及び個別的要因の分析を踏まえつつ適切に求めることが必要である。

イ 還元利回りを求める方法

還元利回りを求める方法を例示すると次のとおりである。

(ア) 類似の不動産の取引事例との比較から求める方法

この方法は，対象不動産と類似の不動産の取引事例から求められる利回りをもとに，取引時点及び取引事情並びに地域要因及び個別的要因の違いに応じた補正を行うことにより求めるものである。

(イ) 借入金と自己資金に係る還元利回りから求める方法

この方法は，対象不動産の取得の際の資金調達上の構成要素（借入金及び自己資金）に係る各還元利回りを各々の構成割合により加重平均して求めるものである。

(ウ) 土地と建物に係る還元利回りから求める方法

この方法は，対象不動産が建物及びその敷地である場合に，その物理的な構成要素（土地及び建物）に係る各還元利回りを各々の価格の構成割合により加重平均して求めるものである。

(エ) 割引率との関係から求める方法

この方法は、割引率をもとに対象不動産の純収益の変動率を考慮して求めるものである。

ウ　割引率を求める方法

割引率を求める方法を例示すると次のとおりである。

(ア) 類似の不動産の取引事例との比較から求める方法

この方法は、対象不動産と類似の不動産の取引事例から求められる割引率をもとに、取引時点及び取引事情並びに地域要因及び個別的要因の違いに応じた補正を行うことにより求めるものである。

(イ) 借入金と自己資金に係る割引率から求める方法

この方法は、対象不動産の取得の際の資金調達上の構成要素（借入金及び自己資金）に係る各割引率を各々の構成割合により加重平均して求めるものである。

(ウ) 金融資産の利回りに不動産の個別性を加味して求める方法

この方法は、債券等の金融資産の利回りをもとに、対象不動産の投資対象としての危険性、非流動性、管理の困難性、資産としての安全性等の個別性を加味することにより求めるものである。

(3) 直接還元法及びDCF法の適用のあり方

直接還元法又はDCF法のいずれの方法を適用するかについては、収集可能な資料の範囲、対象不動産の類型及び依頼目的に即して適切に選択することが必要である。ただし、不動産の証券化に係る鑑定評価等で毎期の純収益の見通し等について詳細な説明が求められる場合には、DCF法の適用を原則とするものとし、あわせて直接還元法を適用することにより検証を行うことが適切である。特に、資産の流動化に関する法律又は投資信託及び投資法人に関する法律に基づく評価目的の下で、投資家に示すための投資採算価値を表す価格を求める場合には、DCF法を適用しなければならない。

第2節　賃料を求める鑑定評価の手法

不動産の賃料を求める鑑定評価の手法は、新規賃料にあっては積算法、賃貸事例比較法、収益分析法等があり、継続賃料にあっては差額配分法、利回り法、スライド法、賃貸事例比較法等がある。

Ⅰ　賃料を求める場合の一般的留意事項

賃料の鑑定評価は、対象不動産について、賃料の算定の期間に対応して、実質賃料を求めることを原則とし、賃料の算定の期間及び支払いの時期に係る条件並びに

権利金，敷金，保証金等の一時金の授受に関する条件が付されて支払賃料を求めることを依頼された場合には，実質賃料とともに，その一部である支払賃料を求めることができるものとする。

1．実質賃料と支払賃料

実質賃料とは，賃料の種類の如何を問わず貸主に支払われる賃料の算定の期間に対応する適正なすべての経済的対価をいい，純賃料及び不動産の賃貸借等を継続するために通常必要とされる諸経費等（以下「必要諸経費等」という。）から成り立つものである。

支払賃料とは，各支払時期に支払われる賃料をいい，契約に当たって，権利金，敷金，保証金等の一時金が授受される場合においては，当該一時金の運用益及び償却額と併せて実質賃料を構成するものである。

なお，慣行上，建物及びその敷地の一部の賃貸借に当たって，水道光熱費，清掃・衛生費，冷暖房費等がいわゆる付加使用料，共益費等の名目で支払われる場合もあるが，これらのうちには実質的に賃料に相当する部分が含まれている場合があることに留意する必要がある。

2．支払賃料の求め方

契約に当たって一時金が授受される場合における支払賃料は，実質賃料から，当該一時金について賃料の前払的性格を有する一時金の運用益及び償却額並びに預り金的性格を有する一時金の運用益を控除して求めるものとする。

なお，賃料の前払的性格を有する一時金の運用益及び償却額については，対象不動産の賃貸借等の持続する期間の効用変化等に着目し，実態に応じて適切に求めるものとする。

運用利回りは，賃貸借等の契約に当たって授受される一時金の性格，賃貸借等の契約内容並びに対象不動産の種類及び性格等の相違に応じて，当該不動産の期待利回り，不動産の取引利回り，長期預金の金利，国債及び公社債利回り，金融機関の貸出金利等を比較考量して決定するものとする。

3．賃料の算定の期間

鑑定評価によって求める賃料の算定の期間は，原則として，宅地並びに建物及びその敷地の賃料にあっては1月を単位とし，その他の土地にあっては1年を単位とするものとする。

II 新規賃料を求める鑑定評価の手法

1．積算法

(1) 意義

積算法は，対象不動産について，価格時点における基礎価格を求め，これに期待利回りを乗じて得た額に必要諸経費等を加算して対象不動産の試算賃料を求める手法である（この手法による試算賃料を積算賃料という。）。

　積算法は，対象不動産の基礎価格，期待利回り及び必要諸経費等の把握を的確に行い得る場合に有効である。

(2) 適用方法

① 基礎価格

　基礎価格とは，積算賃料を求めるための基礎となる価格をいい，原価法及び取引事例比較法により求めるものとする。

② 期待利回り

　期待利回りとは，賃貸借等に供する不動産を取得するために要した資本に相当する額に対して期待される純収益のその資本相当額に対する割合をいう。

　期待利回りを求める方法については，収益還元法における還元利回りを求める方法に準ずるものとする。この場合において，賃料の有する特性に留意すべきである。

③ 必要諸経費等

　不動産の賃貸借等に当たってその賃料に含まれる必要諸経費等としては，次のものがあげられる。

　　ア　減価償却費
　　イ　維持管理費（維持費，管理費，修繕費等）
　　ウ　公租公課（固定資産税，都市計画税等）
　　エ　損害保険料（火災，機械，ボイラー等の各種保険）
　　オ　貸倒れ準備費
　　カ　空室等による損失相当額

2．賃貸事例比較法

(1) 意義

　賃貸事例比較法は，まず多数の新規の賃貸借等の事例を収集して適切な事例の選択を行い，これらに係る実際実質賃料（実際に支払われている不動産に係るすべての経済的対価をいう。）に必要に応じて事情補正及び時点修正を行い，かつ，地域要因の比較及び個別的要因の比較を行って求められた賃料を比較考量し，これによって対象不動産の試算賃料を求める手法である（この手法による試算賃料を比準賃料という。）。

　賃貸事例比較法は，近隣地域又は同一需給圏内の類似地域等において対象不

動産と類似の不動産の賃貸借等が行われている場合又は同一需給圏内の代替競争不動産の賃貸借等が行われている場合に有効である。
　(2)　適用方法
　　①　事例の収集及び選択
　　　賃貸借等の事例の収集及び選択については，取引事例比較法における事例の収集及び選択に準ずるものとする。この場合において，賃貸借等の契約の内容について類似性を有するものを選択すべきことに留意しなければならない。
　　②　事情補正及び時点修正並びに地域要因の比較及び個別的要因の比較
　　　事情補正及び時点修正並びに地域要因の比較及び個別的要因の比較については，取引事例比較法の場合に準ずるものとする。
3．収益分析法
　(1)　意義
　　収益分析法は，一般の企業経営に基づく総収益を分析して対象不動産が一定期間に生み出すであろうと期待される純収益（減価償却後のものとし，これを収益純賃料という。）を求め，これに必要諸経費等を加算して対象不動産の試算賃料を求める手法である（この手法による試算賃料を収益賃料という。）。
　　収益分析法は，企業の用に供されている不動産に帰属する純収益を適切に求め得る場合に有効である。
　(2)　適用方法
　　①　収益純賃料の算定
　　　収益純賃料の算定については，収益還元法における純収益の算定に準ずるものとする。この場合において，賃料の有する特性に留意しなければならない。
　　②　収益賃料を求める手法
　　　収益賃料は，収益純賃料の額に賃貸借等に当たって賃料に含まれる必要諸経費等を加算することによって求めるものとする。
　　　なお，一般企業経営に基づく総収益を分析して収益純賃料及び必要諸経費等を含む賃料相当額を収益賃料として直接求めることができる場合もある。
Ⅲ　継続賃料を求める鑑定評価の手法
　1．差額配分法
　　(1)　意義
　　　差額配分法は，対象不動産の経済価値に即応した適正な実質賃料又は支払賃

料と実際実質賃料又は実際支払賃料との間に発生している差額について、契約の内容、契約締結の経緯等を総合的に勘案して、当該差額のうち貸主に帰属する部分を適切に判定して得た額を実際実質賃料又は実際支払賃料に加減して試算賃料を求める手法である。
(2) 適用方法
① 対象不動産の経済価値に即応した適正な実質賃料は、価格時点において想定される正常賃料であり、積算法、賃貸事例比較法等により求めるものとする。

対象不動産の経済価値に即応した適正な支払賃料は、契約に当たって一時金が授受されている場合については、実質賃料から権利金、敷金、保証金等の一時金の運用益及び償却額を控除することにより求めるものとする。
② 貸主に帰属する部分については、一般的要因の分析及び地域要因の分析により差額発生の要因を広域的に分析し、さらに対象不動産について次に掲げる契約の事項等に関する分析を行うことにより適切に判断するものとする。
ア 契約上の経過期間と残存期間
イ 契約締結及びその後現在に至るまでの経緯
ウ 貸主又は借主の近隣地域の発展に対する寄与度

2．利回り法
(1) 意義
利回り法は、基礎価格に継続賃料利回りを乗じて得た額に必要諸経費等を加算して試算賃料を求める手法である。
(2) 適用方法
① 基礎価格及び必要諸経費等の求め方については、積算法に準ずるものとする。
② 継続賃料利回りは、現行賃料を定めた時点における基礎価格に対する純賃料の割合を標準とし、契約締結時及びその後の各賃料改定時の利回り、基礎価格の変動の程度、近隣地域若しくは同一需給圏内の類似地域等における対象不動産と類似の不動産の賃貸借等の事例又は同一需給圏内の代替競争不動産の賃貸借等の事例における利回りを総合的に比較考量して求めるものとする。

3．スライド法
(1) 意義

スライド法は，現行賃料を定めた時点における純賃料に変動率を乗じて得た額に価格時点における必要諸経費等を加算して試算賃料を求める手法である。
　　　なお，現行賃料を定めた時点における実際実質賃料又は実際支払賃料に即応する適切な変動率が求められる場合には，当該変動率を乗じて得た額を試算賃料として直接求めることができるものとする。
　　(2)　適用方法
　　　①　変動率は，現行賃料を定めた時点から価格時点までの間における経済情勢等の変化に即応する変動分を表すものであり，土地及び建物価格の変動，物価変動，所得水準の変動等を示す各種指数等を総合的に勘案して求めるものとする。
　　　②　必要諸経費等の求め方は，積算法に準ずるものとする。
　4．賃貸事例比較法
　　　賃貸事例比較法は，新規賃料に係る賃貸事例比較法に準じて試算賃料を求める手法である。

第8章　鑑定評価の手順

　鑑定評価を行うためには，合理的かつ現実的な認識と判断に基づいた一定の秩序的な手順を必要とする。この手順は，一般に鑑定評価の基本的事項の確定，処理計画の策定，対象不動産の確認，資料の収集及び整理，資料の検討及び価格形成要因の分析，鑑定評価方式の適用，試算価格又は試算賃料の調整，鑑定評価額の決定並びに鑑定評価報告書の作成の作業から成っており，不動産の鑑定評価に当たっては，これらを秩序的に実施すべきである。

第1節　鑑定評価の基本的事項の確定

　鑑定評価に当たっては，まず，鑑定評価の基本的事項を確定しなければならない。このため，鑑定評価の依頼目的及び条件について依頼者の意思を明瞭に確認するものとする。

第2節　処理計画の策定

　処理計画の策定に当たっては，前記第1節により確定された鑑定評価の基本的事項に基づき，実施すべき作業の性質及び量，処理能力等に即応して，対象不動産の確認，資料の収集及び整理，資料の検討及び価格形成要因の分析，鑑定評価方式の適用，試算価格又は試算賃料の調整，鑑定評価額の決定等鑑定評価の作業に係る処理計画を秩序的に策定しなければならない。

第3節　対象不動産の確認

　対象不動産の確認に当たっては，前記第1節により確定された対象不動産について

その内容を明瞭にしなければならない。対象不動産の確認は，対象不動産の物的確認及び権利の態様の確認に分けられ，実地調査，聴聞，公的資料の確認等により，的確に行う必要がある。

Ⅰ 対象不動産の物的確認

対象不動産の物的確認に当たっては，土地についてはその所在，地番，数量等を，建物についてはこれらのほか家屋番号，建物の構造，用途等を，それぞれ実地に確認することを通じて，前記第1節により確定された対象不動産の存否及びその内容を，確認資料（第4節のⅠ参照）を用いて照合しなければならない。

また，物的確認を行うに当たっては，対象不動産について登記簿等において登記又は登録されている内容とその実態との異同について把握する必要がある。

Ⅱ 権利の態様の確認

権利の態様の確認に当たっては，前記Ⅰによって物的に確認された対象不動産について，当該不動産に係るすべての権利関係を明瞭に確認することにより，前記第1節により確定された鑑定評価の対象となる権利の存否及びその内容を，確認資料を用いて照合しなければならない。

第4節 資料の収集及び整理

鑑定評価の成果は，採用した資料によって左右されるものであるから，資料の収集及び整理は，鑑定評価の作業に活用し得るように適切かつ合理的な計画に基づき，実地調査，聴聞，公的資料の確認等により的確に行うものとし，公正妥当を欠くようなことがあってはならない。

鑑定評価に必要な資料は，おおむね次のように分けられる。

Ⅰ 確認資料

確認資料とは，不動産の物的確認及び権利の態様の確認に必要な資料をいう。確認資料としては，登記簿謄本，土地又は建物等の図面，写真，不動産の所在地に関する地図等があげられる。

Ⅱ 要因資料

要因資料とは，価格形成要因に照応する資料をいう。要因資料は，一般的要因に係る一般資料，地域要因に係る地域資料及び個別的要因に係る個別資料に分けられる。一般資料及び地域資料は，平素からできるだけ広くかつ組織的に収集しておくべきである。個別資料は，対象不動産の種類，対象確定条件等案件の相違に応じて適切に収集すべきである。

Ⅲ 事例資料

事例資料とは，鑑定評価の手法の適用に必要とされる現実の取引価格，賃料等に

関する資料をいう。事例資料としては，建設事例，取引事例，収益事例，賃貸借等の事例等があげられる。

なお，鑑定評価先例価格は鑑定評価に当たって参考資料とし得る場合があり，売買希望価格等についても同様である。

第5節　資料の検討及び価格形成要因の分析

資料の検討に当たっては，収集された資料についてそれが鑑定評価の作業に活用するために必要にして十分な資料であるか否か，資料が信頼するに足りるものであるか否かについて考察しなければならない。この場合においては，価格形成要因を分析するために，その資料が対象不動産の種類並びに鑑定評価の依頼目的及び条件に即応しているか否かについて検討すべきである。

価格形成要因の分析に当たっては，収集された資料に基づき，一般的要因を分析するとともに，地域分析及び個別分析を通じて対象不動産についてその最有効使用を判定しなければならない。

さらに，価格形成要因について，専門職業家としての注意を尽くしてもなお対象不動産の価格形成に重大な影響を与える要因が明らかでない場合には，原則として他の専門家が行った調査結果等を活用することが必要である。ただし，依頼目的や依頼条件による制約がある場合には，依頼者の同意を得て，想定上の条件を付加して鑑定評価を行うこと又は自己の調査分析能力の範囲内で当該要因に係る価格形成上の影響の程度を推定して鑑定評価を行うことができる。この場合，想定上の条件を付加するためには条件設定に係る一定の要件を満たすことが必要であり，また，推定を行うためには客観的な推定ができると認められることが必要である。

第6節　鑑定評価方式の適用

鑑定評価方式の適用に当たっては，鑑定評価方式を当該案件に即して適切に適用すべきである。この場合，原則として，原価方式，比較方式及び収益方式の三方式を併用すべきであり，対象不動産の種類，所在地の実情，資料の信頼性等により三方式の併用が困難な場合においても，その考え方をできるだけ参酌するように努めるべきである。

第7節　試算価格又は試算賃料の調整

試算価格又は試算賃料の調整とは，鑑定評価の複数の手法により求められた各試算価格又は試算賃料の再吟味及び各試算価格又は試算賃料が有する説得力に係る判断を行い，鑑定評価における最終判断である鑑定評価額の決定に導く作業をいう。

試算価格又は試算賃料の調整に当たっては，対象不動産の価格形成を論理的かつ実証的に説明できるようにすることが重要である。このため，鑑定評価の手順の各段階

について，客観的，批判的に再吟味し，その結果を踏まえた各試算価格又は各試算賃料が有する説得力の違いを適切に反映することによりこれを行うものとする。この場合において，特に次の事項に留意すべきである。
  I　各試算価格又は試算賃料の再吟味
    1．資料の選択，検討及び活用の適否
    2．不動産の価格に関する諸原則の当該案件に即応した活用の適否
    3．一般的要因の分析並びに地域分析及び個別分析の適否
    4．各手法の適用において行った各種補正，修正等に係る判断の適否
    5．各手法に共通する価格形成要因に係る判断の整合性
    6．単価と総額との関連の適否
  II　各試算価格又は試算賃料が有する説得力に係る判断
    1．対象不動産に係る地域分析及び個別分析の結果と各手法との適合性
    2．各手法の適用において採用した資料の特性及び限界からくる相対的信頼性

第8節　鑑定評価額の決定

以上に述べた手順を十分に尽した後，専門職業家としての良心に従い適正と判断される鑑定評価額を決定すべきである。

この場合において，地価公示法第2条第1項の都市計画区域において土地の正常価格を求めるときは，公示価格を規準としなければならない。

第9節　鑑定評価報告書の作成

鑑定評価額が決定されたときは，鑑定評価報告書を作成するものとする。

第9章　鑑定評価報告書

鑑定評価報告書は，不動産の鑑定評価の成果を記載した文書であり，不動産鑑定士等が自己の専門的学識と経験に基づいた判断と意見を表明し，その責任を明らかにすることを目的とするものである。

第1節　鑑定評価報告書の作成指針

鑑定評価報告書は，鑑定評価の基本的事項及び鑑定評価額を表し，鑑定評価額を決定した理由を説明し，その不動産の鑑定評価に関与した不動産鑑定士等の責任の所在を示すことを主旨とするものであるから，鑑定評価報告書の作成に当たっては，まずその鑑定評価の過程において採用したすべての資料を整理し，価格形成要因に関する判断，鑑定評価方式の適用に係る判断等に関する事項を明確にして，これに基づいて作成すべきである。

鑑定評価報告書の内容は，不動産鑑定業者が依頼者に交付する鑑定評価書の実質的な内容となるものである。したがって，鑑定評価報告書は，鑑定評価書を通じて依頼者

のみならず第三者に対しても影響を及ぼすものであり，さらには不動産の適正な価格の形成の基礎となるものであるから，その作成に当たっては，誤解の生ずる余地を与えないよう留意するとともに，特に鑑定評価額の決定の理由については，依頼者その他第三者に対して十分に説明し得るものとするように努めなければならない。

第2節　記載事項

鑑定評価報告書には，少なくともⅠ～Ⅸの事項について，次に記する点に留意して記載しなければならない。

Ⅰ　鑑定評価額及び価格又は賃料の種類

正常価格又は正常賃料を求めることができる不動産について，依頼目的及び条件により限定価格，特定価格又は限定賃料を求めた場合は，かっこ書きで正常価格又は正常賃料である旨を付記してそれらの額を併記しなければならない。また，総論第7章，第2節，Ⅰの1．に定める支払賃料の鑑定評価を依頼された場合における鑑定評価額の記載は，支払賃料である旨を付記して支払賃料の額を表示するとともに，当該支払賃料が実質賃料と異なる場合においては，かっこ書きで実質賃料である旨を付記して実質賃料の額を併記するものとする。

Ⅱ　鑑定評価の条件

対象確定条件又は依頼目的に応じ付加された地域要因若しくは個別的要因についての想定上の条件についてそれらが妥当なものであると判断した根拠を明らかにするとともに，必要があると認められるときは，当該条件が付加されない場合の価格等の参考事項を記載すべきである。

Ⅲ　対象不動産の所在，地番，地目，家屋番号，構造，用途，数量等及び対象不動産に係る権利の種類

Ⅳ　鑑定評価の依頼目的及び条件と価格又は賃料の種類との関連

鑑定評価の依頼目的及び条件に応じ，当該価格を求めるべきと判断した理由を記載しなければならない。特に，特定価格を求めた場合には法令等による社会的要請の根拠，また，特殊価格を求めた場合には文化財の指定の事実等を明らかにしなければならない。

Ⅴ　価格時点及び鑑定評価を行った年月日

後日対象不動産の現況把握に疑義が生ずる場合があることを考慮して，実際に現地に赴き対象不動産の現況を確認した年月日（実査日）をあわせて記載しなければならない。

Ⅵ　鑑定評価額の決定の理由の要旨

鑑定評価額の決定の理由の要旨は，下記に掲げる内容について記載するものとす

る。
 1．地域分析及び個別分析に係る事項
　同一需給圏及び近隣地域の範囲及び状況，対象不動産に係る価格形成要因についての状況，同一需給圏の市場動向及び同一需給圏における典型的な市場参加者の行動，代替，競争等の関係にある不動産と比べた対象不動産の優劣及び競争力の程度等について記載しなければならない。
 2．最有効使用の判定に関する事項
　最有効使用及びその判定の理由を明確に記載する。なお，建物及びその敷地に係る鑑定評価における最有効使用の判定の記載は，建物及びその敷地の最有効使用のほか，その敷地の更地としての最有効使用についても記載しなければならない。
 3．鑑定評価方式の適用に関する事項
　鑑定評価の三方式を併用することが困難な場合にはその理由を記載するものとする。
 4．試算価格又は試算賃料の調整に関する事項
　試算価格又は試算賃料の再吟味及び説得力に係る判断の結果を記載しなければならない。
 5．公示価格との規準に関する事項
 6．その他
　総論第7章，第2節，Ⅰの1．に定める支払賃料を求めた場合には，その支払賃料と実質賃料との関連を記載しなければならない。
Ⅶ　鑑定評価上の不明事項に係る取扱い及び調査の範囲
　対象不動産の確認，資料の検討及び価格形成要因の分析等，鑑定評価の手順の各段階において，鑑定評価における資料収集の限界，資料の不備等によって明らかにすることができない事項が存する場合の評価上の取扱いを明示する必要がある。その際，不動産鑑定士等が自ら行った調査の範囲及び内容を明確にするとともに，他の専門家が行った調査結果等を活用した場合においては，当該専門家が調査した範囲及び内容を明確にしなければならない。
Ⅷ　その不動産の鑑定評価に関与した不動産鑑定士等の対象不動産に関する利害関係又は対象不動産に関し利害関係を有する者との縁故若しくは特別の利害関係の有無及びその内容
Ⅸ　その不動産の鑑定評価に関与した不動産鑑定士等の氏名

第3節　附属資料

　対象不動産等の所在を明示した地図，土地又は建物等の図面，写真等の確認資料，事例資料等は，必要に応じて鑑定評価報告書に添付するものとする。

　なお，他の専門家が行った調査結果等を活用するために入手した調査報告書等の資料についても，必要に応じて，附属資料として添付するものとする。ただし，当該他の専門家の同意が得られないときは，この限りでない。

各　論

　不動産鑑定士等は，総論において記述したところに従い自己の専門的学識と応用能力に基づき，個々の案件に応じて不動産の鑑定評価を行うべきであるが，具体的な案件に臨んで的確な鑑定評価を期するためには，基本的に以下に掲げる不動産の種類別に応じた鑑定評価の手法等を活用する必要がある。

第1章　価格に関する鑑定評価
第1節　土地
Ⅰ　宅地
　1．更地

　　更地の鑑定評価額は，更地並びに自用の建物及びその敷地の取引事例に基づく比準価格並びに土地残余法（建物等の価格を収益還元法以外の手法によって求めることができる場合に，敷地と建物等からなる不動産について敷地に帰属する純収益から敷地の収益価格を求める方法）による収益価格を関連づけて決定するものとする。再調達原価が把握できる場合には，積算価格をも関連づけて決定すべきである。当該更地の面積が近隣地域の標準的な土地の面積に比べて大きい場合等においては，さらに次に掲げる価格を比較考量して決定するものとする（この手法を開発法という。）。

　　(1)　一体利用をすることが合理的と認められるときは，価格時点において，当該更地に最有効使用の建物が建築されることを想定し，販売総額から通常の建物建築費相当額及び発注者が直接負担すべき通常の付帯費用を控除して得た価格

　　(2)　分割利用をすることが合理的と認められるときは，価格時点において，当該更地を区画割りして，標準的な宅地とすることを想定し，販売総額から通常の造成費相当額及び発注者が直接負担すべき通常の付帯費用を控除して得た価格

　　　なお，配分法及び土地残余法を適用する場合における取引事例及び収益事例は，敷地が最有効使用の状態にあるものを採用すべきである。

　2．建付地

　　建付地は，建物等と結合して有機的にその効用を発揮しているため，建物等と密接な関連を持つものであり，したがって，建付地の鑑定評価は，建物等と一体として継続使用することが合理的である場合において，その敷地について部分鑑定評価をするものである。

　　建付地の鑑定評価額は，原則として更地としての鑑定評価額を限度とし，配分

法に基づく比準価格及び土地残余法による収益価格を関連づけて決定するものとする。

　この場合において，当該建付地の更地としての最有効使用との格差，更地化の難易の程度等敷地と建物等との関連性を考慮すべきである。

3．借地権及び底地

　借地権及び底地の鑑定評価に当たっては，借地権の価格と底地の価格とは密接に関連し合っているので，以下に述べる諸点を十分に考慮して相互に比較検討すべきである。

　① 宅地の賃貸借等及び借地権取引の慣行の有無とその成熟の程度は，都市によって異なり，同一都市内においても地域によって異なることもあること。
　② 借地権の存在は，必ずしも借地権の価格の存在を意味するものではなく，また，借地権取引の慣行について，借地権が単独で取引の対象となっている都市又は地域と，単独で取引の対象となることはないが建物の取引に随伴して取引の対象となっている都市又は地域とがあること。
　③ 借地権取引の態様
　　ア　借地権が一般に有償で創設され，又は継承される地域であるか否か。
　　イ　借地権の取引が一般に所有者以外の者を対象として行われる地域であるか否か。
　　ウ　堅固建物の所有を目的とする借地権の多い地域であるか否か。
　　エ　借地権に対する権利意識について借地人側が強い地域であるか否か。
　　オ　一時金の授受が慣行化している地域であるか否か。
　　カ　借地権の譲渡に当たって名義書替料を一般に譲受人又は譲渡人のいずれが負担する地域であるか。
　④ 借地権の態様
　　ア　創設されたものか継承されたものか。
　　イ　地上権か賃借権か。
　　ウ　転借か否か。
　　エ　堅固の建物の所有を目的とするか，非堅固の建物の所有を目的とするか。
　　オ　主として居住用建物のためのものか，主として営業用建物のためのものか。
　　カ　契約期間の定めの有無

キ　特約条項の有無

ク　契約は書面か口頭か。

ケ　登記の有無

コ　定期借地権等（借地借家法第二章第四節に規定する定期借地権等）

(1) 借地権

① 借地権の価格

　借地権の価格は，借地借家法（廃止前の借地法を含む。）に基づき土地を使用収益することにより借地人に帰属する経済的利益（一時金の授受に基づくものを含む。）を貨幣額で表示したものである。

　借地人に帰属する経済的利益とは，土地を使用収益することによる広範な諸利益を基礎とするものであるが，特に次に掲げるものが中心となる。

ア　土地を長期間占有し，独占的に使用収益し得る借地人の安定的利益

イ　借地権の付着している宅地の経済価値に即応した適正な賃料と実際支払賃料との乖離（以下「賃料差額」という。）及びその乖離の持続する期間を基礎にして成り立つ経済的利益の現在価値のうち，慣行的に取引の対象となっている部分

② 借地権の鑑定評価

　借地権の鑑定評価は，借地権の取引慣行の有無及びその成熟の程度によってその手法を異にするものである。

ア　借地権の取引慣行の成熟の程度の高い地域

　借地権の鑑定評価額は，借地権及び借地権を含む複合不動産の取引事例に基づく比準価格並びに土地残余法による収益価格を関連づけて得た価格を標準とし，当該借地権の設定契約に基づく賃料差額のうち取引の対象となっている部分を還元して得た価格及び借地権取引が慣行として成熟している場合における当該地域の借地権割合により求めた価格を比較考量して決定するものとする。

　この場合においては，次に掲げる事項を総合的に勘案するものとする。

(ｱ)　将来における賃料の改定の実現性とその程度

(ｲ)　借地権の態様及び建物の残存耐用年数

(ｳ)　契約締結の経緯並びに経過した借地期間及び残存期間

(ｴ)　契約に当たって授受された一時金の額及びこれに関する契約条件

(ｵ)　将来見込まれる一時金の額及びこれに関する契約条件

(ｶ)　借地権の取引慣行及び底地の取引利回り

㈠　当該借地権の存する土地に係る更地としての価格又は建付地として
　　　　の価格
　　イ　借地権の取引慣行の成熟の程度の低い地域
　　　　借地権の鑑定評価額は，土地残余法による収益価格を標準とし，当該
　　　借地権の設定契約に基づく賃料差額のうち取引の対象となっている部分
　　　を還元して得た価格及び当該借地権の存する土地に係る更地又は建付地
　　　としての価格から底地価格を控除して得た価格を比較考量して決定する
　　　ものとする。
　　　　この場合においては，前記アの㈦から㈠までに掲げる事項を総合的に
　　　勘案するものとする。
(2)　底地
　　底地の価格は，借地権の付着している宅地について，借地権の価格との相互
　関連において賃貸人に帰属する経済的利益を貨幣額で表示したものである。
　　賃貸人に帰属する経済的利益とは，当該宅地の実際支払賃料から諸経費等を
　控除した部分の賃貸借等の期間に対応する経済的利益及びその期間の満了等に
　よって復帰する経済的利益の現在価値をいう。
　　底地の鑑定評価額は，実際支払賃料に基づく純収益等の現在価値の総和を求
　めることにより得た収益価格及び比準価格を関連づけて決定するものとする。
　この場合においては，前記(1)，②，アの㈦から㈠までに掲げる事項を総合的に
　勘案するものとする。
　　また，底地を当該借地人が買い取る場合における底地の鑑定評価に当たって
　は，当該宅地又は建物及びその敷地が同一所有者に帰属することによる市場性
　の回復等に即応する経済価値の増分が生ずる場合があることに留意すべきであ
　る。
4．区分地上権
　　区分地上権の価格は，一般に区分地上権の設定に係る土地（以下「区分地上権
　設定地」という。）の経済価値を基礎として，権利の設定範囲における権利利益の
　内容により定まり，区分地上権設定地全体の経済価値のうち，平面的・立体的空
　間の分割による当該権利の設定部分の経済価値及び設定部分の効用を保持するた
　め他の空間部分の利用を制限することに相応する経済価値を貨幣額で表示したも
　のである。
　　この場合の区分地上権の鑑定評価額は，設定事例等に基づく比準価格，土地残
　余法に準じて求めた収益価格及び区分地上権の立体利用率により求めた価格を関

連づけて得た価格を標準とし，区分地上権の設定事例等に基づく区分地上権割合により求めた価格を比較考量して決定するものとする。

II 農地

公共事業の用に供する土地の取得等農地を農地以外のものとするための取引に当たって，当該取引に係る農地の鑑定評価を求められる場合がある。

この場合における農地の鑑定評価額は，比準価格を標準とし，収益価格を参考として決定するものとする。再調達原価が把握できる場合には，積算価格をも関連づけて決定すべきである。

なお，公共事業の用に供する土地の取得に当たっては，土地の取得により通常生ずる損失の補償として農業補償が別途行われる場合があることに留意すべきである。

III 林地

公共事業の用に供する土地の取得等林地を林地以外のものとするための取引に当たって，当該取引に係る林地の鑑定評価を求められる場合がある。

この場合における林地の鑑定評価額は，比準価格を標準とし，収益価格を参考として決定するものとする。再調達原価が把握できる場合には，積算価格をも関連づけて決定すべきである。

なお，公共事業の用に供する土地の取得に当たっては，土地の取得により通常生ずる損失の補償として立木補償等が別途行われる場合があることに留意すべきである。

IV 宅地見込地

宅地見込地の鑑定評価額は，比準価格及び当該宅地見込地について，価格時点において，転換後・造成後の更地を想定し，その価格から通常の造成費相当額及び発注者が直接負担すべき通常の付帯費用を控除し，その額を当該宅地見込地の熟成度に応じて適切に修正して得た価格を関連づけて決定するものとする。この場合においては，特に都市の外延的発展を促進する要因の近隣地域に及ぼす影響度及び次に掲げる事項を総合的に勘案するものとする。

1．当該宅地見込地の宅地化を助長し，又は阻害している行政上の措置又は規制
2．付近における公共施設及び公益的施設の整備の動向
3．付近における住宅，店舗，工場等の建設の動向
4．造成の難易及びその必要の程度
5．造成後における宅地としての有効利用度

また，熟成度の低い宅地見込地を鑑定評価する場合には，比準価格を標準とし，転換前の土地の種別に基づく価格に宅地となる期待性を加味して得た価格を比較考

量して決定するものとする。

第2節　建物及びその敷地

I　自用の建物及びその敷地

　自用の建物及びその敷地の鑑定評価額は，積算価格，比準価格及び収益価格を関連づけて決定するものとする。

　なお，建物の用途を転換し，又は建物の構造等を改造して使用することが最有効使用と認められる場合における自用の建物及びその敷地の鑑定評価額は，用途変更後の経済価値の上昇の程度，必要とされる改造費等を考慮して決定するものとする。

　また，建物を取り壊すことが最有効使用と認められる場合における自用の建物及びその敷地の鑑定評価額は，建物の解体による発生材料の価格から取壊し，除去，運搬等に必要な経費を控除した額を，当該敷地の最有効使用に基づく価格に加減して決定するものとする。

II　貸家及びその敷地

　貸家及びその敷地の鑑定評価額は，実際実質賃料（売主が既に受領した一時金のうち売買等に当たって買主に承継されない部分がある場合には，当該部分の運用益及び償却額を含まないものとする。）に基づく純収益等の現在価値の総和を求めることにより得た収益価格を標準とし，積算価格及び比準価格を比較考量して決定するものとする。この場合において，次に掲げる事項を総合的に勘案するものとする。

1．将来における賃料の改定の実現性とその程度
2．契約に当たって授受された一時金の額及びこれに関する契約条件
3．将来見込まれる一時金の額及びこれに関する契約条件
4．契約締結の経緯，経過した借家期間及び残存期間並びに建物の残存耐用年数
5．貸家及びその敷地の取引慣行並びに取引利回り
6．借家の目的，契約の形式，登記の有無，転借か否かの別及び定期建物賃貸借（借地借家法第38条に規定する定期建物賃貸借をいう。）か否かの別
7．借家権価格

　また，貸家及びその敷地を当該借家人が買い取る場合における貸家及びその敷地の鑑定評価に当たっては，当該貸家及びその敷地が自用の建物及びその敷地となることによる市場性の回復等に即応する経済価値の増分が生ずる場合があることに留意すべきである。

III　借地権付建物

1．建物が自用の場合

　借地権付建物で，当該建物を借地権者が使用しているものについての鑑定評価

額は，積算価格，比準価格及び収益価格を関連づけて決定するものとする。この場合において，前記借地権②，アの(ｱ)から(ｷ)までに掲げる事項を総合的に勘案するものとする。

２．建物が賃貸されている場合

　借地権付建物で，当該建物が賃貸されているものについての鑑定評価額は，実際実質賃料（売主が既に受領した一時金のうち売買等に当たって買主に承継されない部分がある場合には，当該部分の運用益及び償却額を含まないものとする。）に基づく純収益等の現在価値の総和を求めることにより得た収益価格を標準とし，積算価格及び比準価格を比較考量して決定するものとする。

　この場合において，前記借地権②，アの(ｱ)から(ｷ)まで及び前記Ⅱの１．から７．までに掲げる事項を総合的に勘案するものとする。

Ⅳ　区分所有建物及びその敷地

１．区分所有建物及びその敷地の価格形成要因

　区分所有建物及びその敷地における固有の個別的要因を例示すれば次のとおりである。

　(1)　区分所有建物が存する一棟の建物及びその敷地に係る個別的要因

　　①　建物に係る要因

　　　ア　建築（新築，増改築又は移転）の年次
　　　イ　面積，高さ，構造，材質等
　　　ウ　設計，設備等の機能性
　　　エ　施工の質と量
　　　オ　玄関，集会室等の施設の状態
　　　カ　建物の階数
　　　キ　建物の用途及び利用の状態
　　　ク　維持管理の状態
　　　ケ　居住者，店舗等の構成の状態
　　　コ　耐震性，耐火性等建物の性能
　　　サ　有害な物質の使用の有無及びその状態

　　②　敷地に係る要因

　　　ア　敷地の形状及び空地部分の広狭の程度
　　　イ　敷地内施設の状態
　　　ウ　敷地の規模
　　　エ　敷地に関する権利の態様

③ 建物及びその敷地に係る要因
　ア　敷地内における建物及び附属施設の配置の状態
　イ　建物と敷地の規模の対応関係
　ウ　長期修繕計画の有無及びその良否並びに修繕積立金の額
(2) 専有部分に係る個別的要因
① 階層及び位置
② 日照，眺望及び景観の良否
③ 室内の仕上げ及び維持管理の状態
④ 専有面積及び間取りの状態
⑤ 隣接不動産等の利用の状態
⑥ エレベーター等の共用施設の利便性の状態
⑦ 敷地に関する権利の態様及び持分
⑧ 区分所有者の管理費等の滞納の有無

2．区分所有建物及びその敷地の鑑定評価
(1) 専有部分が自用の場合
　　区分所有建物及びその敷地で，専有部分を区分所有者が使用しているものについての鑑定評価額は，積算価格，比準価格及び収益価格を関連づけて決定するものとする。
　　積算価格は，区分所有建物の対象となっている一棟の建物及びその敷地の積算価格を求め，当該積算価格に当該一棟の建物の各階層別及び同一階層内の位置別の効用比により求めた配分率を乗ずることにより求めるものとする。
(2) 専有部分が賃貸されている場合
　　区分所有建物及びその敷地で，専有部分が賃貸されているものについての鑑定評価額は，実際実質賃料（売主が既に受領した一時金のうち売買等に当たって買主に承継されない部分がある場合には，当該部分の運用益及び償却額を含まないものとする。）に基づく純収益等の現在価値の総和を求めることにより得た収益価格を標準とし，積算価格及び比準価格を比較考量して決定するものとする。
　　この場合において，前記Ⅱの1．から7．までに掲げる事項を総合的に勘案するものとする。

第3節　建物

　建物は，その敷地と結合して有機的に効用を発揮するものであり，建物とその敷地とは密接に関連しており，両者は一体として鑑定評価の対象とされるのが通例で

あるが，鑑定評価の依頼目的及び条件により，建物及びその敷地が一体として市場性を有する場合における建物のみの鑑定評価又は建物及びその敷地が一体として市場性を有しない場合における建物のみの鑑定評価がある。

Ⅰ　建物及びその敷地が一体として市場性を有する場合における建物のみの鑑定評価

　　この場合の建物の鑑定評価は，その敷地と一体化している状態を前提として，その全体の鑑定評価額の内訳として建物について部分鑑定評価を行うものである。

　　この場合における建物の鑑定評価額は，積算価格，配分法に基づく比準価格及び建物残余法（敷地の価格を収益還元法以外の手法によって求めることができる場合に，敷地と建物等からなる不動産について建物等に帰属する純収益から建物等の収益価格を求める方法）による収益価格を関連づけて決定するものとする。

Ⅱ　建物及びその敷地が一体として市場性を有しない場合における建物のみの鑑定評価

　　この場合の建物の鑑定評価は，一般に特殊価格を求める場合に該当するものであり，文化財の指定を受けた建造物，宗教建築物又は現況による管理を継続する公共公益施設の用に供されている不動産のうち建物について，その保存等に主眼をおいて行うものであるが，この場合における建物の鑑定評価額は，積算価格を標準として決定するものとする。

Ⅲ　借家権

　　借家権とは，借地借家法（廃止前の借家法を含む。）が適用される建物の賃借権をいう。

　　借家権の取引慣行がある場合における借家権の鑑定評価額は，当事者間の個別的事情を考慮して求めた比準価格を標準とし，自用の建物及びその敷地の価格から貸家及びその敷地の価格を控除し，所要の調整を行って得た価格を比較考量して決定するものとする。借家権割合が求められる場合は，借家権割合により求めた価格をも比較考量するものとする。この場合において，前記貸家及びその敷地の１．から７．までに掲げる事項を総合的に勘案するものとする。

　　さらに，借家権の価格といわれているものには，賃貸人から建物の明渡しの要求を受け，借家人が不随意の立退きに伴い事実上喪失することとなる経済的利益等，賃貸人との関係において個別的な形をとって具体に現れるものがある。この場合における借家権の鑑定評価額は，当該建物及びその敷地と同程度の代替建物等の賃借の際に必要とされる新規の実際支払賃料と現在の実際支払賃料との差額の一定期間に相当する額に賃料の前払的性格を有する一時金の額等を加えた額並

びに自用の建物及びその敷地の価格から貸家及びその敷地の価格を控除し，所要の調整を行って得た価格を関連づけて決定するものとする。この場合において当事者間の個別的事情を考慮するものとするほか，前記貸家及びその敷地の1．から7．までに掲げる事項を総合的に勘案するものとする。

第2章　賃料に関する鑑定評価
第1節　宅地
Ⅰ　新規賃料を求める場合

宅地の正常賃料を求める場合の鑑定評価に当たっては，賃貸借等の契約内容による使用方法に基づく宅地の経済価値に即応する適正な賃料を求めるものとする。

宅地の正常賃料の鑑定評価額は，積算賃料，比準賃料及び配分法に準ずる方法に基づく比準賃料を関連づけて決定するものとする。この場合において，純収益を適切に求めることができるときは収益賃料を比較考量して決定するものとする。

宅地の限定賃料の鑑定評価額は，隣接宅地の併合使用又は宅地の一部の分割使用をする当該宅地の限定価格を基礎価格として求めた積算賃料及び隣接宅地の併合使用又は宅地の一部の分割使用を前提とする賃貸借等の事例に基づく比準賃料を関連づけて決定するものとする。この場合においては，次に掲げる事項を総合的に勘案するものとする。

　　1．隣接宅地の権利の態様
　　2．当該事例に係る賃貸借等の契約の内容

Ⅱ　継続賃料を求める場合
　1．継続中の宅地の賃貸借等の契約に基づく実際支払賃料を改定する場合

継続中の宅地の賃貸借等の契約に基づく実際支払賃料を改定する場合の鑑定評価額は，差額配分法による賃料，利回り法による賃料，スライド法による賃料及び比準賃料を関連づけて決定するものとする。この場合においては，次に掲げる事項を総合的に勘案して決定するものとする。

　　(1)　契約の内容及び契約締結の経緯
　　(2)　契約上の経過期間及び残存期間
　　(3)　賃料改定の経緯
　　(4)　更新料の必要性
　　(5)　近隣地域若しくは同一需給圏内の類似地域等における宅地の賃料又は同一需給圏内の代替競争不動産の賃料，その改定の程度及びそれらの推移，動向
　　(6)　賃料に占める純賃料の推移，動向
　　(7)　底地に対する利回りの推移，動向

(8) 公租公課の推移，動向
　なお，賃料の改定が契約期間の満了に伴う更新又は借地権の第三者への譲渡を契機とする場合において，更新料又は名義書替料が支払われるときは，これらの額を総合的に勘案して求めるものとする。
２．契約上の条件又は使用目的が変更されることに伴い賃料を改定する場合
　契約上の条件又は使用目的が変更されることに伴い賃料を改定する場合の鑑定評価に当たっては，契約上の条件又は使用目的の変更に伴う宅地及び地上建物の経済価値の増分のうち適切な部分に即応する賃料を前記１．を想定した場合における賃料に加算して決定するものとする。
　この場合においては，前記１．に掲げる事項のほか，特に次に掲げる事項を総合的に勘案するものとする。
(1) 賃貸借等の態様
(2) 契約上の条件又は使用目的の変更内容
(3) 条件変更承諾料又は増改築承諾料が支払われるときはこれらの額

第２節　建物及びその敷地

Ⅰ　新規賃料を求める場合
　建物及びその敷地の正常賃料を求める場合の鑑定評価に当たっては，賃貸借の契約内容による使用方法に基づく建物及びその敷地の経済価値に即応する賃料を求めるものとする。
　建物及びその敷地の正常賃料の鑑定評価額は，積算賃料及び比準賃料を関連づけて決定するものとする。この場合において，純収益を適切に求めることができるときは収益賃料を比較考量して決定するものとする。
　なお，建物及びその敷地の一部を対象とする場合の正常賃料の鑑定評価額は，当該建物及びその敷地の全体と当該部分との関連について総合的に比較考量して求めるものとする。

Ⅱ　継続賃料を求める場合
　継続中の建物及びその敷地の賃貸借の契約に基づく実際支払賃料を改定する場合の鑑定評価は，宅地の継続賃料を求める場合の鑑定評価に準ずるものとする。

附　則（平成14年7月3日全部改正）
　この不動産鑑定評価基準は，平成15年1月1日から施行する。

不動産鑑定評価基準運用上の留意事項

平成14年7月3日全部改正

不動産鑑定評価基準総論（以下「総論」という。）及び同基準各論（以下「各論」という。）運用上の留意事項は以下のとおり。

I 「総論第2章　不動産の種別及び類型」について

不動産の種別の分類は，不動産の鑑定評価における地域分析，個別分析，鑑定評価手法の適用等の各手順を通じて重要な事項となっており，これらを的確に分類，整理することは鑑定評価の精密さを一段と高めることとなるものである。鑑定評価において代表的な宅地地域である住宅地域及び商業地域について，さらに細分化すると次のような分類が考えられる。

(1) 住宅地域
　① 敷地が広く，街区及び画地が整然とし，植生と眺望，景観等が優れ，建築の施工の質の高い建物が連たんし，良好な近隣環境を形成する等居住環境の極めて良好な地域であり，従来から名声の高い住宅地域
　② 敷地の規模及び建築の施工の質が標準的な住宅を中心として形成される居住環境の良好な住宅地域
　③ 比較的狭小な戸建住宅及び共同住宅が密集する住宅地域又は住宅を主として店舗，事務所，小工場等が混在する住宅地域
　④ 都市の通勤圏の内外にかかわらず，在来の農家住宅等を主とする集落地域及び市街地的形態を形成するに至らない住宅地域

(2) 商業地域
　① 高度商業地域
　　高度商業地域は，例えば，大都市（東京23区，政令指定都市等）の都心又は副都心にあって，広域的商圏を有し，比較的大規模な中高層の店舗，事務所等が高密度に集積している地域であり，高度商業地域の性格に応じて，さらに，次のような細分類が考えられる。
　　　ア　一般高度商業地域
　　　　主として繁華性，収益性等が極めて高い店舗が高度に集積している地域
　　　イ　業務高度商業地域
　　　　主として行政機関，企業，金融機関等の事務所が高度に集積している地域
　　　ウ　複合高度商業地域
　　　　店舗と事務所が複合して高度に集積している地域
　② 準高度商業地域
　　高度商業地域に次ぐ商業地域であって，広域的な商圏を有し，店舗，事務所等が連たんし，商業地としての集積の程度が高い地域

③　普通商業地域

高度商業地域，準高度商業地域，近隣商業地域及び郊外路線商業地域以外の商業地域であって，都市の中心商業地域及びこれに準ずる商業地域で，店舗，事務所等が連たんし，多様な用途に供されている地域

④　近隣商業地域

主として近隣の居住者に対する日用品等の販売を行う店舗等が連たんしている地域

⑤　郊外路線商業地域

都市の郊外の幹線道路（国道，都道府県道等）沿いにおいて，店舗，営業所等が連たんしている地域

II　「総論第3章　不動産の価格を形成する要因」について

「総論第3章　不動産の価格を形成する要因」で例示された土地，建物並びに建物及びその敷地に係る個別的要因に関しては，特に次のような観点に留意すべきである。

1．土地に関する個別的要因について

(1)　埋蔵文化財の有無及びその状態について

文化財保護法で規定された埋蔵文化財については，同法に基づく発掘調査，現状を変更することとなるような行為の停止又は禁止，設計変更に伴う費用負担，土地利用上の制約等により，価格形成に重大な影響を与える場合がある。

埋蔵文化財の有無及びその状態に関しては，対象不動産の状況と文化財保護法に基づく手続きに応じて次に掲げる事項に特に留意する必要がある。

①　対象不動産が文化財保護法に規定する周知の埋蔵文化財包蔵地に含まれるか否か。

②　埋蔵文化財の記録作成のための発掘調査，試掘調査等の措置が指示されているか否か。

③　埋蔵文化財が現に存することが既に判明しているか否か（過去に発掘調査等が行われている場合にはその履歴及び措置の状況）。

④　重要な遺跡が発見され，保護のための調査が行われる場合には，土木工事等の停止又は禁止の期間，設計変更の要否等。

(2)　土壌汚染の有無及びその状態について

土壌汚染が存する場合には，汚染物質に係る除去等の費用の発生や土地利用上の制約により，価格形成に重大な影響を与える場合がある。

土壌汚染対策法で規定された土壌汚染の有無及びその状態に関しては，対象不動産の状況と土壌汚染対策法に基づく手続きに応じて次に掲げる事項に特に留意する

必要がある。
　① 対象不動産が，土壌汚染対策法第3条に規定する有害物質使用特定施設に係る工場又は事業場の敷地を含むか否か，又は同法の施工の前に有害物質使用特定施設に相当する工場又は事業場の敷地であった履歴を有する土地を含むか否か。
　② 対象不動産について有害物質使用特定施設の使用の廃止に伴い，土壌汚染対策法第3条に規定する土壌の汚染の状況についての調査義務が発生しているか否か，又は同法第4条の規定により都道府県知事から土壌の汚染の状況についての調査を実施することを命ぜられているか否か。
　③ 対象不動産について土壌汚染対策法第5条に規定する指定区域の指定がなされているか否か，又は過去において指定区域指定の解除がなされた履歴があるか否か。
　④ 対象不動産について土壌汚染対策法第7条の規定により都道府県知事から汚染の除去等の措置を講ずべきことを命ぜられているか否か。

２．建物に関する個別的要因について
(1) 設計，設備等の機能性
　基準階面積，階高，床荷重，情報通信対応設備の状況，空調設備の状況，電気容量等に特に留意する必要がある。
(2) 建物の性能
　建物の耐震性については，建築基準法に基づく耐震基準との関係について特に留意する必要がある。また，建物の構造の安定，火災時の安全，劣化の軽減，維持管理への配慮，温熱環境，空気環境，光・視環境，音環境，高齢者等への配慮に関する事項については，住宅の場合，住宅の品質確保の促進等に関する法律に基づく日本住宅性能表示基準による性能表示を踏まえることに留意する必要がある。
(3) 維持管理の状態
　屋根，外壁，床，内装，電気設備，給排水設備，衛生設備等に関する破損・老朽化等の状況及び保全の状態について特に留意する必要がある。
(4) 有害な物質の使用の有無及びその状態
　建設資材としてのアスベストの使用の有無及び飛散防止等の措置の実施状況並びにポリ塩化ビフェニル（PCB）の使用状況及び保管状況に特に留意する必要がある。

３．建物及びその敷地に関する個別的要因について
(1) 借主の状況及び賃貸借契約の内容

賃料の滞納の有無及びその他契約内容の履行状況，借主の属性（業種，企業規模等），総賃貸可能床面積に占める主たる借主の賃貸面積の割合に特に留意する必要がある。
(2) 修繕計画及び管理計画の良否並びにその実施の状態

大規模修繕に係る修繕計画の有無及び修繕履歴の内容，管理規約の有無，管理委託先，管理サービスの内容等に特に留意する必要がある。

Ⅲ 「総論第5章　鑑定評価の基本的事項」について
1．対象不動産の確定について
(1) 鑑定評価の条件設定の意義

鑑定評価に際しては，現実の用途及び権利の態様並びに地域要因及び個別的要因を所与として不動産の価格を求めることのみでは多様な不動産取引の実態に即応することができず，社会的な需要に応ずることができない場合があるので，条件設定の必要性が生じてくる。

条件の設定は，依頼目的に応じて対象不動産の内容を確定し(対象確定条件)，又は付加する地域要因若しくは個別的要因についての想定上の条件を明確にするものである。したがって，条件設定は，鑑定評価の妥当する範囲及び鑑定評価を行った不動産鑑定士等の責任の範囲を示すという意義を持つものである。

(2) 鑑定評価の条件設定の手順

鑑定評価の条件は，依頼内容に応じて設定するもので，不動産鑑定士等は不動産鑑定業者の受付という行為を通じてこれを間接的に確認することとなる。しかし，同一不動産であっても設定された対象確定条件の如何又は付加する地域要因若しくは個別的要因についての想定上の条件の如何によっては鑑定評価額に差異が生ずるものであるから，不動産鑑定士等は直接，依頼内容の確認を行うべきである。

① 対象確定条件について

対象確定条件については，対象不動産に係る諸事項についての調査，確認を行った上で，依頼目的に照らしてその条件の妥当性を検討しなければならない。特に，対象不動産が土地及び建物の結合により構成される場合又はその使用収益を制約する権利が付着している場合において，例えば抵当権の設定のための鑑定評価，設定された抵当権をもとに証券を発行するための鑑定評価等関係当事者及び第三者の利益に当該鑑定評価が重大な影響を及ぼす可能性のあるときは，独立鑑定評価を行うべきでなく，その状態を所与として鑑定評価を行うべきである。

② 地域要因又は個別的要因についての想定上の条件の付加について

想定上の条件を付加する場合において，

ア　実現性とは，依頼者との間で条件付加に係る鑑定評価依頼契約上の合意があり，当該条件を実現するための行為を行う者の事業遂行能力等を勘案した上で当該条件が実現する確実性が認められることをいう。なお，地域要因についての想定上の条件を付加する場合には，その実現に係る権能を持つ公的機関の担当部局から当該条件が実現する確実性について直接確認すべきことに留意すべきである。
　　イ　合法性とは，公法上及び私法上の諸規制に反しないことをいう。
　　ウ　関係当事者及び第三者とは，依頼者及び鑑定評価の結果について依頼者と密接な利害関係を有する者のほか，法律に義務づけられた不動産鑑定士による鑑定評価を踏まえ不動産の生み出す収益を原資として発行される証券の購入者，鑑定評価を踏まえ設定された抵当権をもとに発行される証券の購入者等をいう。
　　想定上の条件が妥当性を欠くと認められる場合には依頼者に説明の上，妥当な条件へ改定することが必要である。
　2．価格時点の確定について
　過去時点の鑑定評価は，対象不動産の確認等が可能であり，かつ，鑑定評価に必要な要因資料及び事例資料の収集が可能な場合に限り行うことができる。また，時の経過により対象不動産及びその近隣地域等が価格時点から鑑定評価を行う時点までの間に変化している場合もあるので，このような事情変更のある場合の価格時点における対象不動産の確認等については，価格時点に近い時点の確認資料等をできる限り収集し，それを基礎に判断すべきである。
　将来時点の鑑定評価は，対象不動産の確定，価格形成要因の把握，分析及び最有効使用の判定についてすべて想定し，又は予測することとなり，また，収集する資料についても鑑定評価を行う時点までのものに限られ，不確実にならざるを得ないので，原則として，このような鑑定評価は行うべきではない。ただし，特に必要がある場合において，鑑定評価上妥当性を欠くことがないと認められるときは将来の価格時点を設定することができるものとする。
　3．鑑定評価によって求める価格の確定について
　(1)　正常価格について
　　現実の社会経済情勢の下で合理的と考えられる条件について
　　①　買主が通常の資金調達能力を有していることについて
　　　通常の資金調達能力とは，買主が対象不動産の取得に当たって，市場における標準的な借入条件（借入比率，金利，借入期間等）の下での借り入れと自己資金

とによって資金調達を行うことができる能力をいう。
② 対象不動産が相当の期間市場に公開されていることについて
　相当の期間とは，対象不動産の取得に際し必要となる情報が公開され，需要者層に十分浸透するまでの期間をいう。なお，相当の期間とは，価格時点における不動産市場の需給動向，対象不動産の種類，性格等によって異なることに留意すべきである。
　また，公開されていることとは，価格時点において既に市場で公開されていた状況を想定することをいう（価格時点以降売買成立時まで公開されることではないことに留意すべきである）。
(2) 特定価格について
① 法令等について
　法令等とは，法律，政令，内閣府令，省令，その他国の行政機関の規則，告示，訓令，通達等のほか，最高裁判所規則，条例，地方公共団体の規則，企業会計の基準，監査基準をいう。
② 特定価格を求める場合の例について
　特定価格として求める場合の例として掲げられるものについての特定価格として求める理由及び鑑定評価の基本的な手法等は次のとおりである。
　ア　資産の流動化に関する法律又は投資信託及び投資法人に関する法律に基づく鑑定評価目的の下で，投資家に示すための投資採算価値を表す価格を求める場合
　　この場合は，投資法人，投資信託又は特定目的会社（以下，投資法人等という。）に係る特定資産としての不動産の取得時又は保有期間中の価格として投資家に開示されることを目的に，投資家保護の観点から対象不動産の収益力を適切に反映する収益価格に基づいた投資採算価値を求める必要がある。
　　特定資産の取得時又は保有期間中の価格としての鑑定評価に際しては，資産流動化計画等により投資家に開示される対象不動産の運用方法を所与とする必要があることから，必ずしも対象不動産の最有効使用を前提とするものではないため，特定価格として求めなければならない。なお，投資法人等が特定資産を譲渡するときに依頼される鑑定評価で求める価格は正常価格として求めることに留意する必要がある。
　　鑑定評価の方法は，基本的に収益還元法のうちDCF法により求めた試算価格を標準とし，直接還元法による検証を行って求めた収益価格に基づき，比準価格及び積算価格による検証を行い鑑定評価額を決定する。

イ　民事再生法に基づく鑑定評価目的の下で，早期売却を前提とした価格を求める場合

　　この場合は，民事再生法に基づく鑑定評価目的の下で，財産を処分するものとしての価格を求めるものであり，対象不動産の種類，性格，所在地域の実情に応じ，早期の処分可能性を考慮した適正な処分価格として求める必要がある。

　　鑑定評価に際しては，通常の市場公開期間より短い期間で売却されることを前提とするものであるため特定価格として求めなければならない。

　　鑑定評価の方法は，この前提を所与とした上で，原則として，比準価格と収益価格を関連づけ，積算価格による検証を行って鑑定評価額を決定する。なお，比較可能な事例資料が少ない場合は，通常の方法で正常価格を求めた上で，早期売却に伴う減価を行って鑑定評価額を求めることもできる。

　ウ　会社更生法又は民事再生法に基づく鑑定評価目的の下で，事業の継続を前提とした価格を求める場合

　　この場合は，会社更生法又は民事再生法に基づく鑑定評価目的の下で，現状の事業が継続されるものとして当該事業の拘束下にあることを前提とする価格を求めるものである。

　　鑑定評価に際しては，対象不動産の利用現況を所与とするため，必ずしも対象不動産の最有効使用を前提とするものではないことから特定価格として求めなければならない。

　　鑑定評価の方法は，原則として事業経営に基づく純収益のうち不動産に帰属する純収益に基づく収益価格を標準とし，比準価格を比較考量の上，積算価格による検証を行って鑑定評価額を決定する。

Ⅳ　「総論第6章　地域分析及び個別分析」について

１．地域分析の適用について

(1) 近隣地域の地域分析について

　① 近隣地域の地域分析は，まず対象不動産の存する近隣地域を明確化し，次いでその近隣地域がどのような特性を有するかを把握することである。

　　この対象不動産の存する近隣地域の明確化及びその近隣地域の特性の把握に当たっては，対象不動産を中心に外延的に広がる地域について，対象不動産に係る市場の特性を踏まえて地域要因をくり返し調査分析し，その異同を明らかにしなければならない。

　　これはまた，地域の構成分子である不動産について，最終的に地域要因を共

通にする地域を抽出することとなるため，近隣地域となる地域及びその周辺の他の地域を併せて広域的に分析することが必要である。

② 近隣地域の相対的位置の把握に当たっては，対象不動産に係る市場の特性を踏まえて同一需給圏内の類似地域の地域要因と近隣地域の地域要因を比較して相対的な地域要因の格差の判定を行うものとする。さらに，近隣地域の地域要因とその周辺の他の地域の地域要因との比較検討も有用である。

③ 近隣地域の地域分析においては，対象不動産の存する近隣地域に係る要因資料についての分析を行うこととなるが，この分析の前提として，対象不動産に係る市場の特性や近隣地域を含むより広域的な地域に係る地域要因を把握し，分析しなければならない。このためには，日常から広域的な地域に係る要因資料の収集，分析に努めなければならない。

④ 近隣地域の地域分析における地域要因の分析に当たっては，近隣地域の地域要因についてその変化の過程における推移，動向を時系列的に分析するとともに，近隣地域の周辺の他の地域の地域要因の推移，動向及びそれらの近隣地域への波及の程度等について分析することが必要である。この場合において，対象不動産に係る市場の特性が近隣地域内の土地の利用形態及び価格形成に与える影響の程度を的確に把握することが必要である。

なお，見込地及び移行地については，特に周辺地域の地域要因の変化の推移，動向がそれらの土地の変化の動向予測に当たって有効な資料となるものである。

(2) 近隣地域の範囲の判定について

近隣地域の範囲の判定に当たっては，基本的な土地利用形態や土地利用上の利便性等に影響を及ぼす次に掲げるような事項に留意することが必要である。

① 自然的状態に係るもの

　ア　河川

　　川幅が広い河川等は，土地，建物等の連たん性及び地域の一体性を分断する場合があること。

　イ　山岳及び丘陵

　　山岳及び丘陵は，河川と同様，土地，建物等の連たん性及び地域の一体性を分断するほか，日照，通風，乾湿等に影響を及ぼす場合があること。

　ウ　地勢，地質，地盤等

　　地勢，地質，地盤等は，日照，通風，乾湿等に影響を及ぼすとともに，居住，商業活動等の土地利用形態に影響を及ぼすこと。

② 人文的状態に係るもの

ア　行政区域

行政区域の違いによる道路，水道その他の公共施設及び学校その他の公益的施設の整備水準並びに公租公課等の負担の差異が土地利用上の利便性等に影響を及ぼすこと。

イ　公法上の規制等

都市計画法等による土地利用の規制内容が土地利用形態に影響を及ぼすこと。

ウ　鉄道，公園等

鉄道，公園等は，土地，建物等の連たん性及び地域の一体性を分断する場合があること。

エ　道路

広幅員の道路等は，土地，建物等の連たん性及び地域の一体性を分断する場合があること。

(3) 対象不動産に係る市場の特性について

① 把握の観点

ア　同一需給圏における市場参加者の属性及び行動

同一需給圏における市場参加者の属性及び行動を把握するに当たっては，特に次の事項に留意すべきである。

(ｱ) 市場参加者の属性については，業務用不動産の場合，主たる需要者層及び供給者層の業種，業態，法人か個人かの別並びに需要者の存する地域的な範囲。また，居住用不動産の場合，主たる需要者層及び供給者層の年齢，家族構成，所得水準並びに需要者の存する地域的な範囲。

(ｲ) (ｱ)で把握した属性を持つ市場参加者が取引の可否，取引価格，取引条件等について意思決定する際に重視する価格形成要因の内容。

イ　同一需給圏における市場の需給動向

同一需給圏における市場の需給動向を把握するに当たっては，特に次に掲げる事項に留意すべきである。

(ｱ) 同一需給圏内に存し，用途，規模，品等等が対象不動産と類似する不動産に係る需給の推移及び動向

(ｲ) (ｱ)で把握した需給の推移及び動向が対象不動産の価格形成に与える影響の内容及びその程度

② 把握のための資料

対象不動産に係る市場の特性の把握に当たっては，平素から，不動産業者，建設業者及び金融機関等からの聴聞等によって取引等の情報（取引件数，取引価格，

売り希望価格，買い希望価格等）を収集しておく必要がある。あわせて公的機関，不動産業者，金融機関，商工団体等による地域経済や不動産市場の推移及び動向に関する公表資料を幅広く収集し，分析することが重要である。

２．個別分析の適用について

(1) 個別要因の分析上の留意点について

対象不動産と代替，競争等の関係にある不動産と比べた優劣及び競争力の程度を把握するに当たっては，次の点に留意すべきである。

① 同一用途の不動産の需要の中心となっている価格帯及び主たる需要者の属性
② 対象不動産の立地，規模，機能，周辺環境等に係る需要者の選好
③ 対象不動産に係る引き合いの多寡

(2) 最有効使用の反定上の留意点について

① 地域要因が変動する予測を前提とした最有効使用の判定に当たっての留意点

地域要因の変動の予測に当たっては，予測の限界を踏まえ，鑑定評価を行う時点で一般的に収集可能かつ信頼できる情報に基づき，当該変動の時期及び具体的内容についての実現の蓋然性が高いことが認められなければならない。

② 建物及びその敷地の最有効使用の判定に当たっての留意点

最有効使用の観点から現実の建物の取壊しや用途変更等を想定する場合において，それらに要する費用等を勘案した経済価値と当該建物の用途等を継続する場合の経済価値とを比較考量するに当たっては，特に下記の内容に留意すべきである。

ア 物理的，法的にみた当該建物の取壊し，用途変更等の実現可能性
イ 建物の取壊し，用途変更後における対象不動産の競争力の程度等を踏まえた収益の変動予測の不確実性及び取壊し，用途変更に要する期間中の逸失利益の程度

Ⅴ 「総論第７章　鑑定評価の方式」について

１．価格を求める鑑定評価の手法について

(1) 試算価格を求める場合の一般的留意事項について

① 取引事例等の選択について

ア 必要やむを得ない場合に近隣地域の周辺地域に存する不動産に係るものを選択する場合について

この場合における必要やむを得ない場合とは，近隣地域又は同一需給圏内の類似地域に存する不動産について収集した取引事例等の大部分が特殊な事情による影響を著しく受けていることその他の特別な事情により当該取引事

例等のみによっては鑑定評価を適切に行うことができないと認められる場合をいう。
　イ　対象不動産の最有効使用が標準的使用と異なる場合等において同一需給圏内の代替競争不動産に係るものを選択する場合について
　　この場合における対象不動産の最有効使用が標準的使用と異なる場合等とは、次のような場合として例示される対象不動産の個別性のために近隣地域の制約の程度が著しく小さいと認められるものをいう。
　　(ｱ)　戸建住宅地域において、近辺で大規模なマンションの開発がみられるとともに、立地に優れ高度利用が可能なことから、マンション適地と認められる大規模な画地が存する場合
　　(ｲ)　中高層事務所として用途が純化された地域において、交通利便性に優れ広域的な集客力を有するホテルが存する場合
　　(ｳ)　住宅地域において、幹線道路に近接して、広域的な商圏を持つ郊外型の大規模小売店舗が存する場合
　　(ｴ)　中小規模の事務所ビルが集積する地域において、敷地の集約化により完成した卓越した競争力を有する大規模事務所ビルが存する場合
　ウ　代替、競争等の関係を判定する際の留意点について
　　イの場合において選択する同一需給圏内の代替競争不動産に係る取引事例等は、次に掲げる要件に該当するものでなければならない。
　　(ｱ)　対象不動産との間に用途、規模、品等等からみた類似性が明確に認められること。
　　(ｲ)　対象不動産の価格形成に関して直接に影響を与えていることが明確に認められること。
　②　地域要因の比較及び個別的要因の比較について
　　取引事例等として同一需給圏内の代替競争不動産に係るものを選択する場合において、価格形成要因に係る対象不動産との比較を行う際には、個別的要因の比較だけでなく市場の特性に影響を与えている地域要因の比較もあわせて行うべきことに留意すべきである。
(2)　取引事例比較法について
　この手法の適用に当たっては、多数の取引事例を収集し、価格の指標となり得る事例の選択を行わなければならないが、その有効性を高めるため、取引事例はもとより、売り希望価格、買い希望価格、精通者意見等の資料を幅広く収集するよう努めるものとする。

なお、これらの資料は、近隣地域等の価格水準及び地価の動向を知る上で十分活用し得るものである。

① 事例の収集について

豊富に収集された取引事例の分析検討は、個別の取引に内在する特殊な事情を排除し、時点修正率を把握し、及び価格形成要因の対象不動産の価格への影響の程度を知る上で欠くことのできないものである。特に、選択された取引事例は、取引事例比較法を適用して比準価格を求める場合の基礎資料となるものであり、収集された取引事例の信頼度は比準価格の精度を左右するものである。

取引事例は、不動産の利用目的、不動産に関する価値観の多様性、取引の動機による売主及び買主の取引事情等により各々の取引について考慮されるべき視点が異なってくる。したがって、取引事例に係る取引事情を始め取引当事者の属性（本留意事項の「Ⅳ「総論第６章　地域分析及び個別分析」について」に掲げる市場参加者の属性に同じ。）及び取引価格の水準の変動の推移を慎重に分析しなければならない。

② 事情補正について

事情補正の必要性の有無及び程度の判定に当たっては、多数の取引事例等を総合的に比較対照の上、検討されるべきものであり、事情補正を要すると判定したときは、取引が行われた市場における客観的な価格水準等を考慮して適切に補正を行わなければならない。

事情補正を要する特殊な事情を例示すれば、次のとおりである。

ア　補正に当たり減額すべき特殊な事情
　(ｱ)　営業上の場所的限定等特殊な使用方法を前提として取引が行われたとき。
　(ｲ)　極端な供給不足、先行きに対する過度に楽観的な見通し等特異な市場条件の下に取引が行われたとき。
　(ｳ)　業者又は系列会社間における中間利益の取得を目的として取引が行われたとき。
　(ｴ)　買手が不動産に関し明らかに知識や情報が不足している状態において過大な額で取引が行われたとき。
　(ｵ)　取引価格に売買代金の割賦払いによる金利相当額、立退料、離作料等の土地の対価以外のものが含まれて取引が行われたとき。

イ　補正に当たり増額すべき特殊な事情
　(ｱ)　売主が不動産に関し明らかに知識や情報が不足している状態において、過少な額で取引が行われたとき。

　　　　(イ) 相続，転勤等により売り急いで取引が行われたとき。
　　ウ 補正に当たり減額又は増額すべき特殊な事情
　　　　(ア) 金融逼迫，倒産時における法人間の恩恵的な取引又は知人，親族間等人間関係による恩恵的な取引が行われたとき。
　　　　(イ) 不相応な造成費，修繕費等を考慮して取引が行われたとき。
　　　　(ウ) 調停，清算，競売，公売等において価格が成立したとき。
　③ 時点修正について
　　ア 時点修正率は，価格時点以前に発生した多数の取引事例について時系列的な分析を行い，さらに国民所得の動向，財政事情及び金融情勢，公共投資の動向，建築着工の動向，不動産取引の推移等の社会的及び経済的要因の変化，土地利用の規制，税制等の行政的要因の変化等の一般的要因の動向を総合的に勘案して求めるべきである。
　　イ 時点修正率は原則として前記アにより求めるが，地価公示，都道府県地価調査等の資料を活用するとともに，適切な取引事例が乏しい場合には，売り希望価格，買い希望価格等の動向及び市場の需給の動向等に関する諸資料を参考として用いることができるものとする。
(3) 収益還元法について
　① 直接還元法の適用について
　　ア 一期間の純収益の算定について
　　　直接還元法の適用において還元対象となる一期間の純収益と，それに対応して採用される還元利回りは，その把握の仕方において整合がとれたものでなければならない。
　　　すなわち，還元対象となる一期間の純収益として，ある一定期間の標準化されたものを採用する場合には，還元利回りもそれに対応したものを採用することが必要である。また，建物その他の償却資産（以下「建物等」という。）を含む不動産の純収益の算定においては，基本的に減価償却費を控除しない償却前の純収益を用いるべきであり，それに対応した還元利回りで還元する必要がある。

$$P = \frac{a}{R}$$

　　　P：建物等の収益価格
　　　a：建物等の償却前の純収益
　　　R：償却前の純収益に対応する還元利回り

一方，減価償却費を控除した償却後の純収益を用いる場合には，還元利回りも償却後の純収益に対応するものを用いなければならない。

減価償却費の算定方法には定額法，償還基金率を用いる方法等があり，適切に用いることが必要である。

$$P = \frac{a'}{R'}$$

P：建物等の収益価格
a'：建物等の償却後の純収益
R'：償却後の純収益に対応する還元利回り

なお，減価償却費と償却前の純収益に対応する還元利回りを用いて償却後の純収益に対応する還元利回りを求める式は以下のとおりである。

$$R' = \frac{a'}{(a'+d)} \times R$$

R'：償却後の純収益に対応する還元利回り
R：償却前の純収益に対応する還元利回り
a'：償却後の純収益
d：減価償却費

イ 土地残余法又は建物残余法

不動産が敷地と建物等との結合によって構成されている場合において，収益還元法以外の手法によって敷地と建物等のいずれか一方の価格を求めることができるときは，当該不動産に基づく純収益から建物等又は敷地に帰属する純収益を控除した残余の純収益を還元利回りで還元する手法（土地残余法又は建物残余法という。）を適用することができる。

これらの方法は，土地と建物等から構成される複合不動産が生み出す純収益を土地又は建物等に適正に配分することができる場合に有効である。

土地残余法を適用するに当たっては，建物等が古い場合には複合不動産の生み出す純収益から土地に帰属する純収益が的確に求められないことが多いので，建物等は新築か築後間もないものでなければならない。なお，対象不動産が更地である場合においても，当該土地に最有効使用の賃貸用建物等の建築を想定することによりこの方法を適用することができる。

(ア) 土地残余法

土地残余法を適用して土地の収益価格を求める場合は，基本的に次の式に

より表される。
$$P_L = \frac{a - B \times R_B}{R_L}$$
P_L：土地の収益価格

a：建物等及びその敷地の償却前の純収益

B：建物等の価格

R_B：建物等の還元利回り

R_L：償却前の純収益に対応する土地の還元利回り

(イ) 建物残余法

建物残余法を適用して建物等の収益価格を求める場合は，基本的に次の式により表される。

$$P_B = \frac{a - L \times R_L}{R_B}$$

P_B：建物等の収益価格

a：建物等及びその敷地の償却前の純収益

L：土地の価格

R_L：土地の還元利回り

R_B：償却前の純収益に対応する建物等の還元利回り

(ウ) 有期還元法

不動産が敷地と建物等との結合により構成されている場合において，その収益価格を，不動産賃貸又は賃貸以外の事業の用に供する不動産経営に基づく償却前の純収益に割引率と有限の収益期間とを基礎とした複利年金現価率を乗じて求める方法があり，基本的に次の式により表される。

$$P = a \times \frac{(1+Y)^N - 1}{Y(1+Y)^N}$$

P：建物等及びその敷地の収益価格

a：建物等及びその敷地の償却前の純収益

Y：割引率

N：収益期間(収益が得られると予測する期間であり，ここでは建物等の経済的残存耐用年数と一致する場合を指す。)

$\dfrac{(1+Y)^N - 1}{Y(1+Y)^N}$：複利年金現価率

なお、複利年金現価率を用い、収益期間満了時における土地又は建物等の残存価格並びに建物等の撤去費が予想されるときには、それらの額を現在価値に換算した額を加減する方法（インウッド式）がある。この方法の考え方に基づき、割引率を用いた式を示すと次のようになる。

$$P = a \times \frac{(1+Y)^n - 1}{Y(1+Y)^n} + \frac{P_{Ln} + P_{Bn}}{(1+Y)^n} \quad 又は$$

$$P = a \times \frac{(1+Y)^N - 1}{Y(1+Y)^N} + \frac{P_{LN} - E}{(1+Y)^N}$$

P：建物等及びその敷地の収益価格

a：建物等及びその敷地の償却前の純収益

Y：割引率

N, n：収益期間（収益が得られると予測する期間であり、ここでは建物等の経済的残存耐用年数と一致する場合にはN、建物等の経済的残存耐用年数より短い期間である場合はnとする。）

P_{Ln}：n年後の土地価格

P_{Bn}：n年後の建物等の価格

P_{LN}：N年後の土地価格

E：建物等の撤去費

また、上記複利年金現価率の代わりに蓄積利回り等を基礎とした償還基金率と割引率とを用いる方法（ホスコルド式）がある。

この方法の考え方に基づき、割引率を用いた式を示すと次のようになる。

$$P = a \times \frac{1}{Y + \dfrac{i}{(1+i)^n - 1}} + \frac{P_{Ln} + P_{Bn}}{(1+Y)^n} \quad 又は$$

$$P = a \times \frac{1}{Y + \dfrac{i}{(1+i)^n - 1}} + \frac{P_{LN} - E}{(1+Y)^n}$$

P：建物等及びその敷地の収益価格

a：建物等及びその敷地の償却前の純収益

Y：割引率

i：蓄積利回り

N, n：収益期間(収益が得られると予測する期間であり，ここでは建物等の経済的残存耐用年数と一致する場合にはN，建物等の経済的残存耐用年数より短い期間である場合はnとする。)

$\dfrac{i}{(1+i)^n - 1}$：償還基金率

P_{Ln}：n年後の土地価格

P_{Bn}：n年後の建物等の価格

P_{LN}：N年後の土地価格

E：建物等の撤去費

エ　還元利回りの求め方

　還元利回りは，市場の実勢を反映した利回りとして求める必要があり，還元対象となる純収益の変動予測を含むものであることから，それらの予測を的確に行い，還元利回りに反映させる必要がある。還元利回りを求める方法を例示すれば次のとおりであるが，適用に当たっては，次の方法から一つの方法を採用する場合又は複数の方法を組み合わせて採用する場合がある。また，必要に応じ，投資家等の意見や整備された不動産インデックス等を参考として活用する。

(ア)　類似の不動産の取引事例との比較から求める方法

　　取引事例の収集及び選択については，「総論第7章　鑑定評価の方式」に規定する取引事例比較法の適用方法に準ずる。

　　取引事例から得られる利回り（以下「取引利回り」という。）については，償却前後のいずれの純収益に対応するものであるかに留意する必要がある。あわせて純収益について特殊な要因（新築，建替え直後で稼働率が不安定である等）があり，適切に補正ができない取引事例は採用すべきでないことに留意する必要がある。

　　この方法は，対象不動産と類似性の高い取引事例に係る取引利回りが豊富に収集可能な場合には特に有効である。

(イ)　借入金と自己資金に係る還元利回りから求める方法

　　この方法は，不動産の取得に際し標準的な資金調達能力を有する需要者の資金調達の要素に着目した方法であり，不動産投資に係る利回り及び資金調達に際する金融市場の動向を反映させることに優れている。

　　上記による求め方は基本的に次の式により表される。

$$R = R_M \times W_M + R_E \times W_E$$

R：還元利回り
R_M：借入金還元利回り
W_M：借入金割合
R_E：自己資金還元利回り
W_E：自己資金割合

(ウ) 土地と建物等に係る還元利回りから求める方法

　この方法は，対象不動産が土地及び建物等により構成されている場合に，土地及び建物等に係る利回りが異なるものとして把握される市場においてそれらの動向を反映させることに優れている。
　上記による求め方は基本的に次の式により表される。

$$R = R_L \times W_L + R_B \times W_B$$

R：還元利回り
R_L：土地の還元利回り
W_L：土地の価格割合
R_B：建物等の還元利回り
W_B：建物等の価格割合

(エ) 割引率との関係から求める方法

　この方法は，純収益が永続的に得られる場合で，かつ純収益が一定の趨勢を有すると想定される場合に有効である。
　還元利回りと割引率との関係を表す式の例は，次のように表される。

$$R = Y - g$$

R：還元利回り
Y：割引率
g：純収益の変動率

(オ) 借入金償還余裕率の活用による方法

　この方法は，借入金還元利回りと借入金割合をもとに，借入金償還余裕率（ある期間の純収益を同期間の借入金元利返済額で除した値をいう。）を用い

431

て対象不動産に係る純収益からみた借入金償還の安全性を加味して還元利回りを求めるものである。

　この場合において用いられる借入金償還余裕率は，借入期間の平均純収益をもとに算定すべきことに留意する必要がある。この方法は，不動産の購入者の資金調達に着目し，対象不動産から得られる収益のみを借入金の返済原資とする場合に有効である。

　上記による求め方は基本的に次の式により表される。

$$R = R_M \times W_M \times DSCR$$

　R：還元利回り
　R_M：借入金還元利回り
　W_M：借入金割合
　DSCR：借入金償還余裕率（通常は1.0以上であることが必要）

② DCF法の適用について

　DCF法は，連続する複数の期間に発生する純収益及び復帰価格を予測しそれらを明示することから，収益価格を求める過程について説明性に優れたものである。

　ア　毎期の純収益の算定について

　　建物等の純収益の算定においては，基本的には減価償却費を控除しない償却前の純収益を用いるものとし，建物等の償却については復帰価格において考慮される。

　　(ア)　総収益の算定

　　　一時金のうち預り金的性格を有する保証金等については，全額を返還準備金として預託することを想定しその運用益を発生時に計上する方法と全額を受渡時の収入又は支出として計上する方法とがある。

　　(イ)　総費用の算定

　　　大規模修繕費等の費用については，当該費用を毎期の積み立てとして計上する方法と，実際に支出される時期に計上する方法がある。実際に支出される時期の予測は，対象不動産の実態に応じて適切に行う必要がある。

　イ　割引率の求め方について

　　割引率は，市場の実勢を反映した利回りとして求める必要があり，一般に1年を単位として求める。また，割引率は収益見通しにおいて考慮されなかった収益予測の不確実性の程度に応じて異なることに留意する。

割引率を求める方法を例示すれば次のとおりであるが，適用に当たっては，下記の方法から一つの方法を採用する場合又は複数の方法を組み合わせて採用する場合がある。また，必要に応じ，投資家等の意見や整備された不動産インデックス等を参考として活用する。

(ア) 類似の不動産の取引事例との比較から求める方法

取引事例の収集及び選択については，「総論第7章 鑑定評価の方式」に規定する取引事例比較法に係る適用方法に準ずる。

取引事例に係る割引率は，基本的に取引利回りをもとに算定される内部収益率(Internal Rate of Return(IRR)。将来利益の現在価値と当初投資元本とを等しくする割引率をいう。)として求める。適用に当たっては，取引事例について毎期の純収益が予測可能であることが必要である。

この方法は，対象不動産と類似性を有する取引事例に係る利回りが豊富に収集可能な場合には特に有効である。

(イ) 借入金と自己資金に係る割引率から求める方法

この方法は，不動産購入者の資金調達コストに着目したものであり，不動産投資に係る利回り及び資金調達に際する金融市場の動向を反映させることに優れている。適用に当たっては，不動産投資において典型的な投資家が想定する借入金割合及び自己資金割合を基本とすることが必要である。

上記による求め方は基本的に次の式により表される。

$Y = Y_M \times W_M + Y_E \times W_E$

Y：割引率

Y_M：借入金割引率

W_M：借入金割合

Y_E：自己資金割引率

W_E：自己資金割合

(ウ) 金融資産の利回りに不動産の個別性を加味して求める方法

比較の対象となる金融資産の利回りとしては，一般に10年物国債の利回りが用いられる。また，株式や社債の利回り等が比較対象として用いられることもある。

不動産の個別性として加味されるものには，投資対象としての危険性，非流動性，管理の困難性，資産としての安全性があり，それらは自然災害等の

発生や土地利用に関する計画及び規制の変更によってその価値が変動する可能性が高いこと，希望する時期に必ずしも適切な買い手が見つかるとは限らないこと，賃貸経営管理について専門的な知識と経験を必要とするものであり管理の良否によっては得られる収益が異なること，特に土地については一般に滅失することがないことなどをいう。

　　この方法は，対象不動産から生ずる収益予測の不確実性が金融資産との比較において把握可能な場合に有効である。
　ウ　保有期間（売却を想定しない場合には分析期間）について
　　保有期間は，毎期の純収益及び復帰価格について精度の高い予測が可能な期間として決定する必要があり，不動産投資における典型的な投資家が保有する期間を標準とし，典型的な投資家が一般に想定しないような長期にわたる期間を設定してはならない。
　エ　復帰価格の求め方について
　　保有期間満了時点において売却を想定する場合には，売却に要する費用を控除することが必要である。
　　復帰価格を求める際に，n＋1期の純収益を最終還元利回りで還元して求める場合においては，n＋1期以降の純収益の変動予測及び予測に伴う不確実性をn＋1期の純収益及び最終還元利回りに的確に反映させることが必要である。
　　なお，保有期間満了時点以降において，建物の取壊しや用途変更が既に計画されている場合又は建物が老朽化していること等により取壊し等が見込まれる場合においては，それらに要する費用を考慮して復帰価格を求めることが必要である。
　オ　最終還元利回りの求め方について
　　最終還元利回りは，価格時点の還元利回りをもとに，保有期間満了時点における市場動向並びにそれ以降の収益の変動予測及び予測に伴う不確実性を反映させて求めることが必要である。

２．賃料を求める鑑定評価の手法について
(1) 積算法について
　基礎価格を求めるに当たっては，次に掲げる事項に留意する必要がある。
　① 宅地の賃料（いわゆる地代）を求める場合
　　ア　最有効使用が可能な場合は，更地の経済価値に即応した価格である。
　　イ　建物の所有を目的とする賃貸借等の場合で契約により敷地の最有効使用が見込めないときは，当該契約条件を前提とする建付地としての経済価値に即

応した価格である。
② 建物及びその敷地の賃料（いわゆる家賃）を求める場合
建物及びその敷地の現状に基づく利用を前提として成り立つ当該建物及びその敷地の経済価値に即応した価格である。
(2) 賃貸事例比較法について
　① 事例の選択について
　　ア　賃貸借等の事例の選択に当たっては，新規賃料，継続賃料の別又は建物の用途の別により賃料水準が異なるのが一般的であることに留意して，できる限り対象不動産に類似した事例を選択すべきである。
　　イ　契約内容の類似性を判断する際の留意事項を例示すれば，次のとおりである。
　　　(ア)　賃貸形式
　　　(イ)　賃貸面積
　　　(ウ)　契約期間並びに経過期間及び残存期間
　　　(エ)　一時金の授受に基づく賃料内容
　　　(オ)　賃料の算定の期間及びその支払方法
　　　(カ)　修理及び現状変更に関する事項
　　　(キ)　賃貸借等に供される範囲及びその使用方法
　② 地域要因の比較及び個別的要因の比較について
　　賃料を求める場合の地域要因の比較に当たっては，賃料固有の価格形成要因が存すること等により，価格を求める場合の地域と賃料を求める場合の地域とでは，それぞれの地域の範囲及び地域の格差を異にすることに留意することが必要である。
　　賃料を求める場合の個別的要因の比較に当たっては，契約内容，土地及び建物に関する個別的要因等に留意することが必要である。

Ⅵ　「総論第8章　鑑定評価の手順」について
資料の検討及び価格形成要因の分析について
(1) 不動産鑑定士等の調査分析能力の範囲内で合理的な推定を行うことができる場合について
　不動産鑑定士等の調査分析能力の範囲内で合理的な推定を行うことができる場合とは，ある要因について対象不動産と比較可能な類似の事例が存在し，かつ当該要因が存することによる減価の程度等を客観的に予測することにより鑑定評価額への反映が可能であると認められる場合をいう。

435

(2) 価格形成要因から除外して鑑定評価を行うことが可能な場合について

　価格形成に影響があるであろうといわれている事項について，一般的な社会通念や科学的知見に照らし原因や因果関係が明確でない場合又は不動産鑑定士等の通常の調査において当該事項の存否の端緒すら確認できない場合において，当該事項が対象不動産の価格形成に大きな影響を与えることがないと判断されるときには，価格形成要因から除外して鑑定評価を行うことができるものとする。

Ⅶ 「各論第1章　価格に関する鑑定評価」について

1．宅地について

(1) 更地について

　開発法によって求める価格は，マンション等又は細区分した宅地の販売総額を価格時点に割り戻した額から建物の建築費及び発注者が直接負担すべき通常の付帯費用又は土地の造成費及び発注者が直接負担すべき通常の付帯費用を価格時点に割り戻した額をそれぞれ控除して求めるものとする。この場合において，マンション等の敷地は一般に法令上許容される容積の如何によって土地価格が異なるので，敷地の形状，道路との位置関係等の条件，建築基準法等に適合した建物の概略設計，配棟等に関する開発計画を想定し，これに応じた事業実施計画を策定することが必要である。

　開発法の基本式を示すと次のようになる。

$$P = \frac{S}{(1+r)^{n_1}} - \frac{B}{(1+r)^{n_2}} - \frac{M}{(1+r)^{n_3}}$$

P：開発法による試算価格

S：販売総額

B：建物の建築費又は土地の造成費

M：付帯費用

r：投下資本収益率

n_1：価格時点から販売時点までの期間

n_2：価格時点から建築代金の支払い時点までの期間

n_3：価格時点から付帯費用の支払い時点までの期間

(2) 借地権について

　宅地の賃貸借契約等に関連して，借地人から賃貸人へ支払われる一時金には，一般に，①預り金的性格を有し，通常，保証金と呼ばれているもの，②賃料の前払的性格を有し，又は借地権の設定の対価とみなされ，通常，権利金と呼ばれているも

の，③その他借地権の譲渡等の承諾を得るための一時金に分類することができる。
　これらの一時金が借地権価格を構成するか否かはその名称の如何を問わず，一時金の性格，社会的慣行等を考察して個別に判定することが必要である。
(3) 区分地上権について
　区分地上権の鑑定評価に当たって留意すべき事項は次のとおりである。
① 区分地上権の特性に基づく経済価値
　区分地上権の鑑定評価においては，特に次に掲げる区分地上権の特性に基づく経済価値に留意することが必要である。
　　ア　区分地上権設定地の経済価値は，当該設定地の最有効使用に係る階層等に基づいて生ずる上下空間の効用の集積である。したがって，区分地上権の経済価値は，その設定地全体の効用との関数関係に着目して，その設定地全体の経済価値に占める割合として把握される。
　　イ　区分地上権は，他人の土地の地下又は空間の一部に工作物を設置することを目的として設定する権利であり，その工作物の構造，用途，使用目的，権利の設定期間等により，その経済価値が特定される。
② 区分地上権の設定事例等に基づく比準価格
　区分地上権の設定事例等に基づく比準価格は，近隣地域及び同一需給圏内の類似地域等において設定形態が類似している区分地上権の設定事例等を収集して，適切な事例を選択し，必要に応じ事情補正及び時点修正を行い，かつ，地域要因及び個別的要因の比較を行って求めた価格を比較考量して決定するものとする。
　この手法の適用に当たっては，特に次に掲げる事項に留意しなければならない。
　　ア　区分地上権設定地に係る区分地上権の経済価値には，当該区分地上権に係る工作物の保全のため必要な他の空間の使用制限に係る経済価値を含むことが多いので，区分地上権の態様，設定期間等設定事例等の内容を的確に把握すべきである。
　　イ　時点修正において採用する変動率は，事例に係る不動産の存する用途的地域又は当該地域と相似の価格変動過程を経たと認められる類似の地域における土地の変動率を援用することができるものとする。
　　ウ　地域要因及び個別的要因の比較においては，次に掲げる区分地上権に特有な諸要因について留意する必要がある。
　　　(ｱ)　地域要因については，近隣地域の地域要因にとどまらず，一般に当該区分地上権の効用に寄与する他の不動産（例えば，地下鉄の区分地上権の設定事例の場合における連たんする一団の土地のように，一般に広域にわた

437

って存在することが多い。)の存する類似地域等との均衡を考慮する必要がある。

　　(イ)　個別的要因については，区分地上権に係る地下又は空間の部分についての立体的及び平面的位置，規模，形状等が特に重要であり，区分地上権設定地全体との関連において平面的及び立体的分割の状態を判断しその影響の程度を考慮する必要がある。

③　区分地上権の設定事例等に基づく区分地上権割合により求める価格

　近隣地域及び同一需給圏内の類似地域等において設定形態が類似している区分地上権の設定事例等を収集して，適切な事例を選択し，これらに係る設定時又は譲渡時における区分地上権の価格が区分地上権設定地の更地としての価格に占める割合をそれぞれ求め，これらを総合的に比較考量の上適正な割合を判定し，価格時点における当該区分地上権設定地の更地としての価格にその割合を乗じて求めるものとする。

　なお，この手法の適用に当たっては，特に，前記②のウに掲げる事項に留意する必要がある。

④　土地残余法に準じて求める収益価格

　土地残余法に準じて求める収益価格は，区分地上権設定地について，当該区分地上権の設定がないものとして，最有効使用を想定して求めた当該設定地全体に帰属する純収益から，当該区分地上権設定後の状態を所与として最有効使用を想定して求めた当該設定地に帰属する純収益を控除して得た差額純収益を還元利回りで還元して得た額について，さらに当該区分地上権の契約内容等による修正を行って求めるものとする。

⑤　区分地上権の立体利用率により求める価格

　区分地上権の立体利用率により求める価格は，区分地上権設定地の更地としての価格に，最有効使用を想定して求めた当該区分地上権設定地全体の立体利用率を基準として求めた当該区分地上権に係る立体利用率（当該区分地上権設定地の最有効使用を前提とした経済価値に対する区分地上権の設定部分の経済価値及び当該設定部分の効用を保持するため他の空間部分の利用を制限することに相応する経済価値の合計の割合をいう。）を乗じて得た額について，さらに当該区分地上権の契約内容等による修正を行って求めるものとする。

　なお，この手法の適用に当たっては，特に，前記②のウに掲げる事項に留意する必要がある。

(4)　対象不動産について土壌汚染が存することが判明している場合又は土壌汚染が

存する可能性のある場合の鑑定評価について

　土壌汚染が存することが判明した不動産については，原則として汚染の分布状況，除去等に要する費用等を他の専門家が行った調査結果等を活用して把握し鑑定評価を行うものとする。なお，この場合でも，「総論第5章　鑑定評価の基本的事項」及び本留意事項の「Ⅲ「総論第5章　鑑定評価の基本的事項」について」に規定する条件設定に係る一定の要件を満たす場合には，依頼者の同意を得て汚染の除去等の措置がなされるものとしてという条件を付加して鑑定評価を行うことができる。また，「総論第8章　鑑定評価の手順」及び本留意事項の「Ⅵ「総論第8章　鑑定評価の手順」について」に規定する客観的な推定ができると認められる場合には，土壌汚染が存することによる価格形成上の影響の程度を推定して鑑定評価を行うことができる。

　土壌汚染対策法に規定する調査，区域指定，措置等の各手続きに対応した鑑定評価上の対応を示すと次のようになる。

① 　対象不動産について土壌汚染対策法第3条の規定により土壌の汚染の状況についての調査義務が発生したとき又は対象不動産について同法第4条の規定により土壌の汚染の状況についての調査を命ぜられたときには，当該調査の結果を踏まえ，汚染が存することが判明すればそれを前提に鑑定評価を行うものとする。

② 　対象不動産について土壌汚染対策法第5条に規定する指定区域の指定がなされている場合には，汚染が存することを前提に鑑定評価を行うものとする。

③ 　対象不動産について土壌汚染対策法第7条の規定により都道府県知事から汚染の除去等の措置を講ずべきことを命ぜられた場合において，何らかの措置が行われた後であっても指定区域の指定が解除されない限りは汚染が存することを前提に鑑定評価を行うものとする。

④ 　①の法定調査の結果土壌汚染の存在が判明しなかった場合，②の指定区域の指定が解除され指定区域台帳から削除された場合及び使用の廃止を伴わない有害物質使用特定施設であって，都道府県知事から当該土地の汚染の状況についての調査や汚染の除去等の措置が命ぜられていない場合には，土壌汚染が存しないとして鑑定評価を行うことができるものとする。

　なお，汚染の除去等の措置が行なわれた後でも，心理的嫌悪感等による価格形成への影響を考慮しなければならない場合があることに留意する。

2．建物及びその敷地について
(1) 貸家及びその敷地について
　貸家及びその敷地の収益価格を求める場合において，一時金の授受後における期間の経過に伴う土地，建物等の価格の変動により，一時金としての経済価値的意義が薄れているときは，その実際実質賃料に代えて実際支払賃料に基づく純収益を求め，当該純収益を還元して収益価格を求めることができる。
(2) 区分所有建物及びその敷地について
　区分所有建物及びその敷地の確認に当たっては，登記簿謄本，建物図面（さらに詳細な図面が必要な場合は，設計図書等），管理規約，課税台帳，実測図等に基づき物的確認と権利の態様の確認を行う。
　また，確認に当たって留意すべき主な事項は，次のとおりである。
　① 専有部分
　　ア 建物全体の位置，形状，規模，構造及び用途
　　イ 専有部分の一棟の建物における位置，形状，規模及び用途
　　ウ 専有部分に係る建物の附属物の範囲
　② 共用部分
　　ア 共用部分の範囲及び共有持分
　　イ 一部の区分所有者のみに属する共用部分
　③ 建物の敷地
　　ア 敷地の位置，形状及び規模
　　イ 敷地に関する権利の態様
　　ウ 対象不動産が存する一棟の建物に係る規約敷地の範囲
　　エ 敷地の共有持分
　④ 管理費等
　　　管理費及び修繕積立金の額

Ⅷ　「各論第2章　賃料に関する鑑定評価」について
1．宅地について
宅地の新規賃料を求める場合において留意すべき事項は，次のとおりである。
(1) 積算賃料を求めるに当たっての基礎価格は，賃貸借等の契約において，貸主側の事情によって使用方法が制約されている場合等で最有効使用の状態を確保できない場合には，最有効使用が制約されている程度に応じた経済価値の減分を考慮して求めるものとする。
　また，期待利回りの判定に当たっては，地価水準の変動に対する賃料の遅行性

及び地価との相関関係の程度を考慮する必要がある。
(2) 比準賃料は，価格時点に近い時点に新規に締結された賃貸借等の事例から比準する必要があり，立地条件その他の賃料の価格形成要因が類似するものでなければならない。
(3) 配分法に準ずる方法に基づく比準賃料は，宅地を含む複合不動産の賃貸借等の契約内容が類似している賃貸借等の事例に係る実際実質賃料から宅地以外の部分に対応する実際実質賃料相当額を控除する等により求めた比準賃料をいうものであるが，宅地の正常賃料を求める場合における事例資料の選択に当たっては，賃貸借等の契約内容の類似性及び敷地の最有効使用の程度に留意すべきである。

2．建物及びその敷地について

店舗用ビルの場合には，貸主は躯体及び一部の建物設備を施工するのみで賃貸し（スケルトン貸し），内装，外装及び建物設備の一部は借主が施工することがあるので，積算賃料を求めるときの基礎価格の判定及び比準賃料を求めるときの事例の選択に当たっては，これに留意すべきである。

附　則（平成14年7月3日全部改正）
　この不動産鑑定評価基準運用上の留意事項は，平成15年1月1日から施行する。

新基準による不動産の種類別の鑑定評価一覧

〈土地の価格〉

		関連づけて決定する価格	比較考量する価格	留意点
更地		①更地の取引事例に基づく比準価格 ②自用の建物及びその敷地の取引事例に基づく比準価格（配分法を適用） ③土地残余法による収益価格 ④再調達原価が把握できる場合には積算価格	開発法 ①一体利用 ②分割利用	開発法は面大地において
建付地		①配分法に基づく比準価格 ②土地残余法による収益価格		部分鑑定評価
借地権	①取引慣行の成熟の程度の高い地域	①借地権の取引事例に基づく比準価格 ②借地権を含む複合不動産の取引事例に基づく比準価格（配分法） ③土地残余法による収益価格	①契約に基づく賃料差額のうち，取引の対象となっている部分を還元して得た価格 ②借地権割合により求めた価格（慣行成熟の場合）	総合的に勘案する項目（ア）～（キ）7項目
	②取引慣行の成熟の程度の低い地域	土地残余法による収益価格	①契約に基づく賃料差額のうち，取引の対象となっている部分を還元して得た価格 ②更地又は建付地の価格から底地価格を控除して得た価格	総合的に勘案する項目（ア）～（キ）7項目
底地		①実際支払賃料に基づく純収益を還元して得た収益価格 ②比準価格		（ア）～（キ）7項目
底地（当該借地人が買い取る場合）		底地の正常価格に当該宅地又は建物及びその敷地が同一所有者に帰属することによる市場性の回復等に即応する経済価値の増分		
区分地上権		①設定事例等に基づく比準価格 ②土地残余法に準じて求めた収益価格 ③区分地上権の立体利用率により求めた価格	設定事例に基づく区分地上権割合により求めた価格	
宅地見込地		①比準価格 ②当該宅地見込地について，価格時点において，転換後・造成後の更地を想定し，その価格から通常の造成費相当額及び発注者が直接負担すべき通常の付帯費用を控除し，その額を当該宅地見込地の熟成度に応じて適正に修正した額		総合的に勘案する事項5項目
農地		①比準価格（標準） ②再調達原価が把握できる場合には積算価格	収益価格（参考）	その他の補償
林地		①比準価格（標準） ②再調達原価が把握できる場合には積算価格	収益価格（参考）	

新基準による不動産の種類別の鑑定評価一覧

〈建物及びその敷地の価格〉

	関連づけて決定する価格	比較考量する価格	留意点
自用の建物及びその敷地	①積算価格 ②比準価格 ③収益価格	①建物の用途転換，構造等の改造が妥当と認められる場合は用途転換後の建物及びその敷地の最有効使用の上昇の程度，必要とされる改造費等を考慮 ②建物を取り壊すことが妥当と認められる場合は，建物の解体による発生材料の価格から，取り壊し等に必要な経費を控除した額を，当該敷地の最有効使用に基づく価格に加減	総合的に勘案する事項
貸家及びその敷地	実際実質賃料（売主が既に受領した一時金のうち売買等にあたって買主に承継されない部分がある場合には，当該部分の運用益及び償却額を含まない。）に基づく純収益を還元して得た収益価格	①積算価格 ②比準価格	借家人が買い取る場合は，当該貸家及びその敷地が自用の建物及びその敷地となることによる市場性の回復等に経済価値の増分
借地権付建物（建物が自用の場合）	①積算価格 ②比準価格 ③収益価格		総合的に勘案する事項（ア）～（キ）7項目
借地権付建物（建物が賃貸されている場合）	実際実質賃料（売主が既に受領した一時金のうち売買等にあたって買主に承継されない部分がある場合には，当該部分の運用益及び償却額を含まない。）に基づく純収益を還元して得た収益価格	①積算価格 ②比準価格	
区分所有建物及びその敷地	①積算価格 ②比準価格 ③収益価格		積算価格は，1棟の建物の各階層別及び同一階層内の位置別の効用比により求めた配分率を乗じる

445

〈賃料〉

		関連づけて決定する賃料	比較考量する賃料	留意点
宅地	新規賃料 / 正常賃料	①積算賃料 ②宅地の賃貸借等の事例に基づく比準賃料 ③建物及びその敷地の賃貸借の事例に基づく比準賃料	収益賃料	総合的に勘案する事項
	新規賃料 / 限定賃料	①積算賃料　（隣接宅地の併合を目的とする宅地の限定価格を基礎価格） ②比準賃料　（隣接宅地の併合使用又は宅地の一部の分割使用を前提とする賃貸借等の事例に基づく比準賃料）		隣接宅地の権利の態様等の2項目
	継続賃料 （継続中の宅地の賃貸借等の契約に基づく実際支払賃料を改定）	①差額配分法による賃料 ②利回り法による賃料 ③スライド法による賃料 ④比準賃料		8項目
	継続賃料 （契約条件、使用目的の変更に伴う賃料改定）	継続賃料①に契約条件変更等に伴う宅地及び地上建物の最有効使用の上昇に即応する経済価値の増分のうち適正な部分に即応する賃料を加算		上記に加えて3項目
建物及びその敷地	新規賃料 （正常賃料）	①積算賃料 ②比準賃料	収益賃料	
	継続賃料 （実際支払賃料を改定する場合）	宅地の継続賃料を求める場合の鑑定評価の手法に準ずる		

新基準による不動産の種類別の鑑定評価一覧

〈建物の価格〉

	関連づけて決定する価格	比較考量する価格	留意点
建物及びその敷地が一体として市場性を有する場合	①積算価格 ②配分法に基づく比準価格 ③建物残余法による収益価格 全体の価格の内訳としての建物の価格を求める		部分鑑定評価
建物及びその敷地が一体として市場性を有しない場合	積算価格 建物の利用現況を前提として，事業の継続，保存等を主眼として行う		宗教建築物等の特殊な建築物
借家権 （取引慣行がある場合）	比準価格（標準）	①自用の建物及びその敷地の価格から貸家及びその敷地の価格を控除し，所要の調整を行って得た価格 ②借家権割合	
借家権 （立退き等）	①同程度の代替建物等の貸借の際に必要とされる新規の実際支払賃料と現在の実際支払賃料との差額の一定期間に相当する額に賃料の前払い的性格を有する一時金の額を加える ②自用の建物及びその敷地の価格から貸家及びその敷地の価格を控除し，所要の調整を行って得た価格		個別的事情を考慮 総合的に勘案する事項

447

津村 孝（つむら たかし）

昭和22年兵庫県生まれ。

昭和45年立命館大学法学部卒業、同年に三菱重工㈱と米国キャタピラー社との合弁会社、キャタピラー三菱㈱に入社。キャタピラー社のセールスエンジニアとして、大型宅地造成、土壌改良、ゴルフ場造成、騒音環境対策、関西空港等土量積算、機械施工等のゼネコンのアドバイザーなど、十数年にわたり活躍する。平成4年から6年間、立命館大学エクステンションセンター「不動産講座」講師を務める。

不動産鑑定士、（社）日本不動産鑑定協会正会員、国土交通省地価公示評価員、国税庁鑑定評価員、大阪地裁高裁鑑定評価員、（株）ツムラ総合研究所所長。

「判例にみる不動産の取引価格」「土壌汚染対策費用の算定と不動産の取引価格」「例解 形状別土地と特殊な権利の鑑定評価」「Q&A 不動産鑑定評価から見た税務申告の落とし穴」（以上、清文社刊）「不動産、宅建業の実務ハンドブック」（学陽書房）などの著書がある。

（事務所）茨木市舟木町21-17　Tel：072-635-3826　Fax：072-637-0282
（URL）http://www010.upp.so-net.ne.jp/tsumura/

【決定版】
例解・これでよくわかる不動産の鑑定評価

平成18年11月20日　発行　　　　　　　　　　　　定価はカバーに表示してあります

著　者　　津村　孝（つむら たかし）
発行者　　小泉　定裕
発行所　　㈱清文社

〒530-0041　大阪市北区天神橋2丁目北2-6（大和南森町ビル）
電話06(6135)4050　Fax 06(6135)4059
〒101-0048　東京都千代田区神田司町2-8-4（吹田屋ビル）
電話03(5289)9931　Fax 03(5289)9917

清文社ホームページ　http://www.skattsei.co.jp/

著作権法により無断複写複製は禁止されています　　印刷・製本　大村印刷
落丁・乱丁の場合はお取替え致します　　　　　　　ISBN 4-433-36996-9

ⓒ Takashi Tsumura 2006, Printed in Japan.

Q&A
不動産鑑定評価から見た税務申告の落とし穴

不動産鑑定士　津村孝　著

相続税等の申告の際に、財産評価基本通達どおりに評価すると不合理となる場合を事例で紹介し、個別評価である不動産鑑定評価の考え方を説明。

■A5判264頁/定価 2,520円（税込）

増補/新版
例解 形状別土地と特殊な権利の鑑定評価

不動産鑑定士　津村孝　著

不動産の鑑定評価において難解とされる画地条件の特殊な土地、及び利用状況・権利関係の特殊な土地等の評価手法と実例を詳解。

■A5判568頁/定価 3,990円（税込）

第5版
特殊な画地と鑑定評価

土地評価理論研究会　著

特殊な画地条件にある土地を取りあげ、それぞれの画地条件による減価（増価）を、どのように分析してアプローチすべきかを、項目ごとに追求し、原因を解明。

■A5判528頁（上製）/定価 3,990円（税込）